KB143707

순암번역총서 04

교감역주 순암집 4

1판 1쇄 인쇄 2020년 8월 24일
1판 1쇄 발행 2020년 8월 31일

지은이 | 안정복
역  주 | 이상하
편집인 | 순암 안정복 선생 기념사업회

펴낸곳 | 성균관대학교 출판부
등  록 | 1975년 5월 21일 제1975-9호
주  소 | 03063 서울특별시 종로구 성균관로 25-2
전  화 | 02)760-1252~4  팩스 | 02)762-7452
홈페이지 | http://press.skku.edu

ⓒ 2020, 순암 안정복 선생 기념사업회

ISBN 979-11-5550-379-9  94150
     979-11-5550-193-3 (세트)

값 30,000원

잘못된 책은 구입한 곳에서 교환해 드립니다.

순암번역총서-4

교 감 역 주

# 순암집 4

順菴集

안정복 지음

이상하 역주

성균관대학교 출판부 순암 안정복 선생 기념사업회

## 일러두기

1  이 책은 국립중앙도서관(國立中央圖書館) 소장 『순암집(順菴集)』을 대본으로 삼았다.
2  원문은 현대문 문장부호로 표점하고, 역문의 아래에 두었다.
3  주석은 원문에 각주로 달고 한글을 병기하지 않았으며, 오자로 판단된 글자는 교감하여 각주
   로 밝혔다.
4  인명과 같은 짧은 주석은 역문에 간주로 달았다.
5  운문은 원문을 병기하였다.
6  이 책에 사용한 부호는 아래와 같다.
   ( ) : 번역문과 음이 같은 한자를 묶는다.
   〔 〕 : 번역문과 뜻은 같으나 음이 다른 한자를 묶는다.
   " " : 대화 등의 인용문을 묶는다.
   ' ' : 재인용이나 강조 어구를 묶는다.
   『 』 : 각주에서 출전을 밝힌다.

# 순암집 12권

## 잡저 雜著

## 순암집 13권

### 잡저 雜著

# 순암집 14권

## 잡저 雜著

# 순암집 15권

잡저 雜著

순암집
12권

잡저
雜著

## 1. 성정

性情


태극(太極)은 리(理)와 기(氣)를 총괄하고, 심(心)은 성(性)과 정
(情)을 통괄한다. 리는 고요한데 움직이면 기가 되고, 성(性)은 고
요한데 움직이면 정(情)이 되니, 고요한 것은 체(體)이고 움직이는
것은 용(用)이다. 정자(程子)는 "체와 용이 근원은 하나이다."라 하
고, 소자(邵子 소강절(邵康節))는 "심(心)이 태극이다."라 하였다.

太極總理氣, 心統性情. 理靜而動爲氣, 性靜而動爲情. 靜者體而動者用. 程
子曰: "體用一原." 邵子曰: "心爲太極."

심(心)은 바로 생명을 받은 뒤 혈육(血肉)으로 이뤄진 몸뚱이의 이
름이다. 인(人)과 물(物)이 태어남에 천명(天命)을 받아 성(性)이
되니, 성은 심에 깃들어 있다. 성이 움직여 정이 되기 때문에 성과
정은 다 심(心) 자를 부수로 쓴다.

　정이 움직일 때 사단(四端)과 칠정(七情)의 다름이 있다. 맹자가
사단을 말하면서 모두 심(心) 자를 말하여, 측은지심(惻隱之心), 수
오지심(羞惡之心), 사양지심(辭讓之心), 시비지심(是非之心)이라 하
였다. 또 칠정의 글자들은 대부분 심(心) 자 변으로 썼다. 그러므로
장자(張子 장재(張載))가 "심은 성과 정을 통괄한다."라 하였으니, 바
로 이를 두고 말한 것이다.

　심(心)에는 적(寂)과 감(感)이 있으니, 적은 성(性)의 체(體)이고

감은 정(情)의 용(用)이다. 의(意)는 바로 사단과 칠정이 발(發)하여 계량(計量)하고 운용함이 있음을 이름한 것이다. 그러므로 주자는 "의(意)는 심(心)이 발한 바이다."라고 하였으니, 정(情)이 그냥 발출하는 것과는 조금 다르다. 이는 모두 같지 않음에 따라 이름도 다른 것일 뿐이니, 실은 하나이다.

心是受生後血肉軀殼之名, 而人物之生, 受天命而爲性, 性寓於心. 性動爲情, 故性情字皆從心. 情動而有四端七情之異. 孟子言四端, 皆言心字曰: "惻隱之心, 羞惡之心, 辭讓之心, 是非之心." 又七情字多從心, 故張子曰: "心統性情." 是也. 心有寂感, 寂者性之體也, 感者情之用也, 意是四端七情之發有計量運用之名也. 故朱子曰: "意, 心之所發也." 與情之恁地發出者稍異, 皆隨其不同而名亦異焉, 其實一而已.

『맹자』가 말한 '성선(性善)'의 '선(善)' 자는 『주역(周易)』「계사전(繫辭傳)」에 있는 '계지자선야(繼之者善也)'의 '선(善)' 자에서 나온 것이다.
　-이상은 모두 수필이다.-

孟子性善[1]之善字, 出於「繫辭」繼之者善也[2]之善字. -右並隨筆.-

..................................................

1　性善 : 『孟子』「滕文公上」에 "맹자가 인간의 성은 선하다고 말하면서 그때마다 요순을 일컬었다.〔孟子道性善, 言必稱堯舜.〕"라 하였고,「告子上」에 "사람의 성이 선한 것은 물이 아래로 내려가는 것과 같다. 사람은 선하지 않은 사람이 없으며, 물은 아래로 내려가지 않는 물이 없다.〔人性之善也, 猶水之就

성(性)은 심(心)의 고요함이요, 정(情)은 심의 움직임이다. 그러므로 선유(先儒)가 말하기를 "성이 발한 것이 정이고, 심은 성과 정을 통괄하며, 그 발하는 바는 의(意)이고 그 지향하는 바는 지(志)이다."라 하였다. 의(意)라는 것은 마음 속에서 경영하고 작위하는 것이다. 그러므로 속어(俗語)에서 사람에게 생각하는 바가 있는 것을 '의사(意思)'라고 하는 것이 바로 이것이다. 지(志)라는 것은 비로소 정향(定向)이 있어 방소(方所)를 얻는 것이다.

性心之靜也, 情心之動也. 故先儒曰: "性之所發爲情, 心統性情, 其所發爲意, 其所之爲志." 意者, 中間經營作爲者也. 故諺以人之有所想念者則曰意思, 是也. 志者, 始有定向得所者也.

심도(心圖)1

지극히 없으면서 지극히 있는 것은 리(理)이다. 없기 때문에 근본이 되지 않는 바가 없고, 있기 때문에 갖추지 않은 바가 없다.

　지극히 허하면서 지극히 실한 것은 심(心)이

---

下也. 人無有不善, 水無有不下.]"라 하였다.

**2** 『周易』「繫辭上」에 "일음 일양을 도라고 하니, 잇는 것이 선이고 이룬 것이 성이다.[一陰一陽之謂道, 繼之者善也, 成之者性也.]"라 하였는데, 朱子의 本義에 "繼는 그 發함을 말하고 善은 化育의 功을 말한다. 成은 그 갖춤을 말하고 性은 物이 받은 것을 말하니, 物이 태어나면 性이 있어서 각각 이 道를 갖춤을 말한다."라고 하였다.

다. 허하기 때문에 포괄하지 못한 바가 없고, 실하기 때문에 응하지
않은 바가 없다.

至無而至有者理也. 無故無所不本. 有故無所不具.

至虛而至實者心也. 虛故無所不包. 實故無所不應.

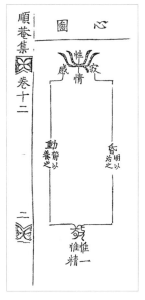

심도(心圖)2                    마음을 다스리는 여덟 가지의 약

나는 평소 병들어 공부가 실로 뜻대로 되지 않았다. 그래서 단지 평평
하게 마음을 보존하고 가볍게 성찰하여 요컨대 마음을 잃지 않고자 생
각할 뿐이니, 마음을 잃지 않으면 늘 자기 몸이 여기에 있음을 안다.

余素病, 工夫實不如意, 但平平存在, 畧畧省過,[3] 要以不失爲意. 不失心,
常知有自家身在此.

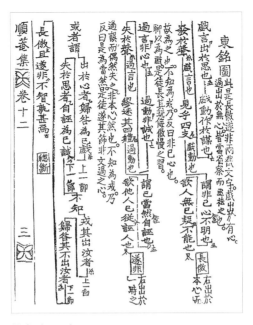

동명도(東銘圖)

-이 「동명(東銘)」은 바로 '장오(長傲)'와 '수비(遂非)' 두 주제로 이루어져 있다. 희롱하는 말은 유심(有心)에서 나오고 잘못된 말은 무심(無心)에서 나오는 것이니, 모두 마땅히 살펴서 빨리 제거해야 한다.-

희롱하는 말은 사(思)에서 나오고, 희롱하는 행동은 모(謀)에서 나오거늘 자기 마음이 아니었다고 하는 것은 지혜가 밝지 못한 것이

---

3　平平……省過:『退溪集』卷24「答鄭子中」에 "평평하게 마음을 보존하고 가볍게 마음을 수습한다.〔平平存在, 略略收拾.〕"라는 대목을 변용하였다. 이 말은 마음을 涵養하는 공부를 할 때 의식적으로 힘을 쓰면 도리어 역효과가 나니 오히려 가벼운 마음가짐으로 공부하라는 뜻이다.

요, 소리에서 나오고-희롱하는 말이다.- 사지(四肢)에 나타나거늘-희롱하는 행동이다.- 남이 자기를 의심하지 않기를 바라는 것은 될 수 없다.【장오(長傲)】-이는 본심에서 나와 고의로 하는 것이다. 그런데 경계할 줄 모르고 도리어 자기 마음이 아니라고 하면서 애오라지 이를 희롱이라 하니, 이것은 한갓 그 오만한 습성만 자라게 하는 것이다.-

잘못된 말은 진심이 아니고 잘못된 행동은 성심이 아니다. 소리에서 잘못되고-잘못된 말이다.- 그 사체(四體)를 그르치거늘-잘못된 행동이다.- 자기가 당연하다고 하는 것은 자신을 속이는 것이고 남이 자기를 따르게 하고자 하는 것은 남을 속이는 것이다.【수비(遂非)】-이는 일시의 과오에서 나와 우연히 실수하는 것이니 본심이 그런 것은 아니다. 그러나 경계할 줄 모르고 도리어 이를 당연하다고 여기면, 이는 한갓 그 과오를 문식(文飾)하는 마음만 이루는 것이다.-

혹자는 이르기를 마음에서 나온 것을 허물을 돌려 자기의 희롱이라 하고-상일절(上一節)- 생각에 잘못된 것을 스스로 속여 자기의 성심에서 나온 것이라 하여-하일절(下一節)- 너 자신에게서 나온 것을 경계할 줄 모르고-상일절- 도리어 너 자신에게서 나오지 않은 것에 허물을 돌려-하일절- 오만함을 자라게 하고 또 잘못을 이루게 하니, 지혜롭지 못함이 무엇이 이보다 심하겠는가.【총단(總斷)】

올 6월 20일에는 날씨가 몹시 무덥기에 혼자 서재에 누워 있노라니, 정사중(丁思仲)이『심경(心經)』한 책을 소매 속에 넣고 안장 위에 술 한 병을 매달고 오는 것이 보이기에 몹시 기뻤다. 그가 며칠 동안 머물러 함께 강론하였으니, 나의 몽매한 식견으로 비록 말할 만한 것은 없었지만 이 어찌 쉽게 얻을 수 있는 기회이겠는가.

글을 읽다가 「동명(東銘)」에 이르니 글이 매우 어렵기에 그와 더불어 변해(辨解)해 보았다. 그가 돌아간 뒤에도 여전히 미진(未盡)하다는 생각이 들기에 도(圖)를 만들어 부쳐 주었는데, 이치에 맞는지는 모르겠다.

대저 장자(張子)의 「서명(西銘)」과 「동명」은 실로 옛 성인을 계승하고 후세의 학자를 계발한 지극한 의론이다. 「서명」은 도(道)의 큰 근원을 논한 것이니 창졸간에 말할 수 없고, 「동명」으로 말하자면 모두 성찰(省察)하고 극기(克己)하며 몸과 마음을 수렴(收斂)하는 지극히 큰 요결(要訣)이다.

종전에 내가 학문을 하면서 여기에는 그다지 힘을 쓰지 못하였다. 그래서 이제 죽을 때에 가까운 나이에 이르러 안으로 자신을 반성해 보면 과오가 많았으니, 어찌 두렵지 않겠는가. 이제 「동명」을 도(圖)로 만들어서 벽에 걸어 두고 스스로 반성할 바탕으로 삼는다. 사중도 늙었으니 서로 함께 힘쓰세.

병오년 7월에 75세옹은 쓰노라.

今六月二十日, 天氣正熱, 獨臥書齋, 忽見丁思仲袖『心經』一部, 鞍掛一小壺而來, 喜可知也. 留數日講論, 余之蒙識, 雖無可言, 此豈易得之事耶! 讀到「東銘」, 文甚艱棘, 相與辨解, 而及其歸後, 猶有未盡之懷, 作圖而寄之, 未審其中不如何也. 大抵張子二銘, 實繼開之至論, 「西銘」則論道之大原, 不可以倉卒言也; 至於東銘, 皆是省察克己收斂身心之至要大訣也. 從來爲學, 不甚用力於此, 故到此垂死之年, 而內省多疚, 豈不惕然恐懼乎? 今此作圖揭壁, 以爲自省之地. 思仲亦老矣, 相與勉旃哉! 丙午七月, 七十五歲翁題.

인(仁)이란 것은 인(人)이니, 사람의 도리 중에는 인(仁)이 크다. 선유(先儒)는 인(仁)을 천지가 만물을 생성하는 마음이라 하였다.

정자(程子)는 "처음 벼슬길에 오른 사람이 진실로 물(物)을 사랑하는 것에 마음을 두면 사람에게 반드시 구제하는 바가 있을 것이다."라 하였으니, 이것이 바로 인(仁)의 도(道)이다.

무심코 가다가 문득 개미를 밟으면 발이 움츠러지고, 손 가는 대로 장난치다가 문득 나뭇가지를 부러뜨리면 마음이 흠칫 놀라니, 진실로 이런 마음을 확충하면 인(仁)을 이루 다 쓸 수 없을 것이다.

仁者人也, 人之道, 仁爲大. 先儒以仁爲天地生物之心. 程子曰: "一命之士, 苟存心於愛物, 於人必有所濟." 是仁道也. 無心而行, 忽踐螻蟻, 則足爲之躍; 如信手而戲, 忽折一枝, 則心爲之惕然. 苟充是心, 仁不可勝用矣.

부녀자의 성품은 다만 눈앞에 보이는 곳에서는 자질구레한 인정을 베풀지만 혹 남들이 듣거나 보지 못하는 곳에서는 차마 못할 모진 짓을 하기도 한다. 이것이 항우(項羽)가 부녀자의 인(仁)은 있지만 지나는 곳마다 잔인하게 살육했던 까닭이다.

婦人之性, 只區區於目前之所及, 而或施不忍於聞見未到處. 此項羽之所以有婦人之仁, 而所過無不殘滅者也.

늘 스스로 평상시 생활을 살펴보면 객기(客氣)가 많고 진기(眞氣)가 적으니, 객기가 많기 때문에 발언하고 행동할 때에 도리에 맞지 않음이 많다. 이는 성찰(省察)하는 공부가 이어지지 못하기 때문이며, 성찰하는 공부가 이어지지 못하는 것은 평소의 존양(存養)이 견고하지 못하기 때문이다. 그러므로 늘 정(情)이 발할 때에 항상 객기를 살펴 의리로써 제어해야 한다.

常自省平居, 客氣多而眞氣少. 客氣多, 故發言處行之際, 多不得其道. 此由省察之功不繼故也. 省察不繼, 由平居存養不固也. 故每於已發之際, 常察客氣而制之以義.

객기란 것은 진기(眞氣) 외에 일종의 들뜬 생각과 습기(習氣)이다.

客氣者, 眞氣之外, 一種浮念及習氣也.

칠정(七情)의 폐해로서는 노(怒)와 욕(慾)이 가장 심하다. 한 번 때리고 욕하는 행동이 온당하지 못한 것이 곧 형의 팔을 비틀고 할아버지를 욕할 징조요, 한 번 식욕(食慾)과 색욕(色慾)이 정도를 넘는 것이 곧 남의 재물을 도둑질 하고 남의 여자를 넘볼 징조이니, 두려워하지 않을 수 있겠는가.

　그러나 노(怒)는 양(陽)에 속하니 그 발함이 빠르고 밖으로 드러나므로 사람들이 다 알 수 있다. 그러므로 혹 뉘우치고 노(怒)를 다스리는 자가 있다. 반면 욕(慾)은 음(陰)에 속하니, 그 발함이 은미하여 보기 어려우므로 혹 알고서도 그대로 계속하는 자가 많다. 노(怒)는 그 기운을 꺾어야 하고 욕(慾)은 그 구멍을 막아야 한다.

七情之害, 怒慾爲甚. 一毆罵之失當, 卽抐兄詈祖之兆 ; 一食色之過中, 卽

偸藏踰墻之徵, 可不懼哉! 然怒屬陽, 其發也速而暴, 人皆見之, 故或悔之
而懲之者有之矣; 慾屬陰, 其發也隱而難見, 故或知之而遂之者亦多矣. 怒
當摧其氣, 慾當窒其竇.

우리 마을 사내가 무례한 짓을 하기에 조금 질책하다 보니 나도 모
르게 목소리가 높아졌으니, 뜻을 올바로 지키고도 기운을 자극함이
없도록 하기가 참으로 어렵다. 평상시 아직 사물을 접하지 않았을
때는 이 마음이 편안하고 고요하여 스스로 마음 속에 가는 티끌만
한 망념도 일어나지 않고 사물을 만나면 태연하다고 여기다가 조금
이라도 역경(逆境)을 만나면 매번 이와 같으니, 반드시 일이 없을
때 존심양성(存心養性)이 순숙(純熟)하여 근본을 두텁게 배양하며,
사물을 만날 때 자세히 성찰하여 그 기미를 막고 끊어야 한다. 그렇
게 하면 본말(本末)이 서로 상통하고 체용(體用)이 함께 확립될 것
이다.

  게다가 일이 없을 때 존심양성하기는 혹 어렵지 않으나 사물을 만
난 뒤에 성찰하기란 매우 어렵다. 어렵다는 것은 무엇인가? 바로 생
각하기가 어려운 것이다. 일이 창졸간에 일어나면 수응(酬應)도 빨리
해야 한다. 이러한 때를 만나 아직 일을 수응하기 전에 미리 옳고
그름을 생각하여 살핀다면 어찌 낭패할 일이 있겠는가. 정자(程子)는
말하기를 "노할 때에 문득 그 노함을 잊어버리고 이치의 옳고 그름을
살펴보라."고 하였으니, '문득 노함을 잊고 이치를 살펴보라.'는 이
말은 참으로 정수리에 꽂는 일침(一鍼)이다.

里漢有無禮事, 少加叱責, 不覺聲氣之自動, 信乎持其志無暴其氣[4]之難也.

平居未接物時, 此心寧靜, 自以爲纖塵不起, 遇事泰然, 而少臨逆境, 每每如此. 必當無事之時, 存養純熟, 厚培其根本, 遇事之際, 省察詳審, 遏絶其幾微, 則庶乎本末相須, 體用俱立矣. 且無事時存養或不難, 遇事後省察甚難. 難者何? 思之難也. 事在倉卒, 應之亦遽. 當此之時, 先思是非於未應事之前而省察之, 則豈有顚沛哉! 程子曰: "當其怒時, 遽忘其怒, 觀理之是非." 遽忘觀理四字, 眞頂門上一針也.

재물은 몸을 빠뜨리는 함정이요, 여색은 몸을 해치는 도끼요, 술은 창자를 썩게 하는 독약이다. 후한(後漢) 때 양병(楊秉)은 "나는 세 가지 미혹되지 않는 것이 있으니, 술과 여색과 재물이다."라 하였으니, 그 인품을 알 수 있다.

財者陷身之穽, 色者戕身之斧, 酒者毒腸之藥. 漢楊秉曰: "我有三不惑, 酒色財也." 其人品可知也.

길에서 예쁜 여자를 만나면 돌아보지 않는 사람이 없으니, 인욕(人慾)을 제어하기 어려움을 알 수 있다. 옛날 봉조하(奉朝賀) 최규서(崔奎瑞)가 늘 말하기를 "젊을 때 길에서 여인을 만나 만일 돌아볼

4  持其……其氣 : 맹자가 공손추와 不動心을 논하면서 "뜻은 기를 부리는 장수이고, 기는 몸을 채우고 있는 것이니, 뜻이 첫째요 기가 그 다음이다. 그러므로 '그 뜻을 잡고도 그 기를 거칠게 하지 마라.'고 한 것이다.〔夫志, 氣之帥也; 氣, 體之充也. 夫志至焉, 氣次焉. 故曰:'持其志, 無暴其氣.'〕"라고 하였다. 『孟子 公孫丑上』

생각이 있으면, 반드시 눈을 감고 생각하기를, '이 마음이 장차 나를 죽일 것이다.'라 하고 몇 차례 생각하면 심기가 저절로 안정되었다.'라 하였으니, 전배(前輩)들의 극기(克己)가 이와 같았다.

道路遇少艾, 人無不回顧, 可見人慾之難制也. 昔崔奉朝賀奎瑞常言 : "少時道逢女人, 如有回顧之念, 則必瞑目自思曰 : '是心將殺我也.' 念之數遍, 心氣自定." 前輩克己類此.

부귀가 사람을 탐욕에 빠뜨리는 것이 너무도 심하다. 평상시에는 명예와 절개를 말하는 이들이 적지 않으나 작은 이해(利害)를 만나면 얼굴빛이 변하고 마음이 움직여 저물녘에 나가서 밤중에 돌아오곤 하다가 결국 명예를 손상하고 몸을 패망하는데도 전혀 알아차리지 못하고 좋은 벼슬을 얻고자 하니, 삼가지 않아서야 되겠는가. 이를 글로 적어서 무턱대고 벼슬을 얻고자 하는 자의 경계로 삼는다. 사군자(士君子)가 만일 터럭만큼이라도 부귀를 마음에 두고 잊지 못하면 곧 천 길 구덩이에 떨어진 사람이다.

富貴之溺人爲甚, 平日言名節者不少, 臨小利害, 未免色變而心動, 昏去而夜來, 到底名喪身敗, 都不理會, 而要做好官, 可不謹哉! 書爲冒進者戒. 士君子若有一毫係着於心頭者, 便是千丈坑塹下人也.

'면강(勉强)'의 '강(强)' 자는 바로 활이 굳센 것을 말한다. 사람이 굳센 활을 당기려고 할 때 그 힘을 다하지 않으면 안 되니, 이는 사람이 선(善)을 행할 때 그 마음을 다하지 않으면 안 되는 것과 같다.

勉强之强字, 卽弓强之謂也. 人欲挽强弓, 非致其力則不能, 猶人爲善, 非致
其心則不能.

어진 스승과 좋은 벗이 세상에 많지는 않다. 비록 시골사람과 속된
무리라 하더라도 좋은 점이 있으면 '나도 이와 같이 해야겠다'라 하
고, 좋지 못한 점이 있으면 이를 가지고 자신을 경계하며 그의 나쁜
점은 숨기고 그의 좋은 점은 드러내야 한다.

賢師良友, 世不多有. 雖村人俗流, 若有可善, 則曰我當如此, 若有不善, 則
執此自警, 隱其惡而揚其善.

이양정(李養正) 장(丈)이 말하길 "공맹(孔孟)의 말씀은 국가의 법
령과 같고 정주(程朱)의 말씀은 사우(師友)의 경계와 같고 퇴계(退
溪)의 말씀은 부형(父兄)의 교훈과 같으니, 세대가 가까울수록 말
씀이 더욱 친절하다."라 하셨다.

李養正丈嘗言: "孔孟之言, 猶國家之法令; 程朱之言, 猶師友之警戒; 退溪
之言, 猶父兄之敎訓. 世愈近則言愈切."

또 말하시길,
　"강절(康節 소옹(邵雍))은 성인의 재주가 있고, 명도(明道 정호(程
　顥))는 성인의 자품이 있고, 이천(伊川 정이(程頤))는 성인의 학문
　이 있는데, 이를 집대성하신 분이 주자(朱子)이다.
　　화담(花潭 서경덕(徐敬德))은 현인의 재주가 있고, 정암(靜菴 조

광조(趙光祖))은 현인의 자품이 있고, 회재(晦齋 이언적(李彦迪))는
현인의 학문이 있는데, 이를 집대성하신 분이 퇴계이다."
하시고, 또 말하시길 "율곡은 현인의 재주가 있다."라 하였다.

又曰: "康節有聖人之才, 明道有聖人之姿, 伊川有聖人之學; 集大成者朱子
也. 花潭有賢人之才, 靜菴有賢人之姿, 晦齋有賢人之學; 集大成者退溪也."
又曰: "栗谷有賢人之才."


나는 평생 한 일 중에 긴요치 않은 것이 많았다. 문사(文詞)로 말하
면 심상한 척독(尺牘)도 제대로 못 쓰면서 고문(古文)을 보기 좋아
했고, 전고(典故)로 말하면 내 집 보첩(譜牒)도 잘 알지 못하면서
사서(史書)들을 읽기에 힘썼고, 유람으로 말하면 향리의 산천도 두
루 돌아보지 못하면서 여지도(輿地圖)를 그리려 하였으니, 먼 것을
힘쓰고 가까운 것을 소홀히 하는 병폐가 참으로 가소롭다.

그 중에도 특히 심한 것은, 지혜는 노복 한 명도 제대로 거느리지
못하고 힘은 닭 한 마리도 잡지 못하면서, 어릴 때는 병법(兵法)을
읽어 기정(奇正)과 음양(陰陽)의 묘리를 통하고 장성해서는 『주례
(周禮)』를 읽어 천하를 경영할 뜻을 가졌으니, 자기의 역량도 헤아리
지 못함을 볼 수 있을 뿐이다.

이제부터는 간약(簡約)한 데로 돌이켜서 행실은 일상생활의 쉽고
비근한 일을 돌아보고 공부는 동정(動靜)·어묵(語默)의 사이에 힘
써서, 읽는 것은 사서(四書)와 『심경(心經)』·『근사록(近思錄)』에
벗어나지 않아야 할 것이다. 손님들이 떠나고 한적한 때나 밤공기가
청명할 때에 사욕에 흔들리지 않고 잡무에 망동하지 않고서 고요히

이 마음을 보존하고 묵묵히 천리(天理)를 생각하여 간단없이 지속하여 잠시도 끊어지지 않으면, 근본이 깊고 견고하여서 일을 만나매 반드시 낭패하지 않을 것이다.

余平生所爲, 多沒緊要. 以言乎文詞, 則不能脩尋常尺牘而好觀古文; 以言乎典故, 則不能通自家譜牒而務閱諸史; 以言乎遊觀, 則不能周鄕里山川而圖寫輿圖. 務遠忽近之弊, 固可笑也. 其尤甚者, 智不能御一奴, 力不能搏一鷄, 而幼時讀兵法, 通奇正陰陽之妙, 及長誦『周禮』, 有經綸天下之志, 多見其不自量也. 自今以後, 宜反乎約, 行顧于日用易近之事, 功懋于動靜語默之際, 而讀不過四書『心』·『近』而止焉. 客去閑寂之時, 夜氣淸明之際, 不撓汨於私慾, 不妄動於雜務, 靜存此心, 默想天理, 不間而續, 不暫而恒, 則本原深固, 遇事必不顚沛矣.

5월 하지(夏至)는 1음(陰)이고, 6월 대서(大暑)는 2음이고, 7월 처서(處暑)는 3음이고, 8월 추분(秋分)은 4음이고, 9월 상강(霜降)은 5음이고, 10월 소설(小雪)은 6음이고, 11월에 이르면 6음이 매우 성하여 1양(陽)이 와서 회복되니, 바로 음과 양이 서로 만나는 때이다. 그러므로 지(至)라고 말한다. 음이 다하고 양이 시작될 때 양의 기운이 매우 미세하니, 고요히 기다려야 하고 요동해서는 안 된다.
　주자가 말하기를 "사람의 선단(善端)이 처음 싹틀 때에는 고요히 길러야 비로소 성대해질 수 있다. 고대(古代)에 40살에야 지기(志氣)가 강하여 벼슬을 한 이들은 그 이전 오랜 세월 동안에도 선단을 길렀던 것이다. 만일 단번에 세상에 나와서 사물과 뒤섞인다면 어찌 일을 그르치지 않겠는가."라 하였으니, 참으로 좋은 말씀이다. 주부자(朱

夫子)께서 후학에 대해서는 실로 천지부모(天地父母)처럼 생성해주는 은혜가 있다. 맹세코 이제부터 이름을 구하지 않고 실질을 구하며 밖에서 구하지 않고 안에서 구할 것이니, 나약한 체질의 내가 마음을 놓쳐버릴까 두려워한다.

五月夏至爲一陰, 六月大暑爲二陰, 七月處暑爲三陰, 八月秋分爲四陰, 九月霜降爲五陰, 十月小雪爲六陰, 至十一月, 六陰甚盛, 一陽來復, 乃陰陽交會之時, 故謂之至. 陰盡而陽始, 其氣甚微, 當靜以候之, 不可擾也. 朱子曰: "如人善端初萌, 正欲靜以養之, 方能盛大. 古人四十强而仕[5]者, 前面許多年, 亦且養其善端. 若一下便出來, 與事物滾了, 豈不壞事? 旨哉言乎! 夫子之於後學, 實有天地父母生成之恩. 誓自今後, 不求名而求諸實, 不求外而求諸內. 弱中淺植, 舍亡[6]是懼.

물(物)을 잘 관찰하는 자는 도움이 되지 않는 물이 없다. 하늘을 이고 땅을 밟으매 고후(高厚)가 드러나고, 산을 보고 물에 임하매 동정(動靜)이 드러난다.

　해와 달은 나의 밝음을 돕고 강과 바다는 나의 기량을 돕고, 우레와 번개는 나의 위엄을 돕고 구름과 안개는 나의 문채를 돕는 것이다.

---

5　『禮記』「曲禮 上」에 "40세에는 강하다 하니, 벼슬한다.〔四十曰强而仕〕"라 하였다.

6　舍亡 : 공자가 사람 마음의 속성을 두고서 "잡으면 존재하고 놓으면 없어져서, 출입하는 것이 때가 없어 그 향하는 바를 알 수 없다.〔操則存 舍則亡 出入無時 莫知其鄕〕"라고 한 대목에서 온 말이다. 『孟子 告子上』

까마귀 새끼는 자란 뒤에 늙은 어미에게 먹이를 물어다 주고 기러기들은 나란히 날아다니니, 그것은 내 효제(孝悌)의 법칙이 되는 것이다. 이리는 탐욕을 부리고 여우는 아첨을 떠니, 그것은 내 심술(心術)의 경계가 되는 것이다. 닭이 알을 품는 것을 보면 마음을 잡는 요령을 알 수 있고, 개가 짖는 것을 들으면 사특함을 막는 방법을 알 수 있다. 지극히 미세한 물(物)이나 지극히 천악한 일에 이르러서도 나의 경계하는 법이 아닌 것이 없으니, 나를 돕는 사물이 또한 많다.

기뻐하고 웃으며 노하고 욕하는 말도 모두 동파(東坡)의 문장을 도왔으며, 노래와 춤, 장난과 싸움질도 모두 장욱(張旭)의 초서를 도왔으니, 잘 보는 자가 얼마나 잘 관찰하느냐에 달려 있는 것이다.

우연히 동파가 어떤 사람에게 글 짓는 방법을 가르쳐 준 것을 보았는데, 이르기를,

"담주(儋州)는 수백 집이 모여 있어서 고을 사람들이 필요로 하는 것은 저잣거리에서 구하면 된다. 그러나 공연히 얻을 수는 없고 반드시 한 물건을 가진 연후에야 자기가 쓸 수 있으니, 이른바 '한 물건'이란 바로 돈이 그것이다. 글 짓는 것도 그와 같다. 천하의 일이 경(經)·전(傳)·자(子)·사(史) 속에 산재해 있으나 공연히 얻을 수는 없고, 반드시 한 물건을 가진 연후에야 자기가 쓸 수 있으니, 이른바 '한 물건'이란 바로 뜻이 그것이다. 돈을 얻지 못하면 물건을 취할 수 없고 뜻을 얻지 못하면 용사할 수 없으니, 이것이 바로 글 짓는 요령이다."

하였다. 나는 "성인이 되는 도는 책 속에 펼쳐져 있으나 공연히 얻을 수는 없고, 반드시 한 물건을 얻어 가진 연후에야 자기가 쓸 수 있으니, 이른바 '한 물건'이란 바로 마음이다."라고 한다.

善觀物者, 無物不爲助. 戴天履地而高厚形焉[7], 觀山臨水而動靜見焉[8]; 日月助吾之明, 江海助吾之量, 雷霆助吾之威, 雲霞助吾之文. 烏哺鴈行, 其爲吾孝悌之則乎! 狼貪狐媚, 其爲吾心術之戒乎! 觀鷄之伏, 則知操心之要, 聞犬之吠, 則知閒邪之術, 以至於至微至眇之物, 至賤至惡之事, 無非吾之戒法焉, 則物之助我者亦多矣. 嬉笑怒罵, 皆助東坡之文章[9]; 歌舞戲鬪, 皆助張旭之草聖[10], 則在善觀者如何爾.

偶觀東坡誨人以作文之法曰: "儋州雖數百家之聚, 州人之所須, 取之市而

---

7  戴天……形焉 : 하늘은 높고 땅은 두텁다고 하여 天地高厚라 한다.

8  觀山……見焉 : 공자가 "지혜로운 자는 물을 좋아하고, 인자한 자는 산을 좋아하나니, 지혜로운 자는 動的이고, 인자한 이는 靜的이다.〔知者樂水 仁者樂山 知者動 仁者靜〕"라 하였다 것이다. 『論語 雍也』

9  嬉笑……文章 : 東坡는 송나라 蘇軾의 호이다. 『東坡全集』의 「本傳」에 "비록 기뻐하고 웃으며 노하고 욕하는 말일지라도 모두 써서 외울 만하였다.〔雖嬉笑怒罵之詞, 皆可書而誦之.〕"라 하였고, 『施註蘇詩』 「註蘇例言」에는 "詩家가 전거를 끌어옴이 해박하고 고사를 구사함이 깊고 넓기로는 杜少陵 이후에는 겨우 동파를 볼 수 있을 따름이다. 대개 그 학문이 넉넉하고 재주가 커서 經史 四庫로부터 山經, 地志, 佛典, 道藏, 方言, 小說에까지 두루 미치고 심지어 기뻐하고 웃으며 노하고 욕하는 말, 시골 할미나 밥 짓는 아낙네의 常談도 한번 그의 시 속에 들어가면 마침내 전고가 되었다.〔詩家援据該博, 使事奧衍, 少陵之後, 厪見東坡. 盖其學富而才大, 自經史四庫, 旁及山經地志釋典道藏方言小說, 以至嬉笑怒罵里媼竈婦之常談, 一入詩中, 遂成典故.〕"라 하였다.

10  歌舞……草聖 : 張旭은 草聖으로 불렸던 唐나라 때의 명필이다. 그는 술을 몹시 좋아하였고 大醉하여 미친 듯 돌아다니다가 머리털에 먹을 묻혀 휘갈겨 썼으므로 세상에서 '張顚'이라고 불렀다. 『新唐書 卷202 張旭列傳』 당나라 開元 연간에 살았던 敎坊의 저명한 기생인 公孫娘은 劍舞에 특히 뛰어났다. 그녀가 渾脫舞를 추는 것을 장욱이 보고 草書의 妙理를 터득했다고 한다.

足. 然不可徒得也, 必有一物以攝之, 然後爲己用, 所謂一物者錢是也. 作文亦然, 天下之事, 散在經傳子史中, 不可徒得, 必得一物以攝之, 然後爲己用, 所謂一物者, 意是也. 不得錢, 不可以取物, 不得意, 不可以用事, 此作文之要也." 余曰: "作聖之道, 布在方策, 不可徒得, 必得一物以攝之, 然後爲己用. 所謂一物者心也."

일을 할 때에는 반드시 상심(詳審)하고 근신(謹愼)하여야 되고 경솔하거나 태만해서는 안 된다. 선유(先儒)가 말하기를 "전배(前輩)들은 일을 할 때에 대개 주밀하고 상심(詳審)하였는데, 후배들은 일을 할 때에 대부분 거칠고 소략하다." 하였으니, 나는 마음이 거칠어서 매우 경솔하며 그렇지 않으면 태만하다. 그래서 글로 기록한다.

作事, 切須詳審謹愼, 不可輕率怠緩. 先儒謂前輩作事多周詳, 後輩作事多鹵莽. 余心麤最輕率, 不則怠緩. 書以志之.

무오년에 서울에 들어갔다가 보니, 저잣거리에서 작은 기물(器物)을 파는데, 진흙을 구워서 만든 것이었다. 그 모양이 속은 비고 겉은 둥글며, 정수리에 하나의 구멍을 뚫어서 겨우 한 닢의 돈을 넣을 수 있었다. 종자(從者)에게 물었더니, 대답하기를 "이 기물이 나온 지는 이미 10여 년이 되었습니다. 어염집의 계집아이들이 만일 한 푼의 돈을 얻으면 얻는 대로 집어넣고 기물이 차면 깨뜨려서 꺼내 쓰는데, 그 이름을 '벙어리저금통'이라 합니다." 하였다. 나는 이 말을 듣고 말하기를 "아, 10여 년 이래로 세상의 변고가 많이 생겼으니, 사말 때문에 화를 입는 사람들이 많았다. 이 물건에 벙어리란 이름을 붙인 이는 처세하는 도리를 알았을 것이다." 하였다.

戊午歲入京, 見市上賣一小器, 陶甄而成之. 其形中空而外圓, 頂鑿一孔, 堇
容一文錢之入. 問從者, 則對曰: "此器之出, 已十餘年矣. 閭家女兒輩若得
一文錢, 隨得隨投, 器滿則破之出用, 其名曰啞." 余聞之曰: "噫! 十餘年來,
世變多生, 人之以言取禍者多. 名此器者, 其知處世之道乎!"

『주례(周禮)』에 "장사 시기는 모두 월수(月數)가 있고, 날은 정일
(丁日)이나 해일(亥日)을 썼으며, 대사(大事) 때에는 해 돋을 무렵
에 염습하였다." 하였으니, 대사는 상사(喪事)이다. 「사우례(士虞
禮)」에 보면, "정오에 반우(反虞)한다." 하였으니, 아침에 장사지냈
던 것이다. 그러니 어찌 일찍이 월(月)·일(日)·시(時)를 택하는
이치가 있었겠는가.

관례(冠禮)와 혼례(婚禮)는 반드시 2월에 행하였다. 「하소정(夏小
正)」에 "2월에 많은 사녀(士女)들을 편안하게 해 준다." 하였는데,
그 전(傳)에 "2월은 아들에게 관례를 하고 장가들게 하는 때이다."
하였다. 『주례』「지관(地官) 매씨편(媒氏篇)」에 "중춘(仲春)에 남녀
를 만나게 해 준다." 하였는데, 정강성(鄭康成)은 "중춘은 음(陰)·양
(陽)이 교합하는 계절이니, 혼인을 이루어 천시(天時)를 따른다." 한
것이 바로 이를 두고 한 말이다.

구기설(拘忌說)을 주장하는 이는,

"하걸(夏桀)은 을묘일(乙卯日)에 죽고 은주(殷紂)는 갑자일(甲子
日)에 죽었다. 그러므로 『의례(儀禮)』「사상례(士喪禮)」에 '조석
곡(朝夕哭)은 갑자일과 을묘일을 피하지 않는다.' 하였고, 정강성

(鄭康成 정현(鄭玄))의 주에는 '흉사(凶事)는 피하지 않고 길사(吉事)는 행하지 않는다.' 하였고, 『예기』「단궁편(檀弓篇)」에 '갑자일과 을묘일에 음악을 연주하지 않는다.' 하였으니, 이는 길사를 행하지 않음을 뜻하는 것이다. 따라서 구기설은 예(禮)에서 말한 것이다."

라고 하기에, 내가 답하기를,

"이는 후세에 말하는 것과 같은 구기설이 있었던 것은 아니다. 곡할 때 갑자일과 을묘일을 피하지 않았으니, 일가(日家)에서 '진일(辰日)에 곡읍(哭泣)하지 않는다.'고 하는 것은 엉터리 주장이다. 『예기』「단궁편」의 '음악을 연주하지 않는다.'는 것은 주대(周代)의 백성이 모두 하(夏)·상(商)의 유민(遺民)들이었기 때문에 차마 이날 환락(歡樂)을 하지 못했던 것이지, 구기(拘忌) 때문에 그랬던 것은 아니다."

라 하였다.

『周禮』: "葬期皆有月數, 日用丁亥, 大事斂用日出." 大事喪事也. 「士虞禮」: "日中反虞." 則朝而窆矣. 何嘗有擇月日時之義乎? 冠昏亦必以二月, 「夏小正」: "二月綏多士女." 傳云: "冠子娶婦之時也." 「地官」: "媒氏, 中春之月, 令會男女." 鄭康成云: "陰陽之交, 以成婚禮, 順天時"者, 是也. 爲拘忌之說[11]者曰: "桀以乙卯亡, 紂以甲子亡, 故「士喪禮」曰: '朝夕哭, 不辟子卯.'

---

11　拘忌之說 : 陰陽家의 說에 구애받아 꺼리는 日時가 있는 것이다. 이를테면 斂襲이나 葬事 때 日時의 吉凶을 따지는 것이다.

鄭康成註云: '凶事不辟, 吉事闕焉.'「檀弓」云: '子卯不樂.' 是吉事闕也. 然則拘忌者, 禮所言也." 余答曰: "此非有拘忌若後世之說也. 哭不辟子卯, 則日家[12]辰不哭泣之說, 妄矣.「檀弓」之不樂, 是周代之民, 皆是夏商之餘也, 故不忍歡樂於此日, 非爲拘忌而然也."

『의례』「상복편(喪服篇)」에서 "아버지가 살아 있으면 맏아들을 위하여 3년복을 입는다."라고 했다. 이렇게 되면 계체(繼體)의 혐의가 있을 듯하니, 기년복만 입는 것이 옳을 듯하다. 그 주(注)에 "적자(適子)에겐 삼년복이 있고 적손(適孫)에겐 삼년복이 없으니, 적손의 복은 오히려 서손(庶孫)의 예(例)와 같다."라 하였으니, 그렇다면 기년복을 입는 것이 옳다.

父在, 爲長子三年, 恐有繼體之嫌[13], 服朞爲可. 註云: "有適子, 無適孫, 適孫猶同庶孫之例." 然則服朞爲當.

딸이 죽었을 경우는 시집갔으면 대공복(大功服)을 입고, 본가에 있

........................................

**12** 日家 : 年月日時의 干支에 따라 운명이나 吉凶을 점치는 卜術家나 地官을 일컫는 말이다.

**13** 父在……之嫌 : 『儀禮』「喪服」에 "아버지는 맏아들을 위해 斬衰의 복을 입는다.〔父爲長子斬〕"고 하였으니, 嫡長子는 장차 大宗이나 小宗의 宗主가 되기 때문이다. 『禮記』「大傳」에 "서자는 맏아들을 위해 3년의 복을 입을 수 없으니 그 맏아들은 조부를 승계할 수 없기 때문이다.〔庶子不得爲長子三年 不繼祖也〕"라 하였다. 繼體는 宗統을 승계함을 뜻하는 말이다.

을 때는 본복(本服)인 기년복을 입다. 그렇다면 아직 시집가기 전에 어려서 죽었을 경우는 대공복(大功服)을 입는다. 따라서 반드시 딸이 허혼(許婚)하여 비녀를 꽂은 뒤에라야 본복(本服)인 기년복을 입는 것이다.

女嫁大功, 在家本服朞. 然則未嫁之前爲殤, 服大功. 是必女子許昏而笄, 然後當服本服朞.

계상(稽顙)은 돈수(頓首)와 다르니, 주자(朱子)의 궤좌설(蒜坐說)이나 『의례소(儀禮疏)』를 상고하면 알 수 있다. 지금 세상에 조문을 받을 때 고두(叩頭)하는 일이 많은데, 이는 계(稽) 자를 고(叩) 자의 뜻으로 잘못 안 것이다.
  -이상은 모두 『잡록』이다.-

稽顙一節, 與頓首有異. 朱子跪坐說[14]及儀禮疏[15], 可考而知也. 今世受吊, 多有叩頭之事, 是誤認稽字爲叩義. 右並『雜錄』.

---

14  朱子跪坐說 : 朱熹의 「跪拜坐說」에 "頓首의 경우는 머리를 손 위에 조아리는 것이고, 稽首의 경우는 엎드린 상태에서 손을 뒤로 물려 짚고 머리를 땅에 닿게 하는 것이니, 이는 오늘날 禮拜하는 이들이 모두 무릎을 꿇음으로써 더욱 공경을 다하는 것과 같다.〔其爲頓首, 則又以頭頓于手上也. 其爲稽首, 則又卻其手而以頭著地, 亦如今之禮拜者皆因跪而益致其恭也.〕"라 하였다. 『朱子大全 권68』
15  儀禮疏 : 『儀禮』「士喪禮」의 "稽顙成踊"이란 대목에 대한 疏이다. 이 疏에서 "稽顙은 이마가 땅에 닿도록 절하는 것이다."라 하였다.

## 2. 상주가 손님에게 절하다
### 主人拜賓

오늘날 시속(時俗)에서 조문하는 예(禮)는 손님이 와서 조문하면 상주(喪主)가 여타 상제들과 함께 손님에게 절을 하는데, 이는 옳지 않다. 「사상례」나 『가례(家禮)』에는 다 상주가 손님에게 절하는 것으로 되어 있고 여타 상제들과 함께 절한다는 대목은 없으니, 살펴보면 알 수 있다.

그러나 같은 자리에서 조문을 받으면서 여타 상제들이 절하지 않는 것은 세상 사람들이 보면 해괴하게 여길 듯하니, 응당 부복(俯伏)하여 곡만 해야 할 것이다.

예(禮)는 적통을 세우는 것을 중시하기 때문에 상주와 여타 상제들은 그 구분이 지극히 엄격하다. 따라서 상주의 자리는 마땅히 여타 상제들과 구별하여 서로 연결되지 않게 해야 한다.

나는 항상 시속(時俗)을 따르는 것을 무방하다고 여기는데, 권기명(權旣明 권철신(權哲身))은 그렇지 않다고 말하니, 예의 뜻은 과연 이와 같다.

-수필이다.-

今俗弔禮, 賓來弔, 主人與衆主人同拜賓, 此義却不是. 「士喪禮」及『家禮』, 皆主人拜賓, 無衆主人同拜之文, 考之可見. 然而受弔同席, 而衆主人之不拜, 似爲駭俗, 當俯伏哭之而已. 禮以立嫡爲重, 故主人與衆主人, 其分至嚴, 主人之席, 當別于衆主人, 而不與之相連, 可也. 余常以從俗爲無妨, 而

權旣明言其不然, 禮意則果如是矣. -隨筆-


악수(握手)는 오른손에는 결습(決拾)을 끼고 왼손에는 결습을 끼지
않으니, 『의례』와 『예기』를 상고하면 알 수 있다. 우리 조선조 중엽
에는 하나만 썼는데, 기고봉(奇高峯 기대승(奇大升))이 그 설을 지어
서 변별하기까지 하였다.

握手[16], 右手有決, 左手無決. 考『儀禮』·『禮記』, 可見. 而我朝中葉用一,
奇高峯至爲說而卞之.


현훈(玄纁)은 『의례(儀禮)』「사상례(士喪禮)」에 "임금이 준 물품이
있기 때문에 폐백을 보내는 일을 한다."라고 하였다. 지금은 이미
그런 의식이 없으니, 이는 아들로서 어버이에게 폐백을 바치는 것
이다.

玄纁一節, 「士喪禮」: "有君贈, 故爲送幣之擧." 今旣無此儀, 則是以子而執
幣于親矣.


제물을 차릴 때에 먼저 채소와 과일을 진설하는 것은 음염(陰厭)의
뜻이 아니라면, 필시 『관자(管子)』「제자직(弟子職)」의 "조수(鳥

---

**16** 握手 : 小斂 때 시신의 손을 헝겊으로 감싸는 것이다. 그 헝겊의 길이는 한
자 두 치이고, 너비는 다섯 치가 되며 양쪽에 끈을 단다.

獸)와 어별(魚鱉)의 고기를 반드시 나물국보다 먼저 차려 놓는다.”
는 뜻일 터이니, 죽은 사람 섬기기를 산 사람 섬기는 것처럼 하는
예일 것이다.

祭之先設蔬果者, 非陰厭[17]之意, 則必是「弟子職」: “鳥獸魚鱉, 必先菜羹”之
意, 事死如事生之禮也歟!

갱사좌우설(羹食左右說)은 『의례』의 「공식대부례(公食大夫禮)」에
“오른쪽에 밥을 놓고 왼쪽에 국을 놓는다.”라 하였다.

羹食左右說, 「公食大夫禮」: “右飯左羹.”

--------

17  陰厭 : 『禮記』「曾子問」에 “공자가 ‘陰厭이 있고 陽厭이 있다.’라 하니, 증자가
    ‘殤의 경우에는 제사를 구비하지 않는데 어찌 음염을 하고 양염을 합니까?’라
    고 하니, 공자가 대답하기를 ‘宗子가 殤으로 죽었으면 庶子는 그의 後嗣가
    되지 않고, 그의 吉祭에 성인의 제물인 特牲을 올리며, 殤이 된 자에게 제사를
    지내되 肺脊을 들지 않고, 尸童의 俎인 斨俎가 없고 玄酒가 없으며 利成을
    고하지 않으니, 이를 음염이라 한다. 일반적인 殤이나 서자로서 자손이 없는
    자는 종자의 집에서 제사하되 室의 밝은 곳인 서북쪽 모퉁이에서 지내고 동족
    에 술동이를 놓으니, 이를 양염이라 한다.’〔孔子曰: ‘有陰厭, 有陽厭.’ 曾子問
    曰: ‘殤不祔(備)祭, 何謂陰厭陽厭?’ 孔子曰: ‘宗子爲殤而死, 庶子弗爲後也.
    其吉祭特牲, 祭殤不擧, 無斨俎, 無玄酒, 不告利成. 是謂陰厭. 凡殤與無後者,
    祭於宗子之家, 當室之白, 尊(樽)于東房, 是謂陽厭.’〕”라 하였다. 음염은 嫡長
    子가 미성년으로 죽었을 때 지내는 제사로 室의 서남쪽 모퉁이인 奧에서
    지낸다.

제찬(祭饌) 진설의 동서·좌우는 모두 신위(神位)를 위주로 말한 것이니, 좌는 동에 속하고 우는 서에 속한다.

設饌東西左右, 皆主神位而言, 左屬東而右屬西.

떡은 동쪽에 놓고 국수는 서쪽에 놓는 것은 벼는 봄에 심고 보리는 가을에 심기 때문이다. 생선은 동쪽에 놓고 육류는 서쪽에 놓는 것은 동남쪽에는 물이 많으니 물고기가 모이고, 서북쪽에는 산이 많으니 짐승이 많기 때문이다.

餠東而麵西者, 稻以春種而麥以秋種也. 魚東而肉西者, 東南多水, 魚之聚也; 西北多山, 獸之羣也.

술을 땅에 붓는 관(灌)은 신(神)을 부르는 의식이다. 기(氣)는 양(陽)에 속하고 기의 냄새가 좋기로는 향보다 더 나은 것이 없기 때문에 향을 사루어 양(陽)에서 신(神)을 부르며, 맛은 음(陰)에 속하고 맛이 좋기로는 술보다 더 나은 것이 없기 때문에 술을 부어서 음(陰)에서 신을 부르는 것이다. 그 뜻을 살펴보면 사람으로 하여금 두려워 처창(悽愴)한 마음이 들게 한다.

灌, 求神也. 氣屬陽, 氣之馥烈者, 無過於香, 故爇之求神於陽; 味屬陰, 味之重厚者, 無過於酒, 故澆之求神於陰. 觀其意義, 令人怵惕, 有悽愴之心.

고례(古禮)에는 쑥을 태워서 신을 불렀는데 오늘날처럼 향을 사루는 의식으로 대신한 것은 대개 당(唐)나라 도사(道士) 왕여(王璵)가 초제(醮祭)를 지내던 의식에서 비롯했을 터인데, 사마온공(司馬溫公 사마광(司馬光))의 『서의(書儀)』에 그대로 인용하였다. 『주자어류(朱子語類)』에서는 "양자직(楊子直)은 향을 쓰지 않으면서, '향은 불가(佛家)에서만 사용하는 것이다.'라 하였다." 하였다.

古禮爇蕭以求神, 今代以焚香, 盖始于唐道士王璵設醮之儀, 溫公『書儀』仍之. 『語類』云: "楊子直不用云; '香只是佛家用之.'"

기일(忌日)에 고비(考妣)를 함께 제사하는 것은 예(禮)를 상고해 보면 옳지 못하다. 그러므로 『가례(家禮)』에서는 "한 신위(神位)에만 제사지낸다."라고 하였고, 퇴계선생도 고비를 함께 제사지내는 것을 옳지 않다고 하였는데, 세상에서 고비를 함께 제사지내 온 지가 이미 오래니 갑자기 고치기는 어렵다. 게다가 신도(神道)로 말하자면, 평상시에 이미 고비를 함께 제사하는 이치를 알고 있었으니, 만일 신이 앎이 있다면 어찌 배고픔을 느끼지 않겠는가.
   -이상은 모두 잡록(雜錄)이다.-

忌日考妣幷祭, 考于禮則不可, 故『家禮』亦只祭一位, 溪退先生亦以幷祭爲非, 而俗尙已久, 難以卒改. 且以神道言之, 常時亦知幷祭之義, 若使神有知, 豈不餒與.**18** -右, 並雜錄-

--------------------------------------------------

**18** 與 : 원문은 而 자로 되어 있는데 오자로 판단하여 고쳤다.

## 3. 역대의 사서(史書)

### 歷代諸史

고대에는 사관(史官)을 두어, 좌사(左史)는 말을 기록하고 우사(右史)는 행위를 기록하였다. 말로서 기록할 만한 것은 바로 이전(二典)·삼모(三謨)와 같은 것이며, 행위로서 기록할 만한 것은 바로 공자의 『춘추(春秋)』다.

공자가 노(魯)나라 역사를 바탕으로 『춘추』를 지으면서, 주(周)나라 평왕(平王) 49년 노나라 은공(隱公) 원년 기미년(己未年)에 시작하여 애공(哀公)이 기린을 잡은 해인 경신년(庚申年)에 그쳤으니, 모두 2백 42년이다. 기록한 것은 다만 책문(策文)일 뿐이고, 그 사건에 대한 것은 『좌씨전(左氏傳)』·『공양전(公羊傳)』·『곡량전(穀梁傳)』이다.

『좌씨전』은, 경(經)은 공자가 졸(卒)한 해인 임술년(壬戌年)에 그쳤으니, 이는 대개 노나라 역사의 책문을 썼기 때문이고, 전(傳)은 애공 27년인 계유년(癸酉年)에서 그친다.

이 당시에는 나라마다 역사 기록이 있었으니, 이를테면 『정지(鄭志)』와 『송지(宋志)』 그리고 진(晉)나라와 제(齊)나라의 태사씨(太史氏)와 남사씨(南史氏)가 기록한 것이 모두 이것이다. 좌씨(左氏)는 다시 기록의 이동(異同)을 찬집하여 『국어(國語)』를 지었다. 그리고 그 후대에 『전국책(戰國策)』과 육가(陸賈)의 『초한춘추(楚漢春秋)』가 있었으니, 이에 사서(史書)가 또한 갖추어졌다.

한(漢)나라가 일어나자 사마담(司馬談)은 그 선대가 주실(周室)의 태사(太史)였던 까닭에 역사를 찬술하려는 뜻을 가졌고, 태사의 관직이 그 아들 사마천(司馬遷)에 전해져서는, 금궤(今匱)·석실(石室)의 책들을 참고한 다음, 황제(黃帝) 이하 원수(元狩)에 이르기까지 수천 년의 역사를 거침없이 치달려 오르내리면서『춘추』의 편년체(編年體)를 바꾸어 십이본기(十二本紀)·십표(十表)·팔서(八書)·삼십세가(三十世家)·칠십열전(七十列傳)을 서술하였으니, 모두 1백 30편이다. 그 중 10편은 목록만 있고 글은 없었는데, 한나라 원제(元帝)와 성제(成帝) 연간에 저효손(褚孝孫) 선생이 이를 보충하여「무제기(武帝紀)」·「삼왕세가(三王世家)」·「구책열전(龜策列傳)」·「일자열전(日者列傳)」·「예문지(藝文志)」를 지었으니, 이것이『사기(史記)』이다. 그리고 한나라 풍상(馮商)이『속태사공서(續太史公書)』7편을 지었는데 후세에 전하지 않는다. 후세의 작자들은 하나같이 사마천의 규례를 따랐다.

반표(班彪)와 반고(班固) 부자는『한서(漢書)』를 저술하면서 고조(高祖)에서 시작하여 왕망(王莽)에서 끝마쳤으며, 다시 지(志)를 찬술하였다. 지는 모두 10편이고 세가(世家)는 없으며, 총 1백 권이었다. 반고가 죽자 그 여동생인 반소(班昭)가 이어서 팔표(八表)와 천문지(天文志)를 지었다. 이것이『전한서(前漢書)』이다.

순열(荀悅)이『전한기(前漢紀)』30권을 찬술하였으니, 바로 편년체이다.

후한(後漢)의 역사는 처음에 유신(儒臣)들에게 명하여 동관(東觀)에서 찬술하게 하였으니, 이를『한기(漢紀)』라 한다. 안제(安帝) 때에 유진(劉珍)이『동관기(東觀記)』를 교정하여 건무(建武) 이후의『명신전(名臣傳)』을 찬술하였다. 그 뒤에 진(晉)나라 원굉(袁宏)의

『후한기(後漢紀)』와 진나라 장번(張璠)과 진나라 설영(薛瑩)의『동관기』1백 권, 오(吳)나라 사승(謝承)의『후한서』1백 31권, 진(晉)나라 화교(華嶠)의『산동관기(刪東觀記)』31권, 진나라 원산송(袁山松)의『후한서』1백 권, 송(宋)나라 유의경(劉義慶)의『후한서』58권, 진나라 사침(謝沈)의『후한서』1백 32권, 진나라 사마표(司馬彪)의『속한서(續漢書)』가 있었다. 유송(劉宋)의 범엽(范曄)이 이런 사서(史書)들을 산삭(刪削)하고 채택하여 십기(十記)·팔십열전(八十列傳)을 만들었으니, 이것이 바로 지금의『후한서』이다. 기존의『후한서』들은 모두 폐기되었고, 그 중의 지(志)는 양(梁)나라 유소(劉昭)가 보충하였는데, 모두 58권이다.

삼국(三國)의 잡사(雜史)는 매우 많다. 왕침(王沈)의『위서(魏書)』와 원행충(元行沖)의『위전(魏典)』, 어환(魚豢)의『위략(魏略)』, 장발(張勃)의『오록(吳錄)』, 위소(韋昭)의『오서(吳書)』, 손성(孫盛)의『위춘추(魏春秋)』, 사마표의『구주춘추(九州春秋)』, 구열(丘悅)의『삼국전략(三國典略)』, 원반천(員半千)의『삼국춘추(三國春秋)』, 우보(虞溥)의『강표전(江表傳)』이 있는데, 지금은 오직 진수(陳壽)의 책을 정본으로 삼으니, 이것이『삼국지(三國志)』이다.

그러나 진수의『삼국지』가 위(魏)를 높이고 촉(蜀)을 낮추었기 때문에 명(明)나라 사람 사승(謝陞)이 개찬하여 촉(蜀)을 본기(本紀)로 삼고, 위(魏)와 오(吳)를 세가(世家)로 삼고서『계한서(季漢書)』라 이름하였다.

『진서(晉書)』의 경우는 동진(東晉) 우보(于寶)의『진서(晉書)』32권과, 왕은(王隱)의『진서』89권, 우예(虞預)의『진서』58권, 송나라 사영운(謝靈運)의『진서』35권, 당(唐)나라 서견(徐堅)의『진서』1

백 10권, 장영서(藏榮緒)·손작(孫綽)·주봉(朱鳳) 등 제가(諸家)가 있었는데, 당나라 태종이 방현령(房玄齡)과 저수량(褚遂良) 등에게 명을 내려 그것을 수정하여 1백 30권으로 만들었다. 태종이 사론(四論)을 찬술했기 때문에 이를 어찬(御撰)이라 하였다. 이것이 『진서(晉書)』이다.

남조(南朝)와 북조(北朝)는 각각 4대(代)로 이어졌는데, 참위(僭僞)의 나라가 10여 나라나 되었으므로 사서(史書)가 특히 많다.

이를테면 서원(徐爰)의 『송서(宋書)』 42권, 손엄(孫嚴)의 『송서(宋書)』 58권, 이덕림(李德林)의 『북제서(北齊書)』 24권, 장태소(張太素)의 『수서(隋書)』 32권, 왕소(王劭)의 『수서(隋書)』 80권, 사호(謝昊)의 『양서(梁書)』 34권, 부위(傅偉)의 『진서(陳書)』 3권, 고야왕(顧野王)의 『진서(陳書)』 3권, 왕지심(王智深)과 위담(魏澹) 등의 책들인데, 대부분 전하지 않는다. 지금 현존한 것은 심약(沈約)의 『송서(宋書)』 1백 권, 소자현(蕭子顯)의 『제서(齊書)』 60권, 요사렴(姚思廉)의 『양서(梁書)』 □권, 『진서(陳書)』 □권, 위수(魏收)의 『후위서(後魏書)』 1백 30권, 이백약(李百藥)의 『북제서(北齊書)』 □권, 영호덕분(令狐德棻)의 『후주서(後周書)』 □권이다.

위징(魏徵)은 수(隋)의 본기와 열전을 찬술하고, 장손무기(長孫無忌)는 수서지(隋書志)를 찬술하였는데, 이것이 『수서』로서 모두 □권이다.

기타 제국(諸國)의 경우는, 화포한(和包漢)의 『조기(趙紀)』, 전융(田融)의 『조석기(趙石紀)』, 범형(范亨)의 『연서(燕書)』, 왕경휘(王景暉)의 『남연록(南燕錄)』, 고여(高閭)의 『연지(燕志)』, 유병(劉昞)의 『양서(涼書)』, 배경인(裵景仁)의 『진기(秦紀)』, 최홍(崔鴻)의 『십

육국춘추(十六國春秋)』, 소방무(蕭方武)・소민지(蕭敏之)의 『삼십국춘추(三十國春秋)』가 있다. 이연수(李延壽) 부자가 이 책들을 모두 취하여 『남사(南史)』 80권과 『북사(北史)』 1백 권을 찬술하였다.

당(唐)의 역사는 고조(高祖)부터 무종(武宗)까지 후당(後唐) 때 찬수(撰修)하여 『당서(唐書)』를 만들었다. 유후(劉昫)가 진상(進上)한 것이 바로 이것인데, 외잡(猥雜)하여 계통이 없다. 후에 이 책을 『구당서(舊唐書)』라 일컬었다. 『통감(通鑑)』에서 이 책을 많이 인용하였다. 구양수(歐陽脩)와 송기(宋祁) 등이 왕명을 받아 개찬(改撰)하였다. 구양수는 기(紀)와 지(志)를 맡고, 송기는 열전(列傳)을 맡아서 17년이 걸려 완성하니, 모두 2백 73권으로 이것이 『신당서(新唐書)』이다.

양(梁)・당(唐)・진(晉)・한(漢)・주(周)를 오대(五代)라 한다. 설거정(薛居正)이 『오대사(五代史)』를 편수하였는데, 이를 구사(舊史)라 한다. 구양수가 이를 개수(改修)하여 신서(新書)를 만들었으니, 이것이 『오대사(五代史)』다.

이 밖에 구양현(歐陽玄)의 『송사(宋史)』・『요사(遼史)』・『금사(金史)』와 왕위(王偉)의 『원사(元史)』와 장정옥(張廷玉)의 『명사(明史)』가 있다. 이상이 이십이사(二十二史)이다. 사람들이 대개 이러한 사실을 알지 못하기 때문에 우선 기록해 둔다.

여타 사서(史書)의 내용을 뽑아 편년체로 만든 책으로 말하면, 사마광(司馬光)이 칙명을 받아 주(周)나라 위열왕(威烈王) 23년인 무인년(戊寅年) 삼진(三晉)을 봉(封)한 해로부터 시작하여 위로 지요(智瑤)의 일에 이르렀으니, 실은 좌씨(左氏)를 계승하여 역사를 기록한 것이었다. 그리고 아래로는 후주(後周) 세종(世宗) 현덕(顯德)

6년인 기미년(己未年)에 이르렀으니, 도합 16대국(代國), 1천 3백 62년의 역사로서 19년 만에 책이 완성되었다. 이것이 『자치통감(資治通鑑)』 2백 94권이다. 또 대충 사목(事目)을 든 것으로는 「자치통감목록(資治通鑑目錄)」 30권과 「자치통감고이(資治通鑑考異)」 30권이 있는데, 송나라 신종(神宗)이 서문을 썼다.

사마광이 『자치통감』을 찬수할 때, 유서(劉恕)와 유창(劉敞)과 범조우(范祖禹) 등이 그 일에 참여하여, 유서는 □□을 맡고 유창은 양한(兩漢)의 역사를 맡고 범조우는 당나라의 역사를 맡았으며 원(元)나라 호삼성(胡三省)의 주(註)가 있다. 본조(本朝)의 세종(世宗)이 유신(儒臣)들에게 명하여 사정전훈의(思政殿訓義)를 찬술하게 하였는데, 선본(善本)으로 일컬어진다.

주자(朱子)는 『자치통감』의 의례(義例)에 잘못된 곳이 많다고 여겨 『자치통감강목(資治通鑑綱目)』을 저술했는데, 이 일에 문인(門人) 조사연(趙師淵)의 공로가 많았다. 『자치통감강목』은 모두 59권인데, 주자는 이 책을 미처 윤색하지 못한 것을 늘 아쉽게 생각했다.

이 밖에 또 유서의 『통감외기(通鑑外紀)』와 김이상(金履祥)의 『통감전편(通鑑前編)』과 여동래(呂東萊)의 『십칠사상절(十七史詳節)』 및 『대사기(大事記)』가 있다. 그리고 이도(李燾)가 찬술한 『통감장편(通鑑長編)』은 북송조(北宋朝)의 역사만을 전적으로 기술하였으며, 진경(陳桱)의 『통감속편(通鑑續編)』은 송(宋)·원(元)의 역사를 기록한 것이다.

명(明)나라 때는 유신(儒臣)에게 명하여 『속강목(續綱目)』을 찬술하게 했으니, 바로 송(宋)·원(元)의 역사를 기록한 것이다.

이 밖에 역사를 추려 뽑은 책으로는 강지(江贄)의 『소미통감절요

(少微通鑑節要)』와 유염(劉剡)의 『속절요(續節要)』와 증선지(曾先之)·여진(余進)의 『십구사략(十九史略)』등과 같은 것들이 있는데, 이루 다 기술할 수 없다.

古者有史官, 左史記言, 右史記動. 言之可紀者, 二典三謨[19]之屬, 是也; 動之可紀者, 孔子之『春秋』, 是也. 孔子因魯史而作『春秋』, 起周平王四十九年魯隱公元年己未, 止於哀公獲麟之歲庚申, 凡二百四十二年. 所紀只是策文 而其事則左氏公穀諸傳, 是也. 左氏經止於孔子卒之歲壬戌, 盖用魯史策文也. 傳止於哀公二十七年癸酉. 是時, 國各有史, 若鄭志, 宋志, 晉齊太史, 南史氏之所記皆是也. 左氏更纂異同, 以爲『國語』, 後又有「戰國策」·陸賈『楚漢春秋』, 於是而史亦備矣. 漢興, 司馬談以其先周室之太史有述作之意, 傳其子遷, 紬金匱石室[20]之書, 述黃帝以來至于元狩[21], 馳騁古今上下數千載, 變『春秋』編年之體, 爲十二本紀十表八書三十世家七十列傳, 凡百三十篇. 而十篇有錄無書, 元成之間, 褚先生孝孫補之, 作「武帝紀」, 三王世家, 「龜策日者列傳」, 「藝文志」, 是爲史記. 有馮商『續大史公』七篇, 後不傳. 後世作者一遵史遷規制. 班彪固父子述『漢書』, 起高祖終王莽, 更書爲志. 志凡十篇而無世家, 凡百卷. 固死, 女弟昭踵成「八表」·「天文志」, 是爲『前漢書』. 荀悅爲「前漢紀」三十卷, 卽編年體也. 後漢事, 初命儒臣著述於東觀, 謂之『漢紀』. 安帝時, 劉珍校『東觀記』, 撰建武以來名臣傳. 其後有袁

---

19  二典三謨 : 『書經』의 堯典·舜典과 大禹謨·臯陶謨·益稷을 이르는 말이다.

20  金匱石室 : 고대의 국가에서 중요한 문헌을 收藏하던 곳을 뜻하는 말이다. 『史記』 「太史公自序」에 보인다.

21  元狩 : 漢武帝의 연호로 기원전 122년부터 117년까지다.

宏記・晉張瑤晉薛瑩『東觀記』百卷・吳謝承『後漢書』百三十一卷・晉華嶠『刪
東觀記』三十一卷・晉袁山松『後漢書』百卷・宋劉義慶『後漢書』五十八卷・
晉謝沈『後漢書』百三十二卷・晉司馬彪『續漢書』, 劉宋范曄刪采爲十記八十
列傳, 是爲『後漢書』, 而諸家皆廢, 其志則梁劉昭所補, 凡五十八卷. 三國雜
史至多, 有王沈『魏書』・元行冲『魏典』・魚豢『典畧』・張勃『吳錄』・韋昭『吳
書』・孫盛『魏春秋』・司馬彪『九州春秋』・丘悅『三國典畧』・員半千『三國
春秋』・虞溥『江表傳』, 今唯以陳壽書爲定, 是爲『三國志』. 然尊魏黜蜀, 故
明人謝陛改定以蜀爲本紀, 魏吳爲世家, 名『季漢書』. 『晉書』則東晉于寶『晉
書』三十二卷・王隱『晉書』八十九卷・虞預『晉書』五十八卷・宋謝靈運『晉
書三十五卷・唐徐堅『晉書』百一十卷, 臧榮緒・孫綽・朱鳳等諸家, 唐太宗
詔房玄齡・褚遂良等, 修正爲百三十卷. 太宗撰四論, 故總名曰『御撰』, 是
爲『晉書』. 南北兩朝各四代, 而僭僞之國十數, 其書尤多. 如徐爰『宋書』四
十二卷・孫嚴『宋書』五十八卷・李德林『北齊書』二十四卷・張太素『隋書』
三十二卷・王劭『隋書』八十卷・謝昊『梁書』三十四卷・傅偉『陳書』三卷・
顧野王『陳書』三卷, 王智深・魏澹等書, 多不傳. 今之存者, 沈約『宋書』百
卷・蕭子顯『齊書』六十卷・姚思廉『梁書』■■卷又『陳書』■■卷魏收『後魏
書』百三十卷・李百藥『北齊書』■■卷・令狐德棻『後周書』■■卷, 魏徵撰
隋本紀列傳, 長孫無忌撰「隋書志」, 是爲『隋書』, 凡■■卷. 其他諸國, 則
有和包漢『趙紀』・田融『趙石紀』・范亨『燕書』・王景暉『南燕錄』・高閭『燕
志』・劉昞『涼書』・裵景仁『秦紀』・崔鴻『十六國春秋』・蕭方武敏之『三十國
春秋』, 李延壽父子悉取爲『南史』八十卷・『北史』百卷. 唐自高祖至武宗, 後
唐修爲書, 劉煦所上是已, 而猥雜無統, 後稱『舊唐書』. 『通鑑』多引用. 歐陽
脩・宋祁等奉詔改撰. 脩主紀・志, 祁主列傳, 歷十七年而成, 總二百七十
三卷, 是爲『新唐書』. 梁唐晉漢周謂之五代, 薛居正修『五代史』, 稱舊史, 歐

陽修芟爲新書, 是爲『五代史』. 歐陽玄『宋史』『遼史』『金史』・王偉『元史』・張廷玉『明史』, 右爲二十二史. 人多不解, 故姑識之. 其餘鈔史編年而作者, 司馬光奉勅, 起周威烈王二十三年戊寅封三晉之歲, 而上接智瑤[22]之事, 實繼左氏而紀事也. 下至于周世宗顯德己未, 合十六代一千三百六十二年, 凡十九年而書成, 是爲『資治通鑑』二百九十四卷. 又畧擧事目, 爲『目錄』三十卷, 『考異』三十卷, 宋神宗序之. 光撰修時, 劉恕・劉攽・范祖禹等參修, 恕掌■■, 攽掌兩漢, 祖禹掌唐事, 有胡三省註. 本朝世宗命儒臣撰『思政殿訓義』, 號稱善本. 朱子以通鑑義例多錯, 定著『綱目』, 而門人趙師淵之功居多, 凡五十九卷. 朱子常以未及修潤爲恨云. 其外又有劉恕『通鑑外紀』・金履祥『通鑑前編』・呂東萊『十七史詳節』及『大事記』. 李燾撰『通鑑長編』, 專論宋北朝事, 陳桱『通鑑續編』, 論宋元事. 明使儒臣撰『續綱目』[23], 卽宋元事也. 其外鈔節史, 如江贄『少微通鑑節要』・劉剡『續節要』・曾先之・余進『十九史畧』等書, 不可盡述.

---

**22**　智瑤 : 전국시대 晉나라 재후인 智伯의 성명이다. 지백이 韓氏와 魏氏에게 땅을 요구하자 모두 그에게 땅을 주었는데 趙襄子가 그의 요구를 들어주지 않았다. 이에 지백이 한씨와 위씨의 군대를 이끌고 조양자를 공격하였다. 조양자는 晉陽城에서 버티면서 한씨와 위씨를 설득하여 지백을 함께 공격하여 鑿臺에서 죽였다.

**23**　『續綱目』: 明나라 商輅 등이 왕명을 받고 찬술한 『續資治通鑑綱目』 27권을 가리킨다. 이 책은 宋나라 太祖 乾隆 원년으로부터 元나라 順帝 至元 27년에 이르기까지의 역사를 기술하였다.

# 4. 역사 기술의 어려움
述史難

공자(孔子)가 지은 『춘추(春秋)』는 노(魯)나라 사관(史官)의 글을
바탕으로 삼아 서술한 것이지 스스로 창작한 것은 아니다. 그러므
로 공자는 "옛것을 전술(傳述)할 뿐 창작하지 않는다."라고 하였으
니, 공자는 역사를 서술할 때 반드시 그 허실(虛實)과 진위(眞僞)를
자세히 살펴서 필삭(筆削)하였다.

후세의 역사 기록은 분명한 준칙이 없거늘 후인들은 이를 이어받아
기술하면서 그대로 따르기만 하고 자세히 살펴서 취택하지 않았기
때문에 의심스러운 곳이 많다. 시험 삼아 서한(西漢) 소제(少帝)의
일을 가지고 말해 보겠다.

혜제(惠帝)가 붕어(崩御)했을 때, 『한서(漢書)』고후기(高后紀)에,
"태후(太后)가 혜제의 누이인 노원공주(魯元公主)의 딸을 황후(皇
后)로 삼았는데, 아들이 없었으므로 후궁 미인(美人)의 아들을 취
하여 태자(太子)라고 하였다. 혜제가 붕어하자 태자가 황제의 자리
에 올랐는데 나이가 어렸기 때문에 태후가 조정에 임하여 황제 역
할을 하다가 4년 만에 소제(少帝 유공(劉恭))를 폐위(廢位)하고 항
산왕(恒山王) 홍(弘)을 세워 황제로 삼았다. 8년에 태후가 붕어하
자, 여씨(呂氏)들이 난을 일으켰는데, 주발(周勃) 등이 난을 토벌
하고, 여씨의 남녀들을 잡아 어린이와 어른을 막론하고 모두 주살
(誅殺)하였다. 대신(大臣)들이 음모(陰謀)하여 소제(少帝)와 왕이
된 세 아우는 다 혜제의 아들이 아니라 하여 다 주살하고 문제(文

帝)를 받들어 세웠다."

라 하였다. 그런데 『한서(漢書)』에 나오는 「외척은택후표(外戚恩澤侯表)」에 의하면, 혜제의 아들 네 사람을 왕으로 봉하고 기록하기를, "혜제의 아들로써 봉했다.〔以惠帝子封〕"라 하였으니, 만일 혜제의 아들이 아니었다면 응당 "혜제의 아들이라 칭하여 봉했다.〔稱惠帝子而封之〕"고 했지 굳이 "혜제의 아들로써 봉했다."라 하지는 않았을 것이다.

그리고 『한서』 「주발전(周勃傳)」에 "여씨들을 다 베어 죽이고, 이에 음모(陰謀)하여 '소제와 제천왕(濟川王)·회양왕(淮陽王)·항산왕(恒山王)이 다 혜제의 아들이 아닌데, 여태후가 꾀를 써서 다른 사람의 아들을 황후의 아들이라 칭하고는 그 어미를 죽이고 후궁에서 길러 혜제로 하여금 아들로 삼게 하여 여씨의 세력을 강화시켰다. 이제 이미 여씨들을 모두 죽였으니, 소제가 커서 집권하면 우리들은 다 죽을 것이다.' 하였다."라 하였으니, 여기에서 '음모(陰謀)'라는 두 글자가 재차 보인다. '음모'라 했으니, 바르지 않음을 알 수 있다.

『한서』 외척전(外戚傳)에는 후궁들의 작품(爵品)을 열거했는데, "미인(美人)은 이천석(二千石)에 비긴다."는 대목이 있고 또 가인(家人)이란 호칭이 있으니, 미인은 대개 후궁으로서 황제의 은혜를 입어 작위를 받은 자였을 것이다.

「효혜장황후전(孝惠張皇后傳)」에 "황후가 아들이 없으니, 여태후가 황후에게 겉으로 임신한 것처럼 위장하게 하고 후궁 미인의 아들을 취하여 태자라 일컫게 하였다.-안사고(顏師古)의 주(註)에 "황후의 아들이라 이름한 것이다." 하였다.- 그리고 그 어미를 죽이고 황후의 아들이라고 칭한 아들을 세워 태자로 삼았다. 태자로 세운 지 4년 만에 폐위하고, 다시 항산왕 홍을 세워 황제로 삼고 여녹(呂祿)의 딸로 황후를 삼았으니, 여씨의 뿌리를 튼튼하게 하려는 것이었다." 하였으니, 반씨(班氏 반고(班固))의 필법은 모두 이와 같았다.

여기서 '미인의 아들이다' 하였고 보면 미인은 바로 혜제의 후궁이니, 그녀의 소생이 혜제의 아들이 아니고 누구이겠는가? 이 일은 알기 쉬운데, 『자치통감』에서는 글을 고쳐서 쓰기를 "효혜(孝惠 혜제(惠帝))의 아들이라 이름한 자를 세웠다.〔立所名孝惠子〕"라 하고 '장후(張后)의 아들이라 이름한 자〔所名張后子〕'라 하지 않았으니, 필법이 반고의 『한서』에 있는 안사고의 주(注)와 매우 다르고, 유씨(劉氏)가 아닌 사람으로 보았다. 그런데 『자치통감강목』은 『자치통감』을 그대로 따라 썼다. 그래서 "대왕(代王) 항지(恒之)가 즉위하여 여후(呂后)가 효혜의 아들이라고 이름한 홍(弘)을 주살(誅殺)하였다."라고 썼다. '주(誅)' 자는 바로 죄 있는 자에게 쓰는 말인데, 홍이 무슨 죄가 있다고 주 자를 썼단 말인가.

생각해 보건대, 당시 한(漢)나라 조정 신하들의 뜻은 여후(呂后)의 흉악한 불꽃이 하늘을 태울 만큼 극악하였기에 분노를 품은 지 오래였을 것이다. 그래서 여후의 일족은 종자도 남기지 않고 다 죽이려 했으니, 또한 후일의 화를 염려하여 이름을 가탁하여 죽였던 것이다. 만일 효혜의 아들이 아니었다면 당시 여러 신하들이 어찌 한 마디 말도 없이 8년이란 오랜 세월동안 복종해 섬겼겠는가.

역사를 기술하는 사람은 응당 소제(少帝)와 홍(弘)을 전폐제(前廢帝)와 후폐제(後廢帝)로 일컬어 혜제의 아래에 잇고 기년을 대서(大書)하는 한편, 여후가 섭정하던 시기는 해마다 아래에 주(注)를 달아 "태후가 섭정한 지 몇 년이다."라 써야 할 것이다. 고려 말 우(禑)·창

(昌)의 일도 이와 비슷하다고 생각한다.

孔子作『春秋』, 卽因魯史之文而述之, 非自作也. 故曰: "述而不作.[24]"述史
之際, 必審其虛實眞假而筆削之. 後世史記, 無可準的, 後人之述之者因之
而不爲審擇, 故多有可疑. 試以西漢少帝事言之. 惠帝崩, 「高后紀」云: "太
后立帝姊魯元公主女爲皇后, 無子, 取後宮美人子, 名之以爲太子. 帝崩, 太
子立爲皇帝, 年幼, 太后臨朝稱制. 四年廢, 立恒山王弘爲帝. 八年后崩, 諸
呂作亂, 周勃等討之, 諸呂男女, 無少長皆斬之. 大臣相與陰謀以爲少帝及
三弟爲王者, 皆非孝惠子, 共誅之, 尊立文帝."『恩澤侯年表』, 惠帝子四人
封王, 而書曰: "以惠帝子封." 若非惠帝子, 則當曰: "稱惠帝子而封之." 不
必曰以也. 「周勃傳」曰: "共誅諸呂. 于是, 陰謀以爲少帝及濟川 · 淮陽 · 恒
山王, 皆非惠帝子, 呂太后以計詐名他人子, 殺其母, 養之後宮, 令惠帝子
之, 用强呂氏. 今已滅諸呂, 少帝卽長用事, 吾屬無類矣." 陰謀二字再見, 其
曰陰謀, 則不出於正, 可知矣. 「外戚傳」列書後宮爵品, 有美人視二千石, 又
有家人之稱, 則美人盖後宮之承恩而受爵者也. 「孝惠張皇后傳」曰: "后無
子, 呂太后使陽爲有身, 取後宮美人子 名之.-師古曰: '名爲皇后子.'- 殺其母,
立所名子爲太子. 立四年廢之, 更立弘爲皇帝, 以呂祿女爲皇后, 欲連根固
本." 班氏筆法皆如此矣. 其曰美人子, 則美人卽惠帝之後宮. 其所生, 非帝
子而何? 此事易知, 而『資治通鑑』, 變文書之曰: "立所名孝惠子." 不云所名
張后子, 則筆法與班書顔註大異, 而爲非劉之人矣.『綱目』亦因『通鑑』書之,
故曰: "代王恒至卽位, 誅呂后所名孝惠子弘." 誅是有罪之辭, 弘有何罪而書

24　述而不作 :『論語』「述而」에 보인다.

誅乎? 想當日漢庭諸臣之意, 呂后之凶燄薰天, 含憤久矣. 欲使呂后無種,

亦慮後日之禍, 託名而殺之耳. 若非孝惠之子, 當時諸臣, 何無一言而服事,

至於八年之久耶? 作史者當以少帝及弘稱爲前廢帝後廢帝, 繼惠帝之下而大

書紀年, 呂后攝政稱制, 則每年下註, 書太后稱制幾年而已. 麗末禑・昌事,

竊類之.

## 5.  사서는 믿을 수 없다
### 史書不可信

맹자는 「무성(武成)」에서 두세 책(策)만 취하였다. 경문(經文)도 오히려 이와 같은데 더구나 대부분 애증(愛憎)·외탄(畏憚)·첨영(諂佞)하는 사심을 벗어나지 못한 후세 사관(史官)들의 붓에서 나온 기록들은 실로 믿을 수 없다.

우연히 한(漢)나라 역사를 보니, 주발(周勃)이 하옥된 것은 남의 무고를 입어서였다. 그리고 조광한(趙廣漢)·합관요(蓋寬饒)·한연수(韓延壽)·양운(楊惲)의 죄가 모두 주륙되는 데에 이르렀으니, 실로 천하에 지극히 원통한 일이었다. 그런데 도리어, "장석지(張釋之)가 정위(廷尉)로 있을 때에 천하에 억울한 백성이 없고, 우정국(于定國)이 정위로 있을 때 백성들이 스스로 억울하게 여기는 일이 없었다."라 하였으니, 이는 곡필(曲筆)이 아니겠는가? 주발의 질직(質直)하고 충근(忠謹)한 인품으로도 옥리(獄吏)에게 수모까지 당하다가 옥리에게 천금을 주고 공주(公主)를 증인으로 내세워서 결국은 태후(太后)의 구제를 받아 죽음을 면할 수 있었으니, 이것이 장석지가 정위로 있을 때였다. 그 "천자의 행차 길을 침범한 죄인과 천자 사당의 옥환(玉環)을 훔친 죄인을 용서해 준 것"은 도리어 작은 일이다.

조광한·합관요·한연수·양운의 일은 우정국이 정위로 있던 때였다. 장석지와 우정국은 일찍이 억울하게 죽어가는 이를 구제하는 말을 한 마디도 한 적이 없거늘, '사람들이 억울하게 여기지 않았다'는 것은 과연 어떤 사람이었던가?

孟子於「武成」取二三策.[25] 經文尙如此, 況後世史官, 未免多出於愛憎畏憚諂侫之筆, 則實不可信也. 偶觀漢史, 周勃之下獄, 被人誣也. 趙·蓋[26]·韓·楊[27]之罪, 皆至於戮死, 實天下之至寃也. 却云: "張釋之爲廷尉, 天下無寃民; 于定國爲廷尉, 人自以不寃." 此非曲筆乎? 以周勃之質直忠謹而至被獄吏侵辱, 以千金與獄吏, 以公主爲證, 而太后救之得免, 此釋之爲廷尉時也. 其論犯蹕盜環[28], 却細事耳. 趙蓋韓楊之事, 于定國爲廷尉時也. 曾無

---

**25** 孟子……三策 : 『孟子』「盡心下」에 "『書經』의 기록을 다 믿는다면, 차라리 『서경』이 없느니만 못하다. 나는 「武成」에서 두세 책만 취할 따름이다.〔盡信書 則不如無書 吾於武成 取二三策而已矣〕"라고 하였다. 策은 竹簡의 한 쪽이다.

**26** 蓋 : 원문은 盍 자로 되어 있는데 오자라 고쳤다.

**27** 趙·蓋·韓·楊 : 趙廣漢·蓋寬饒·韓延壽·楊惲을 가리킨다. 모두 漢나라 宣帝 때 신하들이다. 조광한은 京兆尹으로 재임할 때 간사한 자와 도적들을 잘 잡아내어 명성이 匈奴에까지 알려졌으나 訟事를 판결할 때 사사로운 원한으로 살인죄를 뒤집어씌웠다는 모함을 받아 허리를 자르는 극형에 처해졌다. 그가 처형을 받을 때 대신 죽겠다고 나서는 백성들이 수만 명이나 되었다고 한다. 합관요는 강직하고 청렴하여 직언을 잘하였는데 끝내 모함을 받고 투옥된 뒤 자살하였다. 한연수는 左馮翊으로 있으면서 송사를 잘 처결하였는데, 모종의 일에 연루되어 棄市刑을 받으니, 백성들이 모두 눈물을 흘렸다고 한다. 양운은 平通侯에 封해졌다가 戴長樂의 참소를 입어 庶人으로 강등되었다가 다시 참소를 입어 허리를 자르는 극형에 처해졌다. 『史略 권2 西漢宣帝』 『漢書 권77 蓋寬饒傳』

**28** 犯蹕盜環 : 張釋之는 漢나라 文帝 때 廷尉로 공정하고 엄격하다는 평판을 받았다. 문제의 행차가 中渭橋를 지날 때 어떤 사람이 다리 아래에서 달려 나와 乘輿의 말이 놀랐다. 문제가 장석지에게 처리하게 하자 "한 사람이 犯蹕, 즉 임금의 승여를 범한 행위이므로 벌금형에 처해야 한다."라고 하였다. 문제가 더 무겁게 처벌하라고 하였지만 장석지는 법규를 따라야 한다고 주장하여 자기 의견을 관철시켰다. 그리고 高廟의 坐前玉環을 훔친 자를 체포하여 장석

一言覆逆以救, 則人自以不冤者, 是何等人也!

## 6. 오랑캐가 중화(中華)를 어지럽히다

夷狄亂華

중화(中華)는 바로 인물(人物)이 처음 태어난 땅이요, 성인이 출현한 고장이요, 삼황(三皇)·오제(五帝)·당우(唐虞)·삼대(三代)가 서로 이어온 신기(神器)이니, 양명(陽明)이 우세하면 음탁(陰濁)이 물러남은 당연한 이치이다. 그런데 순수하고 질박한 바탕이 흩어지는 것이 위(魏)·진(晉) 때에 이르러 심하였다. 이에 오랑캐가 다투어 침범하니 중원에 한 조각의 깨끗한 땅도 없었다.

그래서 유총(劉聰)이 죽고 그의 아들도 멸망하자 유총 집안 남녀들은 어린이, 어른 가릴 것 없이 모두 근준(靳準)에게 살해되었다. 유요(劉曜)가 유총의 뒤를 이은 지 10년도 못되어 남에게 사로잡혔다.

석늑(石勒)은 융성하였으나 그의 아들 홍(弘)이 승상(丞相)인 호(虎)에게 나라를 빼앗겼으며, 조왕(趙王) 호(虎)는 1년도 못 되어서 죽고, 그 가족은 씨도 남지 않고 도륙당하였다. 모용씨(慕容氏)는 재차 일어났으나 끝내 기업(基業)이 패망하였다.

부견(苻堅)의 전진(前秦)의 융성함은 유총과 석늑에 비할 바가 아니었으나 곧바로 멸망하였다.

이들은 모두 오랑캐로서 중원을 어지럽힌 자들 중의 거벽(巨擘)으로서 일컬을 만한 덕은 없고 한갓 힘으로 나라를 취하였으니, 그들이 화를 받음은 당연한 일이었다.

그러나 후세에 와서 여진(女眞)과 몽고(蒙古)는 오랑캐 중에서 가장 포악한 자로서 오직 살륙만을 일삼았고, 금(金)은 중원의 절반을 차지하였으며, 원(元)은 또 천하를 통일하여 능히 백여 년을 유지하였다. 지금의 청(淸)나라 사람 역시 여진의 후손으로서 우리나라가 이른바 '야인(野人)'이라고 하는 자들로 일컬을 만한 것이 없는데도 능히 나라를 백수십 년 동안 누리고 있으니, 어찌 양운(陽運)이 점차 쇠하고 음운(陰運)이 기세를 타서 하늘도 어찌할 수 없어 그러한 것이 아니겠는가? "흉노(凶奴)는 백 년을 간 적이 없다."는 말은 바로 『한서(漢書)』에 기록된 것인데, 지금은 논할 것이 못 된다.

中原一方, 是人物肇生之地·聖人首出之鄉·三皇五帝唐虞三代相傳之神器也. 陽明勝而陰濁退, 固其理也. 而醇漓樸散, 至魏晉之際而甚矣. 胡羯交侵, 中夏無一片乾淨地, 然而劉聰身死嗣滅, 男女無少長, 皆戕於斬準. 劉曜承其後不十年而爲人擒. 石勒盛矣, 而子奪於虎. 虎死不一年, 而屠戮無遺種. 慕容再興, 而末乃基業傾覆. 苻秦之盛, 非比劉石, 而旋致覆滅. 此皆夷狄亂華之巨擘也. 無德可稱, 徒以力取, 其受禍也宜矣. 然至後世, 女眞·蒙古爲夷狄之最暴者, 而唯以殺戮爲事. 金據中原之半, 元又混一, 能至百餘年. 今之淸人, 亦女眞餘落, 我國所謂野人而無足可稱, 能享國百數十年而不已, 豈非陽運漸衰而陰運乘之, 天亦莫可奈何而然耶? 凶奴無百年之語, 是『漢書』所記, 而今不可論.

## 7. 중화(中華)와 이적(夷狄)의 정통
華夷正統

진실로 천하를 얻은 자들을 통틀어서 정통이라고 할 수 있다면, 이 것은 매우 그렇지 않다.

중국은 성명(聲名)과 문물(文物)의 고장이다. 이 때문에 하늘이 성인에게 명하여 보호해 지키게 하였으니, 이것이 이른바 신기(神器) 이다. 이 신기는 복희씨(伏羲氏)와 신농씨(神農氏)로부터 전하여 요 (堯)・순(舜)・우(禹)・탕(湯)・문(文)・무(武)에 이르도록, 금구 (金甌)처럼 공고하여 이지러지지 않고 옥촉(玉燭)처럼 길이 밝았는 데, 진(秦)・진(晉)・수(隋)・남북조(南北朝)・오대(五代)에서 흔 들리고 한(漢)・당(唐)・송(宋)・명(明)에서 다시 바로잡아졌다가 원(元)・청(淸)에서 더럽혀졌다.

비유하자면 이렇다. 한 집안이 아버지로부터 아들로, 아들로부터 손자로 전해 오면서 오랜 세월 이어가다가 갑자기 강도가 나타나서 집안을 빼앗아 자기의 소유로 삼는다. 또 여러 해를 지나다가 다행히 그 자손 중에 능히 집안을 일으킬 만한 자가 나타나서 강도를 없애고 옛 가업을 회복한다면 중간에 갑자기 나타나 집안을 갈취한 강도를 참 주인이라 할 수 없고, 그 자손으로 하여금 조상의 제사를 받들고 노복을 어루만져 그 종통(宗統)을 잇게 히야 하는 것은 분명한 일이다.

이로써 본다면 중국의 임금은 곧 하늘의 아들이고, 이적은 곧 강도 이다. 어떤 이는 말하기를 "사람의 입장에서 보면 비록 화이(華夷)의 구분이 있으나, 하늘의 입장에서 본다면 어찌 피차(彼此)의 구별이 있겠는가? 원·청은 곧 송·명의 전통을 계승했다고 인정할 수 있으니, 오랑캐라 하여 무시해서는 안 된다."라 하니, 이는 그렇지 않다.

대개 하늘이 만물을 낼 때, 중국의 인물이 으뜸이고 이적(夷狄)이 그 다음이고 금수(禽獸)가 또 그 다음이니, 이적은 반은 사람이고 반은 금수인 중간에 놓이는 것이 하늘의 이치이다. 이치가 바로 지선(止善)이 있는 곳. 하늘의 마음은 일찍이 지선하기를 바라지 않은 적이 없건만, 기화운행(氣化運行)의 순탁(醇濁)이 고르지 못하면, 치란(治亂)이 서로 이어지고 화이(華夷)가 번갈아 바뀌는 것은 형세이다. 형세가 있는 곳에는 하늘도 어떻게 할 수 없다.

어떤 이는 또 말하기를 "그대는 이적이 중국에 들어와서 주인 노릇을 하는 것이 하늘의 뜻이 아닌 줄 어떻게 아는가?"라 하기에 나는 말하기를 "성인은 곧 하늘이시니, 나는 성인을 통하여 알았다. 『서경』에서는 오랑캐가 중국을 어지럽힘을 경계하였고, 『춘추』에서는 중화와 이적의 구분을 엄격히 하였다. 이로써 보면 하늘은 본디 이적을 인정하지 않는다."라고 하였다.

苟可以得天下通謂之正統, 則是大不然. 中夏聲名文物之鄉, 天以是命之聖人, 使之保以守之, 此所謂神器也. 是器也, 傳自羲農, 至于堯舜禹湯文武, 而金甌無缺, 玉燭長明, 動搖乎秦晉隋南北五代, 復正于漢唐宋明, 而穢亂于元淸. 譬如一家以父傳子, 以子傳孫, 多歷年所, 忽有刦盜奪而有之, 以爲己物, 又經累年, 幸其子孫有能克家者, 勦除刦盜, 克復舊業, 則不可以中間刦盜之掩取者, 謂之眞主人, 而使奉其先祀, 撫其奴僕, 以續其宗統也, 明矣. 以此言之, 中華之主, 卽天之子也, 夷狄卽刦盜也. 說者曰: "以人觀之, 雖有華夷之分; 自天視之, 豈有彼此之別乎? 元淸直可繼宋明之統, 而不可

以陰削之也."此亦有不然者. 夫天之生物, 中夏人物爲首, 夷狄次之, 禽獸
次之. 夷狄在半人半獸之間, 天理也. 理卽至善之所在也. 天之爲心, 未嘗不
欲其至善, 而氣化運行, 醇漓不齊, 則治亂相因而華夷迭嬗, 勢也. 勢之所
在, 天亦莫奈何矣. 說者又曰:"子曷知夫夷狄之入主中夏非天意也?"曰:
"聖人卽天也, 吾以聖人而知之."『書』戒蠻夷猾夏, 『春秋』謹華夷之分. 推此
言之, 天之於夷狄, 固有不許者矣.

## 8.　촉한 정통

蜀漢正統

사마온공(司馬溫公)의 『자치통감』에는 위(魏)를 올리고 촉(蜀)을
내쳤으니, 그 의리(義理)가 옳지 못하다. 이런 까닭에 주자(朱子)의
『강목』에서는 이를 개정하여 촉을 정통으로 삼았는데, 주자 이전에
도 이미 이런 예(例)가 있었다. 진(晉)나라 사람 습착치(習鑿齒)가
『한진춘추(漢晉春秋)』를 지으면서 한 광무제(漢光武帝)에서 시작
하여 진 민제(晉愍帝)에서 끝냈는데, 촉을 정통이라 하고 위를 찬역
이라 하고, 종회(鍾會)와 등애(鄧艾)가 촉을 평정하기에 이른 시점
을 한(漢)이 망하고 진(晉)이 시작되는 것이라 하고 "세조(世祖) 염
(炎)이 일어나 위(魏)의 선위(禪位)를 받았다."는 대목을 인용하여
천심은 세력으로 꺾을 수 없음을 밝혔으니, 대개 당시에 환온(桓溫)
이 바랄 바가 아닌 것을 넘보고 있기 때문에 이 책을 지어 바로잡았
던 것이다.

　진수(陳壽)의 『삼국지(三國志)』는 한(漢)을 폄하하여 촉(蜀)이라
하였으니, 명호(名號)가 실상과 어긋났다. 그 뜻은 한으로 칭하면
정통이 위(魏)로 돌아가지 않고 한(漢)으로 돌아간다고 생각했던
것이다. 진수는 진(晉)나라 신하이다. 진(晉)은 위(魏)의 뒤를 이었
으니, 위를 높인 것은 진을 높인 것이다. 그가 세상에 아부한 뜻을
이루 다 죄책(罪責)할 수 있겠는가. 그러나 그가 『삼국지』 속에 기록
한 바에는 한이라 칭하고 촉이라 칭하지 않은 것이 또한 많으니,
천리와 인심은 끝내 민멸할 수 없는 것이라 그 실상을 가릴 수 없었던

것이다.

명유(明儒) 사승(謝陛)은 진수가 지은『삼국지』의 본문을 취하여 자양(紫陽 주자(朱子))의 정필(正筆)에 따라『계한서(季漢書)』를 찬술하되 정통을 소열(昭烈 유비(劉備))에게 주었으니, 조비(曹丕)가 참람되게 제위(帝位)를 훔친 죄가 드러났다. 그런 뒤에야 계한(季漢 촉한(蜀漢))이 일어난 것이 양한(兩漢 서한(西漢) · 동한(東漢))의 정통을 이어 명호가 바르게 될 수 있었다.

나는『동사강목』을 찬술하면서 마한(馬韓)이 조선(朝鮮 고조선(古朝鮮))을 이었다 하여 정통으로 삼고, 마한이 망하기 전에는 신라와 고구려를 모두 참국(僭國)의 예(例)에 넣었는데 보는 이들이 어떻게 생각할지 모르겠다.

溫公『通鑑』, 升魏黜蜀, 其義不是, 故朱子『綱目』, 改定以蜀爲正統, 而朱子之前已有之. 晉人習鑿齒著『漢晉春秋』, 起漢光武, 終晉愍帝, 蜀爲正, 魏簒逆, 至鍾 · 鄧平蜀, 爲漢亡晉始, 引世祖諱炎興而爲禪受, 明天心不可以勢力强也. 盖此時桓溫覬覦非望, 故作此書以裁正之也. 陳壽『三國志』, 貶漢爲蜀, 名號失實. 其意以漢稱, 則正統不歸魏而歸漢矣. 壽, 晉臣也. 晉承魏後, 尊魏, 所以尊晉也. 阿世之意, 可勝誅哉! 然其志中所記, 稱漢不稱蜀者亦多, 則天理人心之終不可泯, 而不得以掩其實也. 明儒謝陛取陳志之本文, 遵紫陽之正筆, 撰『季漢書』[29], 純然以正統與昭烈, 丕權僭竊之罪, 見矣. 夫

---

**29** 『季漢書』: 明나라 謝陛가 지은 蜀漢의 史書로, 朱熹의『資治通鑑綱目』의 義例를 따라 昭烈帝 劉備를 정통으로 삼았다.

然後季漢之興, 有以接乎兩漢之統而名號得正矣. 余撰東史, 以馬韓接朝鮮
爲正統, 而馬韓未亡之前, 羅麗皆歸僭國之例, 未知觀者以爲如何也.

# 9. 제왕의 개원
帝王改元


제왕이 즉위한 첫 해는 원년(元年)이라 하고 1년이라 하지 않으며
세수(歲首)는 정월(正月)이라 하고 1월이라 하지 않는다. 대개 임
금이 천지의 원기를 본받고 정도에 입각하게 하고자 한 것이니, 이
렇게 함으로써 그 시초를 신중히 하는 것이다.

삼대(三代) 이후에는 단지 '원년', '2년'이라 하여 개원하지 않고
한 왕조가 끝나는 데서 그쳤으니, 이것이 정례(正例)이다. '후원년(後
元年)'이란 칭호는 춘추시대에 생겼다. 위(衛)나라 헌공(獻公)이 외
지에 있다가 20년 만에 다시 나라에 들어와 후원년이라 일컬었고,
출공(出公)이 망명해 밖에 있다가 4년 만에 다시 들어와서 역시 후원
년이라 일컬었으니, 이는 변례(變例)이다.

양(梁)나라 혜왕(惠王)은 재위한 지 36년 만에 다시 '1년'이라 일컬
었다. 이는 위(衛)나라의 두 임금이 외지에 있다가 다시 들어온 예
(例)와는 같지 않으니, 그 의리(義理)가 옳지 못하다.

한(漢)나라 문제(文帝)는 방사(方士)의 말을 듣고 다시 '후원년'이
라 일컬었고, 경제(景帝)는 다시 '중원년(中元年)'이란 칭호를 썼으
니, 모두 잘못된 예(例)를 답습한 것이다. 그리고 천자가 원년을 일컫
고 제후들도 저마다 원년을 일컬으니, 대일통(大一統)의 의리에 흠이
된다.

한(漢)나라 무제(武帝) 건원(建元) 원년으로부터 비로소 두 글자
로 원년을 기록하였다. 구경산(丘瓊山)이 "세대(世代)를 구별하고 위

망(僞妄)을 막는 것이니, 『예기(禮記)』「예운(禮運)」에서 '의리로 참작하여 새로운 예(禮)를 일으킬 수 있는 것이다.'고 한 것이 바로 이 경우이다."라 하였으니, 그 말이 옳다. 다만, 자주 원년을 고치는데, 원(元)이란 시(始)의 뜻이니, 어찌 한 임금으로서 2시(始), 3시, 4시를 갖는 것이 옳겠는가. 후세에도 1년 동안에 두 번이나 연호를 고친 일이 있으니, 이는 난정(亂政)이다.

명나라 태조 이후로 지금까지 원년의 연호를 일단 정한 뒤에는 다시 고치거나 바꾸지 않았으니 참으로 옳은 일이고, 명나라 영종(英宗)이 다시 '천순(天順)'이라 일컬은 것은 거듭 즉위하였기 때문이다.

세 글자로 원년을 쓴 것은 양(梁)나라 무제(武帝) 중대통(中大通) 원년에서 비롯하였고, 네 글자로 원년을 쓴 것은 한(漢)나라 애제(哀帝) 태초원장(太初元將) 원년에서 비롯하였는데, 이는 모두 난례(亂例)이다.

帝王卽位首年, 稱元年而不曰一年, 歲首稱正月而不曰一月, 盖欲人君體元而居正[30]也. 所以謹其始也. 三代以後, 只稱元年二年而止於終, 此其正例也. 而後元年之稱, 亦起於春秋之時. 衛獻公在外二十年復入, 稱後元年, 出公亡在外四年復入, 亦稱後元年, 此其變例也. 梁惠王在位三十六年後, 復

---

**30** 體元而居正 : 제왕이 천지의 원기를 근본으로 삼아 항상 正道에 입각하여 政教를 시행한다는 뜻이다. 『春秋左氏傳』 隱公 元年에 "元年 春 王正月"이라 하였는데, 杜預의 注에 "무릇 임금이 즉위할 때에는 元氣를 본받아 정도에 입각하고자 한다. 그러므로 1년 1월이라 하지 않는 것이다.〔凡人君卽位, 欲其體元以居正, 故不言一年一月也.〕"라 한 데서 온 말이다.

稱一年, 此與衛之二君在外復入之例不同, 其義不是. 漢文帝聽方士之言,
復稱後元年, 而景帝復有中元年之稱, 皆沿襲謬例者也. 然而天子稱元, 諸
侯亦各稱元, 有欠於大一統之義. 自漢武帝建元元年, 始以二字紀元. 丘瓊
山[31]謂: "別世代, 防僞妄, 禮所謂可以義起[32]者此類也." 其言是矣. 但頻頻
改元, 元者始也, 豈以一帝而有二始三始四始可乎? 後世亦有一年而再改
號, 此亂政也. 自大明太祖以後至今, 元年建號後, 不復改易, 誠得其宜. 而
明英宗之復稱天順, 以重祚故也. 三字紀元, 始於梁武帝中大通元年, 四字
紀元, 始於漢哀帝太初元將元年, 此皆亂例也.

**31** 丘瓊山 : 明나라 때 학자 丘濬을 가리킨다. 그의 자는 仲深이고 호가 瓊山이
며, 벼슬은 文淵閣大學士에 이르렀다. 朱子學에 정통하였고 저술로『大學衍
義補』·『家禮儀節』·『五倫全備』·『世史正綱』등이 있다.

**32** 可以義起 : 禮文에 없더라도 義理를 참작하여 새로운 예를 만들 수 있다는
말로『禮記』「禮運」에 "禮라는 것은 義의 실질이니, 의에 맞추어 보아서 맞으
면 예는 비록 선왕 때에 없는 것일지라도 의에 따라 새로 만들 수 있다〔禮也
者, 義之實也. 協諸義而協, 則禮雖先王未之有, 可以義起也.〕"라 한 데서 온
말이다.

## 10. 탕왕과 무왕이 왕이라 칭하다
### 湯武稱王

선유(先儒)들은 대개 『서경』 「탕서(湯誓)」와 「태서(泰誓)」에서 왕이라 칭한 것을 가지고 추후에 칭한 것이라 하였는데, 그 설은 옳지 않을 듯하다.

　김인산(金仁山)은,

　"소씨(蘇氏)는 '상(商)나라와 주(周)나라가 왕이 되고 못 되는 것은 걸(桀)·주(紂)의 존망과 관계가 없다'라 하였는데, 나는 생각건대 '문왕(文王)은 천명(天命)을 받았기에 왕이라 칭했다.'는 설은 너무 참람하며, '걸·주의 천명이 아직 끊어지지 않았으니 왕이라 할 수 없다'는 설은 너무 융통성이 없으니, 소씨의 설은 융통성은 있는 편이나 통달(通達)하되 절제가 없다.

　대개 탕왕과 무왕이 군사를 일으킬 때가 바로 천명을 받은 때이다. 장자(張子 횡거(橫渠) 장재(張載))가 이른바 '이 일은 그 사이에 머리털 하나도 용납할 수 없으니, 하루 사이라도 천명이 아직 끊어지지 않았으면 군신(君臣) 관계가 되고, 천명이 이미 끊어졌으면 독부(獨夫)가 된다'라는 것이 바로 이 때에 해당한다.

　대개 천명이 이미 탕왕(湯王)과 무왕(武王)에게 내려졌고 왕자(王者)의 군사가 이미 일어났고 보면 걸·주는 바로 독부이니, 어찌 반드시 탕왕이 걸을 남소(南巢)로 추방하고 무왕이 주를 목야(牧野)에서 친 일이 있은 뒤에야 천명이 비로소 끊어지는 것이겠는가. 탕왕과 무왕이 이미 군사를 일으켰는데도 오히려 제후라고 칭한다면 이것은 제후로써 천자를 치는 것이니, 명분과 실상이 다 옳지 못하다. 그렇다면 왕이라 일컬으며 군중에게 맹서(盟誓)하는 것은 이치에 당연하다. 그런데 굳이 이를 사신(史臣)이 추후에 적은 것이라고 한다면 성인을 혐의하여 문식(文飾)한 데 가깝지 않겠는가?"

라 하였다. 김인산의 이 말은 당시의 사정을 잘 파악한 것 같다. 이제 『서경』「무성(武成)」에 있는 산천에 고한 글에 '도(道)가 있는 이의 증손인 주나라 왕 발〔有道曾孫周王發〕'이란 말을 상고해 보면, 무왕이 왕이라 칭했던 것이 사실이다. 이를 미루어 보면 탕왕도 왕이라 칭했음을 알 수 있다.

후세로 말하자면, 서한(西漢) 말에 왕망(王莽)이 주살(誅殺)되고 경시(更始)가 비록 제위(帝位)에 올랐으나 실은 부흥할 가망이 없었다. 그러므로 경엄(耿弇)이 광무제(光武帝)에게 아뢰기를,

"지금 경시가 천자가 되었으나 장수들은 산동(山東)에서 전권(專權)을 휘두르고 귀척(貴戚)들은 도성 안에서 제멋대로 행동하고 있으니, 백성들이 가슴을 치며 다시 왕망의 시대를 그리워하고 있습니다. 공은 공명이 이미 드러났으니, 의리를 내세워 정벌하면 천하는 싸우지 않고도 안정시킬 수 있을 것입니다. 천하의 지중(至重)한 자리를 공이 스스로 취할 수 있으니, 타성(他姓)이 얻지 못하게 하소서."

라 하였고, 이듬해에는 장수들이 즉위하기를 청하였으나 광무제는 허락하지 않았다. 그러자 경순(耿純)이 진언(進言)하기를,

"천하의 사대부들이 친척도 버리고 고향도 등진 채 대왕(大王)을 전쟁터에서 따른 것은 대왕에 의지하여 그 뜻을 이루려 한 것입니

다. 그런데 지금 대왕께서 세월을 보내며 뭇 사람들의 뜻을 거스르고 호위(號位)를 바로잡지 않으시니, 저는 사대부들이 희망이 없으면 떠날 생각을 갖게 될까 두렵습니다. 대중은 한 번 흩어지면 다시 모으기 어렵습니다."

라 하니, 광무제가 드디어 그 말을 따랐다. 이 때 한(漢)나라를 그리워한 인사들은 그 뜻이 부흥에 있었는데, 신기(神器)를 수자(豎子)에게 맡기어 스스로 난망(亂亡)하게 만든다면, 그 자질구레한 양보는 말할 것이 못 되니, 두 경씨(耿氏)의 말은 권도(權道)로 헤아려 중도에 맞았다고 할 수 있을 것이다.

촉(蜀)의 선주(先主)와 동진(東晉)의 원제(元帝)가 즉위한 것은 후한(後漢)의 헌제(獻帝)가 폐위되고 진(晉)의 회제(懷帝)와 민제(愍帝)가 이미 시해된 뒤에 있었으니, 이러한 때에 천하를 어떤 사람에게 양보하고 즉위하지 않을 수 있겠는가? 그러나 비시(費詩)·주숭(周嵩) 같은 사람들은 상소하여 비방하였으니, 참으로 이는 오활한 선비의 올바르지 못한 말이다. 진(晉)나라 사람인 습착치(習鑿齒)가 논하기를,

"창업하는 군주는 천하를 안정시키고 나서 자신의 행위를 바로잡고, 부조(父祖)의 유업을 계승하는 군주는 속히 즉위하여 대중의 마음을 결속하는 법이다. 이런 까닭에 진(晉)의 혜공(惠公)이 아침에 적에게 사로잡히자 그의 아들 어(圉)가 저녁에 즉위하였고, 경시가 아직 살아 있는데도 광무제가 즉위하였으니, 이것이 어찌 임금을 잊고 이익을 탐한 것이겠는가. 사직(社稷)을 위했기 때문이었다.

촉(蜀)의 선주(先主)는 의병을 규합하여 역적을 치려고 하였는데, 적은 강하고 화(禍)는 커서 임금은 죽고 나라는 망하여 이조묘

(二祖廟)가 대(代)가 끊어져 제사를 받지 못하였으니, 진실로 어진 이를 친근히 하지 않으면 누가 능히 이를 이을 수 있겠는가? 속히 덕 있는 사람을 높여 대통(大統)을 받들게 함으로써 순종하는 이들은 다 같이 마음을 모으고 역적에 빌붙은 이들은 다 같이 두려움을 느끼게 하지 못한다면, 암혹(闇惑)한 임금이라 할 수 있을 것이다."라 하였으니, 이 말이 비시와 주숭의 소견을 깨뜨릴 수 있을 것이다.

일종의 굴기(倔起)한 자들이 천하의 대세를 모르고 함부로 속히 존호(尊號)를 칭하여 하루의 명예를 도모하다가 곧바로 멸망하고 만 경우는 논할 가치도 없다.

先儒多以「湯誓」・「泰誓」之稱王爲追稱者, 其說似未然. 金仁山[33]之言曰: "蘇氏曰: '商・周之王不王, 不係於桀紂之存亡.' 愚謂文王受命稱王之說, 失之僭; 桀紂未絶未王之說, 失之拘, 則蘇氏之說不拘矣, 然通而無制也. 夫湯武興師之時, 卽受命之日. 張子所謂: '此事間不容髮, 一日之間, 天命未絶則爲君臣, 天命旣絶則爲獨夫[34]'者, 其在此時乎! 夫天命已屬, 王師旣興, 則桀・紂卽獨夫矣. 豈待南巢牧野而天命始絶哉? 湯武旣興師而猶稱諸侯,

--------

**33** 金仁山 : 宋나라 말엽 元나라 초엽의 학자인 金履祥(1232~1303)을 가리킨다. 그는 蘭溪 사람으로 자는 吉父이고, 호는 次農이며, 시호는 文安이다. 元나라가 들어서자 벼슬하지 않고 仁山에 은거하였기 때문에 사람들이 '仁山先生'이라 불렀다. 저서에 『尙書注』・『論語集注考證』・『孟子集注考證』・『通鑑前編』 등이 있다.

**34** 獨夫 : 잔악무도하여 민심이 떠나간 군주를 일컫는 말로 『書經』 「泰誓」에 "독부인 수가 크게 위엄을 세우니, 바로 너희들 대대로의 원수이다.〔獨夫受 洪惟作威 乃汝世讎〕"라고 한 데서 왔다.

則是以諸侯而伐天子, 名實俱不可也. 然則稱王誓衆, 理固然矣. 而必謂史臣追書, 不幾於嫌聖人而文之哉?" 仁山此語, 似得當日事情. 今考「武成」告山川之文, 有曰: "有道曾孫周王發", 則武王之稱王, 信矣. 推此言之, 湯亦稱王, 可知. 以後世言之, 西漢之末, 王莽簒誅, 更始[35]雖立, 而實無興復之望, 故耿弇謂光武曰: "今更始爲天子, 而諸將擅命於山東, 貴戚縱橫於都內, 元元叩心, 更思莽朝. 公功名已著, 以義征伐, 天下可傳檄而定, 天下至重, 公可自取, 毋令他姓得之." 翌年, 諸將請卽尊位, 不許. 耿純進曰: "天下士大夫, 捐親戚, 棄土壤, 從大王於矢石之間, 其計固望攀龍鱗附鳳翼, 以成其所志耳. 今大王留時逆衆, 不正號位, 純恐士大夫望絶則有去歸之思. 大衆一散, 難可復合." 遂從之. 此時思漢之士, 意在興復, 而付神器於豎子, 自就亂亡, 則區區小讓, 不可言矣. 二耿之言, 可謂權而得中矣. 若蜀先主・晉元帝之立, 在獻帝被廢懷愍旣弑之後, 則當此之時, 讓天下於何人而不立乎? 然而費詩・周嵩之徒上疏而非之, 誠是迂儒拘曲之言也. 善乎智鑿齒之論曰: "夫創本之君, 須大定而後正己, 簒統之主, 俟速建以係衆心. 是故, 惠公[36]朝虜而子圉夕立, 更始尙存而光武擧號, 夫豈忘主徼利? 社稷之故也.

---

**35** 更始: 後漢 光武帝의 族兄으로 平林兵中의 직위에 있으면서 更始將軍이라 일컬어졌으며, 추대되어 황제가 되었으나 민심을 잃고 赤眉軍에게 살해되었다. 更始帝라고도 한다.

**36** 惠公: 춘추시대 晉나라 군주이다. 진나라 獻公이 驪姬를 부인으로 삼고 奚齊를 태자로 삼자, 里克이 해제를 죽였다. 荀息이 公子 卓을 왕으로 세우니, 이극이 또 공격하여 공자 탁을 죽였다. 公子 夷吾가 秦나라에게 "내가 왕이 되면 땅을 떼어 주겠다."고 하니, 진나라 繆公이 군대를 거느리고 이오를 晉나라로 들여보내주었다. 진나라 사람이 이오를 왕으로 삼았는데, 이 사람이 혜공이다. 혜공은 왕이 된 뒤에 약속을 어기고 秦나라에게 땅을 떼어 주지 않았

今先主糾合義兵, 將以討賊, 賊强禍大, 主歿國喪, 二祖之廟, 絶而不祀. 苟非親賢, 孰能紹此? 如不速尊有德, 以奉大統, 使仗順者齊心, 附逆者同懼, 可謂闇惑矣." 此可以破費・周之見矣. 至若有一種崛起之徒, 不知天下之大勢, 妄欲速稱尊號, 以圖一日之名, 而旋就覆滅者, 不足論也.

다. 이에 목공이 군대를 거느리고 진나라를 공격하였다. 혜공이 晉原에서 목공과 싸워 크게 패배하니, 목공이 혜공을 사로잡아 돌아가 靈臺에 억류해 놓았다. 『呂氏春秋 原亂』

## 11. 원나라 순제와 명나라 선종
元順帝・明宣宗

송(宋)나라 황제 습(㬎)이 원(元)나라에 항복한 뒤 영국공(瀛國公)에 강봉(降封)되었고, 후일에 승려가 되어 합존대사(合尊大師)라 호칭하고 사막에 살았다. 이 때 원나라 명종(明宗)이 주왕(周王)으로서 북방에 있었다. 합존은 아들이 있었는데 주왕이 그를 길러 자기의 아들로 삼았으니, 그가 곧 순제(順帝)이다.

나일봉(羅一峯)의 「대충사기(大忠祠記)」에,

"송나라는 인후(仁厚)로 나라를 세우고 예의(禮義)로 선비를 양성하여 마침내 그 보응(報應)을 받았다. 그 후로 합존의 아들이 대통(大統)을 이어 몰래 원나라의 왕조를 바꾸었으니, 이미 중국의 황제가 되었고 대대로 사막의 주인이 되었다. 하늘이 송나라에 복을 주어 넘겨졌다가 다시 일어났으니, 인의(仁義)가 어찌 나라를 등지겠는가."

라 하였다. 일봉은 당세의 큰 선비였으니, 그의 말을 믿을 만한데, 유독 정사(正史)에서만 이 사실을 숨기고 있을 뿐이다.

또 『명사비기(明史秘記)』를 보니, 다음과 같은 이야기가 있다.

"고황제(高皇帝 명 태조(明太祖))의 식감(識鑑)은 신명(神明) 같았다. 건문(建文 혜제(惠帝))의 관상을 보니 후손이 있을 골상이고 태종(太宗)의 관상을 보니 후손이 없을 관상이었다. 그래서 건문을 황태손(皇太孫)으로 삼았다. 그리고 후일에 정난(靖難)의 변고가 있을 것을 염려하여 상자 하나를 건문에게 주면서 '사세(事勢)가

위급할 때가 있거든 이 상자를 열어 보도록 하라.'라고 하였다. 후
일에 정난의 변고를 만나 사세가 위급하기 상자를 열어 보았더니,
그 속에는 머리털 깎는 도구와 승복과 바리때 등이 들어 있었다.
이에 건문은 자녀를 버리고 머리털을 깎고 승복을 입고 바리때를
들고 달아났다.

태종(太宗)이 즉위하여 건문의 자녀들을 잡아 가두도록 명하고,
그 둘째 아이를 몰래 꺼내어 태자(太子) 고치(高熾)에게 명하여
몰래 기르게 하였으니, 이는 태자에게 아들이 없었기 때문이었다.
태자는 곧 인종(仁宗)이다. 인종이 승하하자 선종(宣宗)이 즉위하
였으니, 실은 건문의 아들인 것이다. 이 후로 숭정황제(崇禎皇帝)
에 이르기까지 모두 건문의 후손이다. 태종은 겨우 아들 인종에게
왕위를 전하였고 후손이 없었으며, 두 아들은 한왕(漢王)과 조왕
(趙王)에 봉해졌는데 후손이 번성하지 못하였다 한다."

　-이상은 모두 수필이다.-


宋帝㬎降元, 降封瀛國公, 後爲僧, 號合尊大師, 居沙漠. 時, 元明宗以周王
在北. 合尊有子, 周王養以爲子, 卽順帝也. 羅一峯「大忠祠記」曰: "宋以仁
厚立國, 禮義養士, 卒食其報. 自是厥後, 合尊之子, 立嗣大統, 陰易元祚.
已帝中華, 世主沙漠. 天之祚宋, 躓而復起, 仁義何負於國哉?" 一峯爲世大
儒, 則其言可信, 獨正史諱之耳. 又見『明史秘記』: "高皇鑑識亦神, 相建文,
有有後之骨, 相太宗, 有無后之相, 故立建文爲皇太孫. 慮後有靖難之擧, 授
一櫃子於建文曰: '有事急則啓視.' 後値靖難之變, 勢急, 開櫃視之, 中有剃
髮之具與緇鉢等物, 遂棄子女, 削髮被緇, 持鉢而走. 太宗卽位, 命拘囚建文
子女, 潛出其第二兒, 命太子高熾秘養之, 蓋太子無子故也. 太子卽仁宗, 仁

宗崩, 宣宗立, 實建文子也. 自後至崇禎皇帝, 皆建文之後. 太宗僅傳子仁宗 而無后, 二子封漢王·趙王, 後嗣不蕃."云. -右, 並隨筆.-

태사공(太史公)의 『사기(史記)』는 비록 한 세대의 실록(實錄)이라 하지만 소루(疏漏)한 곳이 많다. 주자(朱子)가 일찍이 소철(蘇轍) 의 『고사론(古史論)』을 인용하여, "'천루(淺陋)하여 학문을 하지 못 했고 소략(疎略)해서 경솔하여 가볍게 믿었다.'라는 말은 사마천(司 馬遷)의 잘못을 적중하였다."라 하였는데, 지금 상고해 보건대 참으 로 그러하다. 게다가 『사기』에는 후인들이 더 보태어 넣은 곳과 미 처 수정하지 못한 곳들이 있다. 선유(先儒)가 이미 『사기』는 완성 하지 못한 책일 것이라고 의심하였다.

이를테면 「고제기(高帝紀)」의 태사공론(太史公論) 끝부분에 도리 어 "10월에 황옥좌독(黃屋左纛)으로 장릉(長陵)에 나와 장사지냈다." 라는 대목 같은 경우를 예(例)로 들 수 있는데, 어찌 어세(語勢)가 차서를 잃은 것이 아니겠는가. 「구책전(龜策傳)」 따위의 글은 천박하 고 지리(支離)한 것이 사마천의 필법이 아닐 듯하니, 필시 저효손(褚 孝孫)이 보충해 넣은 것이리라. 게다가 사마천이 죽은 후에 있는 일들 이 『사기』에 많이 들어 있으니, 의심스럽다.

太史公書, 雖云一代之實錄, 而多疎漏處. 朱子嘗引蘇轍 『古史論』云: "淺陋 而不學, 疎畧而輕信, 正中遷失.[37]" 今考之信然. 又有後人所增入及未及修

---

**37** 淺陋……遷失: 『朱子語類』 권122에 보이는데 "子由 『古史』 言 '馬遷淺陋而不

正者, 先儒已疑其爲未成書也. 如「高帝紀」太史公論末, 却云: "十月, 黃屋左纛[38], 出葬長陵[39]"之類, 是也. 豈非語勢之失次乎? 若「龜策傳」類文字, 浮淺支離, 似非馬遷筆法, 必是褚孝孫所補也. 且或多有馬遷死後事, 可疑也已.


사마천은 자기의 정직한 마음이 세상에 용납되지 못하는 것이 백이(伯夷)와 같다고 여겼기 때문에 「백이열전(伯夷列傳)」을 열전(列傳)의 첫머리에 실었다. 그 다음으로 「관안열전(管晏列傳)」을 실은 것은 관중(管仲)과 포숙아(鮑叔牙)의 교우 및 안영(晏嬰)이 월석보(越石父)를 감옥에서 구출해 준 일에 감동을 받고 자신은 목숨을 바쳐 곤경을 구출해줄 벗이 없었기 때문이다.

아니면 관중과 안영의 일이 기록할 만한 것이 많은데, 단지 이 몇 가지 조목만을 기록했겠는가. 글을 가지고 그의 뜻을 찾아보면 정상이 가련하다.


馬遷以己之直道不容於世類伯夷, 故傳之首, 次傳管・晏者, 感管・鮑之交及救越石[40]之事, 而己則無許死急困之友故也. 否則管・晏事可紀者多, 而

---

學, 踈畧而輕信.' 此二句最中馬遷之失."로 되어 있다.

38 黃屋左纛 : 漢나라 때 천자의 車服이다. 황옥은 수레의 지붕을 겉은 파랗게 안은 누렇게 비단으로 장식한 것이며, 좌독은 쇠꼬리로 장식한 큰 旗로 수레 왼쪽에 꽂아 천자의 수레임을 나타낸다.

39 十月……長陵 : 『史記』에는 "趙以十月車服黃屋左纛葬長陵"으로 되어 있다.

40 越石 : 춘추시대 齊나라 賢者인 越石父(보)를 가리킨다. 그가 죄인의 몸이

只錄此數條乎? 因文尋意, 情狀可憐.

　임금 앞에서 굽히지 않고 직간(直諫)하는 것은 진실로 간신(諫臣)이 할 도리이다. 그러나 아래로는 신하가 강직하다는 평판을 받으려 한다는 혐의가 있고, 위로는 임금이 간언을 듣지 않는다는 기롱이 있게 마련이다. 그러므로 『주역』에서 "임금이 알아듣기 쉬운 곳으로부터 진언(進言)한다."는 것을 중요하게 여겼던 것이다.

　장량(張良)은 한 고조(漢高祖) 유방(劉邦)을 모시면서 일이 반드시 십분(十分) 무르익고 한 고조가 물은 뒤에야 대답했기 때문에 말을 들어 주고 계략을 따라 주어서 계책을 세우면 그 자리에서 시행되었다. 예컨대 한(漢)나라 5년에 항우(項羽)를 추격하여 고릉(高陵)에 이르렀을 때 한왕(漢王 유방(劉邦))이 "제후들이 따르지 않으니, 어떻게 할까?"라 하자, 장량이 "초(楚)나라를 장차 격파할 터인데, 한신(韓信)과 팽월(彭越) 두 사람에게 나눠 준 땅이 없으니, 양(梁)나라와 초나라 땅을 떼어서 한신과 팽월에게 봉해 준다면 초나라를 쉽게 격파할 수 있을 것입니다."라 하니, 한왕이 그 말을 따랐고 초나라를 멸망시켰다.

　또 예컨대 장수들이 모래톱에 앉아 사담(私談)을 나누기에 한왕이 무엇을 하는지 묻자 장량은 "저들이 반란을 꾀하고 있으니, 옹치(雍齒)를 봉해 주면 여러 신하들이 자제할 것입니다." 하였고, 관중(關

---

되어 곤경에 처한 것을 당시의 재상 晏嬰이 보고 왼쪽 駿馬를 풀어서 代贖하여 구출해 주었다. 『史記 晏嬰傳』

中)에 도읍을 정할 때 여러 신하들은 낙양(洛陽)이 편리하다고 다투어 말했는데, 마침내 장량의 말 한 마디로 결정하였다.

태자(太子)를 폐위하려 할 때에 숙손통(叔孫通) 등이 불가하다고 쟁변(爭辨)하였으나 끝내 들어 주지 않자 장량은 말로 쟁변할 문제가 아님을 알고 드디어 사호(四皓)를 끌여들여 격발함으로써 해결하였으니, 이는 모두 『주역』의 도리에 맞는 것이다.

面折庭爭[41], 引裾[42]折檻[43], 固是諫臣之道. 然而下有沽直之嫌, 上有咈諫之

---

**41** 面折庭爭 : 군주 앞에서 直諫하고 爭執한다는 말이다. 漢나라 때 呂后가 呂氏들을 왕으로 임명하려고 하자, 右丞相 王陵이 강경하게 반대하였는데, 좌승상 陳平과 絳侯 周勃이 "안 될 것이 없다."라 하여 여후의 뜻에 동조하였다. 왕릉이 진평과 주발에게 "무슨 면목으로 지하에서 高帝를 뵈려 하는가."라고 하자 두 사람이 "지금 면절정쟁하는 것은 우리가 그대만 못하지만, 사직을 보전하고 유씨의 후손을 안정시키는 것은 그대가 또한 우리보다 못할 것이다.[於今 面折廷爭 臣不如君 全社稷定劉氏後 君亦不如臣]"라고 답한 데서 유래하였다. 『史記 권9 呂太后本紀』

**42** 引裾 : 임금의 옷소매를 당기며 끝까지 諫爭하는 것이다. 삼국시대 魏나라 文帝가 冀州의 士家 10만 戶를 河南으로 옮기려 하였다. 마침 蝗蟲의 피해로 흉년이 든 때라 신하들이 불가하다고 했으나 문제는 건의를 듣지 않고 內殿으로 들어가려 하자 侍中 辛毗가 뒤쫓아 가서 '옷자락을 잡아당기니[引其裾]' 문제가 뿌리치고 들어갔다가 다시 나와서 그의 충언을 받아들여 절반만 옮기게 하였다는 고사에서 온 말이다. 『三國志 권25 魏書 辛毗傳』

**43** 折檻 : 御榻의 난간을 잡아 부러뜨린 것으로 漢나라 成帝 때 槐里令으로 있던 朱雲의 고사이다. 주운이 성제에게 "尙方斬馬劍을 주면 간신 한 사람을 참수하여 나머지 사람들을 경계하겠다."라고 하였다. 성제가 누구냐고 묻자 바로 성제가 총애하는 安昌侯 張禹라 하였다. 이에 성제가 크게 노하였으나 주운은

譏, 此『大易』所以貴納約自牖<sup>44</sup>也. 張良之於漢高祖, 事必到十分地位, 有問而後卽答, 故言聽計從, 策不下席<sup>45</sup>矣. 如漢五年, 追羽至高陵, 漢王曰: "諸侯不從, 奈何?" 良曰: "楚兵且破, 二人未有分地, 宜捐梁·楚地, 封信·越, 則楚易破也." 王從之而滅楚. 又如諸將坐沙中偶語, 王有問, 對曰: "此屬謀反耳, 勸封雍齒<sup>46</sup>而羣臣自堅." 及定都關中, 羣臣爭言洛陽之便, 最後良一言而定之. 太子將廢, 叔孫通輩呶呶辨爭, 終不見聽, 良知不可以口舌爭, 遂引四皓<sup>47</sup>以激之. 此皆得『大易』之道也.

---

굽히지 않고 직간하다가 끌려나가면서 어탑의 난간을 잡아당겨 부러뜨렸다. 성제가 뒤에 주운의 말이 옳음을 깨닫고 난간을 그대로 두어 直諫하는 신하의 본보기로 삼게 하였다. 『漢書 권67 朱雲傳』

**44** 納約自牖 : 『周易』「坎卦 六四」에 "한 두루미 술과 두 대그릇의 음식을 질그릇을 사용하여 관계 맺음을 들이되 창문으로부터 하면 끝내 허물이 없으리라.〔樽酒簋貳用缶 納約自牖 終无咎〕"라 한 데서 온 말이다. 이는 신하가 임금의 신임을 얻기 위해서는 검소함과 질박함으로 교제하되 임금이 잘 알아들을 수 있는 곳으로부터 해야 한다는 뜻이다. 즉 과도한 직언보다 임금의 마음을 잘 헤아려 알아들을 수 있도록 進言해야 한다는 말이다.

**45** 策不下席 : 蔡澤이 應侯에게 "지금 그대는 秦나라의 재상이 되어 계책은 앉았던 자리에서 내려오지도 않고 모책은 조정을 나서지 않고도 편안히 앉아서 세워 제후들을 제압합니다.〔今君相秦, 計不下席, 謀不出廊廟, 坐制諸侯.〕"라한 데서 온 말로 좋은 계책으로 나라를 잘 다스림을 뜻한다.

**46** 雍齒 : 漢 高祖 劉邦의 장수인데 여러 차례 유방을 곤경에 빠뜨려 유방이 평소에 가장 미워한 사람이다. 기원전 201년 한 고조가 큰 공신 20여 명을 封해 주자, 나머지 장수들은 자신들이 封地를 받지 못할까 불안하였다. 이에 한 고조가 張良의 권유를 따라 옹치를 什方侯에 봉해 주었다. 『資治通鑑 卷11 漢紀』

**47** 四皓 : 商山四皓의 준말로, 秦나라 때 폭정을 피해 商顔山에 은거한 네 늙은이

진(秦)나라 장수 장감(章邯)이 거록(鉅鹿)을 포위할 때 조헐(趙歇)
과 장이(張耳)는 성 안에 있고 진여(陳餘)는 성 밖에 있었다. 이 때
진(秦)나라 군사가 강하여 그 기세를 당할 수 없어 진여가 비록 구
출하려 하였지만 계란으로 바위를 치는 격이라 단지 진나라의 사기
만 북돋울 뿐이고 진여는 틀림없이 헛되이 죽게 될 상황이었다. 가
령 장이의 처지가 바뀌어 진여와 같은 상황에 놓였더라도 반드시
주먹을 떨치고 적의 칼날을 무릅쓰고 싸우다 죽을 수 있다고 보장
할 수 없었을 것이다. 더구나 장오(張敖)는 장이의 아들로서 군사를
거느리고 성 밖에 있었음에도 감히 사지(死地)에 달려가지 못했는
데, 하물며 다른 사람에게 책망할 수 있겠는가.

　조(趙)나라 성벽은 여전히 견고하였고 초나라의 구원병이 막 이르
고 있었다. 진여가 싸우러 나가 죽지 않은 데에는 뜻한 바가 있었으
니, 이는 반드시 잘못이라고 할 수 없었다. 그런데 장이는 진여를
심하게 책망하고 심지어 격노하여 인수(印綬)를 빼앗기까지 하였으

인 東園公, 夏黃公, 甪里先生, 綺里季를 가리킨다. 漢高祖가 태자를 廢位하고
戚夫人 소생인 趙王 如意를 세우려 하자, 張良이 계책을 내어 고조가 평소
존경해 마지않던 상산사호를 불러들이기로 했다. 그리하여 폐백과 예를 갖추
고 상산사호를 초빙한 다음 고조가 연회를 베푸는 자리에, 그들로 하여금
태자를 侍衛하게 하였다. 고조가 그들이 상산사호임을 알고는 매우 놀라 태자
를 폐위하려던 생각을 바꾼 다음 척부인으로 하여금 춤을 추게 하고 楚歌를
부르기를, "큰 고니가 높이 낢이여, 단번에 천리를 가도다. 날개[羽翼]가 이미
자람이여, 사해를 가로지르도다. 사해를 가로지르나니, 또한 어찌하리요. 아
무리 주살이 있은들 오히려 어디에 쓰겠는가.〔鴻鵠高飛 一擧千里 羽翼以就
橫絶四海 橫絶四海 又可奈何 雖有矰繳 尚安所施〕" 하였다. 『漢書 권40 張良傳』

니, 몹시 불의(不義)하였다. 그럼에도 장이는 끝내 남면(南面)의 낙(樂)을 누렸고, 진여는 육사(戮死)를 면치 못하였으니, 천도(天道)는 알 수 없다.

章邯之圍鉅鹿, 趙歇·張耳在內, 陳餘在外. 時, 秦兵强, 勢莫當. 餘雖欲救之, 如以卵擊石, 只增秦之氣, 而餘必徒死矣. 使耳易地而處之, 未必其能張拳冒刃而死矣. 況張敖以耳之子, 將兵在外, 猶不敢赴死, 況責之於他人乎 趙城猶堅, 楚救方至. 餘之不死, 意有所在, 是未必爲非, 而耳責之深, 至於乘怒奪印, 其不義甚矣. 然而耳終享南面之樂, 而餘未免戮死, 天道未可知也.

『진서(晉書)』의 "구희(苟晞)를 붙잡았다."는 대목에서 구희에 대해 관작(官爵)을 적지 않은 것은 폄하한 것이다. 구희는 대신(大臣)이었고 용병(用兵)도 잘했는데, 위란(危亂)할 때에 교만하고 사치하며 가혹하고 포악하여 사망에 이르렀기 때문이다.

"執苟晞.[48]" 晞不書官, 貶之也. 晞爲大臣, 亦善用兵, 而當危亂之際, 驕奢苛暴, 以至於亡故也.

"동진(東晉) 원제(元帝) 병자년에 유총(劉聰)이 유예(劉乂)를 죽였다."는 대목에서 유예를 죽인 자는 유찬(劉粲)과 근준(靳準)인데 유

---

**48**  執苟晞 : 『晉書』 권61 「苟晞傳」에는 '執晞'로 되어 있다. 저본에는 苟 자가 잘못 荀 자로 되어 있다.

총이 죽었다고 한 것은 유총에게 죄를 준 것이다.

"元帝丙子, 聰殺乂." 殺乂者, 粲及靳準, 而言聰者, 罪聰也.

"유총(劉聰)이 시해하였다."는 대목에서 성(姓)을 쓴 것은 적(賊)이 크기 때문이다. 적으로 말하면 임금을 시해한 것보다 더 큰 적이 없다. 이런 까닭에 반드시 신중히 하여 그 성명을 적은 것이다.

劉聰弒, 書姓者, 賊大故也. 賊莫大於弒君, 故必謹而書其姓名.

회제(懷帝) 계유년에 유민(庾珉)과 왕준(王儁) 등은 벼슬이 시중(侍中)이었는데 벼슬을 적지 않았다. 또 민제(愍帝)가 항복할 때 길낭(吉朗)이 죽었는데 벼슬을 적었으니, 그것은 그가 순직했기 때문이다. 정축년에 민제가 붙잡혔다. 그 당시 피살된 신빈(辛賓)에 대하여 그의 벼슬인 상서랑(商書郞)을 적지 않은 것은 유민 등의 경우와 같으니, 그의 절사(節死)가 일찍 순절한 길낭만 못하였기 때문이었다.

懷帝癸酉, 庾珉·王儁等官侍中而不書之, 又愍帝之降, 吉郞死之而書官, 謂能死其職也. 丁丑帝執, 盖時辛賓, 不書官尙書郞者, 與庾珉等同, 盖其死節不若吉郞之早也.

왕융(王戎)과 왕연(王衍)은 이학(異學)으로 천하를 어지럽혔으니, 마땅히 사(死)라 쓰는 예(例)에 들어가야 한다.

王戎・王衍[49], 以異學亂天下, 當入死例.

치초(郗超)는 당연히 찬역(簒逆) 조(條)의 「환온전(桓溫傳)」 밑에 붙여야 하는데도 따로 열전(列傳)을 만들고, 도리어 맹가(孟嘉)를 「환온전」 끝에 붙였으니, 취사(取捨)가 어쩌면 그리도 잘못되었는 가. 또 유은(劉殷)은 의당 유총(劉聰) 쪽에 붙여야 하는데 효우전 (孝友傳)에 들어갔다.

郗超當附簒逆桓溫傳下, 而別爲列傳, 却附孟嘉于溫傳之末, 去取何其謬 也? 又劉殷當附劉聰而入孝友傳.

제 환공(齊桓公)이 관중(管仲)과 습붕(隰朋)을 등용하자 나라가 잘 다스려졌고, 역아(易牙)와 수조(竪刁)를 등용하자 나라가 어지러워 졌다. 당 명황(唐明皇)이 요숭(姚崇)과 송경(宋璟)을 등용하자 나 라가 잘 다스려졌고, 이임보(李林甫)와 양국충(楊國忠)을 등용하자 나라가 어지러워졌다. 송 철종(宋哲宗)이 사마광(司馬光)을 등용하 자 나라가 잘 다스려졌고, 장돈(章惇)을 등용하자 나라가 어지러워 졌다.

　한 사람의 몸으로 어떤 사람을 쓰고 버리느냐에 따라 득실과 치란 이 각각 달랐으니, 군자가 마음을 다스리는 것도 이와 같다. 엄한

---

**49**　王戎・王衍 : 왕융은 죽림칠현 중 한 사람이고 왕연은 왕융의 從弟인데 두 사람 다 老莊에 심취했고 淸談을 일삼았다.

스승과 좋은 벗을 대할 때에는 이 마음이 항상 경건하게 되고, 처자와 하인을 접할 때에는 이 마음이 항상 태만하게 되니, 이것이 바로 삶과 죽음의 갈림길이다. 당나라 때 주흥(周興)은 숯불로 달군 옹기[火甕]로 죄인을 다스리는 방법을 내준신(來俊臣)에게 가르쳐 주었다가 도리어 자신이 숯불로 달군 옹기에 들어가는 죄를 범하였고, 송나라 때 정위(丁謂)는 애주(崖州)로 구내공(寇萊公 구준(寇準))을 폄직시켰다가 자신도 애주로 찬축(竄逐)되는 죄를 범하였다. 이는 사마귀가 매미를 잡고서 스스로 만족하지만 참새가 뒤에 있는 줄을 모르는 격이니, 천도(天道)가 이에 이르러서는 환히 밝다 이를 만하다.

역사를 읽다가 이러한 대목들을 보니 마음에 느낀 바가 있었다. 세력을 믿고 남을 모함하지 말며, 자기 앙심을 풀려고 사람을 죽이지 말아야 하니, 이것이 권세를 잡은 이들의 경계할 바이다.

꿈속에서 어떤 사람과『삼국지(三國志)』를 논하면서 진수(陳壽)는 사서(史書)를 쓸 만한 재능이 없다고 비웃었다. 삼국시대에 인재가 비록 많았다지만 4, 50년 사이에 열전(列傳)이 어찌 이렇게도 많단 말인가. 그 사이에는 열전에 넣어서는 안 되는 사람을 열전에 넣은 곳들이 있으니, 이것이 가소로운 일이다. 반드시 뇌물을 받고 좋은 열전을 지은 경우가 많았을 것이다. 이렇게 꿈속에서 지껄였는데, 꿈을 깨고 생각해 보니, 참으로 그러하다.

齊桓公用管仲·隰朋而治, 用易牙·豎刁而亂; 唐明皇用姚崇·宋璟而治, 用李林甫·楊國忠而亂; 宋哲宗用司馬光而治·用章惇而亂. 一人之身而用舍, 得失治亂各異. 君子之治心亦如此. 對嚴師良友之際, 此心常敬; 接妻孥僕妾之時, 此心常慢, 此是生死路頭也. 周興以火甕教來俊臣而自犯入甕之令<sup>50</sup>, 丁謂以崖州貶寇萊公而自犯竄崖之罪.<sup>51</sup> 螳螂捕蟬, 自以爲得, 而不

知黃雀在後.<sup>52</sup> 天道至此, 可謂昭昭. 讀史觀此, 심절有感. 勿怙勢而陷人,

勿乘快而殺人, 爲當世者戒. 夢中與人論『三國志』, 笑陳壽無史才. 三國人

才雖多, 四五十年間, 列傳豈如是之多乎? 間有不當入作傳處, 此爲可笑,

必多賄米作佳傳者矣. 覺而思之, 信然.

**50** 周興……之令 : 주흥과 來俊臣은 獄官으로 있을 때 혹독한 형벌로 수천 명을 함부로 죽인 자들로『新唐書』「酷吏列傳」에 들어 있다. 주흥이 모반죄에 걸려 그 옥사를 내준신이 맡게 되었는데, 주흥은 그것을 까마득히 모르고 있었다. 하루는 주흥이 내준신과 식사를 하는데, 내준신이 "죄수들이 대부분 자백하지 않으니, 이 일을 어떻게 하지?"라 하자, 주흥은 "쉬운 방법이 있네. 죄수를 큰 독에 집어 넣고 이글이글한 숯불로 달구면 무슨 일인들 자백받지 못하겠는가?"라 하니, 내준신은 "그 참 좋은 방법일세."라 하고는 큰 독과 이글이글한 숯불을 준비하도록 명하고 주흥에게 말하기를, "자네를 신문하라는 어명이 내렸네."라 하였다. 그러자 주흥은 깜짝 놀라 땀을 흘리며 머리를 조아려 죄를 자복하였다 한다.『新唐書 권209 來俊臣傳』

**51** 丁謂……之罪 : 宋나라 眞宗 때 丁謂는 參政이었고 寇準은 재상이었다. 정위는 평소 구준에게 몹시 아첨하였다. 하루는 中書省의 연회 때 구준의 수염에 국물이 묻자 정위가 일어나 닦아주었다. 이에 구준이 말하기를 "참정은 나라의 대신인데 장관을 위하여 수염을 닦아주니"라고 하였다. 정위는 매우 부끄러워하였고 뒤에 구준을 참소하여 쫓아내었다. 정위는 仁宗 때 欺罔罪로 貶職되어 崖州로 竄逐되었다가 道州로 옮겼다.『宋史紀事本末 권23 丁謂之姦』

**52** 螳螂……在後 :『說苑』「正諫」에 "정원의 나무 위에 매미가 높이 앉아 이슬을 마시며 뒤에서 버마재비가 노리고 있는 줄을 알지 못하고, 버마재비는 매미를 잡아먹을 생각만 하고 참새가 곁에서 노리는 줄을 알지 못하고, 참새는 버마재비를 잡아 생각만 하고 사람이 아래에서 탄환으로 저자기를 쏘려고 하는 줄을 알지 못한다."라고 하였다.『莊子』「山木」에도 이와 유사한 이야기가 있다.

장자(莊子)가 우언(寓言)을 지으면서부터 꼭 있지 않은 일을 만들어 내고 꼭 있지 않은 사람을 말해 내었는데, 후세에서 그것을 높이 여기고 이어받아 자서(子書)를 짓는 이들이 모두 없는 것을 사실인 양 날조하여 그 이름을 빌리고 그 말을 만들어내어 사람의 마음을 현혹시키기까지 하였다. 그런데 역사를 편찬하는 자들이 이를 편입(編入)하여 실제로 이런 일이 있는 것으로 여기고 사실이 아님을 깨닫지 못하였으니, 바로 『사략(史略)』에 있는 화봉축(華封祝)이나 강구요(康衢謠) 같은 것이다.

이는 모두 『장자』와 『열자(列子)』로부터 온 것이니, 어찌 그것이 거짓이 아니라 보장할 수 있겠는가.

-이상은 모두 잡록(雜錄)이다.-


自莊子作寓言, 創爲不必有之事, 說出不必有之人, 而後世宗之, 作子書者, 皆造虛捏空, 借其名而創其言, 以至惑亂人心. 纂史者, 編而入之, 指以爲實有是事而不之悟焉. 若『史畧』華封之祝[53]·康衢之謠[54]之類是也. 是皆自『

---

**53** 華封之祝 : 華封三祝이라고도 한다. 堯임금이 일찍이 華 땅을 순행할 때 封人이 아뢰기를 "아! 성인을 축복하옵니다. 성인께서는 壽하고 富하고 多男子하소서."라고 한 데서 온 말로 말이다. 『莊子 天地』

**54** 康衢之謠 : 堯임금 때 아동이 불렀다는 노래로, 『列子』「仲尼」에 "요임금이 천하를 다스린 지 50년에 천하가 잘 다스려졌는지 백성들이 자기를 추대하기를 원하는가를 몰랐다. 이에 요 임금이 미복(微服) 차림으로 큰 거리[康衢]로 나가 아동들이 하는 노래를 들으니, '우리 백성들에게 곡식을 먹임이 그대의 지극한 덕이 아님이 없어라. 우리에게 소맥(小麥)과 대맥(大麥)을 주심은 상제께서 명하여 두루 백성을 양육하게 하신 것이네.[立我烝民, 莫非爾極.

莊』·『列』中來, 安知其非詐耶? -右並雜錄.-

貽我來牟, 帝命率育.]'라 하였다."라 하였다.

## 12. 정승을 택함

### 擇相

임금의 직책은 오직 인재를 골라서 그 책임을 맡겨서 임용하는 데
있다. 만약 한 시대의 훌륭한 재상을 얻어 하늘을 대신하여 백성을
다스리는 일을 맡기고, 군주는 그 재상에게 국사를 위임하는 것이
진실로 사직(社稷)의 복이다.

그런데 이윤(伊尹)·부열(傅說)·주공(周公)·소공(召公)과 같
은 인물은 후세에 있다는 말을 듣지 못하였고, 한(漢)·당(唐) 이후
에는 소하(蕭何)·조참(曹參)·위상(魏相)·병길(丙吉)·왕규(王
珪)·위징(魏徵)·요숭(姚崇)·송경(宋璟)·한기(韓琦)·범중엄
(范仲淹)·문언박(文彦博)·부필(富弼) 등과 같은 사람일 뿐이었다.
이 밖에 어찌 어진 정승이 없었으리오만은 반드시 소인이 그 사이에
끼어든 탓에 공업(功業)을 끝마치지 못한 경우가 많았으니, 삼가지
않을 수 있겠는가.

人君之職, 惟在擇人而任之. 若得一代宗臣, 當代天理物之任, 君上委國而
聽之, 固爲社稷之福. 而伊傅周召若而人, 後無聞焉, 漢唐以後, 蕭曹魏丙王
魏姚宋韓范文富等人而已. 此外豈無賢相? 而必有小人參其間, 多有功業未
終者, 可不愼哉?

## 13. 장수를 택함

擇將


수륙전(水陸戰)을 막론하고 군사의 승패는 장수가 용맹하냐 비겁하냐에 달려 있고, 지리적 조건이 좋으냐 나쁘냐에 달려 있지 않다. 임진왜란이나 병자호란의 경우를 가지고 말해 보자.

당(唐)·왜(倭)·청(淸)·몽고(蒙古)의 장졸(將卒)들은 모두 죽을 땅에 나아가는 것을 영광으로 여겼고, 또한 싸움에서 지면 따라서 죽게 하는 법도 있었다. 그런데 우리나라는 군율이 제대로 서지 못한 탓에 도망하여 구차하게 살기를 도모하는 것이 곳곳마다 습성이 되어 패배는 있고 승리는 없었으니, 이는 이른바 작게 똑똑하고 크게 어리석다는 것이다.

그 당시에는 또 패전한 병졸에 대해서는 쌀을 바쳐 속죄하게 하는 가벼운 군율과 징벌(懲罰)로 방수(防守)를 시키는 한가한 노역이 있었다. 그러므로 백성들은 모두 적을 무서워하고 국법을 무서워하지 않아 적을 보면 도망갔으니, 너무도 통탄스러운 일이 아니겠는가.

이 폐단을 구제하는 방법은 오직 장수를 잘 택하고 군법을 엄격히 세우는 데 있을 뿐이니, 법을 범하는 자가 있으면 반드시 무거운 군율로 다스린 뒤에야 징계할 수 있을 것이다.


無論水陸戰, 兵之勝敗, 在於將領之勇怯, 不在於地理之險夷. 以壬丙事言之, 唐倭淸蒙將卒, 皆以進死爲榮, 亦有敗軍追死之法; 我國則軍律不行, 奔北偸生, 到處成習, 有敗無勝, 此所謂小黠大癡者也. 其時又有敗卒贖米

之輕律·罰防之閑役, 故民皆畏敵而不畏國, 見賊奔潰, 可勝痛哉! 救此之
術, 惟在擇將而嚴其法, 犯則必施重律而後, 庶有所懲矣.

## 14. 용병에서 꺼리는 것

### 用兵所忌

용병에 있어서는 마땅히 장수를 택하여 전적으로 위임해야 한다. 병사들은 통솔하는 바가 없고 군령은 여러 곳에서 나오면 패전하지 않을 자가 없다.

당나라 숙종(肅宗)이 안경서(安慶緒)를 칠 때에 아홉 절도사의 병력 60여 만이 상주(相州)에서 대패했다. 이 때 곽자의(郭子儀)와 이광필(李光弼)은 모두 백전(百戰)의 명장에다 원훈(元勳)까지 된 인물들이었다. 그런데 서로 통속(統屬)하지 않았기 때문에 원수(元帥)가 전제(專制)하지 못하였고, 다만 환관(宦官)인 어조은(魚朝恩)을 천하관군용선위처치사(天下觀軍容宣慰處置使)로 삼아 감군(監軍)하게 하였던 까닭에 대패한 것이다.

우리나라의 병제(兵制)는 안으로 오군문(五軍門)이 있고 밖으로 감사(監司)와 병사(兵使)가 있어 품질(品秩)이 서로 비슷하니, 제어하지 못할 것 같다.

用兵, 當擇將而全任之. 兵無所統, 政令多門, 未有不敗者也. 唐肅宗討安慶緒, 九節度之兵六十餘萬, 潰於相州. 此時郭子儀・李光弼, 皆以百戰名將, 并爲元勳, 不相統屬, 故無元師之專制, 而但以宦者魚朝恩爲使以監之, 所以致敗也. 我朝兵制, 內有五軍門, 外有監司兵使, 品秩相埒, 似不得制矣.

## 15. 항우는 전투를 잘했다
項羽善戰

항우는 해하(垓下)에서 "하늘이 나를 망하게 한 것이지 전투를 못한 죄가 아니다."라 하였다. 항우는 과연 전투를 잘 했다. 다만 용병하는 방법을 몰랐을 뿐이다. 동성(東城)에 단지 28기(騎)만 남아 있거늘 그 기를 나누어 4대(隊)로 편성하여 사면으로 향하였으니, 사면에 각각 7기로 방진(方陣)을 삼고 자신은 그 가운데 있었다. 다시 자신이 그 기(騎)들과 더불어 도합 세 곳이 되니, 좌우가 각각 10기이고 가운데가 8기인데, 자신은 그 가운데 있었다. 이렇게 세 누진(疊陣)이 되니, 한나라의 군사들이 항우(項羽)가 어디 있는지 알 수 없었다. 따라서 그가 전투를 잘 했음을 알 수 있다.

한 고조가 경포(黥布)를 칠 때 그 포진(布陣)이 항우의 군사와 같음을 바라보고 미워하였다. 그렇다면 항우는 대오(隊伍)를 갖추어 진(陣)을 치는 법을 잘 았았던 것이다.

한 성제(漢成帝) 때 임굉(任宏)이 병서(兵書)를 엮어 4종으로 만들었는데, 그 형세(形勢) 중에 『항왕병법(項王兵法)』 1편이 있다. '형세'란 바로 안영(安營)·포진(布陣)·관세(觀勢)·접전(接戰)하는 법이다. 항우가 필시 스스로 한 책을 지어 장수들에게 교습시켰기 때문에 경포도 그 병법을 본받았고 한 고조가 그를 미워했던 것인데 그 병법이 후세에 전하지 않는다.

당 태종이 조조(曹操)를 조상하는 글에, "한 장수의 지혜로는 남음이 있고 만승(萬乘)의 지혜는 부족하다." 하였는데, 항우도 역시 그러하였다.

項羽垓下之言曰:"天之亡我, 非戰之罪也." 羽果善戰, 但不識用兵之道耳.
東城但餘二十八騎, 乃分其騎, 爲四隊四向, 則每面各七騎爲方陣, 而身居
其中矣. 復與其騎合爲三處, 則左右各十騎, 中爲八騎, 而身亦居其中, 爲三
疊陣, 而漢軍不知項王所在, 則其善戰可知矣. 高帝之擊黥布也, 望其置陣
似項籍軍, 惡之. 然則項羽於隊伍營陣之法, 盖得其制矣. 漢成帝時, 任宏論
次兵書爲四種, 其形勢中, 有『項王兵法』一篇. 形勢者, 卽安營布陣觀勢接
戰之法. 必自作一書, 敎習諸將, 故黥布亦效之而高祖惡之也. 其法後世無
傳矣. 唐太宗祭曺操文曰:"一將之智有餘, 萬乘之才不足." 於羽亦然矣.

## 16. 제갈씨(諸葛氏)는 어진 인재가 많다
諸葛多賢才

삼국 시대에 제갈근(諸葛瑾)과 제갈량(諸葛亮) 및 그 종제인 제갈
탄(諸葛誕)은 모두 한 원제(漢元帝) 때 제갈풍(諸葛豊)의 후손이다.

제갈풍은 명경과(明經科) 출신으로 군문학(郡文學)이 되었으며,
인품이 뛰어나고 천성이 강직하여 사예교위(司隷校尉)로 재임할 때
비리가 있는 자를 검거함에 거리껴 회피하는 바가 없었다. 그래서
당시 경사(京師)에는 "근간에 어찌 오래 만날 수 없었는가. 제갈풍을
만났기 때문일세."라는 말이 유행하였다. 시중(侍中) 허장(許章)이
황제의 외속(外屬)으로서 사음(奢淫)하여 법을 봉행하지 않자, 제갈
풍이 부절(符節)을 들어 허장에게 명하며 포박하려고 하였다. 이에
황제는 제갈풍의 부절을 거두어들였으니, 사예(司隷)에 부절이 없어
진 것은 제갈풍으로부터 비롯하였다.

제갈풍이 황제에게 글을 올리기를,

"포의의 선비로서도 오히려 문경지교(刎頸之交)가 있는데, 이제 사
해의 광활한 땅으로도 일찍이 절의를 지키고 정의를 위해 죽은 신
하가 없습니다. 모두 아첨하며 구차한 태도나 취하고 환심을 사기
위해 서로 아부하여 사가(私家)의 이익만 생각하고 국가의 정사는
망각하니, 신은 참으로 부끄럽게 생각합니다. 충신(忠臣)과 지사
(志士)가 화를 피하지 않는 것은 진실로 군주를 위해서입니다."

라 하였으니, 그 말이 매우 직절하였다. 그는 후에 면직되어 서인
(庶人)이 되고, 집에서 운명하였다.

제갈근(諸葛瑾)은 자가 자유(子瑜)인데 용모가 뛰어나고 사려(思慮)가 깊으며 성품이 너그럽고 도리를 지켰으므로 임기응변(臨機應變)하는 술책을 몰랐다. 상중에 있을 때는 지극히 효성스러웠고, 계모를 섬김에 공근(恭謹)하여 자식된 도리에 매우 맞았다. 아내가 죽자 다시 장가들지 아니하였다. 재략(才略)은 비록 아우 제갈량에 미치지 못했으나 덕행은 더욱 순수했다. 그는 오(吳)나라에 벼슬하면서 우호를 맺으러 와서 소열(昭烈 유비(劉備))과 만났는데, 그 아우인 제갈량과는 공적인 자리에서 만나고 그 자리에서 물러나서는 사적으로 만나지 않았다.

소열이 오나라를 공격하여 백제성(白帝城)에 이르자, 제갈근이 소열에게 서신을 보내기를, "폐하는 관우(關羽)와의 절친함이 선제(先帝)에 비해 어떠하며, 형주(荊州)의 대소(大小)가 해내(海內)에 비하여 어떻다고 생각하십니까? 만일 이 몇 가지를 잘 살피시면 성공은 손바닥을 뒤집기보다 쉬울 것입니다."라 하였는데, 소열이 그 말을 듣지 않았다. 이 때 어떤 사람이 "제갈근이 따로 사람을 보내 유비(劉備)와 내통하고 있다."라고 이간질을 하니, 손권(孫權)은 "나와 자유에게는 사생(死生)이 나뉠 때에도 변치 않는다는 맹서가 있다. 자유가 나를 저버리지 않는 것이 내가 자유를 저버리지 않는 것과 같다. 내 일찍이 자유에게 말하기를 '경(卿)과 제갈량(諸葛孔明)은 친형제 사이이니, 아우가 형을 따르는 것은 의리상 옳은 일인데 어찌 붙잡아 두지 않는가?'라 하자, 자유가 말하기를 '제갈량은 다른 사람에게 몸을 맡겨 신하가 되었으니, 의리상 두 마음을 가질 수 없습니다. 제갈량이 이곳에 머물지 못하는 것은 제가 저쪽으로 가지 못할 것과 같습니다.'라 하였으니, 그 말이 족히 신명(神明)을 감동시킬 수 있었다.

이제 어찌 이런 일이 있겠는가."라 하였다.

지금 제갈근이 선주(先主 유비(劉備))에게 준 서신을 보면, 그 말뜻
에서 오나라를 공격하는 거사의 불리함을 깊이 알 수 있는데 애석하
게도 선주는 깨닫지 못하였다. 형제가 두 나라를 나누어 섬기면서
때 공적인 자리에서만 서로 만나고 말 뿐 그 자리를 물러나서는 사적
으로 만나지 않았으니, 피혐(避嫌)하는 것이 이처럼 철저하였다. 그
리고 손권이 이간질한 자에게 답한 말에서 군신(君臣)이 서로 신뢰하
는 뜻을 볼 수 있고, 또 제갈근은 군신 간에 한번 정해진 큰 분수가
있어 흔들리지 않았음을 알 수 있으니, 과연 어질도다! 제갈근이
자기 임금에게 신뢰를 받았던 것은 그 정대(正大)함이 이와 같았기
때문이다.

제갈량(諸葛亮)의 사적은 사전(史傳)에 환하게 실려 있으니 이제
더 논할 것이 없다.

제갈탄(諸葛誕)은 자가 공휴(公休)로, 위(魏)나라에 벼슬하여 하
후현(夏侯玄)과 명성이 나란하였다. 양주 도독(楊州都督)으로 있을
때 군사를 일으켜 사마소(司馬昭)를 쳤으며, 탕장(帑藏)을 기울여
빈민을 구제하고 죄인을 용서하여 민심을 수습하였다. 목숨을 가볍게
여기고 의협심이 강한 사람 수천 명을 양성하여 결사대(決死隊)를
만들었다.

사마소(司馬昭)가 가충(賈充)을 보내 수춘(壽春)에 이르러서 제갈
탄을 보고 선위(禪位)의 일을 의논하니, 제갈탄이 노한 목소리로 말
하기를 "경은 가예주(賈豫州)의 아들이 아닌가? 대대로 위(魏)나라
의 은덕을 받았거늘 어찌 사직을 남에게 넘겨줄 수 있단 말인가. 만약
낙읍(洛邑) 안에 난(難)이 있으면 내 마땅히 가서 싸우다 죽을 것이

다."라 하였는데, 후에 거사하여 이기지 못하고 피살되었다. 부하 수백 명이 항복하지 않은 죄로 참살을 당하면서 모두 말하기를 "제갈군(諸葛君)을 위하여 죽으니, 한이 없다." 하고 두 손을 마주 잡고 죽 늘어서서 매양 한 사람씩 참살될 때마다 차례로 나아가 참살되고 끝내 얼굴빛을 변하지 않은 채 모두 순순히 죽었으니, 그 인심을 얻음이 이와 같았다. 당시 사람은 제갈탄을 전횡(田橫)에 비겼는데, 그 부하들이 조용히 죽음에 나아간 것은 오히려 전횡의 경우보다 낫다.

당시 세 사람은 각각 다른 나라에서 벼슬하였다. "촉한(蜀漢)은 용을 얻고, 오나라는 범을 얻고, 위나라는 개를 얻었다."는 속담이 있는데, 개가 능히 이런 일을 할 수 있었단 말인가. 방효유(方孝儒)는 말하기를 "'위나라 개'라는 말은 필시 가충의 무리가 한 말일 것이다." 하였으니, 이 말이 사실이다. 진계유(陳繼儒)는 말하기를 "공명(孔明)은 기산(祈山)에서 사마의(司馬懿)를 막았거늘 공휴(公休)는 수춘에서 사마소를 쳤으니 그 충간의거(忠肝義擧)가 제갈량과 무엇이 다르겠는가. 나는 생각건대 '제갈량이 으뜸이고, 제갈탄이 그 다음이고, 제갈근이 또 그 다음이다.'라 하노라."라 하였으니, 이 말은 공휴를 위하여 변무(辯誣)했다고 할 만하다.

제갈량은 촉한의 승상이 되어 국사를 맡았고, 제갈근은 오나라의 대장군이 되어 대정(大政)에 참여하였고, 제갈탄은 위나라의 사공(司空)이 되어 삼공(三公)이 되었다. 삼국이 인재를 등용할 때에 세 사람이 이러한 자리에 이르렀으니, 남보다 뛰어난 재덕(才德)이 있지 않고서야 능히 이와 같을 수 있었겠는가.

제갈량의 아들 첨(瞻)은 자가 사원(思遠)인데, 면죽(縣竹)의 싸움에서 등애(鄧艾)의 사자(使者)를 베어 죽이고 순절하였는데, 이때

나이 37세였다. 또 아들 상(尙)은 "부자가 나라의 후중한 은혜를 받고
서 능히 황호(黃皓)를 베지 못하고 패배하였으니, 살아서 무엇하겠는
가."라고 탄식하고, 이에 위나라 군사에게 달려가서 죽었다. 첨과 상
은 자질이 비록 남보다 뛰어난 점이 있었으나 역시 공명의 충효(忠孝)
의 가법(家法)에서 유래한 바가 있었던 것이다.

제갈근의 아들 각(恪)은 자가 원손(元遜)인데, 젊어서부터 재명
(才名)이 있고 임기응변의 변론이 뛰어나 상대할 사람이 없었다. 손
권이 그를 기특히 여겨, "'남전(藍田)에서 옥이 난다.'는 말이 참으로
빈말이 아니다."라 하였다. 손권이 일을 가지고 각을 시험해 보고자
하여 절도관(節度官)의 직임을 맡아 양곡을 관장하도록 하였다. 이에
제갈량이 육손(陸遜)에게 서신을 보내기를, "가형(家兄)은 연로하고
각은 성질이 소활(疏闊)하거늘 이제 양곡을 관장하게 했습니다. 양곡
은 군(軍)에서 가장 중요한 것이니, 나는 마음이 평안치 못합니다.
지존(至尊)께 아뢰어 전직시켜 주십시오."라 하니, 육손이 손권에게
사뢰어 즉시 전직시켰다. 제갈량은 평소 근신(謹愼)하였는데 제갈각
은 재주는 많으나 소활하기 때문에 이처럼 염려하였던 것이다.

제갈각은 재기(才氣)가 남보다 뛰어나고 식견(識見)과 아량(雅量)
은 비록 제갈량만 못했으나 매사에 제갈량을 사모하고 본받았다. 제
갈량이 유조(遺詔)를 받았고 제갈각도 유조를 받았으며, 제갈량이
위나라를 쳤고 제갈각도 위나라를 쳤으며, 제갈량이 마속(馬謖)을
베었은즉 제갈각도 호항(胡伉)과 손홍(孫弘)을 베었으며, 제갈량이
이엄(李嚴)을 꾸짖었은즉 제갈각도 주이(朱異)와 손묵(孫默)을 꾸짖
었다. 이렇게 자취만 따라 본받았으니, 족히 화를 취하는 길이 될
뿐이었다.

제갈각이 산월(山越)을 평정한 일은 제갈량이 맹획(孟獲)을 사로잡은 것만 못하지 않고, 회남(淮南)의 승전은 기산(祈山)의 승첩보다 빛나니, 후에 군사를 정돈하고 성을 굳게 지키다가 역질(疫疾) 때문에 후퇴하여 비록 손실은 있었으나 그대도 제갈량이 당한 사곡(斜谷)의 패전만큼 크지는 않았다. 그러나 공명(功名)을 끝마치지 못하고 몸이 화를 면치 못하여 제갈량과 하늘과 땅 차이로 다르게 된 것은, 제갈량은 신밀(愼密)하고 제갈각은 오소(迂疏)하였으며, 제갈량은 침정(沈靜)하고 제갈각은 조동(躁動)하였으며, 제갈량은 겸손하여 자신을 낮추었고 제갈각은 거만하여 자기 뜻대로 하였으며, 제갈량은 엄격함과 관대함을 병행하였고 제갈각은 엄격함이 너무 심했기 때문이다.

자고로 한 가문에 어진 선비가 많기로는 제갈씨와 같은 가문이 드물었다. 그래서 대략 아울러 편술(編述)하여 표출한다.

三國時, 諸葛瑾・亮及其從弟誕, 皆元帝時諸葛豊之後也. 豊以明經爲郡文學, 特立剛直, 爲司隷校尉, 刺擧無所避. 京師語曰: "間何濶, 逢諸葛." 侍中許章以外屬, 奢淫不奉法, 豊擧節詔章欲收之. 上收豊節[55]. 司隷去節, 自豊始. 豊上書曰: "布衣之交, 猶有刎剄之交. 今以四海之大, 曾無仗節死誼之臣. 率盡苟合取容, 阿黨相念, 爲私門之重, 忘國家之政, 臣誠耻之. 忠臣

55  侍中……豊節 : 許章이 그의 賓客과 함께 범법한 일이 있어 諸葛豊이 탄핵하려 하던 차에 마침 출타하는 허장을 만나 그 자리에서 천자가 하사한 符節을 들어 명하여 구속하려 하니, 허장이 궁궐로 달아나 천자에게 호소하였다. 『前漢書 권77 諸葛豊傳』

志士不避患害者, 誠爲君也."言甚切直. 後免爲庶人, 終於家. 瑾字子瑜, 有
容貌思度, 性弘緩推道理, 無應卒倚伏之術, 居喪至孝, 事繼母恭謹, 甚得人
子之道, 妻死不改娶. 才畧雖不及亮, 而德行尤純. 瑾仕吳, 通好昭烈, 與弟
亮公會相見, 退無私面. 昭烈伐吳至白帝, 瑾與牋曰: "陛下以關羽之親, 何
如先帝?; 荊州大小, 何如海內? 若審此數, 易於反掌."不聽, 或言瑾別遣人
與備相聞. 權曰: "孤與子瑜, 有死生不易之誓. 子瑜之不負孤, 猶孤之不負
子瑜也. 孤嘗與子瑜曰: '卿與孔明同産, 且弟隨兄, 於義爲順, 何以不留?'
瑜言亮以失身於人, 委質定分, 義無二心. 亮之不留, 猶瑾之不往也.'其言
足貫神明, 今豈有此乎?"今觀其與先主牋, 其意深見此擧之不利也, 惜乎先
主不悟也. 兄弟分事兩國, 唯於公會相見而已, 退無私面, 其避嫌如此. 孫權
答或人之語, 可見君臣相得之意, 而又以見瑾有君臣一定之大分而不之撓焉,
果賢矣哉! 瑾之所以取重於其君者, 其正大如此故也. 亮之事迹, 昭載史傳,
今不復論. 誕字公休, 仕魏, 與夏侯玄齊名, 爲楊州都督, 起兵討司馬昭, 傾
帑賑施, 曲赦有罪, 以收衆心, 養輕俠數千人, 爲死士. 昭遣賈充至壽春, 見
誕論禪代. 誕厲聲曰: "卿非賈豫州子乎? 世受魏恩, 豈可以社稷輸人? 若洛
中有難, 吾當死之."後擧事不克被殺, 麾下數百人, 坐不降見斬, 皆曰: "爲
諸葛君死, 不恨."拱手爲列, 每斬一人輒降之, 竟不變至盡. 其得人心如此.
時人比之田橫[56], 而從容就死, 猶爲勝之. 當時三人, 各仕一國, 有蜀得龍,

---

**56** 田橫 : 齊王의 후예로서 秦나라 말기에 스스로 왕위에 오른 뒤에 형세가 불리
해지자 부하 500여 인과 함께 섬에 들어가 숨어살다 王侯로 封해 주겠다는
漢高祖의 부름을 받고서 갔다. 洛陽에서 30리 떨어진 지점에 이르자 신하의
신분으로 漢王을 보는 것은 부끄러운 일이라고 하여 자결하면서 자기 머리를
황제에게 바치도록 하였다. 황제가 듣고 눈물 흘리며 王者의 禮로 장례하게

吳得虎, 魏得狗之諺, 狗能辦此耶? 方孝儒[57]曰: "魏狗之言, 必賈充之徒爲
之也." 斯言信矣. 陳繼儒曰: "孔明祈山拒懿, 公休壽春討昭. 忠肝義擧, 與
亮何異? 予謂三葛, 亮爲上, 誕次之, 瑾又次之." 此可謂爲公休辨誣矣. 亮
爲漢丞相, 秉國鈞; 瑾爲吳大將軍, 參大政; 誕爲魏司空, 列三公. 當三國用
才之時, 而皆致位至此, 非有過人之才德而能如是乎? 亮之子瞻, 字思遠,
綿竹之戰, 斬鄧艾之使而殉于節, 時年三十七. 子尙歎曰: "父子荷國重恩,
不能斬黃皓, 以致傾敗, 用生何爲?" 乃馳赴魏軍死. 瞻·尙姿質雖有過人
者, 亦孔明之忠孝家法有自也. 瑾之子恪, 字元遜, 少有才名, 辯論應機, 莫
與爲對. 孫權奇之曰: "藍田生玉, 眞不虛也." 權欲試以事, 令守節度, 掌糧
穀. 諸葛亮書與陸遜曰: "家兄年老而恪性疎, 今主糧穀, 糧穀軍之最要, 僕
用不安. 啓至尊轉之." 遜白權卽轉. 亮平生謹愼, 而恪多才而疎濶, 故慮之
如此. 恪才氣過人, 識度雅量, 雖不及亮, 而事事慕效孔明. 孔明受遺詔, 恪
亦受遺詔; 孔明伐魏, 恪亦伐魏; 孔明斬馬謖, 則恪亦斬胡伉·孫弘, 孔明
責李嚴, 則恪亦責朱異·孫默. 循迹而效之, 適足爲取禍之道耳. 其山越之
平, 不下於孟獲之擒; 淮南之勝, 有光於祈山之捷. 後頓兵堅城, 以疫退舍,
雖損失, 亦不至斜谷之敗也. 功名不終而身不免, 與亮霄壤者, 盖亮愼密而

하였다. 이 소식을 들은 섬 안의 500여 인 역시 모두 자살하였고 섬에 있던
나무들도 같은 날 말라 죽었다. 『史記 卷94 田橫列傳』

**57**  方孝孺 : 明나라 두 번째 임금인 建文帝의 侍講學士로 자는 希直, 호는 遜志이
며 正學先生으로 일컬어졌다. 燕王이었던 永樂帝 成祖가 조카 건문제를 쫓아
내고 즉위하여 즉위 교서를 쓰게 하자 붓을 던지며 "죽으라면 죽겠으나 이
조서는 쓸 수 없다."고 하고, 임금을 죽이고 왕위를 빼앗았다고 쓰니, 성조가
그를 찢어 죽이고 일족을 모두 처형하였다. 『明史 권141 方孝孺傳』

恪迂踈, 亮沉靜而恪躁動, 亮謙恭自卑而恪倨傲自用, 亮嚴恕并行而恪嚴刻太深故耳. 自古一門賢士之多, 罕有如諸葛氏者, 故畧并編而表出之.

## 17. 자손은 선조를 닮는다

子孫肖先祖

사상채(謝上蔡)가 말하기를 "'나의 정신은 곧 조상의 정신이다.'라고 하였으니, 비단 정신뿐만 아니라 용모도 닮는다. 삼국 시대에 제갈탄(諸葛誕) 휘하에 장사(長史) 오강(吳綱)이란 사람이 있었는데, 그는 곧 장사왕(長沙王) 오예(吳芮)의 16세손이다. 황초(黃初) 말엽에 오나라 사람이 오예의 무덤을 파서 그 벽돌로 손견(孫堅)의 사당을 쌓았는데, 오예의 용모가 살아있는 것 같고 의복도 썩지 않았다. 그 무덤을 파는 일에 참여했던 사람이 뒤에 오강을 보고 '당신은 어찌 그리도 장사왕 오예와 닮았소! 단지 신장(身長)이 약간 작을 뿐이다.' 하자, 오강은 깜짝 놀라며 '그분은 나의 선조이시다. 그대는 어떻게 보았소?' 하니, 본 사람은 그 연유를 말해 주었다. 오예가 죽은 해로부터 무덤을 판 해까지는 400여 년이었다."라 하였다.

또 『주자어류(朱子語類)』를 보았는데, 그 글은 기억나지 않지만, "어떤 사람이 일찍이 남조(南朝) 소량(蕭梁)의 종실(宗室)인 어느 왕의 무덤을 팠는데, 얼굴이 살아있는 것 같았고 돌 위에 안치되어 있었다. 뒤에 무덤을 팠던 사람이 관정(官庭)에 들어갔는데, 그 수령이 곧 소씨(蕭氏) 성을 가진 사람이었다. 무덤을 팠던 사람들이 서로 '저 관장(官長)이 소왕(蕭王)을 꼭 닮았다.'라고 말하기에 수령이 그 연유를 물었더니 바로 자기 선조였다."라는 말이 있다. 소량 때로부터 송(宋)나라 남도(南渡)했을 때까지는 거의 6백 년이다. 이 두 사실이 어찌 이상한 일이 아니겠는가. 이로써 말하면 자손들이 선조를 닮은 자가 많은데, 사람들은 알지 못한다. 기맥(氣脈)의 흐름이 이와 같거늘 사람들은 대부분 먼 조상을 추모하는 뜻을 소홀히 여기니, 너무도 탄식할 일이 아니겠는가.

謝上蔡[58]曰: "我之精神, 卽祖考之精神." 非惟精神, 形貌亦肖. 三國時, 諸葛誕有長史吳綱, 卽長沙王吳芮十六世孫也. 黃初末, 吳人發芮塚, 以其磚築孫堅廟, 芮容貌如生, 衣服不朽. 豫發者見綱曰: "君何類長沙王吳芮, 但微短耳." 綱瞿然曰: "是先祖也. 君何由見之?" 見者言其由. 自芮卒至發塚, 四百餘年. 又觀『朱子語類』, 不記其文, 有"人嘗發蕭梁宗室某王塚, 面如生, 安石上. 後其人入官庭. 其守卽蕭姓者, 其人等相謂曰: '此官長正類蕭王.' 守問其由, 卽其先祖也." 蕭梁之於宋南渡, 亦幾六百年, 此二事, 豈不異哉? 由是言之, 子孫之肖先祖者多, 而人不能知也. 氣脉之灌注流通如是, 而人多忽追遠之意, 可勝歎哉!

---

**58** 謝上蔡: 北宋 때 성리학자인 謝良佐의 자가 顯道이고, 호가 上蔡이니, 程顥의 제자이다. 呂大臨, 游酢(작), 楊時와 함께 程門四先生으로 일컬어졌다.

## 18. 선영이 있는 고향
丘墓之鄕

옛날에는 죽은 사람을 장사하거나 산 사람이 이사하는 것이 고향을
벗어나지 않았다. 그러므로 부조(父祖)의 선영(先塋)은 살고 있는
고향과 떨어져 있지 않기에 때때로 성묘하여 신(神)과 사람이 서로
의지할 수 있었으니, 참으로 인도(人道)의 지극한 즐거움이었다.

후세에는 이사하는 것이 일정치 않고, 또 풍수설(風水說)에 미혹되
어 자기가 사는 고장을 떠나서 장사지내므로 성묘하는 일이 끊어지
니, 세대가 멀어지면 조상의 무덤이 어디 있는지 모르게 되는 경우가
많다. 게다가 출세하여 높은 관직에 오르면 선인(先人)이 살던 옛집
을 살기에 부족하다고 여기니, 그 핑계가 여러 가지다. '생활하기에
부족하다'느니, '의원과 약을 구하기에 불편하다'느니, '음식을 얻기
어렵다'느니 하면서 고향을 가벼이 버리고 조금도 애석하게 여기지지
않는다. 그리하여 부조(父祖)의 체백(體魄)이 묻힌 땅을 무식한 동복
(僮僕)에게 맡기고 돌보지 않는다. 그래서 몇 대(代) 지나지 않아
고총(古塚)이 되어 돌보는 사람이 없게 되는 경우가 왕왕 있으니,
참으로 탄식할 노릇이다.

구양공(歐陽公 구양수(歐陽脩))은 여릉(鑪陵) 사람인데, 아버지의
묘소를 살던 마을의 산에 모셨다. 공은 조정에서 벼슬하고 중년에는
영주(穎州)에 살 뜻이 있어 영주를 그리워하는 작품은 문집 속에 10여
편이나 보이는데 선산에 대해서는 한 마디도 언급하지 않았다. 공은
형제는 없고 네 아들을 두었는데 모두 영주 사람이 되었으며, 다시는

선산에 가 보는 자손이 없었다. 이것 때문에 후인들이 구양공을 많이 비판한다. 그리고 보면 자손이 귀하게 되는 것이 반드시 좋은 것은 아니다. 구양공과 같이 어진 분으로도 이런 일이 있었으니, 애석하다! 여우도 죽을 때는 머리를 제가 살던 굴이 있는 언덕 쪽으로 돌리는 법이다. 옛날 사람이 반드시 고향으로 반장(返葬)하였던 것은 참으로 까닭이 있다.

古者死徙無出鄕[59], 故父祖丘壟, 不離所居之鄕, 省掃有時, 神人相依, 誠人道之至樂也. 後世遷徙無常, 又惑於堪輿之術, 離鄕越郡而葬之, 省掃曠絶, 世代遙遠, 失其所者多矣. 又或發迹貴顯, 以先人舊居爲不足居, 其說多端, 曰: "生理不足." 曰: "醫藥不便." 曰: "飮膳難得." 輕去桑梓, 不少吝情. 以父祖體魄所託之地, 委之於無識僮僕而莫之恤焉, 不數代而因作古墓, 守護無人者, 比比有之, 誠可歎也. 歐陽公廬陵人, 父葬在於其里之瀧岡. 公仕宦于朝, 中年有居穎之志, 思穎之作, 見于集中者十餘篇, 未嘗一語及松楸. 公無兄弟而有四子, 皆爲穎人, 瀧岡之上, 無復有子孫臨之. 以此後人多非議焉. 然則子孫之貴顯, 不足取也. 以公之賢而有此事, 惜哉! 狐死首丘, 古人必返葬故土, 良有以也.

---

**59** 死徙無出鄕 : 『孟子』「滕文公上」에 보인다.

## 19. 좋은 고을을 골라서 살기 어렵다

居鄕之難

공자(孔子)는 "잘 택하여 어진 고을에 살지 않는다면 어찌 지혜롭다 하리오."라 하셨으니, 어진 고을에 살기 어려움은 성인께서 이미 말씀하셨다. 성인의 뜻을 가지고 말해 보겠다.

자공(子貢)이 묻기를 "고을 사람들이 다 그를 좋아한다면 어떠합니까?"라 하니, 공자께서 말씀하시길 "그 정도로는 안 된다."라 하셨다. 또 "고을 사람들이 그를 미워한다면 그는 어떤 사람입니까?"라 하니, 말씀하시길 "그 정도로 안 된다. 고을 사람들 중에서 선한 이들은 그를 좋아하고 선하지 않은 이들은 미워하느니만 못하다."라 하셨다. 이로써 말한다면 공자는 고을에 사실 때 그 고을 사람 중 선하지 않은 사람이 자신을 좋아하는 것은 허여하지 않았다는 사실을 알 수 있다.

또 공자는 "향원(鄕員)은 덕을 해치는 자이다."라고 하셨으니, 또한 공자는 자신의 지조를 바꾸어 남을 따라 아첨하지 않으셨다는 사실을 알 수 있다. 또 공자께서 확상포(矍相圃)에서 향사례(鄕射禮)를 거행하려고 하니, 이 때 구경꾼들이 담처럼 둘러섰다. 공자께서 자로(子路)로 하여금 활과 화살을 가지고 나가서 활 쏠 사람들을 맞이하되 "패군(敗軍)의 장수와 망국(亡國)의 대부(大夫)와 남의 후사(後嗣)가 되는 자는 들어오지 말라."라고 하게 하시니, 그 자리를 떠난 자가 반이 되었다. 또 공망구(公罔叕)와 서점(序點)을 시켜서 술잔을 들고 사람들에게 말하게 하니, 공망구가 술잔을 들고 말하기를, "어린이와 장년으로서 효제(孝悌)하고 노인으로서 예(禮)를 좋아하여 유속(流俗)을 따르지 않고 수신(修身)하여 죽을 때까지 도리를 지키는 사람만 이 자리에 있어라."라 하니, 돌아간 자가 반이 되었다. 서점이 또 술잔을 들고 말하기를 "배우기를 좋아하여 게으르지 않으며 예(禮)를 좋아하여 변치 않으며 노인으로서 도리에 맞고 어지럽지 않은 이들만 이 자리에 있으라."라 하니, 겨우 몇 명만이 남아 있었다. 이로써 본다면 결국에 함께 활을 쏜 사람은 공자의 문인(門人)들에 불과했을 것이다. 그 당시 그 자리를 떠나간 사람들은 어찌 한 마디 말도 없이 달가운 마음으로 쫓겨났겠는가. 공자께서는 필시 그들의 훼방을 받았을 것이다. 더구나 환퇴(桓魋)는 기필코 공자를 해치고자 하지 않았던가. 이 때 공자께서 송(宋)나라에서는 이미 권력을 다투어 알력을 빚는 일이 없었으니, 환퇴가 해치려고 했던 것은 악(惡)으로 선(善)을 해치고자 한 데 불과하였을 뿐이다.

후세에 구양수가 학사(學士) 정원진(丁元珍)을 조문하는 글에, "선과 악의 다름은 마치 불과 물 같으니, 서로 용납하지 못하는 것은 당연한 형세이다. 고을 사람들이 다 그를 좋아하더라도 공자께서는 인정하지 않았고 선하지 않은 이에게 미움을 받은 연후에 어질다고 인정하셨으니, 모욕과 비판을 받은 이로서는 공자만한 분이 없었다. 그러나 공자는 사당에 높이 모셔져 추앙을 받고, 후세 사람들이 환퇴는 제사하지 않았다. 맹자의 도(道)는 세월이 오랠수록 더욱 빛나 이름이 사자(四子)로 추앙받았고 장창(臧倉)은 사람 축에 끼지도 못한다. 이 때문에 군자는 수신(修身)하면서 기다린다. 저들은 모두 살아서는 여우와 쥐요, 죽어서는 개와 돼지가 되건만, 오직 한 현인(賢人)의 불행은 천년을 지나도 오히려 슬퍼한다."

라 하였다. 이 글을 보면 어진 이와 어리석은 자가 판연히 다르므로
세상 사람들의 훼방과 칭찬을 가지고 옳다 그르다 할 수 없음이 분
명하다는 것을 알 수 있다.

孔子曰：“擇不處仁, 焉得知?” 居鄕之難, 聖人已言之矣. 試以聖人之意言
之, 子貢問曰：“鄕人皆好之, 何如?” 子曰：“未可也.”“鄕人皆惡之, 何如?”
子曰：“未可也. 不如鄕人之善者好之, 不善者惡之.” 以此言之, 則孔子之居
鄕, 不與鄕人之不善者好之, 可知矣. 又曰：“鄕愿, 德之賊也.” 則亦不變吾
之所守而隨人容悅, 可知. 且於夾相之圃, 孔子欲行鄕射之禮, 其時觀者如
堵, 使子路執弓矢出延射者曰：“債軍之將·亡國之大夫與爲人後者不入.”
去者半. 又使公罔之裘·序點揚觶而語, 公罔之裘揚觶而語曰：“幼壯孝悌,
耆耋好禮, 不從流俗, 修身以俟死者, 在此位.” 去者半. 序點又揚觶而語曰：
“好學不倦, 好禮不變, 旄期稱道不亂者, 在此位.” 蓋僅有存者. 由是觀之,
則其末梢所與射者, 不過聖門之人耳, 其去者豈無一言而甘心被逐耶? 其被
謗毁必矣. 況桓魋必欲害孔子? 是時, 孔子於宋, 旣無爭權相軋之事, 則魋
之欲害, 不過以惡害善而已. 後世歐陽脩祭丁學士元珍之文有曰：“善惡之
殊, 如火與水. 不能相容, 其勢然耳. 鄕人皆好, 孔子不然. 惡乎不善, 然後
爲賢. 受侮被謗, 無如仲尼. 巍然袞冕, 不祀桓魋. 孟子之道, 愈久彌光. 名
尊四子[60], 不數臧倉.[61] 是以, 君子修身以俟. 是皆生則狐鼠, 死爲狗彘. 惟

**60** 四子：四書와 같은 말로 『大學』·『論語』·『孟子』·『中庸』을 가리킨다.

**61** 臧倉：전국시대 魯나라 平公의 총애를 받은 신하로 평공이 맹자를 만나지
　　못하도록 방해하였다. 『孟子 梁惠王下』

一賢之不幸, 歷千歲而猶傷." 觀於此文, 庶可以知賢愚之判異, 而不可以流俗之毀譽從以是非也, 明矣.

# 20. 사람의 타고난 기운은 다르다
### 人稟之異

사람은 천지의 기운을 받았으므로 눈은 옆으로 뚫어지고 발이 둘인 점은 사람마다 다 같으나 풍토와 기습(氣習)은 곳곳마다 같지 않다. 『주례(周禮)』를 보면, 9주(州)에 남녀의 수가 많고 적음의 구별이 있다.

『회남자(淮南子)』에,

"산의 기운이 강한 곳에는 남자가 많으며, 못의 기운이 강한 곳에는 여자가 많으며,-상고하건대, 여진(女眞)에는 남자가 많고 우리나라의 제주도에는 여자가 많다.- 물의 기운이 강한 곳에는 벙어리가 많으며, 바람의 기운이 있는 곳에는 귀머거리가 많다.-상고하건대, 우리나라 해서(海西) 지방은 땅은 움푹한 곳이 많기 때문에 맹인이 많다.- 숲의 기운이 강한 곳에는 꼽추가 많으며, 나무의 기운이 강한 곳에는 등이 굽은 사람이 많으며, 돌의 기운이 강한 곳에는 힘센 사람이 많으며, 습기가 강한 곳에는 수중다리가 많다. 험한 기운이 강한 곳에는 혹 있는 사람이 많으며, 골짜기의 기운이 강한 곳에는 각기병인 사람이 많으며, 언덕의 기운이 강한 곳에는 미치광이가 많으며, 광활한 기운이 강한 곳에는 인후(仁厚)한 사람이 많으며, 구릉의 기운이 강한 곳에는 탐욕한 사람이 많다. 더운 기운이 강한 곳에는 요사(夭死)하는 사람이 많으며, 찬 기운이 강한 곳에는 장수하는 사람이 많으며, 경토(輕土)에는 빠른 사람이 많으며, 중토(重土)에는 더딘 사람이 많다. 물이 맑은 곳에는 사람들의 음성이 작으며,

물이 탁한 곳에는 사람들의 음성이 크며, 물이 급히 흐르는 곳에는
사람들이 경솔하며, 물이 더디게 흐르는 곳에는 사람들이 중후하
며, 중토(中土)에는 성현(聖賢)이 많다."

라 하였으며, 『가어(家語)』에는,

"견고한 땅에서 태어난 사람은 강하며, 연약한 땅에서 태어난 사람
은 나약하며, 검은 땅에서 태어난 사람은 작으며, 기름진 땅에서
태어난 사람은 아름다우며, 척박한 땅에서 태어난 사람은 추하다."

라 하였다.

우리나라로 말하면 수천 리의 강토에 불과한데도 남북의 풍토가
전혀 서로 같지 않은데, 하물며 사해(四海)의 안이야 말할 나위 있겠
는가.


人稟天地之氣, 橫目二足皆同, 而風土氣習, 隨處不同. 『周禮』九州有男女
多少之別. 『淮南子』曰: "山氣多男, 澤氣多女.-按女眞多男, 我國濟州多女-;
水氣多瘖, 風氣多聾.-按我國海西地多凹陷, 故多盲人-; 林氣多癃, 木氣多傴,
石氣多力, 下氣多尰, 險氣多癭, 谷氣多痺, 丘氣多狂, 廣氣多仁, 陵氣多
貪, 暑氣多夭, 寒氣多壽, 輕土多利, 重土多遲, 淸水音小, 濁水音大, 湍水
人輕, 遲水人重, 中土多聖賢." 『家語』曰: "堅土之人剛, 弱土之人懦, 壚土
之人細, 息土之人美, 耗土之人醜." 試以我國言之, 不過數千里之域, 而南
北風土, 絶不相同, 況四海之內乎?

# 21. 점몽

占夢

해몽에 관한 설(說)은 비록 허황한 것 같지만 경전을 가지고 말해 보겠다.

은(殷)나라 고종(高宗)은 꿈에 어진 재상을 얻었고, 주(周)나라 문왕(文王)은 꿈에 천제(天帝)가 치아 아홉 개를 주었으며, 무왕(武王)은 주(紂)를 칠 때 "나의 꿈이 나의 점과 맞다."라 하였다. 그리고 주나라 선왕(宣王)이 곰과 말곰에 독사와 뱀의 꿈을 꾸고서 점을 쳐 보았다. 『춘추좌씨전(春秋左氏傳)』에 기록된 것은 더욱 많다. 공자는 양영(兩楹) 사이에 앉아서 궤전(饋奠)을 받는 꿈을 꾸셨다. 그렇다면 성현도 꿈을 믿은 일이 많았던 것이다.

지금 의서(醫書)로 말하면, 간장(肝臟)은 혼(魂)을 갈무리하고, 폐장(肺臟)은 백(魄)을 갈무리하니, 혼과 백이 교접하여 꿈을 이룬다. 대개 간장은 혈(血)을 주관하고 폐장은 기(氣)를 주관하여 기혈(氣血)을 갈무리하는 곳이 되니, 중간에는 심장(心臟)은 신명(神明)을 주관하고 비장(脾臟)은 사려(思慮)를 주관하는 것이 절로 있다. 무릇 사람이 꿈을 꾸는 것은 비록 간장과 폐장의 혼과 백이 꿈을 이루지만 심장의 신명과 비장의 사려가 절로 그 중간에 있어 교접하여 꿈을 이루게 된다.

『주례(周禮)』에 "태복(太卜)이 삼몽(三夢)의 법을 관장하니, 첫째는 치몽(致夢)이요, 둘째는 기몽(觭夢)이요, 셋째는 함척(咸陟)이다."라 하였는데, 정현(鄭玄)은 주(注)에 "치몽은 하후씨(夏后氏)가 만든 것이고, 기몽은 상(商)나라 사람이 만든 것이고, 함척은 주(周)나라 사람이 만든 것이다. 밤에 꾼 꿈을 가지고 햇무리를 보아 길흉을 점치는데, 십운구변설(十煇九變說)이 있다. 또 점몽관(占夢官)이 있어 일월성신(日月星辰)을 가지고 꿈의 길흉을 점쳤다. 첫째는 정몽(正夢)이니, 느낀 바가 없이 편안하게 저절로 꾸는 꿈을 말한다. 둘째는 악몽(噩夢)이니, 놀라 꾸는 꿈을 말한다. 셋째는 사몽(思夢)이니, 생시에 생각한 바가 있어서 꾸는 꿈을 말한다. 넷째는 오몽(寤夢)이니, 생시에 조는 속에서 꾸는 꿈을 말한다. 다섯째는 희몽(喜夢)이니, 기뻐서 꾸는 꿈을 말한다. 여섯째는 구몽(懼夢)이니, 두려워서 꾸는 꿈을 말한다."라 하였다.

또 『주례』에, "계동(季冬)에 왕의 꿈을 물어서 길몽(吉夢)을 왕에게 바치면 왕이 재배(再拜)하고 받는다."라 하였다.

이로써 본다면, 꿈은 비록 허황하여 믿을 수 없으나 그 꿈은 사람의 정신(情神)으로 말미암아 나오는 것이니, 또한 전연 믿지 않을 수도 없다.

『한서』「예문지(藝文志)」 칠략(七略)의 잡점십팔가(雜占十八家) 중에 『황제장류점몽(黃帝長柳占夢)』 11권과 『감덕장류점몽(甘德長柳占夢)』 20권이 들어 있다. 그 내용에 "잡점은 하나가 아닌데, 꿈이 그 중에서 크다."라 하였으니, 그렇다면 예로부터 성현도 꿈의 징조를 많이 믿었던 것이다.

후세에는 점몽학(占夢學)이 끊어졌고, 지금 세상에 전하는 해몽에 관한 책은 위서(僞書)이다. 사서(史書)를 상고해 보면 『춘추좌씨전』 이후에도 몽험(夢驗)이 많아서 다 수록할 수 없다.

占夢之說, 雖似幻荒, 而以經傳言之. 高宗夢得良弼[62], 文王夢帝與九齡[63],
武王伐紂曰: "朕夢叶朕卜.[64]" 宣王考卜有熊羆蛇虺[65]之夢, 『左傳』所書尤
多. 孔子夢奠于兩楹[66], 然則聖賢亦以夢多有所準矣. 今以醫書言之, 肝藏
魂, 肺藏魄, 魂魄交而成夢. 盖肝血肺氣, 爲氣血之所藏, 而中間心之主神,
脾之主思自在也. 凡人爲夢, 雖肝肺之魂魄成夢, 而心之神明·脾之思慮,
自在中間而交成矣. 『周禮』: "太卜掌三夢, 一曰致夢, 二曰觭夢, 三曰咸
陟." 鄭註以爲"致夢夏后氏所作, 觭夢商人或作, 咸陟周人所作, 而以夜之所
夢, 視日旁之氣, 以占吉凶, 有十煇九變之說, 又有占夢之官, 以日月星辰,
占夢之吉凶. 一曰正夢, 謂無所感而平安自夢也; 二曰噩夢, 謂驚愕而夢;

---

**62** 高宗夢得良弼 : 殷나라 高宗이 꿈에 上帝가 자신을 보필할 훌륭한 인물을 내
려 주는 것을 보고, 사방에 사람을 보내 그 모습을 닮은 사람을 찾은 끝에
傅巖이란 곳에서 傅說을 찾아 재상으로 삼았다는 고사가 있다. 『書經 說命上』

**63** 文王夢帝與九齡 : 周나라 文王이 아들 武王에게 "네가 무슨 꿈을 꾸었느냐?"
라고 묻자, 무왕이 "꿈에 上帝께서 저에게 치아[齡] 아홉 개를 주셨습니다."라
고 하니, 문왕이 "내가 100살을 살고 네가 90살을 산다는 뜻이다. 내가 너에게
3살을 주겠다."라고 하였다. 문왕은 97세까지 살았고 무왕은 93세까지 살았다
고 한다. 『禮記 文王世子』

**64** 朕夢叶朕卜 : 『書經』「周書 泰誓中」에 보인다.

**65** 熊羆蛇虺 : 『詩經』「小雅 斯干」에 "길몽은 무엇인가? 곰과 큰곰, 큰 뱀과 뱀이
로다. 태인이 꿈을 점치니, 곰과 큰곰 꿈은 남자를 낳을 상서요, 큰 뱀과 뱀
꿈은 여자를 낳을 상서로다.〔吉夢維何 維熊維羆維 虺維蛇彼 大人占之 維熊維
羆 男子之祥 維虺維蛇 女子之祥〕"라 하였는데, 이에 대해 毛序에서는 周나라
宣王이 宮室을 이룬 것을 읊은 시라 하였다.

**66** 孔子夢奠于兩楹 : 兩楹은 천자의 어전에 있는 두 개의 둥근 기둥이다. 공자가
양영 사이에 앉아서 饋奠를 받는 꿈을 꾼 뒤에 죽었다고 한다. 『禮記 檀弓上』

三曰思夢, 謂覺時所思念之而夢; 四曰寤夢, 謂覺時道之而夢; 五曰喜夢, 謂喜悅而夢; 六曰懼夢, 謂恐懼而夢." 又曰: "季冬聘王夢, 獻吉夢于王, 王再拜而受之." 以此觀之, 夢雖虛蕩不可信, 而其夢也由人神而出焉, 則亦不可專然不信矣. 『漢』『藝文志』「七畧」雜占十八家以「黃帝長柳占夢」十一卷・「甘德長柳占夢」二十卷. 其說曰: "雜占非一而夢爲大." 然則從古聖賢, 亦取徵于夢者多矣. 後世占夢之學絶, 而今世所傳解夢書, 其僞者耳. 以史考之, 『左傳』以後, 夢驗非一, 不能盡錄.

## 22. 휘명

諱名

옛사람은 군부(君父)의 이름을 피휘(避諱) 하는 것이 엄격하였다. 사마천(司馬遷)은 그 아버지의 이름인 담(談)을 피하여 장담(張談)을 장동(張同)으로 썼으니, 그 이름이 아버지의 이름과 같았기 때문에 같을 동(同) 자를 쓴 것이다. 그리고 무제(武帝)의 이름인 철(徹)을 피휘하여 괴철(謎徹)을 괴통(謎通)으로, 철후(徹侯)를 통후(通侯)로 적었으니, 철(徹)의 훈(訓)이 '통(通)'이기 때문이다. 그리고 문제(文帝)의 이름인 항(恒)을 피하여 항산(恒山)을 상산(常山)으로 썼으니, 역시 그 훈의(訓義)를 취한 것이었다.

반고(班固)는 장조(莊助)를 엄조(嚴助)로 고치고, 장준(莊遵)을 엄준(嚴遵)으로 고쳤으니, 이는 명제(明帝)의 이름인 장(莊)을 피휘한 것인데, 장(莊)과 엄(嚴)은 훈(訓)이 같기 때문이다.

후세의 이러한 예(例)는 낱낱이 들 수 없을 정도로 많다. 송(宋)나라 사람이 태조(太祖)의 이름인 현랑(玄朗)을 피휘한 것은 방사(方士)의 말을 따른 것이다. 이 때문에 현(玄) 자를 피휘하여 당(唐)나라 현종(玄宗)을 원종(元宗)으로, 사현(謝玄)을 사원(謝元)으로 썼으니, 원(元) 자로 현(玄) 자를 대신한 것이다. 또 서체(書體)에서 감히 이름의 본자(本字)를 곧바로 쓰지 못하였다. 소흥(紹興) 연간에 삼사(三史)를 간행할 때, 흠종(欽宗)의 이름에 작은 글자로 '연성어명(淵聖御名)' 넉자를 함께 쓰거나 혹은 바꾸어 '위(威)' 자를 만들었고, 다른 묘휘(廟諱)는 모두 결획(缺劃)만 하였다. 홍용재(洪容齋 홍매(洪

邁))는 "어리석으면서 제 생각대로 하기를 좋아한다."라고 비웃었다.

지금 고려 때의 판본을 보니, 태조의 이름이 '건(建)'인데, '건' 자를 쓰되 아래의 획을 없앴고, 혜종(惠宗)의 이름은 '무(武)'인데 '무' 자를 쓰되 오른쪽 획을 없앴다. 그 나머지도 다 그렇게 하였다. 또한 청(淸)나라 사람의 판본을 보니, 제명(帝名)은 모두 한 획을 깎아서 결국은 글자 모양을 이루지 못하였으니, 도리어 온당치 못한 듯하다. 홍용재가 "어리석으면서 제생각대로 하기를 좋아한다."라 한 말이 참으로 사실이다.

그러나 독서할 때에는 혹은 대어(代語)를 쓰기도 하고, 혹은 모(某) 자로 읽기도 하여 편의(便宜)한 대로 하지만, 글자를 쓰는 것과 같은 경우에는 피휘하기가 참으로 어렵다.

일찍이 주자(朱子)의 편지를 보니 '초서(草書)로 쓴다'는 말이 있는데, 이 말은 또한 의심스럽다. 지금 사람은 부형을 대신해서 편지를 쓸 때 반드시 이름을 정자(正字)로 서서 경건한 뜻을 보이는 것이 아마도 옳을 듯하다.


古人避君父之諱甚嚴. 司馬遷避父名談, 以張談爲張同, 謂其名與父同也. 避武帝名徹, 以删徹爲删通, 以徹侯爲通侯, 以徹訓通故也. 避文帝名恒, 以恒山爲常山, 亦取其訓義. 班固改莊助爲嚴助, 莊遵爲嚴遵, 避明帝名莊, 而莊嚴同訓也. 後世此例, 不可枚擧. 宋人避太祖諱玄朗, 從方士語也. 以是避玄字, 以唐玄宗爲元宗, 謝玄爲謝元, 以元字代玄也. 又於書體, 不敢直書本字. 紹興中刻三史, 欽宗諱, 並小書四字曰淵聖御名. 或易爲威字, 而他廟諱, 皆只缺畫. 洪容齋[67]笑其愚而好自用也. 今觀高麗時板本, 太祖名建, 建字書而去下畫; 惠宗名武, 武字書武而去右畫, 其餘皆然. 亦觀淸人板本,帝名皆刪一畫, 終不成字形, 還覺未安. 洪氏愚而好自用之語, 信然矣. 然讀書之時, 或用代語, 或稱某字, 隨便爲之, 至若書字則避之誠難. 嘗見朱子書, 有草書之語, 此亦有疑. 今人代父兄作書, 必正書名字, 以示敬謹之意, 似或可也.

**67** 洪容齋 : 宋나라 孝宗 때의 학자 洪邁(1123~1202)를 가리킨다. 그는 자는 景盧이고 호가 容齋로 박학하고 특히 宋代의 掌故에 밝았다. 저술로 『容齋隨筆』이 있다.

## 23. 이름과 자
### 名字

이름이 있으면 반드시 자(字)가 있으니, 『예기(禮記)』에 "이미 관례(冠禮)를 치르고 자(字)를 부르는 것은 그 이름을 공경하는 것이다."라 하였다. 자(字)란 것은 기를 육(育) 자의 뜻이니, 이름을 인하여 생기므로 자(字)라고 한다. 예컨대 공자는 니구산(尼丘山)에 빌어서 낳았기 때문에 이름을 구(丘), 자를 중니(仲尼)라 하였다. 또 예컨대 중유(仲由)는 자가 자로(子路)이며, 단목사(端木賜)는 자가 자공(子貢)이며, 염경(冉耕)은 자가 백우(伯牛)이다. 증자(曾子)는 이름이 참(參)이니, 참은 바로 '참승(參乘)'의 참(參) 자이다. 그러므로 자를 자여(子輿)라 하였다. 지금 '參'을 '삼'으로 읽는 것은 역대로 인습해온 것인데 잘못이다.

맹자(孟子)는 이름이 가(軻)이니 자가 자여(子輿)이며, 송(宋)의 한호(罕虎)는 자가 자피(子皮)이며, 초공자(楚公子) 측(側)은 자가 자반(子反)이며, 진(晉)의 양설적(羊舌赤)은 자가 백화(伯華)이며, 정(鄭)나라 공자(公子) 비(騑)는 자가 자사(子駟)이다. 춘추시대에는 자의 뜻이 그 이름을 따른 것이 매우 많아 이루 다 기록할 수가 없다.

한(漢)나라 장량(張良)은 자가 자방(子房)이니, 왕량성(王良星)이 말을 주관하고 방성(房星)이 천사(天駟)이기 때문에 그 뜻을 취한 것이다. 그 나머지 알기 어려운 것에도 반드시 뜻이 있을 터인데, 후세 사람이 알지 못할 뿐이다.

-이상은 모두 수필이다.-

有名必有字, 『禮』: "旣冠而字, 敬其名也.[68]" 字者育字之義, 因名而生, 謂
之字. 如孔子禱於尼丘山而生, 故名丘, 字仲尼. 且如仲由字子路, 端木賜字
子貢, 冉耕字伯牛, 曾子名參, 參卽參乘之參, 故字子輿. 今爲森音, 歷世因
襲, 誤也. 孟子名軻, 字子輿, 宋罕虎字子皮, 楚公子側字子反, 晉羊舌赤字
伯華, 鄭公子騑字子駟. 春秋時, 字義之皆從其名者甚多, 不可殫記. 漢張良
字子房, 以王良星主馬而房星爲天駟, 故取其義也. 其餘難識者, 亦必有義,
而後人不知也. -右並隨筆.-


곽박(郭璞)은 복서(卜筮)를 잘 했는데 이르기를, "『역(易)』은 바로
길흉을 점치는 책이니, 모두 때에 따라 나아가고 물러나 흉을 피해
길로 가는 도이다."고 말하였다. 곽박이 만일 이런 역리(易理)에 밝
았다면, 어찌 왕돈(王敦)이 반드시 난을 일으킬 줄 알면서 그 화에
참여하여 일찌감치 피하지 못했단 말인가. 다만 운수에 맡기고 능
히 군자의 명철보신(明哲保身)하는 도리를 다하지 못하였으니, 그
작은 기예는 족히 믿을 것이 못 된다.


郭璞[69]善卜筮云: "易是卜筮之書, 而皆隨時進退避凶趨吉之道也." 璞若明

---

68  旣冠……名也 : 『禮記』「郊特牲」에 보이는데 "冠而字之, 敬其名也."로 되어
　　있다.

69  郭璞 : 東晉 사람으로 博學多識하고 詞賦에 뛰어났으며, 陰陽·曆算·五行·
　　卜筮 등에 밝았다. 『晉書 권72 郭璞傳』

於此, 則豈有知敦必亂, 已與其禍, 而不早爲之避哉? 只委之於數, 而不能盡君子明哲之道, 此小數之不足信也.

인신(人臣)은 권세와 지위가 이미 중해졌으면 응당 조심하고 근신하여 신하의 분수를 다할 뿐이요, 기예가(技藝家)와 성명가(星命家) 등과 더불어 술수를 말하거나 빈객(賓客)을 가까이 접하여 무릎을 맞대고 밀담을 하지 말아야 한다. 그렇게 하면 반드시 유언비어의 중상(中傷)을 받게 될 터인데 장차 어떻게 변명하겠는가.

남제(南齊)의 상서령(尙書令) 왕안(王晏)은 천성이 경솔하여 부서(府署)를 세우고자 하는 마음에서 자주 관상쟁이를 불러 관상을 보니, '크게 귀하게 될 것'이라 하였고, 빈객과 더불어 이야기할 때 곧잘 사람을 물리쳐 몰래 말하기를 좋아하였다. 명제(明帝)가 이 소문을 듣고 그가 반역하려는 것으로 의심하여 결국은 불러서 주살(誅殺)하였다. 이는 경계를 삼음직하다.

　-이상은 모두 잡록이다.-

人臣勢位旣重, 當小心畏約, 以盡臣分而已, 不當與技藝星相等談及術數, 接昵賓客, 造膝密語. 必有飛謗中傷之, 將何以自白乎? 南齊尙書令-王晏-性輕淺, 意望開府, 數呼相工自視, 云: "當大貴." 與賓客語, 好屏人請間. 明帝聞之, 疑其欲反, 遂召而誅之, 此可以爲戒也. -右並雜錄.-

## 24. 문 승상의 아들

### 文丞相子

국가가 변혁할 때 아버지가 충성을 다해 죽으면 아들도 아버지의 뜻을 따라 절의를 지키는 것이 효도가 된다. 진(晉)나라 왕부(王裒)의 일을 주자가 『소학』 속에 채록한 것은 참으로 이 때문이다.

내가 원(元)나라 사람 도종의(陶宗儀)의 『철경록(輟耕錄)』을 보니, 원나라 지원(至元) 연간에 승상(丞相) 문천상(文天祥)의 아들이 외직으로 나가 군교수(郡敎授)로 있다가 죽었다. 옹모(翁某)가 다음과 같은 시를 남겼다.

지하에서는 부자가 같이 수문랑이지만
세상에서 역사 읽을 때는 임금이 다르네

地下修文同父子　人間讀史各君臣

『송사(宋史)』와 『문승상집(文丞相集)』을 살펴보면, 승상에게는 두 아들이 있었는데, 맏아들은 이름이 도생(道生)으로 나이 13세에 역질로 여강(麗江)에서 죽었고, 둘째 아들은 이름이 불생(佛生)인데 경염(景炎) 2년(1277, 충렬왕3) 난리에 죽었으니, 승상에게는 아들이 없었다. 다만 승상의 아우인 벽(璧)이 원나라에 항복하였고, 그의 아들 승(陞)은 원나라 인종(仁宗) 때에 소명(召命)을 받고 집현학사(集賢學士)가 되었다. 승(陞)이 아마 승상의 후사가 된 듯하니 승상의 친아들은 아니다. 벽(璧)은 얼마 후에 또한 벼슬을 내놓고 돌아가다가 길에서 죽었으니, 그 마음에도 차마 못할 바가 있었던 것이다.

지원 연간으로부터 인종 때에 이르기까지는 이미 40여 년이 지났다. 도종의의『철경록』에 기록된 것이 이처럼 사실과 다르니, 과연 믿을 것이 못 된다. 이른바 옹모의 시는 혹시 승(陞)을 가리켜 말한 것인가.

고려가 망하자 정포은(鄭圃隱)은 절의에 죽고, 그 아들 종본(宗本)은 태종조(太宗朝) 신사년(1401, 태종1)에 급제했으니, 종본이 옹모의 이 시와 왕부의 일을 읽으면 어찌 이마에 땀이 나지 않겠는가.

當國家變革之際, 父死於忠, 則子亦從父志而守節, 所以爲孝. 晉王裒事[70], 朱子採入於『小學書』中者, 良以此也. 余見元人陶宗儀『輟耕錄』, 元至元間, 文丞相[71]天祥子出爲郡敎授卒. 翁某者有詩曰: "地下修文同父子, 人間讀史各君臣." 考宋史及文丞相集, 丞相有二子, 長名道生, 年十三, 疫死於麗江; 次名佛生, 景炎二年, 死於亂, 則丞相無子矣. 但丞相之弟璧降于元, 其子陞至仁宗時, 召爲集賢學士. 陞蓋嘗繼後於丞相, 非丞相親子也. 璧尋亦乞歸

---

**70** 晉王裒事 : 王裒는 王儀가 魏나라 安東將軍 司馬昭에게 억울한 죽음을 당한 것을 비통하게 여겨 나라에서 여러 번 불렀으나 나아가 벼슬하지 않았으며, 아버지의 묘소에서 侍墓하면서 잣나무를 부여잡고 슬피 울었는데, 이 때문에 나무가 눈물에 젖어 말라 죽었다고 한다.『晉書 권88 王裒傳』

**71** 文天祥 : 南宋 때의 충신이다. 그는 정승으로 理宗·益王을 섬겼고, 衛王 때 潮陽에서 패전하여 元나라 군사에게 포로가 되어 燕京의 감옥에 3년 동안 억류되었는데, 끝내 굴복하지 않고「正氣歌」를 지어 자신의 忠節을 나타내고 죽었다.『宋史 권418 文天祥列傳』

道卒, 則其心亦有不忍也. 自至元至仁宗時, 已四十餘年. 陶錄之爽實如此, 果不足信矣. 所謂翁某之詩, 或指陞而言耶? 高麗亡, 鄭圃隱死節, 其子宗本登太宗朝辛巳及第, 讀翁某此詩及王袞事, 寧不泚顙?

## 25. 교일기와 장춘

### 喬一琦 · 張椿

국가가 위망(危亡)할 때 신하의 의리는 오직 한 번 죽어 절의를 온전히 지켜야 할 뿐이다. 혹은 명백한 곳에서 죽지 못하고 사람이 없어 아무도 모르는 곳에서 순절한 이들도 많으니, 대개 나의 마음에 부끄러움이 없으면 될 뿐이지, 남이 알고 모르는 것이 나에게 무슨 상관이 있겠는가. 그러나 사관(史官)의 직책은 오직 널리 사실을 찾아서 민몰(泯沒)되지 않도록 해야 한다.

내가 이민환(李民寏)의 『책중일기(柵中日記)』를 보니, 만력(萬曆) 기미년(1619, 광해군11) 심하(深河)의 전투에서 유격(遊擊) 교일기(喬一琦)가 총병(摠兵) 유정(劉綎)의 명령을 받고 우리나라 군사를 감독하였다. 명나라 군사가 패전하자 우리 장수 강홍립(姜弘立) 등은 오랑캐에게 항복하였고, 교일기는 자기 아들에게 부칠 서신을 써서 우리나라 군관에게 부쳐 전달하게 하고서는 그대로 언덕에서 떨어져 죽었다. 그 서신의 내용은 대략 다음과 같다.

"문신(文臣)과 무장(武將)이 사직을 희롱하며 줄곧 자신들의 사익(私益)만 추구하다가 나라를 욕되게 하고 군사를 패망하게 만들었다. 나는 군사를 감독하느라 감히 여기를 떠나지 못하다가 삼가 3월 4일에 서쪽을 향하여 황은(皇恩)에 머리를 조아려 사죄하고 가합령(家哈嶺) 위에서 자결하노라. 아들은 이 서신을 친지에게 전하여 조정에 올리도록 하라."

이 서신을 읽으니, 나도 모르게 눈물이 흐른다. 일설에는,

"강홍립이 항복하려고 할 때 교 유격(喬遊擊)을 포박하여 오랑캐의 군영에 보내니, 교일기가 하늘을 우러러 탄식하기를 '조선은 예의의 나라인데, 왕인(王人)을 포박해 보내기까지 할 줄은 생각지도 못했다. 어찌 이다지도 심한가.'라 하고, 비단을 찢어 자기 집에 보낼 서신을 써서 허리띠에 매달고 칼에 엎어져 죽었다."

라 하였다. 두 설 가운데 어느 것이 옳은지 알 수 없다.

또 사부(師傅) 안응창(安應昌)의 『소설(小說)』을 보니, 중조 태복경(中朝太僕卿) 장춘(張椿)은 섬서(陝西) 동주(同州) 사람이다. 감군어사(監軍御史)로서 3만 7천 명의 군사를 거느리고 대릉하(大凌河)를 구원하다가 실패하여 적에게 붙잡혔으나 굴복하지 않으니, 청나라 장수가 의롭게 여기어 죽이지 않았다. 장춘은 3일을 굶었으나 죽지 않았다. 그러자 청나라 임금이 장춘을 붙잡아 가서 궁중에 가두었다. 장춘은 발로 땅을 밟지 않고 매일 서쪽을 향해 앉고 벽에

굳은 절개는 서리를 이기는 대나무요
일편단심은 해를 향하는 해바라기일세

勁節凌霜竹 丹心向日葵

라는 한 연구(聯句)를 걸었다.

청나라 임금이 혹시 불러서 만나 보고자 하면 "오늘 만나 보는 것은 피차에 다 무익하니, 속히 나를 죽여라."라 하고 끝내 만나 보지 않고서 죽었으니, 바로 숭정(崇禎) 경진년(1640) 11월 21일이었고, 이때 나이 76세였다. 청나라 임금이 명하여 요동(遼東)에 장사지내고

무덤을 지키는 사람 한 명을 정해 주었다. 간송(澗松) 조임도(趙任道)
가 이 사실을 듣고 시를 지었다.

문산의 정기요, 자경의 충성이니
흉악한 오랑캐도 그 절의를 흠모하였어라
멀리서 생각하노니 요서의 한 무덤에는
그 영령이 밤마다 수양산과 통하리라

文山正氣子卿忠 凶醜猶欽節義風
遙想遼西一杯土 精靈夜夜首陽通

하였다.
　이 때 이름이 기억나지 않는 중관(中官) 한 사람도 붙잡혔는데,
굴복하지 않고 지금도 심양성(瀋陽城) 안에 굳게 갇혀 있다 한다.
　교일기와 장춘 두 사람의 절의(節義)는 중국 역사에서는 필시 알지
못하겠기에 지금 드러내 밝힌다.

當國家危亡之時, 人臣之義, 惟當一死以全節爾. 或不得明白地以死, 而殉
節於暗昧無人之地以死者亦多. 盖於吾心無愧而已, 人之知不知, 於我何
哉? 然史官之職, 惟在博搜而不使湮沒, 可也. 余見李民寏『柵中日記』, 萬
曆己未深河之役, 喬遊擊一琦受劉揚兵綎將令, 督我軍. 天兵敗, 我將姜弘
立等降虜, 一琦作寄兒書, 付我國軍官, 使之傳達, 因墮崖死. 書畧曰: "文
臣武將, 以社稷爲戲, 一味循私, 致辱國喪師. 吾監督其軍, 不敢離, 謹於三
月初四日, 西向叩謝皇恩, 自裁於家哈嶺上. 兒可傳與親知, 以奏聖明." 讀

此書, 不覺掩淚. 一云:"弘立將降, 縛送遊擊於虜營. 一琦仰天歎曰:'不料朝鮮禮義之國, 至於縛送王人. 何其甚也! 裂帛寫家書, 繫衣帶伏劍死."二說未知孰是. 又見安師傅應昌[72]『小說』, 中朝太僕卿張椿陝西同州人, 以監軍御史, 將三萬七千兵, 救大凌河, 失利被執, 不屈. 清將義而不殺, 三日不食, 得不死. 清主執歸, 拘囚宮裏. 張足不履地, 每向西而坐, 壁揭"勁節凌霜竹, 丹心向日葵."一聯, 清王若或邀見, 則曰:"今日之見, 彼此俱無益, 須速殺我." 終不見而卒, 卽崇禎庚辰十一月二十一日, 時年七十六. 清主命葬于遼東, 定守塚一人. 趙澗松任道[73]聞而有詩曰:"文山正氣子卿[74]忠, 凶醜猶欽節義風. 遙想遼西一坏土, 精靈夜夜首陽通."中官一人名不記者, 亦被執不屈, 今尙牢實瀋陽城中. 喬・張二人之節義, 中國史必不能知, 今表而出之.

---

**72** 安師傅應昌 : 安應昌(1602~1680)이다. 그는 본관은 자는 興淑이고 호는 栢巖이며, 본관은 順興이다. 병자호란 때 大君師傅가 되어 淸나라에서 鳳林大君을 모셨고, 후에 麟坪大君의 師傅를 지냈다.

**73** 趙澗松任道 : 澗松 趙任道(1585~1664)는 자는 德勇이며 호가 澗松堂・龍華山人이고 본관은 咸安이다. 지금의 경상북도 구미시 출생이고, 같은 경상북도 칠곡군 약목면 덕산리 간송마을에서 살았다. 인조반정 이후 學行으로 천거되어 工曹佐郎이 되었고, 司憲府 持平에 추증되었다. 저서로는『澗松集』이 있다.

**74** 子卿 : 漢나라 杜陵 사람 蘇武를 가리킨다. 그의 자가 子卿이다. 그는 武帝 때 中郎將으로서 匈奴에 사신으로 갔다가 19년 동안 억류되어 있으면서도 절개를 굽히지 않았다.『漢書 권54 蘇建傳 蘇武』

잡저
雜著

# 1. 우리나라 역대의 사책
## 東國歷代史

고려의 김부식(金富軾)이 『삼국사기(三國史記)』 50권을 편찬하였다. 본기(本記)·잡지(雜志)·연표(年表)·열전(列傳)으로 되어 있는데, 소략하고 오류가 많아 사서(史書)의 체제 이루지 못한다. 그래서 본조(本朝)의 정인지(鄭麟趾)가 왕명을 받들어 『고려사(高麗史)』 139권을 편찬하였다. 이 책은 세가(世家)·지(志)·열전(列傳)으로 되어 있는데, 세가는 너무 번잡하고, 지는 너무 생략했고, 열전은 너무 소루(疏漏)하다. 김부식의 책보다는 다소 전실(典實)하지만 후인의 아쉬움이 없지 않다.

본조의 서거정(徐居正)과 최보(崔溥)가 왕명을 받들어 『동국통감(東國通鑑)』 57권을 편찬하였는데, 편년체(編年體)이다. 본조의 정도전(鄭道傳)과 정총(鄭摠) 등이 왕명을 받들어 『고려사』를 편찬하였다. 이 책도 편년체이고 모두 37권인데 열조(列朝)의 실록(實錄)과 민지(閔漬)의 『본국편년강목(本國編年綱目)』, 이제현(李齊賢)의 『사략(史略)』 및 이색(李穡)의 『금경록(金鏡錄)』의 기록을 취하여 찬집(撰輯)한 뒤에 다시 유관(柳寬)·윤유(尹維) 등에게 명하여 교정하게 하였다. 또 이극감(李克堪) 등에게 명하여 『고려사절요(高麗史節要)』를 편찬하였다. 참고한 책들은 지금 모두 전해지지 않는다.

본조의 유계(兪棨)가 『여사제강(麗史提綱)』 23권을 편찬하였고, 본조의 임상덕(林象德)이 『동사회강(東史會綱)』 24권을 편찬하였는데, 이 두 책은 다소 간정(簡整)하지만 오류가 없지 않다.

고려의 승려 무극(無亟) 일연(一然)이 『삼국유사(三國遺事)』를 편찬하였다. 이 책은 오로지 승려들의 사적(事迹)을 기록한 것이지만 「왕력(王曆)」 편에는 기록할 만한 국사(國事)도 들어 있는데, 대부분 허황한 얘기들이다. 그런데 『통감(通鑑)』과 『여지승람(輿地勝覽)』은 이 책의 기록을 많이 취하였으니, 실로 볼 만한 것이 못 된다.

본조의 권근(權近)·이첨(李詹)·하륜(河崙) 등이 왕명을 받들어 『삼국사략(三國史略)』을 편찬하였고, 이우(李禑)가 『동국사략(東國史略)』을 지었으며, 본조의 오운(吳澐)이 『동사찬요(東史纂要)』 12권을 편찬하였다.

高麗金富軾撰『三國史記』五十卷, 有本記·雜志·年表·列傳, 疎畧訛謬, 不成史體. 本朝鄭麟趾奉敎撰『高麗史』百三十九卷, 有世·志·列傳, 世家失於繁冗, 志失於脫畧, 列傳失於疎漏, 比之金氏, 頗典實而不能無後人之恨. 本朝徐居正·崔溥奉敎撰『東國通鑑』五十七卷, 編年體也. 本朝鄭道傳·鄭揚等奉敎撰『高麗史』, 編年體也, 凡三十七卷. 取列朝實錄·閔漬[75]『綱目』·李齊賢『史略』·李穡『金鏡錄』撰輯後, 又命柳寬·尹維等校讐, 又命李克墀等撰『高麗史節要』, 諸書今皆不傳. 本朝兪棨撰『麗史提綱』二十三卷, 本朝林象憲撰『東史會綱』二十四卷, 此二書稍簡整而不無訛謬. 麗僧無亟一然撰『三國遺事』. 此專爲諸僧事迹, 而王曆篇亦有國事之可言者, 盖多

**75** 閔漬(1248~1326) : 자는 龍涎, 호는 默軒이고 본관은 驪興이며, 벼슬이 僉議政丞에 이르렀다. 충렬왕 때에는 왕명을 받아 鄭可臣이 지은 『千秋金鏡錄』을 權溥(보)와 함께 증수해 『世代編年節要』를 편찬하였고, 또 『本國編年綱目』을 편찬했으나 모두 전하지 않는다. 저서에 『默軒集』이 있으며, 시호는 文仁이다.

荒誕. 而『通鑑』及『輿地勝覽』多取之, 實不足觀也. 本朝權近·李詹·河崙等
奉敎撰『三國史略』, 李禹作『東國史畧』, 本朝吳澐撰『東史纂要』十二卷.

## 2. 사실 기록의 어려움
### 記事之難


하담(荷潭) 김시양(金時讓)의 일기(日記)에는 옛 사람이 사실 인용
한 것의 오류를 변박(辨駁)한 것이 참으로 많으니 좋다. 그의 『파적
록(破寂錄)』에,

"성현(成俔)의 『용재총화(慵齋叢話)』를 보면, 태조가 개국(開國)
하고 조반(趙胖)이 주문사(奏聞使)로 가자 황제가 '조선(朝鮮)'이
란 두 글자를 써서 보내었다고 하였는데, 하곡(荷谷) 허봉(許篈)이
이를 『해동야언(海東野言)』에 옮겨 썼다. 그러나 조반은 원래 주문
사로 간 일이 없으며, 조선이라는 두 글자는 한상질(韓尙質)이 북
경(北京)에 가서 성지(聖旨)를 받들고 온 것이다."

라고 하여, 성현과 허봉 두 사람의 사실 기록이 분명하지 못함을 비
판하였으니, 이는 참으로 그러하다. 그러나 조반이 주문사로 간 사
실이 없다고 한 것은 하담 또한 자세히 고찰하지 못한 것이다.

권양촌(權陽村)이 지은 「건원릉비문(健元陵碑文)」을 보면, "태조
가 즉위하여 지중추원사(知中樞院事) 조반을 보내어 주문(奏聞)하였
고, 다시 한상질을 보내어 국명(國名)을 청하였다."라고 하였으니,
조반이 주문사로 갔다고 한 용재(慵齋)의 말은 허황한 것이 아니다.

선배들의 기록에 소루(疏漏)한 곳이 있으면 후인들에게 간파되기
마련이다. 그러나 이런 경우에는 사실 기록의 오류만 지적할 일이지
섣불리 비판해서는 안 될 것이다.-이상은 모두 『상헌수필』이다.-

金荷潭時讓日記, 其辨駁古人引事之訛謬處儘多, 可喜. 而其『破寂錄』云:
"『慵齋叢話』: '太祖開國, 趙胖爲奏聞使, 帝書朝鮮二字送之.' 許荷谷書之於
『海東野言』. 趙胖本無奏聞之事, 朝鮮二字, 韓尚質如京師, 奉聖旨而來."
以譏成・許二公之記事悯昧, 此誠然矣. 然而趙胖無奏聞之事者, 則荷潭亦
考之未詳矣. 權陽村「健元陵碑」: "太祖卽位, 遣知中樞院事趙胖奏聞, 更遣
韓尚質請國名." 則趙胖之爲奏聞使, 慵齋不妄矣. 前輩有疎漏處, 每爲後人
覰破. 而於此之際, 當論其事之訛謬而已, 不當輕加忽斥而譏侮之也. -右並『
隨筆』-


양촌(陽村)이 지은 「목은행장(牧隱行狀)」을 보면 신우(辛禑) 때에
그의 지위가 숭품(崇品)에 이르렀음에도 불구하고 신우라 칭하지도
않고 왕(王)이라 칭하지도 아니하여 호칭을 모두 생략하였다. 왕이
라 칭하면 시휘(時諱)를 범하게 되고 그렇다고 신우라 칭할 수는 없
어서 그렇게 한 것이 아니겠는가. -『호유잡록』이다.-


陽村「牧隱行狀」, 至辛禑時, 位至崇品, 而不稱辛禑, 亦不稱王而皆畧之. 豈
非欲稱王則犯時諱, 稱禑則有不可也耶? -『雜錄』-

## 3. 퇴계(退溪)와 남명(南冥) 두 선생의 연보

退冥二先生年譜


퇴계의 연보를 보면,

"가정(嘉靖) 계미년(1523, 중종18)에 선생이 태학(太學)에 들어갔는
데, 하서(河西) 김인후(金麟厚)가 증별시(贈別詩)를 지어 주기를,

선생은 영남의 빼어난 선비이니
이백(李白)·두보(杜甫)의 문장에 왕희지(王羲之)·조맹부(趙孟頫)
의 필법이라오

夫子嶺之秀 李杜文章王趙筆

라 하였다."라 하였다.

상고해 보면, 하서는 경오생(庚午生 1510, 중종5)으로 이때 나이가
14세였으니, 비록 숙성(夙成)했다 하더라도 성균관에 들어가서 퇴계
와 종유(從遊)했을 리 없을 듯하다. 이 조목에 대하여 김시양이 밝히
기를,

"선생이 계사년(1533, 중종28)에 재차 성균관에 들어갔으니 하서
가 증별시를 써 것은 필시 이때일 것이다. 연보는 서애(西厓)의
손에서 이루어졌으니 서애는 선생의 행적을 잘 알았을 터인데 이런
오류가 있으니, 찬술(纂述)이 어려운 것이 사실이다."
라 하였다.

내가 남명의 연보를 보니,

"가정(嘉靖) 기축년(1529, 중종24) 6월에 문정왕후(文定王后)가 승위(升位)하였고 같은 달 그믐날에 입궁(入宮)하였는데, 7월 1일에 큰 눈이 내렸으며, 양윤(兩尹)이 서로 반목하였기 때문에 선생이 사진(仕進)할 뜻을 단념하게 되었다."

라 하였다. 그런데 국사(國史)와 『선원록(璿源錄)』을 보면 문정왕후의 입궁은 정축년(1517, 중종12)에 있었으니, 이 조항은 사실과 다름이 분명하다.

또 을사년(1545, 인종1) 조(條) 아래의 주(注)에 "이 해에 이포(李苞) 등이 직필(直筆)하는 사신(史臣) 안명세(安名世)를 죽였다."라 하였는데, 살펴보면 안명세가 죽은 해는 무신년(1548, 명종3)이니, 이 또한 잘못 인용한 것이다. 또 정묘년(1567, 명종22) 조에는 "8월에 선생이 동주(東洲) 성 선생(成先生)과 가야산 해인사(海印寺)에서 만났다."라 하였고, 그 아래의 주에,

"지난해에 선생이 서울로부터 남쪽으로 돌아와 속리산에 들어가서 대곡(大谷) 성 선생(成先生)을 방문하였다. 이때 동주가 고을 수령으로서 좌중에 있었는데, 선생은 처음 만나 이야기를 나누는데도 오래 사귄 벗과 같았고, 이별할 때 명년 8월 15일에 해인사에서 서로 만나기로 약속을 했다."

라 하였다. 살펴보건대, 동주는 정덕(正德) 병인년(1506, 중종1) 생으로서 가정 기미년(1559, 명종14) 5월에 죽었으니, 그렇다면 여기서 말한 정묘년은 동주가 죽은 지 이미 오랜 후이다. 다시 살펴보니, 임자년(1552, 명종7)에 동주가 보은현감(報恩縣監)이 되었다가 을묘년(1555, 명종10)에 벼슬을 버리고 돌아갔는데, 고을에 있을

때 동주가 대곡을 찾아뵈었으며, 이때 마침 남명도 왔었다고 하였다. 이는 초당(草堂) 허엽(許曄)이 지은 「전언왕행록(前言往行錄)」에 나온다. 이에 의거하면 가야산에서 만난 것은 을묘년이나 병진년에 있었을 터이다. 남명의 연보는 무민(无悶) 박인(朴絪)과 겸재(謙齋) 하홍도(河弘道) 및 간송(澗松) 조임도(趙任道)의 손에서 이루어졌는데, 세 사람은 모두 영남의 문학(文學)에 뛰어난 선비이다. 그런데 환히 드러난 사적(事蹟)을 이처럼 틀리게 기록했으니 찬술이 어려운 것이 사실이다.

退溪年譜:"嘉靖癸未, 先生遊太學, 金河西麟厚贈別云; '夫子嶺之秀, 李‧杜文章王‧趙筆.'"按河西以庚午生, 時年十四, 雖夙成, 似無入泮相從之理. 此條金荷潭時讓卜之云:"先生癸巳再遊泮宮, 河西贈別, 必在是時. 年譜成於西崖, 非不審詳而有此誤, 信乎纂述之難也."余觀南冥年譜云:"嘉靖己丑六月, 文定王后升位, 同月晦日入宮, 七月初一日大雪. 兩尹相軋, 先生因絶仕進之意."據國史及『璿源錄』, 文定入宮, 在於丁丑, 則此條爽實無疑. 又乙巳年下註云:"是年, 李芑等殺直筆史臣安名世."按名世之死在戊申, 則此亦誤引. 又丁卯年云:"八月, 先生會東洲成先生[76]于伽倻之海印寺."其下註云:"去年, 先生自京南歸, 入俗離山, 訪大谷成先生. 時, 東洲以邑宰在座, 先生初面接話, 若舊交, 臨別, 期以明年八月十五日會於海印寺."云. 按

---

**76** 東洲成先生: 成悌元(1506~1559)을 가리킨다. 그는 자는 子敬, 호는 東洲이며, 본관은 昌寧이다. 柳藕의 문하에서 수학하였고, 1552년(명종7)에 遺逸로 천거되어 報恩縣監을 지냈다. 저술로 『東洲逸稿』가 있다.

東洲以正德丙寅生, 嘉靖己未五月卒, 此云丁卯, 則東洲之喪已久矣. 更按壬子年, 東洲爲報恩縣監, 乙卯棄歸, 在官時東洲謁大谷, 南冥適來云. 此出於許草堂曄所記「前言往行錄」矣. 據此則伽倻之會, 似在乙卯・丙辰年間也. 南冥年譜, 成於朴无悶絪・河謙齋弘道・趙澗松任道之手, 三公皆嶺中文學士也. 事蹟之顯著者, 爽實如此, 信乎纂述之難也.

## 4.  보첩(譜牒)의 기록에 오류가 많다
譜牒多謬


보첩은 파계(派系)를 밝히고 소목(昭穆)을 가리는 것이니, 그 기록
이 진실하고 거짓이 없어야 한다. 만약 사실과 다른 곳이 있다면 이
는 곧 선조(先祖)를 욕보이고 속이는 죄에 떨어지게 되는 것이니,
보첩만큼 엄격하고 막중한 것이 없다 하겠다.

근래에 집집마다 보첩을 만드는 것이 풍습을 이루다 보니 그 폐단
도 많다. 무식한 자들이 먼 시골의 한미(寒微)한 집안으로부터 뇌물
을 받고는 그 내력이 어떤지도 모르면서 곧장 선대 중에서 이름만
있고 후사(後嗣)가 없는 사람에게 붙여서 그 자손이라고 하여 군역
(軍役)을 면제받고자 한다. 그 중에서도 영악한 자들은 성(姓)이 같
은 사람의 돈을 받고서 사사로이 보첩을 발간하여 그 속에 그 사람의
이름을 끼워 넣어 반드시 현조(顯祖)에게 붙이고야 만다. 참으로 통
탄스러운 일이다.

심지어 대왕(大王)의 자손과 공신(功臣)의 자손은 군역(軍役)을
부과하지 말라는 교명(敎命)이 있게 되자 보계(譜系)를 위조해서 종
실(宗室)의 후예니 공신의 후예니 하면서 종친부(宗親府)나 충훈부
(忠勳府)에 뇌물을 바치면, 실무를 맡은 하리(下吏)는 문안(文案)을
만들어서 당상관의 수압(手押)을 받은 후에 이를 발급한다. 이와 같
은 간악한 버릇들을 통렬히 응징해야만 명분이 바로 서고 군정(軍丁)
의 형편도 다소 나아질 것이다.

또 한 가지 허무맹랑한 일이 있다. 어떤 사람이 시조 이상의 사적을

터무니없이 날조하여 자기 조상이 어느 명산(名山)의 바위굴에서 나왔다고 하면서 사람들을 속이려 들면, 무식한 자들은 참으로 그런 줄 알고 믿기도 하는 것이다. 국가는 이에 대한 법령을 엄격히 세워서 옛날의 씨족지(氏族志)의 예(例)에 따라 대처해야 할 것이다.

譜牒, 所以明派系辨昭穆, 欲其眞實而无妄. 若有差誤, 則便墜於乑先誣祖之罪, 其嚴且重, 莫譜牒若也. 近來人家修譜成風, 而其弊多端. 無識之徒, 受賂於遐鄕微族, 不知來歷之如何, 直系於先代有名無后之人, 謂之子孫, 欲免軍役. 其中桀黠者, 收人姓字同者之錢, 私刊譜牒, 廁其名於其間, 必系顯祖而後已, 誠可痛矣. 至於大王子孫・功臣子孫有勿侵軍役之敎, 故僞造譜系, 稱爲宗室後裔功臣後裔, 納賄於宗親府忠勳府, 用事吏作文案, 受堂上手押以給之. 此等奸黠當痛懲, 然後名分立而軍丁稍紓矣. 又有一種無據之事, 或作始祖以上荒迷無徵之事, 以爲出於某名山巖石中, 欲以欺人, 無知之輩, 或信其誠然. 朝家當嚴立科條, 倣古『氏族志』[77]之例而爲之可也.

---

77 『氏族志』:『貞觀氏族志』를 가리킨다. 唐나라 太宗은 산동의 崔・盧・李・鄭 네 가문이 이미 쇠미한 집안이면서 옛날의 문벌을 내세워 사대부로 행세하고, 혼인에 많은 돈을 요구하며 묘소의 나무를 팔아서 부귀한 자들과 결탁하는 행태를 바로잡기 위해 貞觀 6년(632) 집안의 문벌을 팔아먹는 賣婚을 금지하고, 高士廉을 시켜『貞觀氏族志』를 편찬하였다.

## 5. 전배들의 저술
前輩著述

우리나라 사람들은 학문이 거칠어서, 비록 글을 읽었다 하더라도
전배들의 저술이 공력을 깊이 들인 것인 줄 모르고 대부분 인몰시
켜 버리고 말았다. 그래서 후인들이 저술을 통해서 알 길이 없다.

예를 들면, 경서(經書)의 언해(諺解)는 참의 유숭조(柳崇祖)로부
터 시작되었다고 미암(眉菴) 유희춘(柳希春)이 『일기(日記)』에서 말
하였다. 대개 우리나라는 말이 중국과 다르기 때문에 문의(文義)와
훈해(訓解)를 반드시 우리말로 풀이해야만 한문을 가르치고 배울 수
있다. 퇴계(退溪) 선생의 『경서석의(經書釋義)』는 여러 학자들의 갖
가지 훈의(訓義)들을 인용하여 절충하였으니, 김계조(金繼趙)・이
극인(李克仁)・손경(孫暻)・이득전(李得全)・이충작(李忠綽)・신
낙봉(申駱峯)・이복고(李復古)의 설들이 그것이다.

선조(宣祖) 을유년(1585, 선조18) 이후에 교정청(校正廳)을 설치
하고 경술(經術)에 밝은 선비들을 모아서 언문 토(吐)를 논정(論定)
하게 하여 여러 해 만에 완성하였다. 이로부터 제가(諸家)의 훈해가
모두 폐지되었던 것이다.

지금 성균관의 사서삼경(四書三經) 판본(板本)은 선본(善本)이라
고 한다. 정랑 홍기(洪稿)는 자가 언명(彦明)으로 남파상서(南坡尙
書)의 종질이다. 그가 당시의 한 재신(宰臣)과 친하였는데, 그 재신이
홍 정랑의 명성이 자기보다 나은 것을 시기하여 상(上)에게 아뢰기를,
"지금 통행되는 경서(經書)의 인본(印本)에는 오류가 많습니다. 문

신 중에서 경서에 통달하고 글을 잘하는 자로는 홍기보다 나은 사람이 없으니, 그로 하여금 교정하게 하소서."

라 하니, 상이 이를 윤허하였다. 이에 홍기가 명을 받들어 오랫동안 고교(考校)하여 잘못된 어구나 글자들이 모두 바로잡혔고, 자획(字劃)의 편방(偏傍)까지도 조금도 틀리거나 잘못된 것이 없게 되었다. 내가 일찍이 홍기가 어떤 사람에게 보낸 편지를 보니,

"천록(天祿)의 일이 사람의 머리를 하얗게 만들었다."

라 하였으니, 그가 기울인 노력이 또한 깊었던 것이다. 이로 말미암아 건강을 잃어서 미처 승진(陞進)도 하기 전에 죽고 말았으니, 사람들이 모두 애석해 하였다. 이렇게 만들어진 책을 지금까지 사람들이 읽으면서도 아무도 그것이 홍기가 교정한 것인 줄 모르고 있으니, 매우 안타까운 일이다.

『소미통감(少微通鑑)』이 우리나라에서 크게 유행하게 된 것은 임진왜란 이후부터다. 난리 후에 서적들이 깡그리 없어졌으므로 모당(慕堂) 홍이상(洪履祥)이 안동부사(安東府使)로 있으면서 간행하여 유포했는데, 매 권마다 권외(卷外)에 별도로 주해(註解) 몇 쪽씩을 덧붙여서 부록으로 만들었으니, 이는 모당이 쓴 것이다. 그런데 지금 사람들이 다들 이 사실을 알지 못하므로 드러내어 밝힌다.


東人鹵莽, 雖云讀書, 而不知前輩著述用工之深, 而率多湮沒, 後人無從而知之. 如經書諺解, 始于柳參議崇祖, 柳眉菴日記言之矣. 盖東俗言語與中國異, 故其文義訓解, 必以方言釋之, 然後可以敎習矣. 退溪先生『經書釋義』, 雜引諸家訓義而折衷之, 若金繼趙・李克仁・孫暻・李得全・李忠綽・申駱峯・李復古諸說, 是也. 宣祖乙酉以後, 設校正廳, 集經術之士, 論定諺吐,累歲而成. 自此以後, 諸家訓解皆廢矣. 今成均舘四書三經板本, 號稱善本.
洪正郞字彦明, 南坡尙書[78]之從姪也. 與一時宰友善, 其人忌其名出己右,
白上曰: "今經書印本多訛謬, 文臣中通經能文者, 無出洪某右. 請令校正."
上允之. 洪承命積年考校, 豕亥魚魯, 悉得歸正, 至於字畫之偏傍, 無少差
謬. 余嘗見洪與人書, 有曰: "天祿之役[79], 令人頭白." 其用工, 盖亦深矣. 因
此不調, 未及陞遷而卒, 人皆惜之. 此書人至今讀之, 而皆不知其出於洪, 可
勝惜哉! 且『少微通鑑』之盛行于吾東, 自壬辰亂後始. 亂後書籍蕩然, 洪慕
堂履祥爲安東府使, 刊行于世, 而每卷外, 別有註解數板以附錄焉. 此則慕
堂所爲也. 今人亦皆不知, 故表而出之.

**78** 南坡尙書 : 洪宇遠(1605~1687)을 가리킨다. 그의 자는 君徵이고 호는 南坡
이며 본관은 南陽이다. 洪可臣의 손자로 이름난 南人 학자이다.

**79** 天祿之役 : 국가의 도서관에서 서적을 교정하는 일이다. 天祿閣은 漢나라 때
의 藏書閣인데, 劉向·劉歆·揚雄 등 학자들이 이곳에서 경서를 교정하였다.

## 6. 우리나라 사람들이 저술한 책

### 東人所著書

우리나라 사람들은 몽학(蒙學)이 처음 글을 배울 때 먼저 『천자문(千字文)』을 가르치니, 이는 소량(蕭梁)의 주흥사(周興嗣)가 지은 것이다. 그리고 『유합(類合)』을 가르치기도 하니 이는 선조(宣祖) 때 미암(眉菴) 유희춘(柳希春)이 지은 것이며, 혹 『거정(居正)』을 가르치기도 하니 이는 바로 사가(四佳) 서거정(徐居正)이 지은 것이다.

그 다음으로 『동몽선습(童蒙先習)』을 가르치니 이는 중종(中宗) 때 참판을 지낸 함양(咸陽) 박세무(朴世茂)가 지은 것이고, 그 다음으로 『십구사략(十九史略)』을 가르치니 명(明)나라 초에 증선지(曾先之)와 여진(余進)이 편찬한 것이고, 그 주해(註解)는 선조 때 유신(儒臣) 김수(金睟) 등에게 명하여 찬집(撰輯)한 것이다.

또 『전등신화(剪燈新話)』2권이 있는데 명나라 초에 존재(存齋) 구종길(瞿宗吉)이 지은 소설이다. 명종(明宗) 때 판서 윤춘년(尹春年)과 이문학관(吏文學官) 임기(林芑)가 이 책에 주(注)를 달았다. 이 책에서 '창주(滄洲)'라 한 이가 바로 윤춘년이다. 임기는 턱 밑에 늘어진 살이 있었으므로 스스로 호를 수호자(垂胡子)라 하였으니, 곧 병자년(1456, 세조2)의 사육신(死六臣) 중 한 사람인 이개(李塏)의 외손이라 감히 높은 벼슬을 하지 못하고 학관(學官)을 했다고 한다.

我俗蒙學初程, 先敎『千字文』, 蕭梁周興嗣所撰也. 或敎『類合』, 宣廟朝柳眉菴希春撰, 或敎『居正』, 卽徐四佳居正撰. 次敎『童蒙先習』, 中廟朝參判咸陽朴世茂撰. 次敎『十九史略』, 明初曾先之·余進撰, 其註解則宣廟命儒臣金晬等撰輯之. 又有『剪燈新話』二卷, 明初瞿存齋宗吉所撰小說, 而明宗朝判書尹春年及吏文學官林芑註. 所謂滄洲, 卽春年也. 芑頷下有垂肉, 故自號垂胡子, 卽丙子六臣李塏之外孫也. 不敢顯仕而爲學官云.

# 7. 『가례(家禮)』의 언해

### 家禮諺解

종실인 덕신정(德信正)이 예(禮)를 좋아하여『주자가례(朱子家禮)』 중에서 초종(初終)부터 성복(成服)까지의 네 조목을 취하여 언문으로 풀이하여 몽매한 선비나 부녀자들이 이에 의거하여 초상을 치를 수 있도록 하였다. 이를 김사계(金沙溪)가 보고 매우 칭찬하였으며, 사부(師傅) 안응창(安應昌)은 이를 확충하여 상례(喪禮)와 제례(祭禮)까지 아울러 번역하여 간행하였다. 그리고 지금 세상에 유통하는 판본은 용졸재(用拙齋) 신식(申湜)이 편찬한 것이다. 덕신정은 세조(世祖)의 왕자인 덕원군 서(德源君曙)의 증손으로, 이름은 난수(鸞壽)이고 자는 문수(文叟)이며 호는 서곡(西谷)인데, 성품이 지극히 효성스러웠으며 문장과 학문을 좋아하였다. 박주(朴洲)에게서 글을 배웠는데 박주가 크게 칭찬하였다. 그 자손들이 지금 목천(木川)에 살고 있다.

宗室德信正好禮, 取『朱子家禮』, 初終至成服四條, 解以國諺, 使蒙士愚婦依而從事. 金沙溪[80]見而亟稱之, 安師傅應昌因以廣之, 并喪祭禮而譯之刊

---

**80**  金沙溪 : 조선 후기 기호학파 禮學을 대표하는 학자인 金長生(1548~1631)을 가리킨다. 그는 자는 希元이고 호가 沙溪이며, 宋翼弼과 李珥의 문하에서 수학하였다. 栗谷 李珥의 학통을 이어받은 대학자이다.

行. 今世行本, 卽用拙齋申湜所撰也. 德信正, 世祖王子德源君曙之曾孫, 名鸞壽, 字文叟, 號西谷, 性至孝, 好文學. 從朴洲學, 洲大奇之. 其子孫今居木川.

## 8. 총명강기
### 聰明强記

송(宋)나라의 치당(致堂) 호인(胡寅)은 남해(南海)로 귀양 갈 때 한 권의 책도 가지고 가지 않았으나 『독사관견(讀史管見)』 30권을 지었으며, 우리나라의 미암(眉菴) 유희춘(柳希春)은 종성(鍾城)에 귀양 갔을 때 한 권의 책도 없었으나 『속몽구(續蒙求)』를 지었다. 책을 지은 것이 모두 귀양살이할 때의 일이었으니, 그 총명강기는 모두 천고의 뛰어난 재주들이다.

胡致堂寅謫南海, 不携一書, 作『讀史管見』三十卷, 我朝柳眉菴希春謫鍾城, 無一卷書, 作『續蒙求』. 其著書俱在被謫之時, 而聰明强記, 皆千古絶才.

## 9. 동방의 서원

東方書院

우리나라에는 본래 서원이 없었는데 중종(中宗) 신축년(1541, 중종 36)에 신재(愼齋) 주세붕(周世鵬)이 풍기군수(豊基郡守)로 있으면서 백운동(白雲洞)에 소수서원(紹修書院)을 창건하고 문성공(文成公) 안유(安裕)를 제향(祭享)하였고 후에 또 해주(海州)에 문헌공(文憲公) 최충(崔沖)을 제향하는 서원을 세웠으니, 이는 선현이 살았던 고장에 서원을 세운 것이다.

그 이후로는 지명이 근사한 곳이 있으면 따라서 서원을 세웠다. 강릉(江陵)에는 구산역(丘山驛)이 있으므로 공자(孔子)의 서원을 세웠으며, 해주(海州)에 수양산(首陽山)이 있으므로 이제묘(夷齊廟)를 세웠으며, 남양(南陽)의 지명이 제갈량(諸葛亮)이 살던 곳과 같으므로 무후묘(武候廟)를 세웠으며, 영유(永柔)에 와룡암(臥龍巖)이 있으므로 또 제갈사(諸葛祠)를 세웠으며, 성주(星州)에 이천(伊川)이니 운곡(雲谷)이니 하는 지명이 있으므로 천곡서원(川谷書院)을 세워서 정자(程子)와 주자(朱子)를 제향했으며, 무주(茂州)의 별호가 주계(朱溪)이므로 참판 희암(希菴) 채팽윤(蔡彭胤)이 부사(府使)로 있으면서 주자(朱子)의 서원을 세웠다. 그러나 이처럼 억지로 끌어다 붙인 것이 과연 예(禮)에 합당하겠는가. 형식에만 치우친 폐단이 이 정도로 심한 데 이르렀다.

我東本無書院, 中宗辛丑, 周愼齋世鵬宰豊基, 刱建白雲洞紹修書院, 享安文成公裕, 後又於海州, 建崔文獻公冲書院, 皆就所居之鄕也. 後來有地名之近似者, 亦隨而立院, 江陵有丘山驛, 故建孔子書院, 海州有首陽山, 故建夷齊廟, 南陽與諸葛亮所居地名同, 故建武侯廟, 永柔有臥龍巖, 故又建諸葛祠, 星州有伊川·雲谷之名, 故建川谷書院, 享程朱, 茂朱別號朱溪, 故希菴蔡參判彭胤爲府使時, 建朱子書院. 其牽合傅會之義, 其果合於禮乎? 文勝之弊至此.

## 10. 독서

讀書


글이란 옛 성현(聖賢)이 정신과 마음을 운용한 것이다. 옛 성현들이 영구히 살면서 가르침을 베풀 수 없었기 때문에 반드시 글을 지어서 후세에 남겨 후인들로 하여금 그 글 속의 말을 통하여 성현이 말한 이치를 미루어 알게 하였다. 이런 까닭에 후세의 선비들은 모두 성현의 뜻을 찾았으나 많이 읽지 않으면 그 뜻을 알 수 없고, 널리 보지 않으면 그 변화를 알 수 없다.

옛사람이 말하기를, "만권의 책을 독파하니, 글을 씀에 귀신이 돕는 듯하였다.〔讀書破萬卷 下筆如有神〕"라 하였으며, 또 말하기를 "글을 일천 번 읽으면 그 뜻이 절로 드러난다.〔讀書千遍 其義自見〕"라 하였으며, 또 말하기를 "예전에 읽은 글을 싫증내지 않고 일백 번을 읽어야 한다.〔舊書不厭百回讀〕"라 하였다. 또 말하기를 "일만 권의 책을 가지고 있으면 일백 개의 성을 가진 임금보다 낫다.〔擁書萬卷 勝於南面百城〕"라 하였으며, 또 말하기를 "책 오천 권을 읽지 않은 자는 내 방에 들어오지 말라.〔有不讀五千卷者 不入吾室〕"라 하였으니, 옛사람의 독서는 많이 읽고 널리 읽었음을 알 수 있다.

내가 보건대 동악(東岳) 이안눌(李安訥)이 말하기를,

"일찍이 '글을 읽으려면 반드시 일만 번을 읽어야 신묘한 경지에 통할 수 있다.'라고 하신 모재(慕齋) 김안국(金安國) 선생의 말씀을 들었다. 이에 『두율(杜律)』을 가져다 1만 3천 번을 읽었다."

하였는데, 그는 마침내 시로 세상에 이름이 났다.

덕계(德溪) 오건(吳健)은 일찍이 역질(疫疾)을 피하여 촌가(村家)에서 임시로 지냈는데,『중용(中庸)』한 권만 가지고 가서 일만 번을 넘게 읽어서 문리(文理)가 통달하여 붓만 대면 글이 이루어졌다. 판서 임유후(任有後)도 젊었을 때 역질을 피하여 집을 나가 다른 곳에 가 있었는데, 그곳에는 책이 없었고 왕발(王勃)의「등왕각서(滕王閣序)」한 편만 있었다. 그래서 역시 일만 번을 넘게 읽었는데, 이후부터 붓만 잡으면 변려문(騈儷文)이 이루어졌다. 이는 모두 과거의 분명한 증거들이다.

내가 들은 바로는 명(明)나라 선비 중에 한 사람이 있고 근세 우리나라에 한 사람이 있다.

명나라 양천상(楊天祥)은 자가 휴징(休徵)이고 혜주(惠州) 사람이다. 장성한 뒤 열심히 글을 읽느라고 낮에는 문밖을 나가지 않고 밤에도 자리에 눕지 않았으며, 겨울밤에는 얼음물로 발을 적시다가 동상이 걸려서 절름발이가 되었다. 그의 글을 독송(讀誦)하는 방법은 마음으로 글을 대하고 귀로 그 소리를 들었으며, 입으로 외우려고 하지 않고 무리하게 해석하려고도 하지 않았다. 매 장마다 백 번씩 읽는 것으로 규정을 정해 놓고서 글을 읽을 때는 설사 일이 생기거나 누가 찾아와도 일절 모른 체하며 침식도 전폐하여 읽는 횟수를 채운 뒤에야 응대하였다. 글을 지을 때는 붓을 잡으면 천언만어(千言萬語)가 쏟아져 나왔으며, 평생을 한가히 보내는 날이 없었고 읽지 않은 책이 없었다. 정덕(正德) 정축년(1517, 중종12)에 진사(進士)가 되어 친구와 형제들에게 글을 써서 보여주기를,

"내가 약관(弱冠) 때부터 뜻을 가다듬어 글을 읽은 지 이제 13년이 되었다. 1년 중에 명절과 집안의 경삿날 및 병을 앓은 날이 60일에

지나지 않으니, 300일은 모두 글을 읽었다. 매일 3장 이하를 읽은 날이 없으니, 1년이면 900장을 밑돌지 않고, 15년이면 1만 5천 장을 밑돌지 않는다. 옛사람의 1만 권에 비하면 겨우 10분의 1, 2정도이지만, 근세 사람들에게 비한다면 그래도 내가 많은 편이다.

옛날에 상자평(尙子平)이 가사(家事)를 일절 끊어버리고 오악(五嶽)을 두루 유람했다고 하는데, 오악의 경치를 어떻게 소매 속에 담아 와서 남에게 알려 줄 수 있겠는가. 자기 혼자 알고 말았을 것이다. 오악을 유람하려면 산을 넘고 물을 건너는 수고가 있고, 가족과 이별하는 시름이 있다. 이처럼 심신을 괴롭히면서 오랜 세월을 보내야만 겨우 두루 돌아볼 수 있는 것이다.

그러나 오경(五經)은 천지 만물의 온갖 이치를 갖추고 있으니, 오악에 비하여 어느 것이 더 크고 낫겠는가. 게다가 제자(諸子)와 역대의 사서(史書)와 백가(百家)의 저술을 보태면, 바로 세상에 신선이 사는 동천(洞天)이며 복지(福地)이다. 내가 이 책들을 읽으면서 책 한 권을 다 읽을 때마다 마음이 트이고 정신이 유쾌해졌으며 듣고 보는 것이 모두 새로워졌었다. 지금 문밖을 나가지 않은 지 10여 년 만에 이 책들을 두루 섭렵하였으니, 비록 남에게 알려 주기에는 부족하지만 또한 혼자 알기에는 충분하다."
라 하였다.

다른 한 사람은 곧 상사(上舍) 신후담(愼後耼)으로, 자는 이로(耳老)이고 호는 돈와(遯窩)인데, 성호(星湖) 이선생(李先生)의 문인(門人)으로 나와는 동문(同門)이다. 그가 젊을 때 나와 한 번 만나서 독서의 방법에 대해 얘기한 적이 있다. 그가 말하기를,

"성현의 글은 만 번쯤 읽지 않으면 그 의미를 알 수 없다. 비근한

일을 들어 비유하자면, 백 아름되는 나무를 베려고 할 때에는 반드시 큰 도끼로 찍어야만 벨 수 있다. 그런데 성현의 말씀은 그 심오한 이치가 어찌 큰 나무에 비교할 정도이겠는가. 반드시 많이 읽어야만 대강이나마 그 뜻을 알 수 있다. 그런데도 요즘 사람들은 글을 읽는 수고를 견디지 못하여 한두 번 훑어보고는 스스로 안다고 여기니, 그래서는 틀림없이 글뜻을 제대로 알 수 없을 것이다. 이는 작은 낫으로 큰 나무를 베다가 겨우 껍질이나 조금 벗기는 데에 그치는 것과 무엇이 다르겠는가."

라 하였다. 당시 그 말을 듣고 기뻐했었는데, 그가 세상을 떠난 뒤 그가 손자에게 보여준 편지 한 편을 보니,

"하빈노인(河濱老人)은 5, 6세 때부터 글을 읽기 시작하였는데 이제 60이 되어 병들어서 장차 죽게 되었다. 그래서 평생에 읽은 글의 횟수를 기록해서 어린 손자에게 보이노라.

나는 『중용(中庸)』을 가장 많이 읽었는데, 만 번을 읽은 뒤로는 숫자를 세지 않았으나 아마 수천 번을 밑돌지는 않을 것이다. 『대학(大學)』은 5천 번을 읽은 뒤로는 숫자를 세지 않았으나 만 번에서 그리 멀지 않을 것이다. 『서경(書經)』과 『주역(周易)』은 각각 수천 번을 읽었고, 『시경(詩經)』·『논어(論語)』·『맹자(孟子)』는 각각 천여 번을 읽었고, 『소학(小學)』은 백여 번을 읽었다. 『예기(禮記)』와 『춘추좌씨전(春秋左氏傳)』은 각각 오십 번을 읽었고, 삼전(三傳)은 그 반을 읽었고, 『주례(周禮)』·『의례(儀禮)』·『효경(孝經)』은 각각 수십 번을 읽었다. 『이정전서(二程全書)』·『주자대전(朱子大全)』·『심경(心經)』·『근사록(近思錄)』·『성리대전(性理大全)』은 종신토록 읽었는데, 그 중에서 초록(抄錄)하여

백 번 또는 수십 번에 이른 것이 있다. 심씨(沈氏)가 편찬한『백가유찬(百家類纂)』은 수십 번을 읽었는데, 그 중『도덕경(道德經)』·『음부경(陰符經)』·『남화경(南華經)』·『참동계(參同契)』는 수백 번까지 읽었으며,『한위총서(漢魏叢書)』중에서 『대대례(大戴禮)』·『왕씨역례(王氏易例)』·초씨(焦氏)와 경씨(京氏)의『역문(易文)』·『신공시설(申公詩說)』같은 책들은 각각 수십 번 읽었으며, 태사공(太史公)의『사기(史記)』와 한문공(韓文公)의『창려집(昌黎集)』은 초록하여 읽은 것이 백 번 또는 수십 번에 이른다. 그 밖에 읽은 횟수가 수십 번에 못 미치는 것은 기록하지 않으며, 많이 읽었더라도 단편(單篇)과 소문(小文)인 것도 기록하지 않는다. 손이 떨려서 글씨가 제대로 되지 않는데 억지로 써서 너에게 주니, 너는 부디 이 유업(遺業)을 잘 잇기 바란다."

라 하였다. 내가 이 두 글을 보고 기록하여 가숙(家塾)의 자제들에게 보여주었다.

또 백곡(柏谷) 김득신(金得臣)이라는 이가 있으니, 자가 자공(子公)이다. 그는 성품이 멍청하고 노둔(魯鈍)하였는데 오직 독서를 좋아하여 밤낮으로 부지런히 글을 읽어 무릇 고문은 만 번에 이르지 않으면 그치지 않았다.「백이전(伯夷傳)」을 특히 좋아하여 무려 11만 8천 번을 읽었기 때문에 그의 작은 서재를 억만재(億萬齋)라 이름하였으며, 문장으로 이름났다. 효종(孝宗)이 일찍이,

고목에는 찬 안개가 자욱하고
가을 산에는 소나기 내리누나
저물녘 강에는 풍랑이 이니

어부는 서둘러 배를 돌리누나

古木寒煙裏 秋山白雨邊 暮江風浪起 漁子急回船

라고 한 그의 시 「용호음(龍湖吟)」 한 절구를 보고 이르기를, "당
(唐)나라 사람의 시에 비겨도 손색이 없다."라 하였다. 판서 유재
(游齋) 이현석(李玄錫)이 그의 묘갈(墓碣)에 명(銘)을 쓰기를,

무회씨와 갈천씨의 순박한 백성이며
맹교와 가도처럼 뛰어난 시일세
마음 씀이 80년을 하루 같았으니
십만 번 글 읽음이 기이하고 기이해라

無懷葛天之民 孟郊賈島之詩
行心八十年兮如一日 讀書億萬數兮奇又奇

라 하니, 사람들이 이를 일러 실록(實錄)이라 하였다.
　또 동명(東溟) 정두경(鄭斗卿)이라는 분은 성품이 소탈하여 예교
(禮敎)에 구속되지 않았다. 사마천(司馬遷)의 『사기(史記)』를 거의
일만 번을 읽어, 인조(仁祖)·효종(孝宗) 연간의 문장으로 그를 능가
할 이가 없었다. 나의 할아버지께서 태학사(太學士) 하계(霞溪) 권유
(權愈)에게 글을 배웠다. 권공(權公)이 일찍이 정공(鄭公)의 사람됨
을 말하다가 우리 할아버지에게 웃으면서 말하기를,
　"내가 젊었을 때 정공이 사마천(司馬遷)의 『사기(史記)』에 밝다는

말을 듣고 책을 끼고 가서 가르침을 청하였다. 정공이 글을 읽으라
고 하기에 읽다가 의심나는 곳에 이르러 질문을 하였더니, 정공이
말하기를, '자네의 생각은 어떠한가?'라 하였다. '이런 뜻일 듯합니
다.'라 하였더니 정공은 '좋다.'라 하였고, 질문할 때마다 좋다는
말로만 대답하였다. 내가 머리를 숙인 채 글을 읽다가 마지막 편에
이르렀을 때 갑자기 정공이 보이지 않기에 고개를 들고 둘러보니,
정공은 방 윗목에서 소매를 떨치며 춤을 추다가 나와 눈이 마주치
자 말하기를, '좋고도 좋구나! 글 뜻은 굳이 알 필요가 없고, 그저
많이 읽기만 하면 된다.'라 하였다."

라 하고, 이어서 웃으며 말하기를,

"글은 많이 읽어 문장에 능하면 된다는 것을 나는 이 어른에게서
알았다. 그러니 자네들은 오로지 글을 많이 읽어야 한다."

라 하였다고 한다.

지금 이 두 어른의 독서 방법을 보면 실로 대추를 맛도 보지 않고
통째로 삼켜 버리는 것과 다를 바가 없지만, 능히 다독(多讀)하여
문장을 이루었다. 더구나 성현의 글을 읽으면서 이 두 어른처럼 공력
을 들인다면 그 진보가 어찌 문장에만 그치겠는가.-이상은 모두 『수필』
이다.-

書者古聖賢精神心術之運也. 古聖賢不能長存而施敎, 故必著書垂後, 欲使
後人由言而尋跡, 由跡而推理. 是以, 後儒莫不讀書以求聖賢之意, 而不多
讀, 無以知其義, 不博觀, 無以通其變. 古人曰: "讀書破萬卷, 下筆如有
神.[81]" 又曰: "讀書千遍, 其義自見.[82]" 又曰: "舊書不厭百回讀.[83]" 又曰: "擁
書萬卷, 勝於南面百城.[84]" 又曰: "有不讀五千卷者, 不入吾室.[85]" 古人之於

讀書, 其多且博, 可知矣. 余觀東岳李安訥語有云: "嘗聞慕齋金安國先生言; '讀書必萬遍, 然後可以通神.' 於是, 取『杜律』讀一萬三千遍." 遂以詩名于世. 吳德溪健嘗避癘寓村家, 惟取『中庸』一卷去, 讀過萬遍, 文理通達, 下筆成章. 任參判有後少時亦避癘, 寓中無書, 惟有王勃「滕王閣序」一篇, 亦讀過萬遍, 自後駢儷之文, 操筆立成. 此皆已然之明驗也. 以余所聞, 明儒得一人, 近世得一人, 明楊天祥字休徵, 惠州人, 長而苦學讀書, 晝不踰閾, 夜不帖席, 冬夜以凍水沃足致跛. 其讀誦之法, 以心對書, 以耳聽聲, 不求上口, 亦不强解, 每簡以百遍爲度, 當其讀時, 雖事至而物來, 一切不聞, 食寢俱廢, 必誦數足後應之. 爲文操筆千言, 平生無暇日, 無書不讀. 正德丁丑, 成進士, 書示友人及諸昆弟曰: "予自弱冠, 厲志讀書, 至今十三年. 一年之中, 除時節家慶及疾病之日, 不過六十日, 其三百日, 皆誦讀. 日不下三簡, 一年不下九百簡, 十有五年, 不下一萬五千簡. 方之古人萬卷, 僅十之一二, 然以近世較之, 予猶爲多. 昔尙子平[86]勑斷家事, 徧遊五嶽, 豈能袖之以喩人哉? 亦足以自喩而已. 遊五嶽則有跋涉之勞, 有離曠之憂, 勞筋苦骨, 曠

---

**81** 讀書……有神 : 唐나라 시인 杜甫의 말로 그의 시 「奉贈韋左丞丈」에 나온다.

**82** 讀書……自見 : 三國時代 魏나라 董遇의 말로 「朱子讀書法」에 인용되었다.

**83** 舊書……回讀 : 宋나라 蘇軾의 시 「送安惇秀才失解西歸」에 보인다.

**84** 擁書……百城 : 北魏 때의 處士 李謐이 조정에서 누차 召命을 받고도 나가지 않으면서 한 말이다. 원문은 "장부가 책 1만 권만 있으면 되지 어찌 임금이 되어 세상을 다스리리오.〔丈夫擁書萬卷 何假南面百城〕"이다.

**85** 有不……吾室 : 隋나라 崔儦가 소싯적 독서할 때 문 앞에 크게 써 붙인 글이다.

**86** 尙子平 : 後漢 때 사람 尙長의 자가 子平이다. 그는 자녀들을 모두 결혼시킨 후 五嶽과 명산을 유람하였으며 언제 죽었는지는 알지 못한다. 『後漢書 권83』

年閱歲, 僅乃徧之. 夫五經備天地萬物之理, 比之五嶽也孰大? 而加之諸子
歷代史百家之言, 亦寶中洞天福地也. 予讀之每徹一書, 心曠神怡, 視聽俱
新. 顧不出戶庭者十餘年, 徧之矣, 雖不足以喩人, 亦足以自喩也." 其一卽
愼上舍後聃字耳老, 號遯窩者也. 星湖李先生之門人也, 與余爲同門. 少時
嘗一見, 與我論讀書之法, 其言曰: "聖賢之書, 不讀萬遍, 不知其義. 以鄙
事比之, 欲伐百圍木, 必須以大斧斫之, 然後可以下手. 聖賢之語, 其義理之
深奧, 豈可以大木較之哉? 必須多讀, 然後畧知其義. 今人不耐讀書, 必欲
一二看閱, 自以爲知, 其不可得必矣. 是何異於以小鎌子斫大木, 不過剝其
皮膚而止耳?" 其時聞其言而喜之, 及其沒後, 得其示孫兒書一篇, 有曰: "河
濱老人, 自五六歲讀書, 至六十病且死, 記平生讀書之數, 以示幼孫. 余讀『中
庸』最多, 萬後不計數, 而想不下數千. 『大學』半萬後不計數, 而想去萬不
遠. 『書』・『易』各數千讀, 『詩』・『論語』・『孟子』各千餘讀, 『小學』百餘
讀, 『禮記』・『春秋左氏傳』各五十讀, 三傳半之, 『周禮』・『儀禮』・『孝經』
各數十讀, 『二程全書』・『朱子大全』・『心經』・『近思錄』・『性理大全』,
終身所閱, 其中抄讀百遍或數十遍者有之. 沈氏所撰『百家類纂』數十讀, 而
其中『道德經』・『陰符』・『南華』・『參同』則讀至數百, 『漢魏叢書』中, 如『大
戴禮』・『王氏易例』・『焦氏京氏易文』・『申公詩說』之類, 各數十讀, 太史
公『史記』・韓文公『昌黎集』, 抄讀或百遍或數十遍, 其外讀不及數十者不
記, 多讀而單篇小文不記. 風攣不成字, 强書貽汝, 冀汝之克嗣遺業也." 余
得此二文, 錄之以示家塾子弟. 又有金柏谷得臣字子公, 性糊塗魯質, 惟好
讀書, 晝夜勤讀, 凡於古文, 不至萬遍不止. 尤好「伯夷傳」, 讀至一億一萬八
千遍, 故名其小齋曰億萬, 以文章鳴. 孝廟嘗見其「龍湖吟」一絶: "古木寒烟
裏, 秋山白雨邊. 暮江風浪起, 漁子急回船."之詩曰: "無愧唐人." 游齋李判
書玄錫銘其碣曰: "無懷・葛天之民[87], 孟郊・賈島之詩[88]. 行心八十年兮如

一日, 讀書億萬數兮奇又奇." 人謂之實錄, 又有鄭東溟斗卿, 性坦率無拘檢,
讀『馬史』幾至萬遍, 仁孝之際, 文章無出其右. 余王考受學于權太學士霞溪
愈, 權公嘗言鄭公之爲人而笑曰: "余少時聞鄭公善『馬史』, 挾冊而請受. 鄭
使讀之, 至疑義問之, 則鄭曰; '君意如何?' 曰: '似如此.' 鄭曰: '好矣.' 每
問, 必以好答之. 余屈首讀至終篇, 忽不知鄭所在. 擧首視之, 鄭於室上面張
袖而舞, 與余目之曰: '好哉好哉! 書之文義不須知, 而惟多讀可矣.' 因而笑
謂曰: '書在多讀而能文章, 余於此老見之.' 君輩唯在多讀書耳." 今觀二老讀
書, 實無異昆侖吞棗[89], 然能多讀而成文章. 況讀聖賢之書, 如二老之用工,
則其進豈獨文章而止哉?-右並『隨筆』-


독서는 다만 본문에 있는 뜻을 찾을 뿐이고, 제 마음대로 뭉뚱그려
파악하여 다른 뜻을 찾아서도 안 되며, 의미를 넓히고 부연하여 다

---

**87** 無懷‧葛天之民 : 無懷氏와 葛天氏는 전설상 上古시대의 제왕이다. 이 시대
에는 풍속이 순박하여 백성들이 아무런 근심 걱정이 없었다 한다. 陶淵明의
「五柳先生傳」에 "무회씨의 백성인가, 갈천씨의 백성인가?〔無懷氏之民歟? 葛
天氏之民歟?〕"라 하였다. 『古文眞寶 後集 권2』

**88** 孟郊‧賈島之詩 : 孟郊와 賈島는 모두 唐나라 때의 시인으로 불우하여 곤궁한
삶을 살았다. 宋나라 蘇軾은 이들의 시에 대해 "맹교는 寒貧하고 가도는 수척
하다.〔孟寒島瘦〕"라 평하였다.

**89** 昆侖吞棗 : 昆侖은 鶻圇 또는 囫圇, 渾淪으로도 쓰는데, 히말라야에 사는 새라
고 한다. 이 새가 대추를 먹을 때 씹지 않고 꿀꺽 삼키기 때문에 이런 말이
생겼다 한다. 朱熹가 "지금 걸핏하면 곧바로 먼저 本末과 精粗가 두 이치가
없다고 하니, 그야말로 곤륜이 대추를 삼키는 격이다.〔今動不動便先說箇本末
精粗無二致, 正是鶻崙吞棗.〕"라 하였다. 『朱子大全 권39 答許順之』

른 설을 만들어서도 안 된다.

讀書, 只求本文上義理, 不可徑約而求別義, 不可漫衍而爲他說.

글을 읽는 일은 조심하지 않아서는 안 된다. 음란한 소설을 읽으면 자기도 모르게 방탕한 생각이 일어나고, 산수(山水)의 청담(淸談)을 읽으면 자신도 모르게 연하(烟霞)의 생각이 일어나고, 병진(兵陣)에 관한 이야기들을 보면 자신도 모르게 용맹(勇猛)한 기운이 일어나고, 성현(聖賢)의 경전(經傳)을 읽으면 지기(志氣)가 화평해져서 광명정대(光明正大)한 마음이 뭉클 일어난다. 그래서 옛사람들이 언제나 잡서(雜書)를 경계한 것이다.-이상은 모두 『잡록』이다.-

看書, 不可以不愼. 看淫戲小說, 不覺有流蕩之意; 看山水淸談, 不覺有烟霞之想; 看兵陣諸說, 不覺有武猛之氣; 看聖賢經傳, 則志平氣和而油然有正大之心, 故古人每以雜書爲戒.-右並『雜錄』-

## 11. 글짓기와 글씨 쓰기
作文作字

남추강(南秋江)이 김괴애(金乖崖)를 찾아뵈었을 때 괴애가 말하기를, "글을 지으려면 먼저 기운을 넓혀야 하며, 글씨를 쓰려면 먼저 마음을 바로잡아야 한다."라 하였다.-『수필』이다.-

南秋江[90]見金乖崖,[91] 乖崖曰: "作文先廣氣, 作字先正心."-『隨筆』-

자체(字體)는 육의(六義)로 찾으면 거의 알 수 있을 것이다.-『잡록』이다.-

字體以六義[92]求之, 思過半矣.-『雜錄』-

---

**90** 南秋江 : 南孝溫(1454~1492)을 가리킨다. 그의 자는 伯恭이고 호가 秋江이며, 본관은 宜寧이다. 生六臣의 한 사람이고 시호는 文貞이다.

**91** 金乖崖 : 金守溫(1410~1481)을 가리킨다. 그의 자는 文良, 호는 乖崖 또는 拭疣이며, 본관은 永同이고 시호는 文平이다. 학문과 문장에 뛰어났다. 문집에 『拭疣集』이 있다.

**92** 六義 : 六書와 같은 말로, 指事·象形·形聲·會意·轉注·假借이다.

## 12. 지방 수령은 한 사람을 오래 임용해야 한다

守令久任

나라의 근본은 백성에게 달려 있고 백성의 고락(苦樂)은 수령에게 달려 있으니, 수령이란 직임은 잘 가려서 뽑아야 한다. 그럼에도 근래에 수령을 자주 갈아서 영송(迎送)에 드는 경비가 매우 많으며, 간사한 아전들이 농간을 부려 백성들이 피해를 입으니, 그 폐단을 이루 헤아릴 수 없다.

우리나라에서 수령의 임기를 6년으로 규정한 것은 참으로 적절하다 하겠다. 6년을 채우기 전에는 상(喪)을 당한 경우 이외에는 절대로 바꾸지 말 것이며, 직책을 제대로 수행하지 못하는 수령이 있으면 잘못이 큰 자는 죄를 주고 작은 자는 녹봉(祿俸)을 빼앗는 등 사안의 경중에 따라 조처하여, 직임을 오래 맡도록 해야 한다. 그래야만 능력이 있는 자는 그 능력을 발휘할 수 있고, 능력이 없는 자는 뉘우치고 분발할 줄 알게 될 것이다. 그러나 지금은 수령으로 있는 자가 염피(厭避)하여 체직되기를 도모하기도 하며, 병을 칭탁하여 체직되기를 도모하기도 하며, 하찮은 혐의를 들어서 체직되기를 도모하기도 하거늘 그들의 뜻만 따라주고 백성들의 폐해는 돌아보지 않으니, 매우 옳지 않다.

國之本在民, 民之休戚在守令, 守令之任, 在所當選. 而且近來守令數遞, 迎送耗費甚多, 姦吏舞弄, 小民受害, 其弊不貲也. 我朝六年之科, 誠得其宜. 未滿六年, 則遭艱外, 切勿許遞, 如有不能, 則大者科罪, 小者奪俸, 隨輕重爲之, 使久其任而後, 能者得行其道, 而不能者知所懲勵. 今則居官者, 或厭避而圖遞, 或稱病而圖遞, 或引小嫌而圖遞. 曲循其意而不恤民害, 甚不可也.

## 13. 고을 수령의 편지

守宰書簡

대개 세상 사람들은 수령에 임명되면 어김없이 "전임자의 정사가 퇴폐해서 창고가 비었으니, 뒷일을 어떻게 잘할 수 있을지 모르겠다."라고들 하니, 이는 누구나 다 마찬가지이다. 그래서 설사 참으로 그런 일이 있다 하더라도 사람들은 모두 으레 하는 핑계로 여기고 믿지 않는다.

송(宋)나라 홍매(洪邁)는 부임하는 날로 집정(執政)에게 사례하는 편지를 올리기를,

"고을이 비록 작으나 일이 적고 창고의 돈이나 곡식도 그런대로 지탱해 갈 만합니다. 도원(道院)에 앉아서 한가로이 휘파람을 불 수 있으니 참으로 더없는 다행입니다."

라 하니, 집정이었던 주익공(周益公)이 답장하기를,

"종전에 외군(外郡)의 태수로 나간 사람들이 보낸 편지에는 형편이 군색하고 일이 번잡하다는 말을 하지 않는 경우가 없었는데, 보내온 편지의 이런 말은 처음 봅니다."

라 하였다. 송나라 때의 세태도 우리나라의 오늘날과 같은 점이 많았던 것이다.

내가 일찍이 목천현감(木川縣監)이 되었을 때 벗에게 편지를 보내기를,

"풍속은 퇴폐하고 아전들이 교활하지만 이를 개혁하여 백성을 소생시키는 책임은 나에게 있으니 너무 걱정할 필요가 없네. 녹봉(祿

俸)이 비록 적으나 부녀자가 조석의 끼닛거리 걱정을 하지 않아도 되고 밥상에는 반드시 고기가 오르니, 이 어찌 벼슬하지 않고 집에 있을 때의 모습에 비하리오."

라 하였으니, 바로 홍매의 편지와 서로 부합되는 것이다. 그래서 이를 써서 자손들에게 보여주노라.


凡世人作宰, 必言前政頹廢倉庫匱乏, 未知所以善後之語, 人人一般. 是以, 雖眞有是事, 見者皆視以循例託辭, 不之信也. 宋洪邁到當塗日, 謝執政書曰: "郡雖小而事簡, 庫錢倉粟, 自可枝梧. 得坐嘯道院, 誠爲至幸." 周益公答云: "從前得外郡太守書, 未有不以窘冗爲詞, 獨創見來緘如此." 盖宋時俗態, 多如今例也. 余嘗監木川縣, 與友人書曰: "俗弊吏猾, 而蘇革在我, 不必多憂. 官況雖薄, 婦女輩免朝夕升斗之勞, 而食必有肉, 此豈在家貌樣耶?" 正與洪帖相符. 書之以示兒孫輩.

## 14. 빙정

氷政

병신년(1776, 영조52)에 내가 목천(木川) 고을에 부임했더니 고을
에 얼음을 채취하는 빙정(氷政)이 있었는데, 날씨가 몹시 추울 때였
다. 구례(舊例)에, 본읍(本邑)의 8개 면(面) 중에 동쪽과 서쪽에 각
각 4개 면이 있었다. 그래서 금년에 서쪽 4개 면이 빙정을 맡아서
하면 내년에는 동쪽 4개 면이 맡아서 하여 한 해씩 돌아가며 하고
있었다. 이 해는 동쪽 4개 면이 할 차례였는데, 도로의 거리를 계산
해보니 4, 50리나 되었다. 동사(凍死)하는 사람이 많이 생길까 염려
되어 마침내 고을의 놀고 있는 민정(民丁) 80여 명을 고용해서 술과
음식을 후하게 먹이고 얼음을 뜨도록 시켰더니 해가 저물기도 전에
일을 마쳤다.

이로 인하여 생각해보니, 4개 면의 민정이 1천 명이 넘으므로 면임
(面任)이나 해당 아전들이 받는 뇌물이 필시 많을 것 같았다. 그래서
법을 정하여 이후로는 1개 면이 1년씩 맡아서 하여 8년에 한 번씩
돌아오도록 했더니 백성들이 매우 편리하게 여겼다.

그 후『홍남파집(洪南坡集)』을 보니, 그가 지은 감사 정언황(丁彦
璜)의 행장에,

"공이 인천부사(仁川府使)로 있을 때 관문(官門)에서 거리가 상당
히 먼 3개 면이 있었는데, 해마다 얼음을 뜰 때면 얼음 뜨는 일을
면제해 주는 대신 가미(價米)를 받았으므로 3개 면의 백성들이 몹
시 고통스러워하였다. 그래서 공이 고을 전체가 차례로 돌아가면

서 하도록 하여 10년에 한 번씩 돌아오게 하고 가미의 수량도 경감해 주니 백성들이 편하게 여겼다."

라 하였으니, 옛사람 중에도 실천한 자가 있었던 것이다.

근래에는 빙정이 또한 하나의 민폐(民弊)가 되어 있으며, 더러 수령들이 탐욕을 부린다는 비판을 면하지 못하니, 참으로 통탄스러운 일이다.-뒤에 다시 감사에게 논보(論報)하고 이 빙정을 없앴다.-


丙申, 余莅木邑, 邑有氷政, 時當酷寒. 舊例本邑八面, 而東西各四面, 故如今年西四面爲之, 則明年東四面爲之, 間年相遞. 是年, 東四面當次, 計其道里四五十里. 慮多凍死之患, 遂雇邑中閑遊民丁八十餘名, 厚餽酒食而伐之, 日未沒而畢役. 因此思之, 四面民丁踰千餘人, 面任該吏之受賂者必多矣. 此後定法, 一面當一年之役, 八年而一周, 民甚便之. 後見『洪南坡集』, 其撰丁監司彦璜狀云: "公爲仁川府使時, 府地有三面, 稍遠於官門, 每歲伐氷時, 除其氷而徵價米, 三面民偏苦之. 公令通一境輪之, 使十年一周, 且減其米數, 民便之."云. 古人亦有行者. 近來氷政, 亦一民弊, 而間有守令未免有貪墨之誚, 誠可痛也.-後又論報監司, 仍罷之.-

## 15. 문충공(文忠公) 신숙주(申叔舟)가 수령에게 당부한 시
### 申文忠公叔舟戒守宰詩


신 문충공의 『보한재집(保閑齋集)』에 진주목사(晋州牧使) 윤동년 (尹同年)에게 준 시가 있는데, 고을을 맡아 백성을 다스리는 도리로 써 당부하였다. 그 대략에,


『한서(漢書)』·『사기(史記)』의 순리(循吏)·양리(良吏)의 전기들을
그대는 일일이 다 스스로 알리라
사나이 대장부가 뜻이 있다면
무슨 일인들 하지 못하리오
청렴과 결백으로 자신을 지키고
사랑과 위엄으로 아래를 거느리고
공손과 검소로써 손님을 맞고
사심 없이 일을 처리하고
근면과 신중한 자세로 실행하되
한번 정한 뜻을 절대로 바꾸지 말라
공수·황패 저들은 어떤 사람인가
옛날과 오늘이 어찌 다르리
임금께서 백성을 걱정하시니
수령은 이 점을 생각해야 하리


漢史循良傳 一一君自知 丈夫苟有志 何事不可爲 自守以淸白

御下以仁威 接客以恭儉 處事以無私 行之以勤謹 劃一無所移

龔黃彼何人 古今寧異時 聖主憂赤子 分憂當念玆

라 하였으며,

　또 지어준 시가 있는데 그 대략에,

멋진 수염의 잘생긴 사나이
부질없이 오두는 되지 말게나
어려서 배움은 장성해서 실행하려는 것
명성이 아름답기를 생각해 하네
선비가 이미 임금의 녹을 먹었으면
임금의 근심도 함께 근심해야지
벼슬아치 되어 좋은 정치를 하려면
후대에 길이 모범이 되어야 하리라
정성을 다하여 자식처럼 보살피면
어리석은 백성들도 그 사랑을 아느니
백성들이 고마워하거나 원망하는 건
오로지 나 하기에 달린 법이지
너그러움과 엄격함을 적절히 쓰고
은혜를 베풀되 위엄도 보여야지
하늘에도 위엄과 관대함이 있으니
장이는 나의 사심으로 하는 게 아닐세
사나이가 진실로 뜻을 세웠다면
이 마음을 끝내 바꿔서는 안 되리라

蒼髥美丈夫 莫浪作遨頭 幼學即壯行 要思聲名休 士旣食君祿

亦當憂君憂 臨官欲出治 宜圖百世規 推誠保赤子 至愚還得知

民懷與民怨 特在我所爲 寬猛固相濟 有惠須有威 天道亦慘舒

張弛非我私 男兒苟立志 此心終不移

라 하였다.

　이 두 편의 시를 읽어보면 전배(前輩)들이 경계한 뜻이 이와 같았
으니 한 시대의 치적(治積)을 이루는 게 당연함을 알 수 있다. 수령
노릇하는 도리로 이보다 나은 것이 없으니, 나는 이 시들을 벽에 걸어
두고 자신을 경계(警戒)할 것이다.

申文忠公『保閑齋集』有贈晉州牧尹同年詩, 戒以居官治民之道, 其畧曰: "漢
史循良傳, 一一君自知. 丈夫苟有志, 何事不可爲? 自守以淸白, 御下以仁
威. 接客以恭儉, 處事以無私. 行之以勤謹, 畫一無所移. 龔黃[93]彼何人? 古
今寧異時? 聖主憂赤子, 分憂當念玆." 又有詩, 略曰: "蒼髥美丈夫, 莫浪作
遨頭.[94] 幼學即壯行, 要思聲名休. 士旣食君祿, 亦當憂君憂. 臨官欲出治,

........................................

**93** 龔黃 : 漢나라 循吏인 龔遂와 黃覇의 병칭이다. 공수의 자는 少卿이며, 벼슬은
浮海太守를 거쳐 水衡都尉에 이르렀다. 황패의 자는 次公이며, 벼슬은 河南太
守, 潁川太守 등을 거쳐 丞相에 이르렀고 建成侯에 봉해졌다. 이들은 漢代의
대표적인 어진 지방 수령을 손꼽힌다. 『漢書 권89 循吏傳』
**94** 遨頭 : 봄놀이 나온 太守를 일컫는 말이다. 宋나라 때 成都 태수가 새해 초부
터 4월 19일까지 봄놀이를 하였다. 이 때 태수가 봄놀이를 하면 온 고을의
남녀들이 다 나와서 구경하였으며, 그 태수를 오두라 불렀다 한다.

宜圖百世規. 推誠保赤子, 至愚還得知. 民懷與民怨, 特在我所爲. 寬猛固相濟, 有惠須有威. 天道亦慘舒, 張弛[95]非我私. 男兒苟立志, 此心終不移." 讀此二篇, 可見前輩相戒之意如此, 宜其致一代之治也. 爲宰之道, 無過於是矣, 我當揭壁以自警.

**95** 張弛 : 『禮記』「雜記」에 "활줄을 한번은 팽팽하게 잡아 당기고 한번은 느슨하게 풀어 놓는 것처럼 백성을 다스리는 것이 바로 文王과 武王의 도이다.〔一張一弛 文武之道也〕"라 한 데서 온 말로 백성을 다스릴 때어 관용과 위엄을 竝用함을 뜻한다.

## 16. 안응창의 정치 업적
### 安應昌政蹟

안공(安公)의 자는 흥숙(興叔)이고 호는 우졸재(愚拙齋)이며 만력
계사년(1593, 선조26)에 태어났으니, 인조(仁祖) 때의 진무공신(振
武功臣)인 순양군(順陽君) 안몽윤(安夢尹)의 아들이다. 여헌(旅軒)
장선생(張先生)에게 글을 배웠고, 천거로 대군(大君)의 사부(師傅)
에 제수되었으며, 여러 군읍(郡邑)을 맡아 다스렸다. 내가 공이 지
은 『청교묵담(靑郊墨談)』을 보니, 이런 글이 있었다.

"나는 성품이 소루(疏漏)하고 오활하여 전후(前後)로 고을 수령이
되었으나 치법(治法)을 알지 못하였고 게다가 명예를 바라지 아니
하였으며, 오직 백성을 이롭게 하고 편안하게 할 방도에만 힘썼다.
낭천(狼川)과 김화(金化)를 다스릴 때는 얻은 미포(米布)를 모아
민역(民役)에 보태었으며, 의성(義城)을 다스릴 때는 보민청(保民
廳)을 크게 설치하고 조금이라도 소득이 있으면 여기에 저축하여
1천 5백 석의 곡식을 사들이고 또 40동(同)의 면포(綿布)를 마련하
여 매년의 쇄마(刷馬) 및 대동청(大同廳)에 응역(應役)하는 대소
(大小) 인리(人吏)의 지공(支供)과 잡역(雜役)에 썼다. 예천(醴
泉)을 맡아 다스릴 때는 또 의창(義倉)을 설치하여 백성을 진휼하
는 밑천으로 삼았으며, 또 익하고(益下庫)를 설치하여 공사(公私)
간의 수응(酬應)에 드는 경비를 민간에 부담시키지 않았다. 이런
까닭에 관(官)에 있을 때는 비록 찬양하는 평판이 없었지만, 떠나
온 뒤에 더러 사실에 지나친 칭찬이 많았다.

그리고 고을 수량으로 있을 때에 반드시 먼저 충효(忠孝)와 정렬(貞烈)과 유선(儒先)의 묘소에 제사하였으며, 가난하여 혼인이나 장사(葬事)를 치르지 못하는 자가 있으면 도와주었고, 의탁할 곳이 없는 노인에게 식물(食物)을 지급하였으며, 향약(鄕約)의 법을 세우고 매년 기로연(耆老宴)을 열어서 노인들을 즐겁게 해 주었다. 운운."

하였다.

安公字興叔, 號愚拙齋, 萬曆癸巳生, 仁祖朝振武功臣順陽君夢尹之子也. 受業于旅軒張先生, 以薦授大君師傅, 累典郡邑. 余觀公所著『靑郊墨談』, 有曰:"余性踈迂, 前後爲吏, 不知治法, 又未要譽, 惟務利民勿擾之道. 莅狼川・金化, 聚所得米布, 補民役, 莅義城, 大設保民廳, 尺寸所得貯此, 貿一千五百石穀, 又辦四十同綿布, 用之於每年刷馬及大同廳大小應役吏之支供雜役. 莅醴泉, 又置義倉, 以爲賑民之資, 又置益下庫, 公私酬應, 不責民間. 是以, 在官雖無贊揚之聲, 去後或多過實之譽矣. 且在邑時, 必先祭忠孝貞烈儒先之墓, 窮未能昏喪者, 助成之, 耆老之無依者, 賜食物, 立鄕約法, 歲行耆老宴以娛之云云."

## 17. 해주 최 목사
海州崔牧使

해주목사(海州牧使) 홍석기(洪錫箕)가 지은 「최목사비(崔牧使碑)」에,
"고려 말에 홍건적(紅巾賊)이 우리나라를 유린할 때 공이 수양성
(首陽城)을 지키고 있었다. 적이 더욱 급박하게 포위하여 바람을
따라 불을 놓았니 성이 함락되었다. 공이 탈출하여 나와서 휴암(鵂
巖)에 이르러서 인수(印綬)를 풀어 바위 아래의 못에 던지고 손가
락을 깨물어 피로 바위 위에 그 장소를 표시한 다음 강물 속으로
몸을 던지니, 곧 지정(至正) 신묘년(1351, 충정왕3) 2월 23일의
일이었다. 이때 공을 따른 사람은 단지 공생(貢生) 한 사람 뿐이었
으며, 공이 기르던 개가 공의 시신 옆에서 공을 따라 죽었다. 고을
사람들이 공을 바위 북쪽 1리쯤 되는 곳에 장사지내고, 따라 죽은
사람과 개를 모두 그 곁에 묻어 주었으며, 그 못의 이름을 투인담
(投印潭)이라 하였다. 지금까지도 사시(四時)와 기일(忌日)에 관
리들이 제사를 지낸다."
라 하였다.

이 비문을 보건대, 최 목사(崔牧使)의 절의는 숭상할 만하거니와
공생이 따라 죽은 것은 더욱 쉽지 않은 일이다. 그리고 그 개의 이야기
는 육씨(陸氏)를 따라 바다에 빠져 죽은 백한(白鷳)새 이야기와 다를
바 없으니, 누가 짐승은 앎이 없다고 말하겠는가. 그런데 이 이야기가
『고려사(高麗史)』에 보이지 않으니 애석한 일이다.

海牧洪錫箕撰「崔牧使碑」曰：“麗末紅巾賊東躪，公守首陽城. 賊圍益急，從風縱火，城陷. 公脫身出至鵂巖，解印投巖下潭，咋指以血書之石，識其所，乃投水，卽至正辛卯二月二十三日也. 從公者獨貢生一人，公所畜狗隨死公屍傍. 邑人葬公于巖北一里許，隨死人與狗，并瘞其側，命其潭曰投印. 至今四時及諱辰，官吏祭之云. 按觀此，崔之節義可尙，而貢生之從死尤未易. 狗與陸氏之墮海鵰無異，孰謂畜物無知乎？ 此事，考『麗史』不見，惜哉!

## 18. 하국서

河國瑞

역관(譯官)인 만포(滿浦) 사람 하국서·온성(穩城) 사람 황연의(黃連義)·의주(義州) 사람 정태기(丁太奇)가 동시에 오랑캐에게 항복하였는데, 마음은 늘 본국(本國)에 있었다. 노추(奴酋)가 요광(遼廣)을 함락하고 장차 함곡관(函谷關)에 들어가려고 할 때 하국서 등이 우리나라가 군사를 내어 다시 와서 요동을 구하려 한다고 거짓으로 고하니, 노추가 즉시 회군하였다. 이윽고 속은 줄 알고는 직접 이들의 눈알을 뽑고 혀를 잘라서 죽였는데, 정태기는 코만 베었다. 이 덕분에 중국 조정이 관내(關內)를 수복(收復)하여 보전할 수 있었으니, 그 충성은 지난날 오랑캐에게 항복한 죄를 갚을 만한 것이었다. 그러나 이 이야기가 인몰되어 전하지 않고 있었는데, 지금 사부(師傅) 안응창(安應昌)의 「잡록(雜錄)」에 보이기에 표출한다.

譯官滿浦人河國瑞·穩城人黃連義·義州人丁太奇同時降虜, 而心常在於本國. 奴酋之陷遼廣, 將入關, 國瑞等瞞告我國發兵再來救遼, 奴酋卽回軍. 知其見瞞, 手抉其目, 割其舌而殺之, 太奇但割鼻. 以此中朝得收保關內, 其忠可贖前日降虜之罪, 而此事湮沒無傳, 今見安師傅應昌「雜錄」而表出之.

## 19. 장수와 군사의 순절
將士殉節

예로부터 전횡(田橫)의 오백의사(五百義士)를 일컬어왔거니와 위
(魏)나라 제갈탄(諸葛誕)의 휘하 수백 명이 포로가 되어 한 사람은
참수를 당하고 한 사람은 항복하였으며 나머지는 끝내 굴복하지 않
았다. 모두 공수(拱手)한 채 태연히 줄지어 나아가 죽임을 당하면서
도 안색이 변하지 않았으니, 참으로 어려운 일이다.

우리나라 광해군 기미년(1619), 심하(深河)의 전투에서 강홍립(姜
弘立)의 군관(軍官)인 평산(平山)의 무인(武人)인 감찰(監察) 최승
렬(崔承烈)이 도망와서 군사(軍事)를 알리기를,

"경상도의 군사 3천 명이 홍립이 투항하는 것을 보고 모두 분개하여
강물에 몸을 던져 죽으니, 그 시체가 쌓여 물길을 막을 정도였고,
항복한 왜인 4백 명도 홍립을 따라갔다가 다들 강개(慷慨)하여 칼
을 뽑아 적장(敵將)을 베려 하였지만 홍립이 적추(賊酋)에게 몰래
알려 이들이 남김없이 유린당했다."

라 하였으니, 이 영남 군사와 항복한 왜인이 어찌 이른바 열렬한 장
부가 아니겠는가! 충의의 마음에 격발하여 죽음을 아무렇지도 않게
여긴 것은 실로 전횡이나 제갈탄의 부하들에게 전혀 손색이 없으
며, 3천 명이 한 마음이 된 것은 더욱 특이한 일이다.

自古稱田橫五百義士[96], 而於魏諸葛誕[97]麾下數百人被擄, 斬一人降一人,
而終不屈, 皆拱手就列, 受戮而不變, 難矣哉! 我朝光海君己未深河之役,

姜弘立軍官平山武人監察崔承烈逃還, 來告軍事, 有曰: "慶尙道軍三千人, 見弘立投降, 皆憤然投江而死, 積屍擁流, 降倭四百, 亦從弘立而去, 皆慷慨拔劍, 欲斬敵將, 弘立潛通于賊酋, 蹂躪無遺." 此嶺軍與降倭, 豈非所謂烈丈夫哉! 其激忠義之心, 視死如歸者, 實無愧于橫客誕士, 而三千同心, 尤亦異也.

<hr>

**96** 五百義士 : 齊王의 후예로서 秦나라 말기에 스스로 왕위에 오른 田橫의 부하 500명을 가리킨다. 전횡의 부하 500여 명과 함께 섬에 들어가 숨어살다 王侯로 封해 주겠다는 漢高祖의 부름을 받고서 가다가 洛陽에서 30리 떨어진 지점에 이르자 신하의 신분으로 漢王을 보는 것은 부끄러운 일이라고 하여 자결하면서 자기 머리를 황제에게 바치도록 하였다. 황제가 듣고 눈물 흘리며 王者의 禮로 장례하게 하였다. 이 소식을 들은 섬 안의 500여 명도 모두 자살하였고 섬에 있던 나무들도 같은 날 말라 죽었다. 『史記 卷94 田橫列傳』

**97** 諸葛誕 : 삼국 시대 魏나라 사람으로 자는 公休이다. 明帝 때 벼슬이 御史中丞, 尙書에 이르렀다. 그는 夏侯玄·鄧颺 등과 친하였다. 하후현·등양 등이 죽임을 당하자 역모를 꾸미다가 司馬昭에게 토벌되었다. 그가 죽은 뒤에 휘하에 있던 장수 수백 명은 서로 손을 잡고 열을 지어 서서 항복하지 않았는데, 차례차례 한 사람씩 죽여 가면서 끝까지 한 명도 마음을 바꾸지 않고 다 죽었다. 『三國志 卷28 魏書 諸葛誕傳』

## 20. 이백사

李白沙

춘추시대 진(晉)나라 임금 여공(厲公)이 무도(無道)하기에 난서(欒書)와 순언(荀偃)이 여공을 체포한 다음 사개(士匃)를 부르니 사개가 사양하였고, 한궐(韓厥)을 부르니 한궐도 사양하였다. 두 사람이 결국 여공을 죽였지만 감히 사개와 한궐을 죄주지 못했으니, 그 충직(忠直)을 공경한 것이었다. 당(唐)나라 때 진왕(秦王)이 건성(建成) 등을 죽이려 하면서 이정(李靖)에게 물으니 이정이 사양하였고, 이적(李勣)에게 물으니 이적도 사양하였다. 진왕이 이로 말미암아 두 사람을 존중하였다.

대저 임금은 하늘이니, 임금이 비록 무도하다 하더라도 어떻게 찬탈하거나 폐위할 수 있겠는가. 이윤(伊尹)과 곽광(霍光)이 한 일은 누구나 할 수 있는 것은 아니다. 위의 진나라와 당나라의 네 사람은 그 식견이 대략 같았으니, 군신(君臣)의 큰 분의(分義)를 범할 수 없었기 때문이었다.

우리나라에서 광해군(光海君)을 폐위한 것은 백사(白沙)가 계책을 세워서 김류(金瑬) 등에게 경계를 남겨서 된 일이었다. 그래서 창해(滄海) 허격(許格)은 고사(高士)인데 일찍이 백사를 지탄하여 이름을 부르기에, 남들이 탓하자 대답하기를,

"그는 군신(君臣)의 분의(分義)도 모르는 자인데 어떻게 존경할 수 있겠는가."

라 하였으니, 그 의리가 실로 옳다. 그러나 백사처럼 어진 분이 어

찌 이런 일을 하였겠는가. 혹자는 말하기를,

"김류와 이귀(李貴) 등이 백사의 중망(重望)을 빌리고자 하여 이런
말을 지어낸 것이지, 실제로 이런 일 없었다."

라 하니, 그 말이 옳을 듯하다.

晉厲公無道, 欒書‧荀偃執公, 召士匄, 匄辭, 召韓厥, 厥辭. 二人竟弑公,
而不敢以匄‧厥爲罪, 敬其忠直也. 秦王[98]欲誅建成等, 問於李靖, 靖辭, 問
於李勣, 勣辭. 王由是重二人. 蓋君者天也, 君雖無道, 豈可簒廢? 伊霍之
事[99], 非人人所可擬也. 晉‧唐四人識見畧同, 君臣大分, 不可以干犯故也.
我朝光海君之廢也, 白沙設謀遺戒金瑬等而爲之, 故許滄海格高士也, 嘗斥
呼白沙名, 人以爲尤, 則答曰:"彼不知君臣之分, 安可尊之乎?"此義定是.
然而白沙之賢而豈爲是哉? 或曰:"金瑬‧李貴等, 欲爲藉重而爲此言, 實無
是事." 其說似然.

## 21. 백사에 대한 제문

祭白沙文

광해군 무오년(1618)에 백사(白沙) 이항복(李恒福)이 북청(北靑)의 적소(謫所)에서 운명하여 포천현(抱川縣)으로 반장(返葬)하였다. 오봉(五峯) 이호민(李好閔)은 제문에서 단지

"모년 모월 모일에 지상(地上)의 연안(延安) 이모(李某)는 아들 경엄(景嚴)을 보내 닭 한 마리와 술 한 병으로 제사를 올립니다. 아아, 상공이 이렇게 되셨단 말입니까! 말은 금(禁)하니 다할 수 없고, 몸은 늙어서 달려갈 수 없습니다. 먼저 죽은 분은 거경(巨卿)이 오기를 기다리는데 아직 죽지 못한 저는 자룡(子龍)처럼 세상사를 미리 추단(推斷)하지 못합니다. 한 잔 술을 따라 올리면서 길이 이별을 고합니다. 아아, 애통합니다. 상향(尙饗)."

이라고만 하였다. 이때 조정(朝政)이 혼란하여 두 분이 모두 죄인의 몸이 되어 있었으니, 그 말을 감히 다할 수 없었던 것은 당연하다.

송(宋)나라 고종(高宗) 때 홍호(洪皓)가 적소(謫所)에서 죽었는데, 이 때에 아직 진회(秦檜)가 죽었다는 소식을 듣지 못하였다. 장자소(張子韶)가 찾아와서 제사를 올렸는데, 그 제문에,

"모년 모월 모일에 구관(具官) 아무개는 삼가 맑은 술을 따라 모관의 혼령께 고합니다. 아아, 애통합니다. 부디 이 술을 흠향하소서."

라고만 하였으니, 그 슬프고 처량한 정이 오히려 말을 많이 하는 것보다 낫다.

이 두 분의 일은 시대는 다르지만 상통한다.

光海君戊午, 白沙李公恒福卒于北靑謫所, 返葬于抱川縣. 五峯李公好閔祭文, 但云: "某年月日, 地上延安李某以隻雞壺酒, 遣男景嚴, 酹以侑之曰: 嗟嗟相公而至斯耶? 言禁不盡, 身老莫馳. 先逝者待巨卿[100]之至, 後死者無子龍[101]之推. 附奠一酌, 萬古長辭. 嗚呼哀哉! 尙饗." 此時朝政昏亂, 二公皆在罪中, 宜其言之不敢盡也. 宋高祖[102]時, 洪皓歿於謫中, 時猶未聞秦檜[103]之死. 張子韶[104]來致祭, 其文但云: "維某年月日, 具官某謹以淸酌之

---

**100** 巨卿 : 後漢 때 范式의 자이다. 그는 張邵와 절친한 벗이었는데, 장소가 죽어 장례를 치르는 날 상여가 움직이지 않다가 천리 밖 山陽 땅에 있던 범식이 白馬가 끄는 素車를 타고 이르러 조문하자 상여가 비로소 움직였다는 고사가 있다. 『後漢書 권81 獨行列傳 范式』

**101** 子龍 : 後漢 말엽의 高士 申屠蟠의 자이다. 후한 말엽에 유생들이 크게 등용되자 신도반은 "전국시대 말엽에 유세하는 선비들이 횡행하다가 秦始皇 때 焚書坑儒를 초래하였으니, 이제 또 禍가 있게 될 것이다."라 예측하고 벼슬을 버리고 梁郡의 碭山에 은둔하였다. 몇 년 후에 과연 黨錮의 화가 일어나 많은 유생들이 죽었지만 신도반은 화를 면하고 천수를 누렸다. 『後漢書 권53 申屠蟠傳』 여기서는 광해군의 亂政으로 많은 사대부들이 화를 당한 일을 비유하였다.

**102** 高祖 : 高宗의 착오이다. 南宋 때 황제로 재위 1127~1162이다. 洪皓도 진회에 의해 귀양 갔던 것이다. 『宋史 권373』

**103** 秦檜 : 宋나라 권력을 전횡한 간신으로 자는 會之이다. 그는 高宗 때 金나라와 화친할 것을 주장하며, 명장 岳飛를 죽이고 名相 張浚·趙鼎 등 많은 賢人들을 귀양 보내었다. 『宋史 권473 秦檜列傳』

**104** 張子韶 : 宋나라 高宗 때 사람으로, 자가 子韶이고 이름은 九成이며 호는 無垢居士 또는 橫浦居士이고 시호는 文忠이다. 벼슬은 禮部, 刑部의 侍郎을 지냈고 經學에 조예가 깊었다. 그는 禪學에 조예가 깊어 당시의 고승인 大慧宗杲의 법을 이었다. 『宋元學案 권40』

奠, 昭告于某官之靈. 嗚呼哀哉! 伏惟尙饗."其情旨哀愴, 乃過於辭. 兩公事, 今古一轍.

## 22. 조용주
趙龍洲

인조조(仁祖朝) 계미년(1643)에 용주(龍洲) 조경(趙絅)이 전한(典
翰)으로서 일본 통신부사(通信副使)에 차임되어 갔었는데, 돌아올
때에 일본에서 주는 선물들을 하나도 받지 않아 짐꾸러미가 보잘
것 없었으며, 칼 한 자루만을 받아서 차고 왔다. 돌아오는 배 안에
서 군관(軍官) 홍우량(洪宇亮)에게 말하기를,

"우리들은 이번 사행(使行)에서 추호도 범(犯)하지 않았다고 할만
하다."

라 하니, 홍우량이 대답하기를,

"저는 추호도 범하지 않았다고 할 수 있겠지만, 공이 차신 칼은
추호(秋毫)보다 훨씬 큽니다."

라 하였다. 그러자 용주가 웃고는 칼을 풀어서 바다에 던지고 말하
기를,

"이렇게 하면 과연 추호도 범하지 않았다고 할 수 있겠는가?"

라 하니, 홍우량이 "그렇습니다."라고 하였다.

우량은 곧 숭정처사(崇禎處士) 두곡(杜谷) 홍우정(洪宇定)의 동생
이며 판서 남파(南坡) 홍우원(洪宇遠)의 형으로, 무과(武科)에 합격
하여 벼슬이 제주목사(濟州牧使)와 수사(水使)에 이르렀다. 성품이
본래 청렴결백하여 일본에 사신으로 다녀오면서 왜국의 물건은 한
개도 가져오지 않았다. 숙종 을해년(1695)에 조공(趙公)과 함께 청백
리(淸白吏)로 선발되었다.

仁祖朝癸未, 趙龍洲絅以典翰差日本通信副使, 及還, 贈賄諸物, 一無所受, 行橐蕭然, 惟取一刀珮之. 在舟中, 謂軍官洪宇亮曰:"吾輩此行, 可謂秋毫不犯." 宇亮曰:"小人可謂秋毫不犯, 公所珮刀, 大於秋毫." 龍洲笑, 解刀投海中曰:"如此則其果秋毫不犯乎?" 洪曰:"然." 宇亮卽崇禎處士杜谷宇定之弟, 判書南坡宇遠之兄也[105], 武科, 官至濟牧及水使, 性本廉介, 日本之行, 無一介倭物, 肅宗乙亥, 與趙公俱選淸白吏.

---

**105** 宇亮……兄也 : 宇亮은 宇遠의 형이 아니고 아우이다. 5형제 중에서 宇定이 맏이이고 셋째가 우원이고 넷째가 우량이다.

## 23. 임성정의 근면 독실
任城正勤篤

세종조(世宗朝)의 종실(宗室) 임성정(任城正)은 예업(藝業)에 뜻을 두어서 거문고를 잘 탔다. 상이 말하기를,

"임성(任城)의 거문고는 본래부터 남다른 곡조(曲調)가 있으니, 다른 사람이 미칠 수 없다."

라 하였다.

그의 집이 숭례문(崇禮門) 밖에 있었는데, 매일같이 아침 일찍 일어나 성문 문지방에 걸터앉아 양쪽 손을 번갈아가며 무릎을 두드려 장단을 쳤다. 3년 동안 이와 같이 하니 사람들이 미친 사람이라고 하였는데 장구를 치는 연습을 했던 것이다. 그 다음에는 입 옆에 손을 대고 손가락을 놀리기를 밤낮으로 그치지 않았고, 누가 찾아오면 보고도 못 본 체하였다. 이렇게 한 것이 또 3년이었으니, 피리부는 연습을 했던 것이다. 몸이 여위고 약하여 활쏘기나 말타기를 잘하지 못하는 것을 늘 한스럽게 여겨, 아침마다 활과 화살을 갖고 산에 올라가 하루 종일 과녁을 맞히는 연습을 한 것이 또 3년이었다. 이렇게 하여 기술이 숙달되어서 활 잘 쏘기로 이름이 났다. 이 얘기는 이륙(李陸)의 『청파극담(靑坡劇談)』에 나온다.

대개 사람들이 예업(藝業)을 성취하지 못하는 것은 공부가 독실하지 못하기 때문이다. 선비가 만약 임성정처럼 전념하여 독실하게 공부한다면 무슨 일인들 하지 못하겠는가? 글로 써서 권면한다.

世宗朝, 宗室任城正, 有志藝業, 善鼓琴. 上曰: "任城之琴, 自有別調, 非人所及." 其宅在崇禮門外, 每日早起踞門閫, 迭擧左右手以拊膝. 如是者三年, 人以爲狂. 盖學杖鼓也. 旣而傍口弄指, 晝夜不止, 人有謁者, 視而不見. 如是者又三年, 盖學吹笛也. 爲人羸弱, 短於弓馬, 常以爲恨, 每朝携弓矢上山, 終日射帿又三年, 藝成, 以能射鳴. 此出於李陸『靑坡劇談』. 凡人藝業之不成, 由工夫之不篤而然也. 爲士者若如任城之用工專篤, 何事不做? 書以爲勸.

## 24. 교관 박손경

#### 朴敎官孫慶

호는 남야(南野)이고, 숙종 계사년(1713)에 출생했으며, 경상도 예천(醴泉)에 살았다. 문학이 뛰어나 천거를 받아 벼슬에 제수되었으나 부임하지 않았다. 효성이 지극하여 계모의 나이가 겨우 한 살 밖에 많지 않았으나 잘 봉양하여 계모의 뜻을 어긴 적이 없었다. 집이 몹시 가난하여 손수 계모의 방에 불을 땠는데 춥고 더운 계절에 따라 땔나무의 양을 조절하여 차고 더운 온도가 알맞게 하였다.

그의 나이 일흔이 되던 임인년에 용궁(龍宮)에 사는 진사 이중장(李仲章)이 그를 찾아갔는데, 그는 촌사(村舍)에 우거(寓居)하고 있었다. 이중장은 마침 달밤에 찾아뵈었으나 만나지 못하였다. 이 때 그는 자기 밭에 가서 수수 뿌리를 캐고 있었는데, 이튿날 어머니 방에 불을 때려고 했던 것이다. 그런데도 남의 밭에는 한 번도 손대지 않았으니, 이는 과연 동한(東漢)의 독행효렴(篤行孝廉)했던 선비와 같다고 하겠다.

교관의 아우는 민경(民慶)이다. 영조조(英祖朝)의 친공신(親功臣) 아무개가 아들이 없어 위세를 이용하여 강제로 민경을 뺏어다가 후사(後嗣)로 삼았는데, 뒤에 아무개가 역모로 처형되었다. 상(上)이 특별히 민경을 풀어주고 연좌(連坐)시키지 않았다. 민경은 고향으로 돌아간 후에 칩거하고 사람을 만나지 않아 친척들조차도 그의 얼굴 보기 어려웠다. 아내와 함께 산 속에 집을 짓고 살면서 아내는 길쌈을 하고 남편은 신을 삼고 자리를 짜서 살았고, 자기 힘으로 얻은 것이 아니면 먹지 않았다. 한 해에 쓰고 남은 것이 수백 금(金)이나 되었는데 이것으로 가난한 형을 도와주었으며, 제사와 부모의 봉양 등 모든 일을 자신이 맡았다. 형이 신는 미투리를 매달 대어주니 이를 안쓰럽게 여긴 형이 "미투리는 딱딱하여 짚신만큼 편하지 않다."라 하고는 늘 짚신을 신자, 민경은 짚신을 삼아서 대어주었다.

인륜과 풍속이 무너진 이 시대에 이 두 사람은 이처럼 효성스럽고 우애로우며 행실이 독실하였으니, 나같이 병들어 쓸모없는 사람이 생전에 만나보지 못한 것이 한스럽다.

그 형은 사우(士友)들 사이에서 자주 그 문학과 행실에 대하여 들을 수 있었으나, 그 동생에 대해서는 지금 이중장(李仲章)을 통하여 듣고서, 이를 기록하여 본보기로 삼는다.

號南野, 肅廟癸巳生, 居醴泉, 有文學, 薦授職, 不赴. 誠孝篤至, 繼母年纔長一歲, 奉養無違. 家甚貧, 親爨母室, 隨節寒熱, 秤柴以炊, 適其冷暖. 壬寅歲, 其年七十. 龍宮李進士仲章往候之, 寓村舍. 適於月夜, 進候不遇. 盖往其田, 採粟根, 將欲爲明日爨親室之地也. 而他人之田, 一不犯手. 此果是東漢篤行孝廉之士也. 教官之弟民慶, 英廟朝親親功臣某無子, 以威勢勒奪爲後. 後某以逆誅, 上特放民慶, 不使連坐. 及歸鄕里, 閉戶不見人, 雖親戚罕覿其面, 與其妻結屋于山中, 婦爲紡績, 夫則梱屨織席, 非其力不食. 一年剩餘幾百金, 以此供兄之貧婁, 至於祭祀奉親諸節, 身自任之. 兄所履麻屨, 必月繼之. 兄悶之以爲麻屨堅硬, 不如藁屨之便, 常着藁屨, 民慶遂編藁屨以繼之. 當此倫斁俗敗之際, 而二人者之孝友篤行如是, 顧此病廢, 恨不生前相面也. 其兄則頻於士友間, 得聞其文行, 而其弟則今於李仲章聞而錄之, 以爲取法之地.

## 25. 진사 이광란

李進士光蘭

진사 이광란은 자가 성의(聖猗)인데, 판관 석인(錫仁)의 아들이자 한음(漢陰) 문익공(文翼公)의 후예로, 나에게는 부집(父執)이 된다. 지조가 염결(廉潔)하여 가난을 편안히 여겼으니 고인(古人)에게 부끄럽지 않다. 성품이 효성스러워서 어버이를 섬기고 제사를 받드는 데 정성을 다하였다. 마을의 친구인 정천여(鄭天與) 석몽(錫夢)이 일찍이 말하기를,

"나는 남을 조문(弔問)한 적이 많다. 그러나 얼마 전 이 진사를 조문하러 갔을 때 보니, 애훼(哀毀)하고 곡하며 우는 모습이 실로 차마 볼 수 없는 점이 있었다. 이때는 이미 소상(小祥)을 지냈고, 나이 또한 예순에 가까웠는데도 애통해하고 사모하는 정이 초상(初喪) 때와 다름이 없었으니, 대개 하늘이 낸 효자이다. 평생에 한 가지 물건도 남에게서 취하지 않았다.

집이 헌릉(獻陵) 옆에 있었다. 안씨(安氏) 성을 가진 자가 침랑(寢郞)으로 있으면서 몰래 판목(板木)을 베고서 남의 입을 막으려고 그 근방에 사는 사람에게 목재를 많이 뇌물로 주었다. 역시 목재 하나를 이 진사에게도 주었는데 물리치고 받지 않았다. 후에 이 일이 발각되어 안씨는 귀양가고 뇌물을 받은 자는 환납(還納)하라는 관(官)의 명령을 받았으나 그는 아무런 상관이 없어 홀로 죄를 받지 않았으니, 사람들이 모두 그 염개(廉介)함에 탄복하였다.

만년에는 가난과 병이 더욱 심해져 전지(田地)가 다 없어지고,

집안의 대(代)를 이를 자식 하나도 없었다. 일찍이 병이 들어 책을
팔아 약값에 충당하였는데, 시를 짓기를,

내 몸은 부모에게서 받은 것이며
선대의 서적은 자손에게 물려줄 유산
오늘 생사의 갈림길에 놓였으니
둘 다 지키기는 아무래도 어렵겠네
사람의 생사란 미리 정해진 것이니
약을 쓴들 죽을 사람 살릴 수 있으랴
공연히 조상이 물려준 책만 없앴으니
생전에 부질없이 책벌레가 되었구나


吾生軀殼受父母 先代書籍遺子孫 今日此身生死際 細分輕重不兩存
人生生死有前定 藥餌焉能起死人 徒使靑氈無全物 生前謾作蠹蟲身


라 하였다.”
라 하였다.
마침내 곤궁하게 살다 죽고 말았으니, 가슴 아픈 일이다.

李進士光蘭字聖猗, 判官錫仁之子, 漢陰文翼公之後, 於余爲父執. 志操廉
潔, 固窮安貧, 不愧古人, 性至孝, 事親奉祭, 殫其誠意. 洞友鄭天與錫夢嘗
言: “吾弔人多矣. 頃弔李進士, 其哀毁哭泣之狀, 實有不忍見者.” 時, 喪過
小祥, 且年迫六旬, 而痛慕之情, 無異初喪, 盖天生孝子也. 平生不以一介取
人, 家居獻陵傍. 有安姓人爲寢郎, 偸斫板木, 欲掩人口, 多以木物賂傍居

人, 亦以一株遺之, 却不受. 後事發, 安也被謫, 其受略者, 官令還納, 而超然獨免, 人皆服其廉介. 晚來貧病益甚, 田園蕩然, 又無一子傳家. 嘗有病, 賣冊充藥價, 作詩曰: "吾生軀殼受父母, 先代書籍遺子孫. 今日此身生死際, 細分輕重不兩存. 人生生死有前定, 藥餌焉能起死人. 徒使靑氈無全物, 生前謾作蠹蟲身." 竟以窮歿, 傷哉!

## 26. 효자 김귀찬

孝子金貴贊

김귀찬은 평강(平康) 사람인데, 나이 아홉 살에 아버지를 따라 평양(平壤)의 저자에서 걸식하며 살았다. 그러다 아버지가 병이 나서 길에 쓰러져 몸은 뻣뻣이 굳고 눈은 감겨 살아날 가망이 없었다. 귀찬은 아버지의 시신을 안고 길 옆에 있는 최씨(崔氏)네 집의 처마 밑에 들어갔는데, 날씨가 춥고 큰 비가 내렸다. 귀찬은 시신에 거적을 깔아주고 자신의 몸으로 시신을 덮어서 껴안고 함께 누워 있으니 캄캄한 밤중이라 인적이 아주 끊어졌다. 최씨가 귀찬의 고심(苦心)을 가련히 여겨 타이르기를,

"너의 아버지는 이미 죽어 유명을 달리하였다. 너 또한 나이가 어리니 틀림없이 죽고 말 것이다. 잠깐이라도 방으로 들어오지 않겠는가?"

라 하였으나, 귀찬은 울면서 따르지 않았다. 이렇게 이틀 낮밤이 지난 후에 뻣뻣하던 시신이 갑자기 움직이더니 감겼던 눈이 다시 떠졌고, 이에 사람들이 기이하게 여겨 음식을 먹이니 다시 살아났다. 당시 어사였던 김상적(金尙迪)이 포장(褒獎)할 것을 계문(啓聞)하여 정려(旌閭)하고 복호(復戶)하였다.

貴贊平康人, 年九歲, 隨父行乞於平壤市. 父病僵仆於道, 體直目瞑, 無生意. 貴贊抱父屍, 寄寓道傍崔姓人簷下, 時天寒大雨. 貴贊藉屍以藁薦, 以身翼蔽, 抱而同臥, 黑夜沉沉, 人響永絶. 崔哀其苦心, 諭曰: "爾父已死, 幽明路殊, 爾且年幼, 必死無疑. 盍少入室?"貴贊號泣不從. 經二晝夜, 僵屍忽動, 瞑目復開, 人皆異之, 投以飲食, 復甦. 時, 御史金尙迪襃啓, 旌閭復戶.

## 27. 설총과 최치원
### 薛聰 · 崔致遠

설총과 최치원을 문묘(文廟)에 종사(從事)한 것이 참람(僭濫)하다는 것은 이미 선유(先儒)의 주장이 있었다. 설총은 원효(元曉)의 아들이기는 하지만 능히 방언(方言)으로 구경(九經)을 훈독(訓讀)하여 후생(後生)을 훈도하였으니, 이는 얼룩소〔犁牛〕의 새끼이지만 색깔이 붉고 뿔이 아름다운 경우라 하겠다. 그러니 어찌 누구의 자식인지 따질게 있겠는가.

그러나 최치원은 이교(異敎)를 숭상하던 신라 때에 태어나서 오로지 불교를 숭상하였으며, 또 대신(大臣)의 지위에 있으면서 고려 태조가 왕업을 일으키려는 것을 보고 글을 올려 뜻을 전하였는데, 그 글에 "계림에는 누렇게 낙엽이 지고, 곡령에는 송백(松柏)이 푸르구나〔鷄林黃葉 鵠嶺靑松〕"라는 구절이 있었다. 그래서 고려 현종(顯宗)이 조업(祖業)을 은밀히 도운 공이 있다 하여 시호를 내려 포장(襃獎)하였으니, 어찌 부끄러운 일이 아니겠는가. 다만 벼슬을 버리고 돌아가 은거하여 세상을 잊고 한가히 지냈으니, 그 만절(晚節)은 다소 볼 만하다. 문장이 높고 아름다워 그 명성이 중국에 떨쳤으며, 당(唐)나라의 고운(顧雲)과는 동년(同年) 급제(及第)한 사이이다. 고운의 송별시에,

내 듣건대 바다에 세 마리 금오가 있고
금오는 머리에 높은 산을 이었다 하네
산 위에는 진주로 만든 궁궐이 찬란하고

산 아래엔 끝없는 파도가 넘실댄다
그 곁에 한 점의 계림이 새파란데
금오산이 잉태하여 빼어난 인재 낳았어라
열두 살에 배를 타고 바다를 건너 와서는
그 문장이 중국을 온통 뒤흔들었지
열여덟에 예원(藝苑)을 거침없이 누비고
단번에 높은 과거에 급제하였어라


我聞海上三金鰲 金鰲頭戴山高高 山之上兮珠宮貝闕
山之下兮千里萬里之洪濤 傍邊一點鷄林碧 鰲山孕秀生奇特
十二乘船渡海來 文章感動中華國 十八橫行戰詞苑 一箭射破金門策


라 하였다.

　일찍이 고변(高騈)의 서기(書記)로 있으면서 지은「토황소격(討黃
巢檄)」에,

　"천하 사람들이 모두 공공연히 주륙(誅戮)하고자 생각할 뿐만 아니
　라, 땅속의 귀신도 은밀히 주벌(誅罰)하려 한다."

라는 대목이 있었다. 황소가 이 구절을 보고 놀라 자기도 모르게 걸
상에서 내려왔다고 한다. 만년에,


인간 세상 벼슬길엔
눈길이 가지 않고
세상 밖 청산 녹수는
꿈에 찾아가곤 한다

人間之要路洞津 眼無開處 物外之靑山綠水 夢有歸時

라는 구절을 지었으니, 대저 문장이 기고(奇高)한 인물일 뿐이요,
유자(儒者)의 일로 말한다면 인정할 수 없다. 사당을 세우는 것은
괜찮지만, 성묘(聖廟)에 배향하는 것은 참람하지 않겠는가.

薛・崔從祀文廟之僭, 已有先儒之論. 而薛雖元曉之子, 能以方言讀九
經, 訓導後生, 則卽是犁牛子之騂角[106]者, 何論其所生乎? 崔則生乎羅
代崇尙異敎之時, 專是佞佛, 且身爲大臣, 見麗祖之將興, 上書致意, 有
鷄林黃葉鵠嶺靑松之句. 顯宗以有密贊祖業之功, 贈諡襃獎, 豈不可羞
哉? 但其棄官歸隱, 遊心物外, 晚節差有可觀矣. 文章高麗, 聲振中華,
與唐顧雲爲同年. 其送別詩曰: "我聞海上三金鰲, 金鰲頭戴山高高. 山
之上兮, 珠宮貝闕; 山之下兮, 千里萬里之洪濤. 傍邊一點鷄林碧, 鰲山
孕秀生奇特. 十二乘船渡海來, 文章感動中華國. 十八橫行戰詞苑, 一箭
射破金門策." 嘗爲高騈書記, 其討黃巢檄, 有云: "不惟天下之人, 皆思
顯戮, 抑亦地中之鬼, 已議陰誅." 巢見之, 不覺下床云. 晚來有"人間之
要路通津, 眼無開處; 物外之靑山綠水, 夢有歸時"之句, 蓋是文章奇高
之士, 語以儒者之事則否矣. 若立祠可也, 配聖廟則不其僭乎?

---

106 犁牛子之騂角 : 孔子의 제자 仲弓은 부친의 출신이 미천하고 행실이 좋지
않았는데, 공자가 중궁을 두고 "얼룩소의 새끼가 털이 붉고 뿔이 반듯하면
비록 제사 희생으로 쓰지 않고자 하더라도 산천의 신이 버려두겠는가.〔犁牛
之子 騂且角 雖欲勿用 山川其舍諸〕"라 하였다. 『論語 雍也』

## 28. 석지형
石之珩

개성(開城) 사람으로 호가 수현(壽峴)인데, 문장으로 이름이 났다. 그의 문집에 실린 「휴세유(休世遊)」한 편은 자구(字句)가 까다로워 읽을 수가 없어서 비록 문장에 노숙(老熟)한 사람일지라도 거의 읽어내려 가지를 못하니, 필시 세상을 속이는 작품일 것이다. 아무리 읽기 어려운 『서경(書經)』의 은반(殷盤)·주고(周誥)라 하더라도 어찌 이럴 리가 있겠는가. 그의 시 중 구 중랑(具中郞)의 부인에 대한 만사(挽詞)에,

부인의 덕이란 알기 어려우니
아는 데는 특별한 방법이 있다네
손님이 오거든 술상이나 밥상 보고
남편이 외출하면 옷차림을 보면 되지
아직 전신(全身)의 열을 점치기도 전에
먼저 극월(隙月)의 빛에 잠기었어라
넋이 붉은 명정을 따라가다가
도리어 두 자식 곁을 맴도는구나

婦德人難識 徵之別有方 客來看酒食 郎出見衣裳
未卜全身熱 先潛隙月光 魂隨丹旐去 却繞兩兒傍

라 하였으니, 이른바 '미복전신열(未卜全身熱)'이란 옛날 역인(逆人)의 처의 꿈 이야기로 『강목(綱目)』에 보인다. 이 말을 인용한 것은 매우 온당하지 못한데, 남용익(南龍翼)이 『기아(箕雅)』에 이 시를 뽑아 넣었으니, 더욱 웃을 일이다.

開城人也, 號壽峴, 以文章名. 其文集所載「休世遊」一篇, 字句棘辣, 不能成讀, 雖老於文者, 殆難下口, 必是欺世之作也. 雖盤誥之詰屈[107], 豈有是耶? 其詩具中郞內挽曰: "婦德人難識, 徵之別有方. 客來看酒食, 郞出見衣裳. 未卜全身熱[108], 先潛隙月光[109]. 魂隨丹旐去, 却繞兩兒傍." 所謂未卜全身熱者, 是古逆人妻夢事也, 見于『綱目』, 引用殊覺未安, 而南龍翼『箕雅』選入焉, 尤覺一笑.

---

**107** 盤誥之詰屈 : 韓愈의 「進學解」에 "주고와 은반은 난삽하여 읽기 어렵다.〔周誥殷盤 詰屈聱牙〕"라 하였다. 周誥는 『서경』周書의 「大誥」와 「洛誥」이고, 殷盤은 商書의 「盤庚」이다.

**108** 未卜全身熱 : 南朝 宋나라 때 張敬兒라는 사람이 꿈에 南陽 수령이 되니 그의 처가 한 손이 불에 댄 것처럼 뜨거워지는 꿈을 꾸었고, 그 후 꿈에 雍州 수령이 되니 그의 처가 한 쪽 다리가 뜨거워지는 꿈을 꾸었고 開府를 맡게 되자 그의 처가 반신이 뜨거워지는 꿈을 꾸었다. 장경아가 자기 처의 욕심이 끝없음을 알고 "나의 처는 후에 전신이 뜨거워질 것이다."라 하였다. 권세가 높은 벼슬을 熱官이라 하므로 이런 꿈을 꾼 것이다. 杜甫의 「麗人行」에 "손 닿으면 댈 만큼 권세가 비길 데 없으니, 조심해 가까이 가지 말라 승상이 노여워할라.〔炙手可熱勢絶倫 愼莫近前丞相嗔〕"라고 하였다.

**109** 先潛隙月光 : 부인의 쓸쓸한 종말을 비유한 말이다. 蘇軾의 「虞美人」에 "물결 소리 베게를 치고 淮水는 밝아오니 틈 사이로 사람을 엿보는 달은 작아라.〔波聲拍枕長淮曉 隙月窺人小〕"라 한 데서 온 말이다.

## 29. 우리나라 사람들이 고시(古詩)를 잘못 인용한 예(例)
東人錯引古詩


어숙권(魚叔權)의 『패관잡기(稗官雜記)』에 「득의(得意)」란 시가
있는데,

가뭄 끝에 내리는 단비요
타향에서 만나는 옛 친구라
동방에 화촉을 밝히는 밤이요
과거방에 이름이 걸릴 때일세


久旱逢甘雨 他鄕見故知 洞房花燭夜 金榜掛名時


라 하였고, 또 「실의(失意)」란 시에,

홀어미가 아이 안고 흐느껴 울고
장수가 적에게 사로잡힐 때
총애를 잃은 궁녀의 얼굴이요
과거에 낙방한 선비의 마음일세


寡婦携兒泣 將軍被敵擒 失恩宮女面 下第擧人心


라 하였다. 어숙권은 이 시들이 명(明)나라 초기 사람의 작품이라

고 하였으나 이미 송(宋)나라 홍매(洪邁)가 지은『용재수필(容齋隨筆)』에 보인다.

『패관잡기』에는 또

"성삼문(成三問)의 절명사(絕命辭)에,

북을 쳐서 목숨을 재촉하는데
돌아보니 뉘엿뉘엿 해가 기우네
황천에는 객점이 하나도 없으니
오늘 밤엔 뉘 집에서 묵을거나

擧鼓催人命 回首日欲斜 黃泉無一店 今夜宿誰家

하였다."
라고 했는데, 이 시는 곧 명(明)나라 송렴(宋濂)의 고제(高弟)인 손궤(孫蕡)가 처형될 때 지은 것과 약간 다를 뿐이다. 그 시에,

북소리 바야흐로 다급한데
서산의 해마저 기울어가네
황천에는 객점이 없으니
오늘 밤엔 뉘 집에서 묵을거나

鼉鼓聲正急 西山日又斜 黃泉無客店 今夜宿誰家

라 하였다.

또 남용익(南龍翼)의 『기아(箕雅)』에는 동인(東人)의 아무개의 시라고 하면서,

봄 산은 길이 험해 나무꾼에게 물으니
앞 봉우리 아스라한 돌길을 가리키네
중은 흰 구름과 함께 어둑한 골짜기로 돌아가고
달은 푸른 바다를 따라 차가운 조수 위에 떠오른다
세정은 늙어갈수록 도무지 무료해지는데
유흥은 근년 들어 유독 다하지 않누나
돌아보면 외로운 돛배는 또 속진의 자취
강 건너 종소리에 밤만 깊어 가누나

春山路僻問歸樵 爲指前峯石逕遙 僧與白雲還暝壑 月隨滄海上寒潮
世情老去渾無賴 遊興年來獨未消 回首孤帆又塵迹 疏鍾隔渚夜迢迢

라 하였는데, 이는 곧 왕양명(王陽明)의 「차두목운(次杜牧韻)」이다. 이를 동인(東人)의 시 속에 넣었으니 안목이 너무 거칠다.

魚叔權『稗官雜記』有「得意」詩曰:"久旱逢甘雨, 他鄉見故知. 洞房花燭夜,
金榜掛名時." 又「失意」詩曰:"寡婦携兒泣, 將軍被敵擒；失恩宮女面, 下第
擧人心." 謂明初人作此, 已見于『容齋隨筆』, 又云:"成三問絶命辭云：'擧鼓
催人命, 回首日欲斜. 黃泉無一店, 今夜宿誰家?'" 此卽明宋濂高弟孫蕡臨刑
作而少異. "鼉鼓聲正急, 西山日又斜. 黃泉無客店, 今夜宿誰家." 又南龍翼

『箕雅』東人某詩, "春山路僻問歸樵, 爲指前峯石逕遙. 僧與白雲還暝壑, 月隨滄海上寒潮. 世情老去渾無賴, 遊興年來獨未消. 回首孤帆又塵迹, 踈鍾隔渚夜迢迢." 此卽王陽明「次杜牧韻」, 而收入東人詩中, 太涉鹵莽.

## 30. 남명의 시집
### 南冥詩集

남명(南冥)의 시집에는 산정(刪定)할 곳이 많다. 그 중 「무제(無題)」 란 절구에,

약을 먹어 장수하려 함은
고죽군의 아들만 못하여라
한 번 서산의 고사리를 캐먹고는
만고에 길이 죽지 않았네

服藥求長年 不如孤竹子 一食西山薇 萬古猶不死

라 하였는데, 이는 원(元)나라 사람 노처도(盧處道)의 「이제채미 (夷齊採薇)」 시로 호응린(胡應麟)이 지은 『시수(詩藪)』에 나오며, 위의 불(不) 자는 숙(孰)으로 되어 있다. 또 「만성(謾成)」이란 절구 에는,

변덕스런 인정을 탓할 것이 못 되니
구름마저 아첨 떨 줄 어찌 알았으랴
앞서는 날 개자 남쪽으로 내려가더니
날 흐리자 다투어 북쪽으로 가는구나

取舍人情不足誅 寧知雲亦獻深諛 先乘霽日爭南下 却向陰時競北趨

라 하였는데, 이청강(李淸江)의 『후청록(鯸鯖錄)』에는 이를 모재 (茅齋)의 「관운시(觀雲詩)」라고 하였고 선(先) 자가 선(旋)으로 되 어 있다.

南冥詩集, 多有刪定處, 其「無題」一絶曰: "服藥求長年, 不如孤竹子. 一食 西山薇, 萬古猶不死." 此元人盧處道「夷齊採薇」詩也, 出胡應麟『詩藪』, 上 不字作孰. 又「謾成」一絶曰: "取舍人情不足誅, 寧知雲亦獻深諛? 先乘霽日 爭南下, 却向陰時競北趨." 李淸江『鯸鯖錄』, 以此爲茅齋觀雲詩, 先作旋.

## 31. 열성어제
列聖御製

선조(宣祖)의 시에 제목을 잃은 두 절구가 있는데, 그 중 한 수에,

사냥개처럼 왔다가 바람처럼 가서
조선 땅을 남김없이 다 거둬갔어라
단지 청산만은 옮겨가지 못하기에
가져다 그림 속에 묘사해 넣었구나

來如獵狗去如風 收拾朝鮮一罄空
只有靑山移不得 將來描入畫圖中

라 하였으니, 필시 가리키는 바가 있었을 터이나 무슨 일인지 알 수
없었다.

　일찍이 조경남(趙慶男)의 『난중잡록(亂中雜錄)』을 보니, 선조 신
축년(1601) 겨울에 명(明)나라 사신이 서울에 와서 끝없이 탐욕을
부려서 일로(一路)가 소연(蕭然)하기에 주사(主事)가 시를 읊어 기
롱하였으니, 이 시가 선조의 어제시(御製詩)와 같다. 조경남은 당시
사람이니 착오가 없을 터인데 이 시가 어제(御製) 속에 들어있으니
매우 이상하다. 그리고 그 문투가 매우 박절하여 선조와 같은 임금이
지은 것은 아닐 듯하다. 또한 선조는 지성으로 중국을 섬겼으니 사신
으로 온 자가 혹 지나친 행동을 했더라도 의당 문제삼지 않았을 것이

다. 그런데 어찌 시를 지어서 기롱하기까지 했겠는가. 설사 조경남의 기록이 잘못이고 실제로 어제라고 하더라도 이 시는 당연히 품정(稟定)하여 삭제했어야 할 것이다.

또 선조의 「희부유생(戲賦儒生)」 시가 열성어제를 실렸는데,

갈건 쓰고 배불리 먹고 한강 가 정자에서 돌아와
초가집에서 신음하노라니 하룻밤이 한 해처럼 길어라
낡은 책 속의 진부한 맛을 곱씹으며
가련케도 목을 빼고 급제할 날만 기다린다

葛巾剩飽漢亭旋　蓬蓽呻吟夜敵年
咀嚼敗篇陳腐味　可憐矯首桂花天

라 하였다. 이런 시는 실로 한 때 유희로 읊은 것이니, 책에 싣기에는 합당하지 않다. 그런데도 일을 맡은 신하가 이를 품재(稟裁)하여 삭제하지 않았으니 애석한 일이다.

宣祖詩有失題二絶, 其一云:"來如獵狗去如風, 收拾朝鮮一罄空. 只有靑山移不得, 將來描入畫圖中."必有所指而未詳爲何事. 曾觀趙慶男『亂中雜錄』, 宣廟辛丑冬, 天使至京, 貪婪無厭, 一路蕭然, 主事詠詩譏之云云, 與御製同. 趙是當時人, 則似無所誤, 而此入于御製中, 是甚可異. 其詞氣太迫切, 似非大聖人所製. 且宣廟事大至誠, 使臣輩雖或有過當之擧, 當付度外, 豈至于作詩譏之耶? 假使趙錄爲誤, 而實爲御製, 此詩當在稟定去取之間. 又載宣廟「戲賦儒生」詩云:"葛巾剩飽漢亭旋, 蓬蓽呻吟夜敵年. 咀嚼敗篇陳腐

味, 可憐矯首桂花天."此等詩實一時遊戲翰墨之詠, 不合載錄, 而任事之臣,
不復稟裁而去之, 惜哉!

## 32. 서사(書辭)의 지나친 칭찬
書辭過譽

오늘날 사람들은 칭찬이 지나쳐서 문장은 반드시 "선진(先秦)·양한(兩漢)"을 들먹이고, 시사(詩詞)는 반드시 "『문선(文選)』의 시·성당(盛唐)의 시"를 들먹으며, 학문은 반드시 "박문(博文)·약례(約禮)와 진성(盡性)·지명(知命)"을 들먹이고, 훈업(勳業)은 반드시 "이윤(伊尹)·부열(傅說)·주공(周公)·소공(召公)"을 들먹여 칭찬한다. 이렇게 칭찬을 하는 사람의 아첨이야 말할 것도 못 되지만, 이런 칭찬을 받아들이는 사람의 참람(僭濫)함은 또 어떠한가.

유자후(柳子厚)가 두온부(杜溫夫)에게 보낸 편지에,

"그대가 나에게 보낸 편지에는 어김없이 주공(周公)이니 공자(孔子)를 들먹여 칭찬하니, 내가 주공과 공자를 어찌 감당할 수 있겠는가. 남을 말할 때는 반드시 수준에 맞게 해야 한다. 그대가 유주(柳州)에 와서 일개 자사(刺使)를 보고 주공이니 공자니 할 경우, 지금 연주(連州)를 거쳐서 조주(潮州)를 찾아뵌다면 또 두 사람의 주공·공자를 만날 수 있을 것이며, 서울에 간다면 또 당연히 백 명, 천 명의 주공·공자를 만날 수 있을 것이다. 그렇다면 그대의 가슴속에는 어찌 그리도 복잡하게 주공과 공자가 많은가."

라 하였다. 이 때 유우석(劉禹錫)은 연주에 있었고 한퇴지(韓退之)가 조주에 있었기 때문에 '연주를 거쳐서 조주를 찾아뵌다면'이라 말한 것이다. 이 편지를 읽으면 말이나 글이 실제와 맞아야 한다는 것을 알 수 있다.

그런데 지금 우리나라 사람들의 문집을 보면, 봉교(奉敎)나 비답 (批答)과 같은 글에서 권흉(權凶)이나 용렬한 자들조차도 걸핏하면 이윤과 주공을 들먹여 칭찬하면서 도무지 부끄러워할 줄을 모르니, 무슨 까닭인가.

今人稱譽過當, 其文章則必曰 : "先秦兩漢", 詩詞則必曰 : "『選』詩盛唐", 學 問則必曰 : "博約兼至, 盡性知命", 勳業則必曰 : "伊傅周召", 譽之者其諂不 可言, 受譽者其濫又如何哉! 柳子厚與杜溫夫書曰 : "生書抵吾, 必曰周孔, 周孔安可當也! 語人必於其倫. 生來柳州, 見一刺使, 卽周孔之, 今去道連 謁潮, 又得二周孔; 去之京, 又宜得周孔百千. 何吾生胸中擾擾焉多周孔 哉!" 時, 劉禹錫在連州, 韓退之在潮州, 故云道連謁潮. 讀此書, 可知言語 書辭之當稱停也. 今觀東人文集, 如奉敎批答之文, 雖在權兇闒冗之類, 動 以伊周稱之, 恬不知愧, 何哉?

## 33. 과장에서 거짓으로 고사를 만든다

科場假做

우주 사이에는 서적이 호번(浩繁)하니 사부(四部)와 이유(二酉)에 비장된 책들은 아무리 박식하기로 이름난 사람일지라도 다 읽어보기 어렵다. 이 때문에 후세에 과장에 나온 선비 가운데는 거짓으로 고사(故事)를 만들어서 고관(考官)을 속이는 자들이 더러 있다.

세간에 이런 이야기가 전해온다. 한 사람이 과거에 응시하여 사서(四書) 의의(疑義)에 대한 대책문(對策文)을 짓는데, 누구의 성씨(姓氏)를 쓸지 결정하지 못하고 있었다. 그런데 마침 담에 뱀이 똬리를 틀고 있는 것을 보고서 가짜 선유(先儒)를 하나 만들어 내어 '석간사씨(石間蛇氏)가 운운하였다.'라 했다는 것이다.

판서 송진명(宋眞明)은 과부(科賦)를 잘 지어 변려문의 대구(對句)를 잘 짓기로 이름났다. 그가 일찍이,

송옥이 가을을 슬퍼하는 것과 같고

同宋玉之悲秋

라는 한 구절을 얻었으나 대구를 맞추기가 매우 어려웠다. 그래서 마침내 가짜로 고사를 만들어서 대구를 맞추기를,

월금이 춘정을 느끼는 것과 닮았어라

라 하였다. 세상에 우스갯소리로 많이 전해진다.

근래에는 이런 폐단이 더욱 심하다. 정모(鄭某)라는 사람이 반시(泮試)를 보는데, 『중용(中庸)』에 대해서 책문(策問)하니, 답을 쓰기를,

"광평 유씨(廣平游氏)는 '중용(中庸)은 하늘의 아들이다.'라 하였다."

라 하고는, 그 아래에 드디어 이 뜻을 부연하여 써내려가서 괴과(魁科)에 합격하였다. 상이 출처를 묻자, "유서(類書)에 나옵니다."라 대답하였으니, 임금을 속이고 현자(賢者)를 우롱한 죄가 크다 하겠다. 처음 벼슬길에 나가면서 이렇게까지 속임수를 부리니, 세도(世道)와 사습(士習)이 한심하다.

일찍이 소설(小說)을 보았는데 이런 이야기가 있었다. 명나라 때 한 선비가 조용한 방을 하나 빌려서 글을 읽었는데, 방 옆에는 우물이 있고 우물 옆에는 두 그루 오동나무가 있었으며, 한 줄기 물이 문 앞을 흐르고 있었다. 성화(成化) 연간에 서울에 과거를 보러 갔는데, 이때 시험을 주관하는 자는 문장공(文莊公) 구준(丘濬)이었다. 그 선비는 여러 번 낙방한 것이 한탄스러워서 논(論) 말미에 쓰기를,

"두 그루 오동나무가 우물을 끼고 있고 한 줄기 물이 문 앞을 흐르니, 이를 일러 무엇이라 하리오! 이를 일러 무엇이라 무엇하리오!"

라 하였다. 구공(丘公)은 박학한 선비라 생각하여 그 선비를 뽑았다. 그 후 연회 때 그 선비를 불러서 그 말의 출처를 물으니 선비가 사실대로 고하였다. 공이 웃으면서 말하기를, "이는 참으로 고사(故

事)로다." 하였으니, 실로 한 번 웃을 만한 일이다. 이 선비는 원래
속이려고 한 말이 아니었는데 구공이 자기 스스로 속았던 것이다.

소동파(蘇東坡)가 '형(刑)과 상(賞)을 충후(忠厚)하게 함이 지극
함을 논하라.'는 시험에서 대답하기를,

"요(堯) 임금 때에 고요(皐陶)가 사사(士師)를 맡고 있었는데, 장
차 사람을 죽이려 하면, 고요는 '죽여야 합니다'는 말을 세 번 하였
고, 요 임금은 '살려 주라'는 말을 세 번 하였다. 그래서 천하 사람들
은 고요의 법 집행이 엄격함을 두려워하고 요임금이 형벌에 관대함
을 기뻐하였다."

라 하니, 고관(考官)이 읽어보고 매우 기뻐하였다. 후일에 그 출처
를 물으니, 소동파가 웃으면서 말하기를, "당연히 그랬을 것이라고
생각했을 뿐입니다."라 하였는데, 이 일이 마침내 미담(美談)으로
전해졌다. 동파가 지어낸 이야기가 비록 실제로는 없는 일이지만,
이와 같이 글을 짓는 것은 안 될 것은 없으니, 오늘날 세상에서 거
짓 고사를 만들어내는 것과는 다르다.


宇宙間書籍浩繁, 四部之秘·二酉[110]之藏, 雖號博洽, 難以窮詰. 是以後世
科場之士, 或假做故事, 以詒考官者有之. 諺傳有人赴試, 對四書疑, 欲假出
先儒氏而難於指定. 適見墻壁間有蛇蟠屈, 遂做出一先儒, 爲石間蛇氏曰云

110  二酉 : 중국의 大酉山과 小酉山 두 산을 가리킨다. 전설에 의하면 소유산의
     바위 동굴에 서적 수천 권이 있었는데 秦나라 때 어떤 사람이 여기에 숨어서
     공부하다가 그대로 남겨 둔 것이라 한다. 많은 서적을 收藏한 곳을 뜻한다.

云. 宋判書眞明工於科賦, 以偶儷精巧稱, 嘗得一句曰:"同宋玉之悲秋.", 對句甚難, 乃假做故事爲對曰:"類越金之懷春.", 世多傳笑. 近世此弊尤甚, 有鄭某者泮試殿策問『中庸』, 對曰:"廣平游氏曰:'中庸, 天之子也.'"其下遂以此意敷演說去, 遂居魁. 上問其出處, 對曰:"出於類書."其欺君誣賢之罪大矣. 拔身之初, 詐僞至此, 世道士習, 誠爲寒心. 嘗見小說, 明時有士嘗假讀一靜室, 室傍有井, 井傍有兩梧, 而一水當於門前. 成化中, 赴試京師, 丘文莊濬主試. 其士因屢屈欺恨, 書論尾云:"兩梧夾井, 一水當門. 謂之何哉!謂之何哉!"公意謂博學之士, 取之. 及會宴, 呼其士, 詢其所自, 士以實告. 公笑曰:"誠故事也. 足堪一笑."此士非出於欺詐, 而丘公自被欺也. 蘇東坡試刑賞忠厚之至論, 有曰:"當堯之時, 皐陶爲士, 將殺人, 皐陶曰殺之三, 堯曰宥之三, 故天下畏皐陶執法之堅, 而樂堯用刑之寬."考官得之喜甚. 他日問其出處, 坡笑曰:"想當然爾."遂傳爲美談. 盖坡文假做, 雖無其事, 如是立文, 未爲不可, 與今世之假做故事者不同.

## 34. 방책
方策


판자 중에서 큰 것을 책(策)이라 하고 작은 것을 방(方)이라 한다. 『사기(史記)』「귀책열전(龜策列傳)」에, "조심하여 그 일을 좌방(左方)에 연서(連書)하였다."라 하였으며, 「일자열전(日者列傳)」에 "하방(下方)에 편집하였다."라 하였으니, 근세의 문서에서 좌방·하방에 쓰는 것이 여기에서 근본한다.


版也大曰策, 小曰方.「龜策傳」: "謹連其事于左方."「日者傳」: "編于下方." 近世文書中, 書于左方下方本此.

## 35. 반한
反汗

지금 사람들은 명령을 내렸다가 다시 거두어들이는 것을 '반한(反汗)'이라고 하는데, 이는 「유향전(劉向傳)」에서 나왔다. 명령을 내는 것은 땀을 내는 것과 같은데, 땀은 나오면 다시 들어가지 못하는 것이다. 그런데 지금은 명령을 내었다가 다시 거두어들이니 이것이 반한이다.

今人以出令而還收, 謂之反汗, 出於「劉向傳」. 出令如出汗, 汗而不反者也. 今出令而反之, 是反汗也.

## 36. 악석
### 樂石

경로(景魯) 목조수(睦祖洙)가 일찍이 묻기를,

"제가(諸家) 문집(文集)의 비지(碑誌)에 '악석(樂石)'이란 글자를
많이 썼는데 그 뜻을 잘 모르겠습니다."

했는데, 내가 대답을 못했었다. 그 뒤『사기(史記)』의「시황본기
(始皇本記)」에 보니, 갈석비(碣石碑)를 새긴 비문에 말하기를,

"신하들이 공렬을 칭송하면서 '이 돌'에 새기기를 청하였다.〔君臣誦
烈 請刻此石〕"

라 하였는데, 그 주(注)에 승암(升菴) 양신(楊愼)이,

"'청각차석(請刻此石)'을 오늘날 비문에서는 '각차악석(刻此樂石)'
이라고 하는데, 후인들이 악석(樂石)의 의미를 이해하지 못하고
함부로 고친 것이다."

라 하였고, 당(唐)나라 봉연(封演)의「견문기(見聞記)」에는,

"악석(樂石)은 사수(泗水)가의 부경석(浮磬石)으로 만든 비석을
말한다."

라 하였다. 살펴보건대 그렇다면 '樂'자는 그 음이 음악(音樂)의
'악'인 것이다.

睦景魯祖洙嘗問:"諸家文集碑誌, 多用樂石字, 其義未詳."余未能答. 後觀
『史記』「始皇本記」, 其刻碣石碑曰:"羣臣誦烈, 請刻此石."註楊升菴愼曰:
"請刻此石. 今碑文, 作刻此樂石, 後人不解樂石之義而妄改之."唐封演「見
聞記」云:"樂石, 謂以泗濱浮磬爲碑也."按然則樂音, 音樂之樂.

## 37. 생강이 나무에서 나다

生薑樹頭生

소백온(邵伯溫)이 말하기를,

"선군(先君)의 병이 심할 때 이천(伊川)이 '선생께서 이에 이르렀으니 원컨대 선생께서 생사를 주재하십시오.'라 하였는데, 선군이 대답하기를, '평생 동안 도(道)를 배웠지만, 주재할 만한 것이 없다.' 하였다. 그래도 이천이 묻고 논란하기를 그치지 않자 선군이 농담으로 말하기를, '정숙(正叔)은 생강이 나무에서 난다고 고집하는 사람이라고 할 수 있겠으니, 그렇다면 필시 생강이 나무 위에서 죽겠군.'이라 하였다."

하였는데, 이 말이 무슨 뜻인지를 아무도 몰랐다. 그러다가 남명(南冥)의 『학기(學記)』를 보니,

"옛날에 어떤 사람 둘이 처음으로 생강을 보았는데, 한 사람은 필시 나무 위에서 날 것이라고 하고 한 사람은 흙에서 날 것이라고 하면서 서로 논쟁을 그치지 않았다. 나무 위에서 난다고 주장하는 사람이 말하기를, '만약 흙에서 난다면 나귀 한 마리를 주겠다.'라 하므로 마침내 고로(故老)를 찾아가서 물었다. 고로가 '생강은 흙에서 나는 것이다.'라 하자 즉시 약속대로 나귀를 주고는, 또 말하기를, '나귀는 비록 뺏겼지만 아무래도 생강은 나무 위에서 나는 것이다.' 라 하였다."

라고 하였다. 이는 대개 속어(俗語)로서 이천이 남의 말을 믿지 않고 고집만 부리는 것을 소강절(邵康節)이 놀린 것이다.-이상은 모두

『수필』이다.-

邵伯溫[111]曰:"先君病革, 伊川曰:'先生至此, 願先生自主張.' 先君曰:'平生
學道, 然亦無可主張.' 伊川猶問難不已. 先君戲之曰:'正叔可謂生薑樹頭
生, 必是生薑樹頭死也.'" 此語莫知爲何意. 近見南冥『學記』[112], 古有二人初
見生薑, 一人以爲必樹上生, 一人以爲土生, 相難不已. 主樹生者曰:"如果
土生, 當輸一驢." 遂就質于故老. 故老云:"薑是土生之物, 卽如約輸驢." 又
曰:"驢雖輸矣, 畢竟薑是樹上生者." 盖俗語也. 而康節戲伊川之執拗不信
也.-右並『隨筆』-


진(秦)나라 이후로 임금을 높이고 신하를 낮추는 의리가 더욱 심해
져서 당계(堂階)의 사이가 날이 갈수록 막혀 신하들의 생각이 위로
임금에 통할 수가 없게 되었다. 그러나 융성하던 시대에는 임금이
조정 신하를 접어(接御)하는 것이 가족이나 다름없었다. 명(明)나
라 조정의 법도가 비록 지나치게 엄격하였지만, 그래도 인종(仁
宗)·선종(宣宗) 두 임금 때는 시신(侍臣)들과 함께 앉아서 의논하
였으며, 말하는 중에도 신하를 흔히 선생이라 부르는 등 예대(禮待)
하는 뜻이 깊고 두터웠었다.
　우리나라도 국초(國初)에는 그러했었다. 문종(文宗)이 동궁(東

---

111　邵伯溫 : 宋나라 徽宗 때 사람으로 邵雍의 아들이고 자는 子文이다. 저서로
　　　『易辨惑』·『河南集』·『見聞錄』 등이 있다.
112　『學記』 : 南冥 曺植의 편저 『學記類編』을 가리킨다.

宮)으로 있던 때는 날마다 궁료(宮僚)들을 만났으며, 간혹 밤에 촛불을 켜 들고 직숙(直宿)하는 방을 찾아가서 신하의 자(字)를 부르면서 이야기를 나누었다. 그러므로 정의(情意)가 서로 통해서 임금과 신하 사이에 은의(恩義)가 가득했다.

연산군이 즉위해서는 하는 일이 대개 법도에 맞지 않았으므로 남들이 자기를 보는 것을 싫어하였다. 그래서 사인(舍人) 심순문(沈順門)은 임금을 쳐다보았다는 이유로 죽임을 당하였다. 반정(反正)한 이후로도 변혁(變革)하지 못하여 오늘날까지 여전히 그러하다.

自秦以後, 尊君卑臣之義益甚, 堂陛日隔, 下情無由上通矣. 然隆盛之朝, 其接御朝臣, 無異家人. 明朝雖尙嚴刻, 仁・宣二祖時, 猶與侍臣坐論, 言語之間, 多稱以先生, 禮待之意, 深且厚矣. 我朝國初亦然, 文宗之在東宮, 日與宮僚相接, 或夜引燭至直室, 呼字與語, 故情意相通, 而君臣之間, 恩義藹然矣. 燕山卽位, 所爲多不法, 惡人視己, 舍人沈順門以仰觀被殺. 雖反正之後, 不能變革, 至于今日而云然矣.

한(漢)나라 때는 신민(臣民)을 적몰(籍沒)할 경우 그 아내와 딸을 몰수하여 궁비(宮婢)로 삼았는데, 이른바 귀신(鬼薪)이니 백찬(白粲)이니 하는 형벌로서 제사(諸司)와 관부(官府)에 있으면서 물건 만드는 일에 충원했던 것이지, 궁녀로 삼은 것이 아니다. 당(唐)나라 이후로는 액정(掖庭)으로 몰수하여 넣고 재색(才色)이 있는 경우 왕왕 임금을 모시기도 하였으니, 이것은 몹시 무도한 일이다. 명(明)나라 때는 반역한 가문의 남자를 공신에게 주어서 노예로 삼았을 뿐이다.

우리나라에서는 을사년(1545, 인종1)의 사화 때에 윤임(尹任) 집안의 부녀자를 모두 정순붕(鄭順朋)의 집에 복역(服役)시켰으니, 청명(淸明)한 조정의 수치이다.

漢時籍沒臣民, 以其妻女沒爲宮婢, 所謂鬼薪[113]白粲[114]之類, 在諸司官府, 充造作之役, 非沒爲宮女也. 及唐後沒入掖庭[115], 有才色者, 往往得侍人主, 此無道之甚者. 明朝惟叛逆家男子, 給配功臣爲奴爾. 我朝乙巳之禍, 尹任家婦女, 皆服役于鄭順朋之家, 淸朝之所羞也.

경수창(耿壽昌)의 상평창(常平倉)은 좋은 제도이다. 원(元)나라 때 경사(京師)에 쌀이 귀해지자 매년 쌀 수십만 섬씩 풀어서 싼값으로 민간에 팔았고, 세조(世祖) 이후로는 매년 한 차례씩 거행하니, 이 덕분에 목숨을 건진 백성이 많았다.

올해 신미년(1751, 영조27)에 서울의 쌀값이 폭등하여 100문(文)으로 한 말 일곱 되 밖에 사지 못할 지경까지 이르렀다. 그런데도 태창(太倉)이나 각종 군창(軍倉)에는 곡식이 썩어 가고 있었으니,

---

113 鬼薪 : 秦漢 시대의 형벌로, 죄인의 가족 중 남자를 몰수하여 3년 동안 宗廟의 땔나무를 공급하게 한 데서 생긴 이름이다. 『史記 권6 秦始皇紀』

114 白粲 : 秦漢 시대 형벌로 높은 관원이었던 죄인의 가족인 여자나 命婦 등을 몰수하여 제사에 쓸 쌀을 잘 찧어 精白米를 만드는 일을 시켰던 맡겼던 데서 생긴 이름이다. 『漢書 권2 惠帝紀』

115 掖庭 : 궁중의 正殿과 椒房 이외 妃嬪과 궁녀들이 거처하던 곳을 말하며, 后宮·貴人·采女들을 관장하는 관청을 이르는 말이기도 한다.

만약 1만여 석을 내어서 값을 낮추어 팔았다가 가을에 곡식을 사서 채웠더라면 백성과 나라가 양쪽이 편리했을 것이다. 그런데 재상이 이런 계책은 낼 줄을 모르고 그저 수만 명 서울 백성들을 거의 굶어죽게 만들었으니, 참으로 한탄스러운 일이다.

耿壽昌[116]常平倉, 良法也. 元時以京師米貴, 歲發米數十萬石, 減價糶之. 自世祖以後, 歲一擧行, 民多賴以全活. 今辛未春, 都城米價踊甚, 百文至一斗七升, 太倉及諸軍倉所積, 紅腐相因. 若出萬餘石, 減價糶之, 至秋貿穀以充之, 則民國兩便, 而宰相不知出此計, 徒使累萬都民, 幾不免翳桑[117]之鬼, 可勝歎哉!

내가 의영고(義盈庫)의 봉사(奉事)로 있으면서 공상(供上)을 맡아 매일 닭 울음소리를 듣고 예궐(詣闕)하였는데, 노상에 거지 아이들이 모여 서서 추위를 호소하는 말은 차마 들을 수 없었다. 그러다가

---

**116** 耿壽昌 : 漢나라 宣帝 때 大司農中丞으로 있으면서 선제에게 건의하여 常平倉 제도를 시행하였다. 이 제도는 邊郡에 모두 창고를 만들어 곡가가 쌀 때는 고가로 사들여서 농사에 이롭게 하고, 곡가가 비쌀 때는 저가로 팔도록 하는 것이었었다. 이 일로 경수창은 關內侯로 승진하였다. 『漢書 권23 上 食貨志』

**117** 翳桑 : 옛 지명으로 굶어 죽는 곳을 뜻하는 말로 쓰인다. 춘추시대 晉나라 趙盾(돈)이 예상이란 곳에서 靈輒이 굶주리는 것을 보고 음식을 주었는데, 후에 靈公이 조돈을 죽이려 할 때 영첩이 영공의 介士로 있다가 구해 주었다. 그 까닭을 묻자 "예상에서 굶주리던 사람입니다."라 하였다. 『春秋左氏傳 宣公 2년』

해가 뜬 뒤에 보면 간간이 뻣뻣한 시체가 되어 길에 누워 있었으니, 사람들이 이를 본다면 어찌 측은해 하지 않겠는가.

오부(五部)에 명하여 매 계(契)마다 토실(土室) 하나씩을 짓고 볏짚을 많이 깔아주어, 낮에는 동냥하고 저녁에 돌아와 묵을 곳이 있게 한다면, 필시 얼어 죽는 폐단은 없을 것이다. 이는 아주 쉽게 할 수 있는 일인데도 권력을 쥐고 있는 이들이 전혀 불쌍히 여기지 않고, 간혹 이런 자들은 죽어도 아깝지 않다고 말하기까지 하니, 유독 무슨 마음이란 말인가!

余爲義盈奉事, 掌供上, 每日聞鷄詣闕, 路上乞兒屯聚呼寒, 殆不忍聞, 及日出見之, 間有僵屍橫路. 使人見之, 寧不惻然? 若令五部每契築土室一所, 多置禾藁之屬, 使之晝則行乞, 夜有所歸, 必無凍死之弊, 而不過爲指顧可行之事矣. 主柄者曾莫之恤, 而或謂此屬雖死不惜, 抑獨何心!

세금을 걷는 아전들이 매일같이 문 앞에 와서 매우 급하게 독책(督責)하니, 국법으로 제정한 공부(貢賦)를 어찌 감히 조금이나마 늦출 수 있으리오. 그러나 올해는 크게 흉년이 들어서 집집마다 쌀독이 비었으니 보기에 매우 딱하다. 들건대 나라에서 급재(給災)의 명을 내렸다고 하는데, 백성들은 조금도 혜택을 받지 못하고 있으니 어찌된 일인가?

송(宋)나라의 왕홍(王鴻)-자가 익도(翼道)이며 『광여기(廣輿記)』에 나온다.-이 일찍이 「미균명(米囷銘)」을 짓기를,

"남의 음식을 훔쳐 먹느라고 부산하여 조용하지 않은 놈은 쥐이고, 하늘이 낳은 생명을 해쳐 제멋대로 잡아먹고서도 부족하게 여기는

놈은 범이다. 나는 해치려 해도 차마 범이 될 수는 없으며, 도둑질
하려 해도 차마 쥐가 될 수는 없으니, 차라리 이 곳간을 지키면서
내 자리에서 편안히 살겠다."
라 하였으니, 당시의 목민자(牧民者)로 하여금 이를 외우게 하려고
했던 것이다.

徵租吏日來門前, 督責甚急. 惟正之貢, 豈敢少緩? 而今年稽事大斂, 人家
如磬, 看甚憫憐. 聞朝家有給灾之令, 而民不被一束之惠, 何哉? 宋王鴻,-字
翼道, 出『廣輿記』-, 嘗作「米困銘」曰: "竊人之食, 騷然而不寧者鼠也; 暴天之
物, 肆然而不足者虎也. 吾暴而不忍爲虎, 竊而不忍爲鼠. 寧守斯廩, 以安吾
處." 欲爲當世牧民者誦之.

『경국대전(經國大典)』에 정한 관청과 관원이 매우 많지만 지금은
용관(冗官)을 모두 솎아 내었다. 그런데도 경용(經用)은 날이 갈수
록 부족하니, 이를 보면 재물의 소비가 용관에만 있는 것이 아니라
새어 나가는 구멍에 있는 것이다.

『經國大典』官方甚繁, 今冗官旣盡汰矣. 而經用惟日不足, 是耗財不徒在於
冗官, 而在于尾閭之洩矣.

국가의 기강이 해이해져서 세상이 어지러워지면서부터 참람(僭濫)
한 칭호를 훔쳐 차지한 자가 많아졌다. 『진서(晉書)』를 보면, 요적
(妖賊) 왕시(王始)는 무리를 모아서 태평황제(太平皇帝)라고 자칭
하고, 아비를 태상황(太上皇), 형을 정동장군(征東將軍), 동생을 정

서장군(征西將軍)이라 불렀다. 연(嬿)의 모용진(慕容鎭)이 토벌하여 왕시를 사로잡아 도성의 저자에서 처형했다. 처형할 때 어떤 이가 그 아비와 형제의 소재를 물으니, 왕시가 대답하기를,

"태상황은 외부로 몽진하셨고 정동장군과 정서장군은 모두 난병(亂兵)에게 해를 당하여, 짐(朕) 한 몸만 살아 있다."

라 하였다. 그 처가 노하여 말하기를,

"그만하시오. 그 입 때문에 이 지경이 되었는데 어찌 또 그런 말을 하는 것이오."

라 하니, 왕시가 말하기를,

"황후여, 자고로 망하지 않은 나라가 어디 있었겠소."

라 하였다. 행형(行刑)을 맡은 자가 칼자루의 고리로 그를 툭 치니, 쳐다보면서 말하기를,

"붕어(崩御)하면 붕어하는 것이지."

라 하고, 끝내 제호(帝號)를 바꾸지 않았다. 사마광(司馬光)이『통감(通鑑)』에 이 이야기를 수록하였는데, 마치 골계(滑稽) 같아서 늘 불만스럽게 여겼다. 그런데 나중에 생각해보니, 이는 곧 한 시대의 세변(世變)을 기록하면서 제호가 비천해진 것을 슬퍼한 것이었다.

요즈음 세상에 이와 비슷한 이야기가 있다. 관상을 잘 보는 어떤 사람이 한 선비의 관상을 보고 말하기를,

"그대의 관상은 말할 수 없이 귀하니, 필시 황제가 될 것이다."

라 하였다. 선비가 이 말을 들은 뒤부터는 행실과 학업을 일절 닦지 않고 절제 없이 허랑하게 놀면서 머지않아 황제가 될 것이라고 스스로 생각했다. 그러다가 굶어서 죽게 되었는데, 임종할 때 그의 처

에게 이르기를,

"짐이 장차 붕어(崩御)할 것이니, 황후는 태자를 불러서 유조(遺
詔)를 듣도록 하시오."

라 하였다는 것이다. 참으로 배를 잡고 웃을 이야기이지만, 또한 세
상 사람들의 경계가 될 만하다.


王綱解紐, 世亂伊始, 僭號窃據者, 不一而足. 『晉書』妖賊王始聚衆, 自稱太
平皇帝, 號其父爲太上皇, 兄爲征東將軍, 弟爲征西將軍. 燕慕容鎭討擒之,
斬於都市. 臨刑, 或問其父及兄弟所在, 始答曰: "太上蒙塵於外, 征東征西
爲亂兵所害, 惟朕一身獨聊賴." 其妻怒之曰: "止! 坐此口, 以至於此, 奈何
復爾?" 始曰: "皇后, 自古豈有不亡之國耶?" 行刑者以刀鐶築之, 仰視曰:
"崩卽崩矣." 終不改帝號. 司馬氏『通鑑』中, 收入此事, 有若滑稽, 常以爲不
滿於意. 後來思之, 政以記一代之世變, 而悼帝號之卑賤耳. 今世諺語, 亦有
類此者. 有善相者觀一士人曰: "子相貴不可言, 當爲皇帝." 士人自聞此語,
不修行業, 遊浪無度, 自意皇帝之位不久而至, 因以窮餓至死. 臨死, 謂其妻
曰: "朕將崩矣. 皇后召太子來, 聽遺詔." 誠足絶倒, 亦可爲世戒.


조정 관원에게 곤장을 치는 법이 당(唐)나라 무후(武后) 때부터 더
욱 심해져서 공경(公卿)을 매질하기를 노예와 같이 하였다. 개원
(開元) 연간에 자사 양준(楊濬)이 장죄(贓罪)에 연루되었다. 상이
장형(杖刑)을 명하자, 승상 배요경(裵耀卿)이 상소하기를,

"곤장을 쳐서 죽음을 속죄하여 주는 것은 그 은혜는 매우 큽니다.
그러나 신체가 매질을 받는 것은 몹시 욕된 일이니, 노예에게나
베풀 일이지 사인(士人)에게 해서는 안 됩니다."

라 하였다. 배요경의 이 말 한 마디로 인하여 드디어 이 법이 폐지되었다.

송(宋)나라 때에 이르러서는 조정 관원에게 태형을 친 적이 없었으니, 예(禮)에 맞다고 하겠다.

명(明)나라는 형법을 쓰는 것이 각박하여 건의했다가 임금의 뜻을 거스른 신하는 대정(大庭)에서 곤장을 치도록 명한 적이 왕왕 있었으며, 더러는 금의위(錦衣衛)에 내려 보내 태형을 친 다음 구금하기도 하였다. 이 어찌 성세(盛世)에 할 수 있는 일이겠는가.

우리나라도 근세에 이러한 거조(擧措)가 많이 있었으니, 위에 있는 이는 의당 잘 헤아려서 조처해야 할 것이다.-이상은 모두『잡록』이다.-

朝士命杖之法, 自唐武后益甚, 笞撻公卿, 有同奴隷. 開元中, 刺史楊濬坐贓, 上命杖之. 丞相裵耀卿上疏: "決杖贖死, 恩則甚優, 解體受笞, 事頗爲辱, 止可施之徒隷, 不當及於士人." 耀卿一言, 遂停此法. 至宋, 未嘗及朝士, 可謂禮矣. 明朝用法刻急, 建言忤旨之臣, 往往賜杖大庭, 或下錦衣衛, 鞭笞係累. 此豈盛世所宜哉! 我朝近世, 亦多有此擧, 在上者當有量處焉.-右, 並『雜錄』.-

## 38. 노비법
奴婢法


우리나라 노비법은 천하에 더없이 원통한 법이다. 어떻게 대대로
계속 천민이 되어서 영원히 벗어날 수 없단 말인가. 『고려사』의 「이
행검전(李行儉傳)」에 이르기를,

"행검이 전법랑(典法郎)으로 있을 때, 임금의 사랑을 받는 정화원
비(貞和院妃)가 어느 백성을 자신의 노예라 주장하므로 이 백성이
전법사(典法司)에 소송을 제기하였다. 왕이 정화원비의 노예로 판
결하여 '정화원비에게 주도록 하라'는 유지(有旨)를 내려 독촉하자
판서 김서(金㥠)가 동료와 더불어 노예로 결정하려 하였는데, 행검
만은 죽을 각오를 하고 반대하였다. 그러다가 마침 행검이 병이
나서 휴가를 받아 집에 있게 되자 김서 등이 그가 없는 것을 다행으
로 여겨 즉시 결정하고 말았다. 어떤 사람이 하늘에서 칼이 내려와
서 전법사의 관리들을 베어 죽이는 꿈을 꾸었다. 이튿날 김서는
등창이 나서 죽었고 그 동료들도 연이어서 죽었는데 행검만 혼자
무사했다."

라 하였고, 「안축전(安軸傳)」에 이르기를,

"공이 언젠가 말하기를, '내 평생에 일컬을 만한 일이 없지만, 네
차례 사사(士師)가 되어서 억울하게 종이 된 백성이 있으면 반드시
밝혀서 속량(贖良)하였다.' 하였다."

라 하였다.

아조(我朝)의 의원군(義原君)은 인평대군(麟坪大君)의 손자이다.

일찍이 해서 지방을 유람할 때 어떤 사람이 찾아와서 말하기를,

"소인의 조모가 자갸[自家]-우리나라 사람이 종실(宗室)의 귀인(貴人)

을 '자갸'라고 부른다.-의 계집종이었습니다. 잘못을 범하고 도망하였

는데, 이제 많은 세월이 흘렀고 자손이 매우 많습니다. 숨어 살면서

찾아뵙지 못하였으니 죄가 더없이 큽니다. 그래서 감히 이처럼 찾

아와 고하는 것이니 처분을 내려주십시오."

라 하였다. 의원군은 본래 이런 일이 없었다고 하면서 내쳤지만 그

자는 매일같이 찾아와서 간청하였고, 또 화명기(花名記)-노비로 호

적에 편성된 것을 화명(花名)이라 한다.-를 올리니, 인구가 수백여 명이

었다. 공이 불태울 것을 명하고 이르기를, "너의 말은 터무니없다."

라 하니, 그 사람은 할 수 없이 돌아갔다. 공이 서울로 돌아오려는

때 그 사람이 찾아와서 모시고 가겠다고 하니 공이 또 허락하지 않

았다. 그러자 그 사람은 감히 굳이 청하지 못하고 뒤를 따라오는 것

이었다. 공이 길을 가다가 임진강(臨津江)에 이르렀을 때, 어떤 양

반 집에서 애절한 곡성(哭聲)이 들려나왔다. 사공에게 물어보니,

그 집은 며칠 전에 역질에 전염되어 온 가족이 모두 죽고 젊은 부인

한 사람만 남았으므로 염습할 길이 없다는 것이었다. 공이 듣고 참

담해 하고 있는데 잠시 후 그 사람 일행이 뒤따라 이르렀다. 공이

불러서 이르기를,

"너희들이 이미 우리 집의 종이라고 하였으니, 만약 면천(免賤)하

고 싶다면 저 초상집에 가서 너희가 염장(殮葬)할 수 있겠느냐?"

라 하니, 그 사람 일행이 기꺼이 그렇게 하겠다고 하고는 자기들 행

장 속의 돈 5백 쾌를 내어서 4구의 시체를 모두 즉시 염습한 다음

남은 돈은 모두 그 집에 주어서 장례와 제사에 쓰게 하였다. 이튿날

날이 저물어서 공이 여관에 들었는데, 꿈에 인조대왕(仁祖大王)이
와서 이르기를,

"네가 음덕(陰德)을 쌓았으니 귀한 아들을 낳을 것이다."
라 하였다. 이때 공은 아들이 없었고 부인은 단산(斷産)한 지 이미
오래되었으므로 공이 이상하게 생각하였다. 그래서 집에 돌아와서
부인에게 꿈 이야기를 했더니 부인도 역시 그런 꿈을 꾸었다는 것이
었다. 그리고는 얼마 안 있어 과연 임신이 되어서 아들을 낳았는데
벙어리 귀머거리에 멍청하였다. 공이 부인과 더불어 탄식하기를,

"겨우 아들이라고 하나 낳았는데 이처럼 병신으로 태어났으니 꿈에
귀인(貴人)이라고 한 것은 과연 빈 말이었구나."
라 하였다. 그 후에 인평대군(麟坪大君)의 적손(適孫)이 모두 주륙
(誅戮)을 당하고 이 아들이 적통으로 들어가서 제사를 받들게 되었
으니, 곧 지금의 안흥군(安興君)이다.

이 몇 가지 일로 미루어 보면 하늘의 뜻을 또한 알 수 있다. 내가
일찍이 보건대, 추노(推奴)한 집안이 비록 수백 수천 금(金)의 재물
을 얻는다고 하더라도 필경에는 그 재물이 귀속할 곳이 없어져 자손
이 끊어지거나 가난하여 구걸하다가 죽기도 하니, 이로 미루어 보면
그것이 의롭지 못한 재물임은 의심할 나위가 없다 하겠다.

무릇 재화(財貨)란 재화(災禍)이니, 의롭지 못한 방법으로 재물
을 얻고서 능히 그 복을 누릴 수 있겠는가. 나의 자손들은 의당
이런 일들을 거울삼아 한결같이 종량(從良)시키겠다는 마음을 가
져 추핵(推覈)하는 일이 없어야 할 것이다. 이것이야말로 복을 누
리고 후손을 넉넉하게 해주는 도리일 것이다. 조심하고 조심하여
라.-『수필』이다.-

我國奴婢法, 天下之至寃也, 豈有世世爲賤而錮之無窮者耶? 高麗「李行儉傳」云:"行儉爲典法郎, 貞和院妃, 有寵於王, 認民爲隷, 民訴典法司. 有旨督令斷與貞和, 判書金惜與同僚, 欲斷爲隷, 行儉死執不可. 會疾作在告, 惜等幸其無, 卽決之. 人有夢利劍自天而下, 斬典法官吏, 明日惜疽背死, 同僚亦相繼而死, 行儉獨免."「安軸傳」云:"公嘗曰:'吾平生無可稱, 四爲士師, 凡民之屈抑爲奴者, 必理而良之.'"我朝義原君, 麟坪大君之孫也. 嘗遊海西, 有一人來見曰:"小人祖母以自家-東人稱宗室貴者曰自家.-婢子, 犯過逃亡, 今已許多年, 而子孫甚繁矣, 隱漏不見, 罪莫大焉. 故敢此進告, 願有以處之." 義原以本無是事斥之, 其人逐日來懇, 且進花名記.-奴婢成籍, 謂之花名-, 人口幾百餘. 公命燒之曰:"汝言妄矣." 其人不得已而去. 及公還京, 其人來請陪行, 公又不許. 其人不敢固請, 從後尾至. 公行至臨津, 聞一士夫家哭聲甚哀. 問于沙工, 則對以某家日前染癘, 合家盡死, 只餘年少一婦人, 無以斂襲. 公爲之慘然, 俄而其人輩隨至. 公召謂之曰:"汝輩旣稱我家奴屬, 欲爲免賤, 則彼有喪之家, 爾可以斂葬否?" 其人輩欣然從之, 發其行中錢五百緡, 卽斂四屍, 餘錢盡付其家, 爲葬祭之需. 翌日暮, 公至逆旅, 夜夢, 仁祖大王來告曰:"爾有陰德, 當生貴子." 時, 公無子, 夫人斷産已久, 公異之. 還家語夢于夫人, 夫人夢亦如是. 已而果有娠生子, 聾啞不慧. 公與夫人歎曰:"僅生一子, 而天病如此. 夢中貴人之稱, 果虛語也." 後麟坪適孫皆被誅, 此子入承其祀, 卽今安興君也. 以此數事觀之, 天意亦可見矣. 嘗觀推奴[118]之家, 雖得累百千金, 而畢竟無所歸屬, 或絶嗣, 或貧乞而死, 此可見其爲不義之財無疑矣. 夫財者灾也, 貨者禍也. 以不義得貨財, 而其能保有

---

118 推奴 : 도망간 노비를 찾아서 잡아 오거나 몸값을 받는 일을 이르던 말이다.

其福乎? 爲吾子孫者, 宜觀于此, 一以從良[119]爲心, 無施推覈之政, 是實享
福裕後之道也. 愼之愼之. -『隨筆』-

---

從良 : 良人과 賤人이 서로 혼인해서 생긴 良産 노비를 노비 신분에서 양인
　　　 신분으로 바꾸는 법이다. 노비의 수가 증가하고 良役을 부담하는 양인이
　　　 줄어들자, 태종 14년(1414)에 奴婢從父法을 제정하여 양인 남자와 혼인한
　　　 계집종의 자녀를 父系에 따라 양인으로 삼았으며, 조선 후기에는 奴婢從母法
　　　 을 제정하여 사내종과 혼인한 양인 여자의 자녀를 모계에 따라 양인으로
　　　 만들어 양역 인구를 증가시켰다.

## 39. 남초

### 南草

담배〔南草〕는 일본에서 나온 것이니 2백 년 전에는 없었다. 임진왜란 이후에 비로소 우리나라에 보이더니 얼마 안 지나 온 나라에 두루 퍼졌다. 이 풀은 경전(經傳)에도 안 보이고 약초 속에도 들지 않으니 일개 요망한 풀이다. 그런데 민간에서 담배를 많이들 심어서 모리(牟利)를 꾀하는 것이 마치 당송(唐宋) 시대의 차(茶)와 같지만 그 해독(害毒)은 깊다. 차는 음식을 소화시키는 공효가 있지만, 이 풀은 성질이 뜨겁고 맛은 매우며 독하다. 독하기 때문에 지나치게 피우면 어지럽고, 게다가 화기(火氣)를 마시므로 담화(痰火)가 있는 사람은 해독이 있게 마련이다.

　담배를 피우고 싶을 때에는 길 가는 행인에게 달라고 해도 이상하게 여기지 않으니 이는 친소(親疏)의 구별이 없는 것이며, 부녀자에게 달라고 하면서도 혐의쩍어하지 않으니 이는 남녀의 구별이 없는 것이며, 종에게 달라고 하면서도 부끄러워하지 않으니 이는 존비(尊卑)의 구분이 없는 것이다. 이로 말미암아 위의(威儀)가 손상되고 무람없는 버릇이 생긴다. 작게는 베개와 이불과 옷가지를 태우고, 크게는 궁실과 마을을 태운다. 또한 곡식을 생산해야 할 토지에 먹을 수 있는 곡물을 심지 않고 이런 쓸모없는 풀을 심고 있으니, 탄식을 금할 수 있겠는가!-『잡록』이다.-

南草之出, 出自日本, 二百年前無有也. 壬辰倭患以後始有, 而未幾遍於天下, 其爲草不見經傳, 不錄湯液, 一妖草也. 民間盛種, 以爲牟利, 有似於唐宋之茶, 而其害則深矣. 茶則有消食之功, 而此草性熱味辛而毒, 毒故過吸則眩, 又吞火氣, 有痰火者, 宜其有害也. 及其思吸之時, 求諸路人而不以爲怪, 是無親疎之卞也；求諸婦女而不以爲嫌, 是無男女之別也；求諸僕隷而不以爲恥, 是無尊卑之分也. 由是而威儀損焉, 褻狎生焉, 小則燒枕褥衣服, 大則焚宮室閭里, 又使生穀之土, 不耕可食之物, 而種此無用之草, 可勝歎哉!-『錄雜』-

# 40. 바다의 큰 섬
海中大島


우리나라는 삼면이 바다로 둘러싸여 섬들이 많으니, 지도나 책에 있지 않은 것도 필시 많을 것이다. 수십 년 전에 만났던 삼척(三陟) 사람이 말하기를,

"어떤 뱃사람이 풍랑을 만나 표류한 지 나흘 만에 일본의 서쪽에 닿았다가 대마도로 보내져서 다시 돌아왔습니다. 그가 풍랑을 만나 표류하다 보니 바다 속에 큰 섬이 있었는데, 하루 반 동안 섬을 빙 돌아 거의 배를 댈 뻔 했으나 역풍(逆風)이 쳐서 끝내 배를 대지 못했다."

라 하였으니, 그 섬의 크기가 우리나라의 한 지방과 다를 바 없다.

올해 임인년(1782, 정조6)에 도척면(都尺面)에 사는 상놈을 만났더니, 그가 말하기를,

"영동(嶺東)의 양양(襄陽)에 가서 뱃사람을 따라 바다에 들어갔는데, 풍랑을 만나 표류한 지 며칠 만에 어떤 섬에 닿았습니다. 그 섬은 갈대밭이 가득하고 수목이 울창하였습니다. 뱃사람 여덟 명이 모두 뭍에 내려서 사방으로 달려가보니 사방 1, 2백 리에 인적이라곤 없었습니다. 며칠이 지나 바람이 잠잠해져서 돌아왔습니다."

라 하였다. 이는 필시 삼척 사는 사람이 보았던 섬일 것이다.

근간에 사부(師傅) 안응창(安應昌)의 『잡록(雜錄)』을 보니,

"인조조(仁祖朝)에 황익(黃瀷)이 통제사(統制使)로 있을 때, 어떤 배 한 척이 표류해 왔기에 물어보았더니, '남방국에 사는 사람인데,

그 나라는 일본의 서남쪽 2천여 리에 있으며, 밀물과 썰물이 없다.'
라 하였고 또 '그 나라는 본래 신라 사람들이 세운 것이다. 신라가
망하게 되자 태자가 종족 1만여 명을 데리고 고려에 저항하고자
했으나 뜻을 이루지 못하였다. 그래서 금강산으로 들어갔는데 골
짜기는 좁고 사람은 많아 수용할 수가 없어서 백성 20여 만 호와
함께 배를 나누어 타고 바다로 들어가서 한 섬에 이르러서 살면서,
나라 이름을 남방국(南方國)이라 하고는 25개 국의 임금이 되었는
데, 백성들은 모두 신라의 후예들이며 지금도 그 나라가 있다.'라
하였다."

라 하였으니, 이것이 혹시 영동의 뱃사람이 만났던 섬이 아닐까. 밀
물과 썰물이 없다고 한 것은, 우리나라 영동의 바다 중에서 일본의
서해와 서로 접하는 곳은 하나의 큰 못을 이루어 본래 밀물과 썰물
이 없으니, 말이 서로 부합하는 것이 기이하다. 기이한 이야기라 기
록해 둔다.


我國三面環海, 島嶼羅列, 其不入于圖籍者必多矣. 數十年前, 遇三陟人言:
"船漢, 漂風四日, 泊日本西界, 轉附馬島得還. 其漂風也, 海中有大島, 一日
半, 環廻而去, 幾乎泊舟, 而風逆, 終不得泊." 計其里數, 其大似與我國地方
無異矣. 今壬寅, 見都尺面居常漢, "入嶺東襄陽, 隨船漢入海, 漂風數日, 泊
一島. 蘆葦滿野, 樹木參天. 船人凡八名, 皆下陸, 周走四方一二百里, 無人
跡. 經累日風順後還來." 此必三陟人所見者也. 近見安師傅應昌『雜錄』: "仁
祖朝, 黃瀷爲統制使, 有一船漂泊, 問之則在南方國, 國在日本西南二千餘
里, 無潮汐水."云, 又言: "其國本是新羅人, 羅將亡, 太子率宗族萬餘人, 欲
拒高麗, 不成. 入金剛山人多谷, 少不能容, 與民庶二十餘萬戶, 分載入海,

至一島居焉, 刱名南方國, 仍爲二十五國之君. 其民皆新羅之裔也, 至今不滅."云. 此或是嶺東船人所遇之島耶? 其云無潮汐者, 我嶺東之海與日本西海相接者, 成一大澤, 本無潮汐, 則其言相符, 可異也. 聊記異聞以識之.

## 41. 일본의 학자

日本學者

내가 일찍이 왜인(倭人)의 「동자문시(童子問詩)」를 보니,

바다는 넓고 하늘이 틔었는데 작은 초가 있으니
계절은 한가로이 흐르고 봄날이 길구나
우스워라 도연명은 식견이 낮아서
북창 아래 한가히 누워 태고 적 사람인양 으스댔네

天空海濶小茅堂 四序悠悠春意長 却笑淵明無卓識 北窓高臥傲羲皇

라는 시가 있었다. 그 후에 누가 지었는지 모르는 『선곡잡기(蟬谷雜記)』를 보니,

"일본인인 낙양(洛陽)의 이등유정(伊藤維楨) 원좌(原佐)가 『동자문(童子問)』을 지었는데, 모두 180조로 되어 있고 도합 3책이며, 호는 고학선생(古學先生)이다. 맏아들 장윤(長允)이 발간하고 문인 임경범 문진(林景范文進)이 발문을 썼다. 이등유정이 말하기를, '유가(儒家)의 학문은 암매(暗昧)함을 가장 꺼린다. 도(道)를 논하고 경(經)을 풀이함에 있어서는 마치 대낮에 십자가두(十字街頭)에 서 있는 것처럼 명백하고 정확하여야 하며, 일을 할 때는 털끝만큼이라도 자신의 행동을 남에게 속일 수 없어야만 되니, 절대로 부회(附會)해서는 안 되고 적당히 봐주어 넘겨서는 안 되며, 특히

자기 잘못을 둘러대어 덮어서는 안 되며, 또 적당히 말을 꾸며서
남에게 잘 보이려 해서는 안 된다. 그런데 종전의 제유(諸儒)들은
걸핏하면 이런 여러 병통을 범하였으니, 도리를 논하고 경전을 해
석하는 데만 해가 될 뿐 아니라 도리어 사람의 마음을 크게 망치니,
몰라서는 안 된다.……'라 하였으니 이 말이 매우 좋다. 이 외에도
격언(格言)이 매우 많으니, 해도(海島)의 오랑캐 나라에도 이런
학자가 있을 줄은 몰랐다."

라 하였다. 내가『동자문』3책에서 논한 바를 보니, 대체로 맹자(孟
子)를 추존하고 간혹 이천(伊川)은 흠잡았다.

영종(英宗) 무진년(1748)에 통신사(通信使)가 갔을 때 서기(書記)
중에서 유씨(柳氏) 성을 가진 사람이 호를 난릉(蘭陵)이라고 하는
화천(和泉) 사람을 만났다. 그 사람이 문학이 있기에 이등유정의 학
문에 대하여 물었더니, 그 사람이 대답하기를,

"이등(伊藤)은 참으로 폐방(弊邦)의 출중한 선비나 오도(吾道)
가 아니므로 자세한 말하고 싶지 않다."

라 하였다 한다. 이는 대개 이등유정의 학문이 정주(程朱)를 배척했
기 때문인 듯하다. 그리고 등명원(藤明遠)이란 자는 이등유정의 문
도(門徒)이다. 그가 제술관(製述官)과 서기에게 글을 보내어『중용』
이 자사(子思)의 저서가 아니라고 장황히 주장하였는데 말이 논리
에 맞지 않고 문리가 통하지 않았다고 한다. 이를 근거하여 말한다
면 그 학문의 수준을 알 만하다.

인조 계미년(1643)에 조용주(趙龍洲)가 통신사로 갔는데 이 때 임
도춘(林道春)이란 이가 있었다. 그는 호는 나산(羅山)·석안항(夕顔
巷)이며, 유학으로 칭송을 받았고 관위(官位) 또한 높아서 민부경(民

部卿)이었다. 용주와 편지를 주고받았는데, 문사(文詞)와 식견은 비록 일컬을 만한 것이 없었으나, 문학으로 한 나라에 명성을 날려 국중(國中)의 문한(文翰)이 모두 그의 손에 맡겨졌다.

무진년(1748, 영조24)의 통신사 때는 국자좨주(國子祭酒) 임신충(林信充)이란 이가 있었는데, 곧 임도춘의 증손이다. 대대로 문형(文衡)을 잡아 국서(國書)와 사한(詞翰)이 모두 그의 손에서 나왔다. 도춘의 아들 서(恕)와 정(靖)도 모두 문임(文任)을 맡았으며, 서(恕)의 아들 신독(信篤)이 홍문원 학사(弘文院學士)의 벼슬을 지냈다. 신충은 신독의 아들이다.

余嘗見倭人「童子問詩」, 有曰: "天空海濶小茅堂, 四序悠悠春意長. 却笑淵明無卓識, 北窓高臥傲義皇.[120]" 後見不知何人所作『蟬谷雜記』, 有云: "日本人洛陽[121]伊藤維楨原佐[122]著『童子問』, 凡百八十條, 共三冊, 號古學先生. 其長允[123]鋟子梓[124], 其門人林景范文進作跋. 維楨之言曰: '儒者之學,

....................

120  淵明……義皇 : 晉나라 陶淵明이 여름에 북창 아래 누워 있다가 맑은 바람이 불어오자 스스로 복희씨 시대의 사람이라 하였다 한다. 李白의 「戲贈鄭溧陽」에 "맑은 바람이 부는 북창 아래서, 스스로 복희씨 시대 사람이라 하네.〔淸風北窓下 自謂義皇人〕"라 하였다. 『古文眞寶 前集』

121  洛陽 : 여기서는 일본의 京都를 지칭한다.

122  伊藤維楨原佐 : 일본의 학자이며 교육자로, 자가 原佐이고 호는 仁齋이며 시호는 古學先生이다.

123  長允 : 이등유정의 伊藤長允으로 자는 原臧이며 호는 東涯이다.

124  其長允鋟子梓 : 오탈자가 있는 듯하다. '其子長允鋟梓' 또는 '其子長允鋟于梓'가 되어야 문리에 맞다.

最忌暗昧. 其論道解經, 須是明白端的, 若白日在十字街頭; 作事, 一毫瞞人不得方可, 切不可附會, 不可假借遷就, 尤嫌回護以掩其短, 又戒粧點以取媚悅. 從前諸儒動犯此諸病, 非惟有害於論道解經, 反大壞人之心術, 不可不知云云.'此言甚好, 此外格言甚多, 不意海島之中蠻貊之邦, 能有此學問人也."竊觀其三冊所論, 大抵推尊孟子, 而時疵伊川矣. 英宗戊辰通信時, 書記有柳姓人, 逢和泉人號蘭陵者, 有文學, 問伊藤氏之學, 答曰:"伊藤固弊邦豪傑之士, 而非吾道, 故不欲詳之耳."盖伊藤之學, 排斥程朱故也. 又有藤明遠者, 伊藤維楨之徒也. 貽書於製述官·書記, 以『中庸』爲非子思之書, 張皇爲辭, 而語不成說, 文理未暢云. 據此而言, 則其學可知也. 仁祖癸未, 趙龍洲爲通信使. 時, 有林道春號羅山夕顏巷, 以儒學稱, 官位亦尊, 爲民部卿. 與龍洲有往復書, 其人文詞與識見, 雖無可稱道者, 而以文學鳴于一國, 國中文翰, 皆委其手. 戊辰信使時, 有國子祭酒林信充者, 卽道春曾孫也. 世執文衡, 國書詞翰, 皆出其手. 道春子恕及靖, 皆掌文任, 恕子信篤, 官弘文院學士; 信充, 信篤之子也.

## 42. 불법이 중국에 들어오다
佛法入中國

한문공(韓文公)의 「불골표(佛骨表)」에,

"불법(佛法)은 후한(後漢) 때부터 중국에 흘러 들어왔다."

라 하였으며, 또 시(詩)를 짓기를,

불법이 중국에 들어온 지
이미 6백 년이 지났어라

佛法入中國 爾來六百年

라 하였다. 살펴보면, 『후한서(後漢書)』 「서역전(西域傳)」에 "명제(明帝) 때에 중국에 들어왔다."라 하였지만, 소량(蕭梁)의 유효표(劉孝標)는 『세설신어(世說新語)』의 주(註)에서 유향(劉向)의 『열선전(列仙傳)』의 서문을 인용하기를,

"백가(百家)의 서적을 훑어보아 점검해보니 신선이 된 자가 146인인데, 그 중의 74인은 이미 불경(佛經)에 들어있었다."

라 하였으니, 이 말대로라면 한(漢)나라의 성제(成帝)·애제(哀帝) 연간에 이미 불경이 들어와 있었던 것이다.

『한무고사(漢武故事)』에 이르기를,

"흉노(匈奴)의 추장인 곤야왕(昆邪王)이 휴도왕(休屠王)을 죽이고 와서 항복하였다. 그에게서 금인(金人)으로 된 신(神)을 얻었어

서, 상(上)이 이를 감천궁(甘泉宮)에 두었다. 금인은 키가 모두 한 길 남짓하였으며, 제사에는 소와 양의 고기를 쓰지 않고 향을 피우고 예배만 할 뿐이었다. 상이 그들 나라의 풍속에 따라 제사하게 하였다."

라 하였으니, 대개 한 무제(漢武帝) 때는 불경이 아직 중국에 유행하지 않았으며, 다만 신명(神明)으로서 제사만 지냈던 것이다.

『열자(列子)』를 보면, 주(周)나라 목왕(穆王) 때 서역(西域)의 화인(化人)이 왔다고 했는데, 승려는 환술(幻術)에 능하고 재주가 많았으니, 이 또한 불교 쪽 사람일 것이다.

또 『개황역대삼보실기(開皇歷代三輔實記)』에,

"한나라 평제(平帝) 때 유향(劉向)이 말하기를, '내가 전적들을 열람하다가 왕왕 불경이 있는 것을 보았다.'라 하였다."

라 하였으니, 아마도 주(周)나라 때 이미 불경이 유통한 지 오래였기 때문에 진(秦)나라가 비록 서적을 불태웠으나 한(漢)나라가 일어나자 불경이 다시 나왔으리라는 것을 알 수 있다.

또 한나라 무제(武帝)가 곤명지(昆明池)를 파다가 겁회(劫灰)를 발굴하자 동방삭(東方朔)이 말하기를, "서역의 도인(道人)에게 물어보아야 할 것 같습니다."라 하였으니, 서역의 도인이란 불도(佛徒)를 말하는 것이다.

또 『진고(眞誥)』에 이르기를,

"배진인(裵眞人)은 34명의 제자를 두었는데, 18명은 불도를 배우고 나머지는 선도(仙道)를 배웠다."

라 하였는데, 도홍경(陶弘景)이 말하기를,

"서한(西漢) 시대에 이미 불교가 있었던 듯하니, 배군(裵君)이 이에 해당한다."

라 하였다.

이로써 미루어 보건대, 중국에 불교가 들어온 지는 오래이니, 한퇴
지(韓退之)가 말한 것은 정사(正史)에 의거한 것이다. 또 어느 책을
보니,

"한나라 명제(明帝)가, 머리에 광채를 띤 한 길이 넘는 금인(金人)
이 대궐 안을 날아다니는 꿈을 꾸고 신하들에게 물으니, 부의(傅
毅)가 말하기를, '서방(西方)에 신(神)이 있는데 이름을 부처라고
합니다. 그 형체는 길이가 1장(丈) 6척이며 황금색입니다.'라 하였
다. 이에 명제가 낭중(郎中) 채음(蔡愔)과 진경(秦景)을 천축(天
竺)에 사신으로 보내어 이를 구하게 하여, 불경『사십이장(四十二
章)』및 석가모니의 입상(立像)을 얻어서, 사문(沙門) 섭마등(攝摩
騰)·축법란(竺法蘭)과 함께 돌아왔는데, 백마(白馬) 등에 불경을
실었기 때문에 낙성(洛城)의 옹문(雍門) 서쪽에 백마사(白馬寺)를
세우고 이들을 거주하게 했으며, 불경은 난대석실(蘭臺石室)에 깊
이 보관하였다. 그리고 청원대(淸源臺)와 현절릉(顯節陵)에 불상
(佛像)을 그렸다."

라 하였으니, 이 때에 불법이 중국에 비로소 들어왔던 것이다.

韓文公「佛骨表」云: "佛法自後漢時流入中國." 又有詩云: "佛法入中國, 爾
來六百年." 按『後漢書』「西域傳」云: "明帝時入中國." 而蕭梁劉孝標註『世說
新語』, 引劉向「列仙傳」序曰: "歷觀百家之中, 以相檢驗, 得仙者, 百四十
六人. 其七十四人, 已在佛經." 卽如此說, 則漢成·哀之間, 已有經矣.『漢
武故事』[125]曰: "昆邪殺休屠王來降, 得其金人之神, 上置之甘泉宮. 金人者

皆長丈餘, 其祭不用牛羊, 惟燒香禮拜. 上使依其國俗祀." 盖漢武時, 其經
未行於中國, 但以神明祀之. 『列子』周穆王時, 西域化人[126]來. 浮屠人, 善
幻多技能. 此亦佛類也. 又『開皇歷代三輔實記』云: "平帝世, 劉向稱'余覽典
籍, 往往[127]見有佛經.'" 將知周時久流釋典, 秦雖熱除, 漢興復出也. 又漢武
作昆明池, 掘得劫灰.[128] 東方朔云: "可問西域道人." 西域道人, 佛之徒也.
又『眞誥』云: "裵眞人有三十四弟子, 十八人學佛道, 餘學仙道." 陶弘景云:
"長安中, 似已有佛, 裵君卽是其事." 以此考之, 中國之有佛, 尚矣. 退之所
云, 據正史也. 又按何書: "漢明帝夢金人長丈餘, 頭有光明, 飛行殿庭, 以

---

**125** 『漢武故事』: 後漢 때 班固가 지었다고 하고, 일설에는 南齊 때 王儉이 지었
다고 한다. 내용은 『史記』·『漢書』와 출입이 있고 또 허탄한 말들이 섞여
있다.

**126** 化人 : 도술을 부리는 仙人이다. 『列子』「周穆王」에 "주 목왕 때에 서극의
나라에서 화인이 왔다.……왕이 화인의 옷깃을 잡고 하늘 높이 날아올라서
화인의 궁전에 이르러 보니, 화인의 궁전은 금은과 주옥으로 장식하여 구름
과 비의 위로 벗어나 있으므로, 아래쪽에 의지한 곳을 알 수 없어, 바라보니
마치 모여 있는 구름 같았다.〔周穆王時, 西極之國有化人來.……王執化人之
裾, 騰而上者 中天乃止. 曁及化人之宮, 化人之宮, 構以金銀, 絡以珠玉, 出雲
雨之上, 而不知下之據. 望之若屯雲焉.〕"라 하였다.

**127** 往往 : 저본에는 한 자가 빠져 '往'으로 되어 있는데, 『廣弘明集』·『法苑珠林』·
『開元釋教錄』에 의거하여 고쳤다.

**128** 漢武……劫灰 : 한나라 武帝 때 昆明池를 파니 땅속에서 검은 재가 나왔는데
아무도 그것이 무엇인지 몰랐다. 東方朔이 보고 "西域 사람이 알 것이다."라
하였는데, 인도에서 온 승려가 보고 劫灰라 하였다. 『三輔黃圖 池沼』 불교에
서는 우주가 한 번 생성해서 존속하는 기간을 1劫이라 하고, 겁이 다하여
우주가 괴멸하는 시기를 壞劫이라 한다. 이 때 세찬 불길이 하늘과 땅을
태우니, 겁회는 이때 생겨난 재라 한다.

問羣臣. 傅毅曰: '西方有神, 名佛. 其形丈六尺而黃金色.' 於是, 帝遣郎中蔡愔及秦景, 使天竺求之, 得佛經『四十二章』及釋迦立像, 幷與沙門攝摩騰·竺法蘭東還, 白馬負經, 因立白馬寺於洛城雍門西以處之, 其經緘于蘭臺石室, 又畫像於淸源臺及顯節陵上." 自是始傳中國.

## 43. 깜부기 승려
稗沙門

불경에서 수행이 없는 중에 대해 말하기를,

"비유하자면 보리밭에 난 깜부기[稗麥]와 같아서 구별할 수가 없
다. 농부는 이 깜부기가 모두 좋은 보리인 줄 알다가 나중에 이삭이
패는 것을 보고서야 보리가 아니라는 것을 안다. 마찬가지로 승려
가 대중 속에 있으면 흡사 계율을 지키는 것 같으므로 시주(施主)
가 볼 때는 모두가 승려라고 생각한다. 그러나 저 어리석은 사람은
사실은 승려가 아니니, 이를 이름하여 깜부기 승려라 한다."
라 하였다.

지금 세상에서 선비로 일컬어지는 이들 가운데 깜부기 승려를 면할
자가 몇이나 되겠는가. 불씨(佛氏)가 이처럼 비유를 잘 하였으니,
경계(警戒)할 줄을 안다 하겠다.-이상은 모두 『수필』이다.-

佛經說僧之無行者曰: "譬如麥田中生稗麥, 不可分別. 田夫謂此稗麥, 盡是
好麥, 後見穟生, 乃知非是. 如沙門在衆中, 似是持戒, 施主見時, 謂盡是沙
門. 而彼癡人, 實非沙門, 是名稗沙門." 今世以儒稱者, 其免稗沙門者幾何?
佛氏之善喩如是, 可以知戒.-右, 並『隨筆』-

육조(六朝) 시대의 승려들은 임금을 뵐 때 흔히 공경하지 않았으며,
당(唐)나라 초기에는 승니(僧尼)가 부모나 존자(尊者)의 예배를 받
았는데 고종(高宗)이 조칙(詔勅)을 내려 그 예(禮)를 혁파하니, 비

로소 바로잡혔다. 원(元)나라 시대에 이르러서는 국사(國師)나 법왕(法王)이 심지어 임금과 항례(抗禮)하기까지 하였다.

우리나라는 고려 때 불교를 존상(尊尙)하여 임금은 반드시 국사(國師)와 왕사(王師)를 두었는데, 이는 국초에 이르러서도 그러하였다. 그러다가 중엽부터 유교가 크게 성행하여 불교를 이단(異端)으로 물리쳐 용납할 곳이 없도록 하여, 승려들이 길에서 사족(士族)을 만나면 반드시 몸을 굽히고 꿇어앉아서 절하게 하였다. 이것이 이미 풍습이 되었으니, 후세에 본받을 일이 될 만하다.

六朝沙門見人主, 多不致敬. 唐初, 僧尼受父母及尊者禮拜. 高宗詔革其禮, 乃正. 至胡元之世, 而國師・法王, 至與人主抗禮. 我國高麗尊尙佛教, 王必有國師・王師, 至國初猶然. 自中葉儒教大行, 排黜異端, 使無所容, 緇流道遇士族, 必使折節下拜而去, 已成風習, 可爲後世之所效者也.

정묘년(1747, 영조23) 10월 17일 밤 꿈에 윤창희(尹昌喜)와 귀신(鬼神)에 관해 대해 논하기를,

"귀신은 총명하고 정직하면서도 전일(專一)한 것이다. 전일이란 실(實)한 것이니, 실(實)은 성(誠)이다. 성(誠)이 없으면 귀신이 이르지 않는다. 그러므로 『중용(中庸)』의 '귀신(鬼神)' 장(章)에서 성(誠)을 말하였다."

라 하였다. 꿈을 깨어 생각해보니 이 말이 타당한 점이 있기에 글로 기록해 둔다.

丁卯十月十七夜夢, 與尹昌喜論鬼神事曰: "鬼神聰明正直而一者也. 一者實

也, 實則誠也, 無誠則鬼不格. 故『中庸』「鬼神」章言誠." 覺而思之, 其言有
徵, 書以識之.


여역(癘疫)은 하늘과 땅 사이에서 부정(不正)한 기운이 울결(鬱結)
하여 이루어진 것이다. 그러므로 형옥(刑獄)이 번다하고 과중하거
나 병혁(兵革)이 거듭되거나 농사가 흉년이 들 경우에 모두 여역을
불러올 수 있다.

　그 기운은 널리 분포하여 흘러 다니니, 이 기운을 만나는 자는 반드
시 병이 든다. 그런데 그 기운의 대소에 따라 전염되는 숫자도 많고
적음이 있어 한 나라, 한 지방, 한 마을, 한 집안, 한 사람 등의 차이가
있다.

　전염은 대부분 환자의 올랐던 열이 물러간 뒤에 있게 되는데, 대개
악기(惡氣)가 병자의 몸에 엉겨 붙어 있다가 날수가 차서 통증이
끝난 후에 열이 물러가면서 아직 흩어지지 않은 기운이 다시 사람에
게 침입하여 병이 전염되는 것이요, 귀신이 있어서 그렇게 하는 것이
아니다.


癘疫, 二儀間不正之氣蘊鬱而成之者也. 故或刑獄煩重, 或兵革連仍, 或年
穀荒歉, 皆有以致之矣. 其爲氣也, 分布流注, 當之者必病, 以其氣之大小而
染亦有衆寡, 若一國若一方, 若一鄉若一家, 若一人之不同也. 傳染多在于
退熱之後. 盖惡氣凝着于病人之身, 日滿痛盡後熱退, 而其未散之氣, 又襲
人而傳痛, 非有鬼而使之然也.


기운을 가지고 있는 것은 반드시 기운으로 막아야 한다. 약을 태우

고 삽주뿌리를 태워서 역질을 물리치는 방법으로 삼는 것은 그 기
운이 강렬한 향을 지녀서 나쁜 기운을 물리칠 수 있기 때문이다.
이는 두 집의 굴뚝에서 연기가 함께 날 경우, 이 집의 연기는 동쪽
으로 나가고 저 집의 연기는 서쪽으로 나가다가 중간에서 서로 합
쳐지게 되면 동쪽으로도 서쪽으로도 가지 않고 위로 솟아올라가는
것과도 같은 것이니, 그 두 기운이 서로 버티면서 뻗어나가기 때문
이다.

일찍이 술서(術書)를 보니, 군중(軍中)에 역질이 돌면 죽은 사람의
시체를 모아서 불태우면 곧 역질이 그친다고 하였다. 또 이민명(李民
宬)의 『건주문견록(建州聞見錄)』을 보니, "호인(胡人)들은 역질이
돌면 반드시 그 마을을 빙 둘러서 나무를 쌓아놓고 불태우고는 '역기
(疫氣)가 불기운을 따라 흩어진다.'"라 하였다 하니, 이 말이 참으로
이치에 맞다. 그 뒤 서사(西士 서양 선교사)의 『직방외기(職方外記)』
를 보니,

"가아도국(哥阿島國) 사람들이 모두 역질을 앓고 있었는데, 어떤
명의가 나라 안팎에 두루 불을 크게 놓아 하루 밤낮을 태우게 했더
니 불이 꺼지면서 역질도 나았다. 대개 병이란 삿된 기운이 침입해
서 생긴 것이다. 불기운이 맹렬하면 모든 삿된 기운을 씻어낼 수
있으니 삿된 기운이 없어지면 병이 낫는 것은 또한 지극히 당연한
이치이다."

라 하였다. 이는 나의 평소 생각과 부합한다.

有氣者, 必以氣而禦之. 焚藥燒朮, 爲辟癘之方, 以其氣馥烈, 故能辟惡氣
矣. 如人兩家堗烟幷起, 此起而東, 彼起而西, 相合于中間, 則不東不西, 騰

而上焉, 以其氣相撑亙故也. 嘗觀術書, 軍中疫起, 取人死屍, 積而焚之, 疫卽止. 又見李民宬『建州聞見錄』:"胡人有疫, 則必環其里而積柴焚之, 云疫氣隨火而散." 此言儘有理. 後見西士『職方外記』有云:"哥阿島國人盡患疫, 有名醫令內外遍擧大火, 燒一晝夜, 火息而病亦愈. 盖疾爲邪氣所侵, 火氣猛烈, 能盪滌諸邪, 邪盡而疾愈, 亦至理也."云, 此與余平日所思相符矣.

마을에 역질이 들면 세속에서는 제사지내는 것을 꺼리면서, "부정(不淨)한 기운을 범해서는 안 된다. 게다가 향을 피우고 음식을 차리면 귀신을 불러들이게 된다."라 하는데, 이는 여항(閭巷)의 비루한 말이지 군자가 할 말이 아니다. 설사 역질의 귀신이 진짜로 있다고 하더라도, 귀신은 자기가 부류가 아니면 흠향하지 않는 법이니, 자기 선조를 제사지내는 데 무슨 문제가 있겠는가. 더구나 역질에는 귀신이 없음에랴! 또 향을 피우면 귀신을 불러들인다고 하는데, 이 또한 몹시 이치에 맞지 않는다. 역질을 물리치려고 태우는 약들이 모두 향의 종류이니, 대개 그 맑고 매운 기운이 능히 역질의 기운을 막을 수 있기 때문이다. 그런데 어찌 제사에서 태우는 향만 유독 역귀를 끌어들일 수 있단 말인가. 제사의 예(禮)는 향을 피워 강신(降神)하는 것보다 더 중대한 일이 없는데, 이를 행하지 않을 수 있겠는가.

鄰里有疫, 則俗忌祭祀曰:"不可以犯不淨之氣, 且焚香設食, 爲鬼神之招." 是委巷之陋談, 非君子所宜言. 假使疫信有鬼, 鬼不歆非類, 何妨於祭吾之先? 況疫無鬼乎! 又謂焚香引鬼, 此又無理之甚者. 辟癘焚藥, 皆是香屬, 盖其淸烈之氣, 能禦其氣故也. 何獨於祭祀之焚香, 獨能引疫鬼乎? 祭祀之禮,莫大於焚香降神, 其可不行乎?


요(堯)임금은 갑진년(B.C. 2357)이 원년(元年)이며, 21년이 되는
갑자년(B.C. 2337)에 오회(午會)의 초기에 들어서 바로 양명(陽明)
의 중간에 해당하였기 때문에 문물의 융성이 이 때에 아름다웠던
것이다. 그리고 지금 건륭(乾隆) 을축년(1745, 영조21)까지는 4,082
년이 지나 점차 음침(陰侵)하는 운세(運世)로 들어가고 있으니, 이
런 까닭에 세도(世道)가 점차 낮아지는 것이다.

　「선천도(先天圖)」를 보면, 자반(子半)으로부터 오반(午半)까지가
양(陽)이고, 오반으로부터 자반까지가 음(陰)이다. 오회(午會)의 기
간이 10,800년이니, 5,400년이 양회(陽會)가 되고 5,400년이 음회(陰
會)가 되는 것이다. 지금 오회가 남은 기간이 1,318년뿐이니, 어찌
침음(侵陰)한 세상이 아니겠는가. 지금 이후로는 다시 양(陽)이 일어
나는 세상이 없겠으니, 참으로 한탄스럽다.


堯甲辰元載, 而至卄一載甲子, 入午會[129]初, 正當陽明之中, 故文物之盛,

---

129　午會 : 우주가 생성하고 소멸하는 기간 중에서 가장 전성기로 하루의 한낮인
　　午時에 해당한다. 宋나라 邵雍에 의하면, 우주에는 元會運世가 있는데 12만
　　9600년이 1元이고, 1원은 다시 12會로 나뉜다. 따라서 1회는 1만 800년이
　　된다. 소옹의 「五帝吟」에 "五帝의 시대는 午時와 같아서, 문물을 밝힌 것이
　　매우 성대하였네. 고금의 세상에 이렇게 융성한 적이 없으니, 이 시기 지난
　　뒤로는 문득 이와 같지 않았네.〔五帝之時似日中 聲明文物正融融 古今世盛無
　　如此 過此其來便不同〕"라 하였다. 여기서 午會는 子會는 亥會에 이르는 十二
　　會의 한중간에 해당한다. 『擊壤集 卷13』

於斯爲美. 至于今乾隆乙丑四千八十二年, 漸入陰侵之運, 所以世道漸下也. 觀「先天圖」, 自子半至午半爲陽, 自午半至子半爲陰, 午會凡一萬八百年, 而五千四百年爲陽會, 五千四百年爲陰會, 今午會所餘一千三百一十八年, 則豈非侵陰之世耶? 自此以降, 更無興陽之世, 可勝歎哉!

옛날 세상은 양기(陽氣)가 순후(淳厚)해서 사람이 부여받은 기운 역시 독실(篤實)했었다. 그러므로 음유(陰柔)한 기운함이 기승을 부리지 못하여 악(惡)을 없애고 선(善)을 따르는 데 많은 힘이 들지 않았다.

풍기(風氣)가 날로 낮아져 음기(陰氣)가 점차 많아지면, 비록 선을 지향하는 사람이 있더라도 언제나 음유(陰柔)한 기운에 눌려 그의 양명(陽明)한 선을 제대로 배양할 수가 없게 되니, 양강(陽剛)한 군자가 아니고서는 음유한 기운에 눌리지 않을 자가 드물다.

古昔之世, 陽氣淳厚, 人之所禀亦篤實, 故不爲陰柔所勝, 去惡從善, 不須費力. 風氣日下, 陰氣漸多, 雖有向善之士, 常爲陰柔之氣所乘, 不能養其陽明之善. 自非陽剛之君子, 其不爲陰所乘者鮮矣.

풍기(風氣)는 때에 따라 열린다. 공공(共工)과 구려(九黎)의 난리가 양운(陽運)이 휴명(休明)하던 시절에 있었던 것은 밝은 대낮에도 어두워지는 일이 있는 것과 같은 이치가 아니겠는가. 지금 이후로는 비록 음(陰)으로 향하는 세상이 되지만 그렇더라도 해가 질 때에도 훈훈한 바람이 불고 따뜻한 햇살이 빛나는 것과 같은 세상이 어찌 없겠는가.

風氣隨時而開, 共工·九黎[130]之亂, 在陽運休明之世, 其猶朝晝之晦冥乎! 自今以往, 雖爲向陰之世, 亦豈無和風惠日于夕陽之時乎?

사람이 이 세상에 사는 것이 포말(泡沫)이나 환영(幻影)과 같은 것이다. 요순(堯舜)은 상고(上古) 시대의 성인이지만 그 햇수를 세어 보면 겨우 4천 년 전의 사람에 불과하다. 1원(元)의 129,600년으로 계산해보면 요순 이전에도 몇 천, 몇 만 년이 흘러갔는지 모를 일인데, 허다한 성현들의 이름이 인몰(湮沒)하여 전해지지 않는다. 그리고 요순의 이후로도 또 몇 천, 몇 만 년의 세월이 흘러갈지 모를 일이니, 장래에 이름을 남길 자는 필시 요순·공맹(孔孟)·정주(程朱) 같은 사람 정도에 불과할 것이며, 그 이외는 모두 눈 녹듯이 사라져버릴 것이다. 등우(鄧禹)가 "공명(功名)을 죽백(竹帛)에 남긴다."고 한 말은 어쩌면 그리도 비루(卑陋)한가!

옛사람이 말하기를,

"부모께서 온전하게 낳아주셨으니, 자식이 온전히 보전하여 돌아간다."

라 하였다. 선비 된 이는 응당 자기 분수 안의 일을 잃지 않아서, 헛되이 일생을 보내지 않도록 하면 될 따름이다. 명성이 나에게 무

---

130 共工·九黎 : 공공은 舜임금 때 四凶 중 한 사람이다. 『書經』「舜典」에 "순임금이 共工을 유주로 유배하고 환도를 숭산에 유치하고 삼묘를 삼위로 쫓아내고 곤을 우산에 가두어 놓으니, 천하가 다 복종하였다.〔流共工于幽洲, 放驩兜于崇山 竄三苗于三危, 殛鯀于羽山, 四罪, 而天下咸服.〕"라 하였다. 『國語』에 "少昊氏가 쇠하자 九黎가 德을 어지럽혔다."라 하였다.

슨 상관이겠는가.-이상은 모두 『잡록』이다.-


人生斯世, 等是泡幻. 堯舜爲上古之聖人, 而數其年則不過是四千年前人.
以一元十二萬九千六百之數計之, 則堯舜之前, 不知其爲幾千萬歲, 而許多
聖賢名, 湮沒不傳. 堯舜之後, 又不知其爲幾千萬歲, 後來之留名, 必不過堯
舜孔孟程朱若而人矣, 其他皆見睍而消矣. 鄧禹所謂垂功名於竹帛[131]者, 何
其陋哉! 古人曰: "父母全而生之, 子全而歸之.[132]" 爲士者當不失自己分內
事, 免敎虛作百年身而已. 名於我何哉!-右, 並『雜錄』-


---

**131** 鄧禹……竹帛 : 등우는 後漢 사람으로, 13세에 長安에 유학할 때 후일에 光
武帝가 되는 劉秀를 만나 절친하게 지냈다. 그 후 광무제가 擧兵하여 河北에
있다는 풍문을 듣고 찾아가자 광무제가 매우 기뻐하여 말하기를, "나는 마음
대로 관직을 줄 수 있는 힘이 있다. 그대가 멀리서 나를 찾아온 것은 벼슬을
하고 싶어서인가?"라 하니, 등우가 대답하기를, "벼슬은 원치 않습니다."라
하였다. 광무제가 묻기를, "그렇다면 무엇을 하고 싶은가?"하니, 등우가
대답하기를, "단지 明公의 威德이 四海에 베풀어지기를 바라고, 제가 작은
힘이나마 다하여 功名을 竹帛에 남기고 싶을 따름입니다."라고 하였다.『後
漢書 권16 鄧禹傳』

**132** 父母……歸之 : 曾子의 제자인 樂正子春이 "부모가 온전하게 낳아 주셨거든
자식이 온전히 보전하여 돌아가야 효라 이를 수 있고, 그 육체를 훼손하지
않으며 그 몸을 욕되게 하지 않아야 온전하다고 할 수 있다.〔父母全而生之,
子全而歸之, 可謂孝矣. 不虧其體, 不辱其身, 可謂全矣.〕"라 하였다.『禮記
祭義』

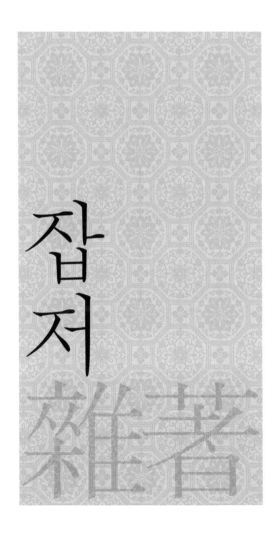

잡저

雜著

# 1. 약규
約規

재장(齋長) 1인 -약(約) 중에서 사석(師席)을 감당할 만한 자로 하되, 그런 사람이 없으면 부장(副長) 중에서 연고(緣故)가 없는 자가 담당한다.-

齋長一人 -約中堪當師席者爲之. 如無其人, 副長之無故者當之.

부장(副長) 2인 -약(約) 중에서 나이가 많고 문학(文學)이 있는 자를 추천한다. 재장이 연고가 있으면 약사(約事)를 대행한다.-

副長二人 -推約中年長有文學者爲之, 齋長有故則代行約事.-

도강(都講) 2人 -약(約) 중에서 재학(才學)이 있는 자를 추천해서 한다.-

都講二人 -推約中有才學者爲之.-

유사(有司) -도강 혹은 직월이 이를 겸임한다.-

有司 -都講或直月兼之.-

직월(直月) 1人 -약(約) 중에서 재실(齋室) 가까이 사는 자를 추천한다. 모든 회합 때 청소와 준비 등을 관장하되 한 달 주기로 바꾼다.-

直月一人 -推約中近齋室者爲之. 凡諸會時, 掌灑掃鋪陳等事, 周月相遞.-

사령(使令) 1인 -직월의 분부를 들어서 시행한다.-

使令一人 -聽直月分付施行.-

기명적(記名籍) -세상에서 말하는 좌목(座目)이다. 약원(約員)의 성관(姓貫)·명자(名字)·연기(年紀) 등을 모두 기록해 넣어야 한다. 사자(士子)나 서인(庶人)을 막론하고 문학이 있는 자는 모두 들어올 수 있도록 허락한다.-

記名籍 -俗所謂座目也. 約員姓貫名字年紀, 皆當入錄, 勿論士庶, 有文學者, 皆當許入.-

기선적(記善籍) -직월이 약원들 중 선행(善行)을 한 자를 살펴서 기록한다.-

記善籍 -直月察約員有善者記之.-

기과적(記過籍) -직월이 약원들 중 과실이 있는 자를 살펴서 기록한다.-

記過籍 -直月察約員有過者記之.-

## 2. 선
### 善


아침 일찍 일어나고 밤늦게 잠자리에 든다

의관을 정돈한다

단정히 앉아서 글을 읽는다

어른에게 읍양(揖讓)한다

부형을 공경하여 섬긴다

차분하고 천천히 걷는다

언어를 신중히 한다

사람을 공근(恭謹)히 접한다

충신으로 벗을 대한다

남의 과실(過失)을 말하지 않는다

나라의 정치를 말하지 않는다

착한 일을 보면 반드시 본받아 실천한다

과실을 들으면 반드시 고친다

분노를 다스리고 욕심을 막는다

음악과 여색을 물리쳐 멀리한다

남을 인도하여 착한 일을 하게 한다

남의 과실을 바로잡아 준다

남의 악을 숨겨주고 선을 드러낸다


夙興夜寐 整頓衣冠 端坐讀書 揖讓長老

敬事父兄 行步安徐 言語愼重 接人恭謹

待友忠信 毋談人過 毋論國政 見善必行

聞過必改 懲忿窒慾 放遠聲色 導人爲善

規人過失 隱惡揚善

## 3. 과
### 過

나태하고 방종함

행동거지가 거칠고 경솔함

옷차림이 단정하지 못함

남과 싸우기를 좋아함

친구를 꾸짖고 욕함

나이 많고 점잖은 이를 함부로 대함

언론이 괴상함

남의 장단점을 논함

나라의 정사를 함부로 말함

호기를 부려 남을 능멸함

자기 허물을 듣기를 좋아하지 않음

대면하여 언약하고 돌아서서 저버림

자기 단점을 감싸고 과실을 숨김

자기를 높이고 남을 깔봄

희롱하는 말로 남을 놀림

말이 가볍고 조급함

여색에 대해 평론함

잡기를 좋아함

자기보다 나은 이를 시기하고 헐뜯음

터무니없는 말을 만듦

怠惰放肆 擧止粗率 衣帶倡披 好尙鬪狠

罵詈儕友 侮慢齒德 言論詭異 論人長短

妄論政事 使氣凌人 不樂聞過 面約背負

護短匿過 自高卑人 戱言弄人 言語輕躁

評論女色 好着雜技 猜毁勝己 興訛造戱


살펴보건대, 삼대(三代) 때 사람을 가르치고 좋은 풍속을 이룩한 것
은 모두 배움에 달려 있었는데, 후세에 와서는 교학(敎學)이 밝지
못했다. 우리나라는 학정(學政)을 정비하지 않은 것은 아니지만,
지금은 점차 무너져서 이른바 문교(文敎)란 것이 단지 과거 공부에
불과하고, 조정에서 권면하고 독려하는 것도 사부(詞賦)와 변려문
(騈儷文)에 불과하니, 실용을 찾는다면 말할 만한 것이 없다. 우리
유자(儒者)의 학문은 수기(修己)와 치인(治人)에 지나지 않으니,
여기에서 얻는 것이 없다면 비록 자연을 읊조린 아름다운 구절이라
한들 실용에 무슨 소용이 있겠는가.

　나라가 이미 이로써 과거에서 사람을 뽑아 발신(拔身)할 방도는
역시 이보다 나은 이 없고 보면, 그저 시속(時俗)을 따라야겠지만,
사군자(士君子)가 뜻을 세우는 일이 어찌 여기에 있겠는가. 오늘의
약헌(約憲)은 오로지 옛 성현의 실용의 학문을 추구해야 할 뿐이다.
주자(朱子)가 가감(加減)·증보(增補)한 향약(鄕約)은 만세를 두고
반드시 실행해야 할 표준이니 의당 이를 지켜 실천해야 하거니와,
이제 별도로 학약(學約) 한 조목을 마련하여 아래에 조목조목 열거하
니, 우리 고을 사람들은 힘써야 할 것이다.

按三代之所以教人成俗，皆在於學，而後世教學不明．我朝學政非不修擧，今則漸致頹廢，所謂文教，不過科學，朝廷所以勸督，亦不過於詞賦騈侶之文．求其實用，無可言者．吾儒之學，不過修己治人．於此而無得焉，則雖風雲月露之句，何所取於實用乎？國家旣以此取人，而拔身之資，亦無過於此，則只當應俗隨行，而士君子立心，豈在於是乎？今日約憲，唯當求古聖賢實用之學而已．朱子增損鄕約，爲萬世必可行之䂓，此當服行，而今別具學約一條，條列于下．吾黨其勉之哉！

# 4. 삼외

## 三畏

공자(孔子)가 말하기를,

"군자는 세 가지 두려워하는 것이 있으니, 천명(天命)을 두려워하며-하늘이 지선(至善)한 이치로써 나에게 명하였다. 그런데 그 법칙을 잃고 악에 빠져든다면 그것이 어찌 하늘이 나에게 명한 뜻이겠는가. 어찌 두렵지 않으리오.- 대인(大人)을 두려워하며-대인은 도(道)가 확립되고 덕(德)이 성취된 분이니, 그런 분이 하신 일은 모두 하늘을 본받아 실행하신 것이다. 그러니 이를 본받아 두려워하지 않을 수 있겠는가.- 성인(聖人)의 말씀을 두려워한다.-성인의 말씀은 또한 모두 천리(天理)가 있는 곳이며 천명(天命)이 유행(流行)하는 것이니, 당연히 이를 따라 실천해야 한다. 그런데 만약 성인의 말씀에 어긋남이 있으면 천명을 거스르고 인욕(人欲)을 따르는 것이다. 어찌 두렵지 않겠는가.-"

라 하였다.

○ 또 말하기를,

"소인(小人)은 천명을 알지 못하여 두려워하지 않는지라,-소인은 아는 것이 없으므로 기탄(忌憚)할 줄을 모르며, 천명이 선한 줄을 모르고 단지 인욕(人欲)을 따를 줄만 안다.- 대인(大人)을 우습게 알고,-소인은 대인의 덕을 모르기 때문에 공경하고 사랑할 줄을 모르고, 도리어 자기와 다르다고 하여 업신여긴다.- 성인의 말씀을 업신여긴다.-후세의 소인들은 성인의 말씀이 구구절절 실천할 만한 줄 모르고 도리어 오활(迂闊)하다 여겨 따르지 않으니, 그 업신여김이 이보다 더 심한 것이 있겠는가?-"

라 하였다.

孔子曰: "君子有三畏, 畏天命.-天以至善之理, 命於我者, 失其則而流於惡, 豈天命我之意乎? 豈不可畏!- 畏大人,-大人是道立德成之人, 其所猷爲, 莫非法天而行, 則其可不效法而畏之乎?- 畏聖人之言."-聖人之言, 亦莫非天理之所在, 天命之流行也. 當循循服行, 於此而有違, 則悖天命而循人欲也. 豈不可畏哉?-○"小人不知天命而不畏也,-小人無知識而不知忌憚, 不知天命之善, 而徒知循於人欲.- 狎大人,-小人不識大人之德, 而不知敬愛, 反以不與己同而侮忽之.- 侮聖人之言.-後世小人, 不知聖言之節節可行, 反以爲迂闊而不從, 其侮孰甚?-"

생각건대, 사람이 사람인 까닭은 마음이 있기 때문이다. 그런데 마음을 잘 근속(謹束)하지 않고 자기의 사욕만을 따른다면 금수(禽獸)와 큰 차이가 없을 것이다. 그래서 군자는 늘 마음을 일깨워 맑은 상태를 유지하는 것이다.

按人之所以爲人, 有此心也. 此心無所檢攝而唯己之從, 則其違禽獸不遠矣. 是以, 君子常常提醒此心, 使常惺惺.

## 5. 삼계
三戒


공자가 말하기를,

"군자는 세 가지의 경계할 것이 있다. 젊을 때는 혈기(血氣)가 안정
되지 못했으므로 여색(女色)을 경계해야 하고,-나이 젊어 정력이 왕
성하기 때문에 색욕(色欲)을 금하기 어렵다. 만약 이러한 때에 경계할 줄을
모른다면, 작게는 몸을 망치고 목숨을 잃으며, 크게는 이름을 망치고 몸이
욕되게 된다.- 혈기가 바야흐로 왕성할 때는 다툼을 경계해야 하
고,-한창 때는 혈기가 왕성하여 분노에 격동(激動)하기 쉬우니 이를 절제
하여 극복해야 한다.- 노년에 이르러서는 혈기가 쇠퇴하니 이득(利
得)을 경계해야 한다.-사람들이 젊었을 때는 혈기가 쇠퇴하지 않아, 선
(善)을 실천하고 명예를 추구하는 것이 조금 볼 만한 것이 있다가, 정력이
쇠퇴하게 되면 후사(後嗣)에 대한 생각이 절실하기 때문에 공리(功利)을
따지고 좋아하는 생각을 떨치지 못한다. 이것이 경계해야 할 바이다.-"
라 하였다.


子曰:"君子有三戒. 少之時, 血氣未定, 戒之在色;-年少精壯, 色欲難禁. 若於
此時不知戒, 則小則喪身殞命, 大則敗名辱身.- 血氣方剛, 戒之在鬪;-剛壯之年,
血氣方旺, 易激于忿. 當節制而克之.- 及其老也, 血氣旣衰, 戒之在得.-凡人少時
血氣未衰, 爲善爲名, 稍有可觀, 及其精力衰歇, 計切後嗣, 未免有計功近利之意. 此
所當戒也.-"

생각건대, 군자는 마음을 세움에 마땅히 지기(志氣)를 확립하여 혈기를 제어해야 하니, 그래야 비로소 부끄러움을 면할 수 있을 것이다.

按君子立心, 當以志氣爲主, 御其血氣, 然後可以無愧矣.

## 6. 사물

四勿


안연(顏淵)이 극기(克己)의 조목을 물으니, 공자(孔子)가 말하기를,
"예(禮)가 아니면 보지 말며,-삿된 빛깔을 눈으로 보지 않는 것이다.-
예(禮)가 아니면 듣지 말며,-음란한 소리를 귀로 듣지 않는 것이다.-
예(禮)가 아니면 말하지 말며,-선왕(先王)이 말씀한 법언(法言)이 아
니면 말하지 않는 것이다.- 예(禮)가 아니면 행동하지 말아야 한다.-선
왕의 법행(法行)이 아니면 행동하지 않는 것이다.-"
라 하였다.


顏淵問克己之目, 子曰:"非禮勿視,-目不視邪色.- 非禮勿聽,-耳不聽淫聲.- 非
禮勿言,-非先王之法言, 不言.- 非禮勿動.-非先王之法行, 不行.-"


생각건대, 군자의 학문은 요컨대 자신의 사욕을 극복하여 제거하는
것에 불과하니, 자신의 사욕을 극복하지 못하면 인욕(人欲)이 횡행
하여 천리(天理)가 소멸한다. 따라서 반드시 보고 듣고 말하고 행동
하는 데에서 힘을 들여 체험해야 한다.


按君子爲學, 要不過克去己私. 己私不克, 則人欲橫而天理滅矣. 必就視聽
言動上用工體驗之.

## 7.  삼귀
### 三貴


증자(曾子)가 말하기를,

"군자가 귀중히 여겨야 할 도(道)가 세 가지가 있으니, 용모(容貌)를 움직일 때는 거칠고 방만함을 멀리하며,-용모란 몸 전체를 통틀어서 말한 것이니, 모든 행동이 예(禮)에 맞아서 난폭하거나 설만(褻慢)함이 없게 하고자 함이다.- 안색(顏色)을 바로잡을 때는 진실함에 가깝게 하며,-안색은 얼굴에 나타나는 것이니, 반드시 마음 속이 진실하여 조금의 가식도 없어야 한다.- 말을 할 때는 비루하거나 도리에 위배됨을 멀리해야 한다.-이는 언어를 가지고 말한 것이다. 말이 만약 사리에 맞지 않고 논리가 서지 않는다면 비루하거나 도리에 어긋나는 데로 빠지기 쉬울 것이다.-" 라 하였다.

曾子曰: "君子所貴乎道者三, 動容貌, 斯遠暴慢矣;-容貌擧一身而言, 欲其周旋中禮, 無暴戾褻慢.- 正顏色, 斯近信矣;-色是見于面者, 必忠實愿愨, 無一毫假飾.- 出辭氣, 斯遠鄙倍矣.-此以言語言. 若不順理成章, 則易流鄙倍矣.-"


생각건대, 이 세 가지는 모두 몸을 닦는 요령(要領)이다. 만약 평소에 마음속에 삼가고 조심하여 성찰하는 바가 있지 않는다면 매사가 잘못될 것이다.

按三者皆修身之要, 而若於平日不敬謹於心而有所省察, 則隨事顚錯矣.

## 8. 구용

九容


『예기(禮記)』「옥조(玉藻)」에,

"발의 모양은 무거워야 하며,-차분하여 가볍게 발을 놀리지 않고자 하는
것이다. 발은 일신(一身)을 받치고 있기 때문에 아홉 가지 자세 중에 제일
먼저 말한 것이다.- 손의 모양은 공손해야 하며,-단정하게 손을 맞잡고
가벼이 놀리지 않고자 하는 것이다.- 눈의 모양은 단정해야 하며,-시선
을 단정히 하여 곁눈질하지 않고자 하는 것이다.- 입의 모양은 다물어야
하며-입술을 단정히 다물어 말을 함부로 하지 않고자 하는 것이다.- 말소
리의 모양은 고요해야 하며,-말소리가 편안하고 중후하여 거칠고 사납
지 않고자 하는 것이다.- 머리의 모양은 곧아야 하며,-머리는 몸 가운데
가장 위에 있으므로 바르고 곧아서 기울어지지 않아야 한다.- 호흡의 모양
은 엄숙해야 하며,-호흡은 안정되어야 하며 헐떡거리거나 고르지 않아서
는 안 된다.- 서 있는 모양은 덕스러워야 하며,-단정하고 엄숙한 자세
로 바르게 서서 덕(德)이 있는 자의 기상과 같아야 한다.- 얼굴빛은 장경(莊
敬)해야 한다.-공경한 자세를 지켜 나태한 기색을 보이지 않아야 한다.-"
라 하였다.


「玉藻」曰："足容重,-欲其安徐不輕擧也. 足爲一身所載, 故九容居先.- 手容恭,-欲
其端拱不輕弄也.- 目容端,-欲其瞻視端正不邪視也.- 口容止,-欲其脣吻端正, 言語
不妄.- 聲容靜,-欲其聲必安重不粗暴也.- 頭容直,-頭居一身之首, 當端直不傾側.-
氣容肅,-鼻息當安靜, 不當喘急不均.- 立容德,-當端肅正立, 類有德者氣象.- 色容

莊.-當莊敬自持, 不示惰慢之色.-"

생각건대, 구용(九容)은 위의(威儀)가 밖으로 드러난 것이다. 진실로 이 마음속에 경(敬)을 지킴이 없다면 바깥으로 드러난 모습이 어찌 이러할 수 있겠는가. 초학자(初學者)가 먼저 힘써야 할 바이다.

按九容, 威儀之著于外者也. 苟無此心存敬于中, 外豈能如是乎? 初學所可先.

## 9. 구사
九思

공자가 말하기를,

"군자는 아홉 가지 생각하는 것이 있다. 볼 때는 밝게 볼 것을 생각하며,-내 마음에 간직하는 것이 경건하면 눈으로 보는 것이 밝아진다.- 들을 때는 밝게 들을 것을 생각하며,-내 마음에 간직하는 것이 전일(專一)하면 귀로 듣는 것이 밝아진다.- 얼굴빛은 온화할 것을 생각하며,-이는 안색에 나타난 것이니, 사람이 내면에 충신(忠信)한 마음이 없으면 난폭한 기색이 바깥에 나타나고, 마음 속에 진실함이 있으면 얼굴빛이 절로 온화해진다.- 용모는 공손하게 가질 것을 생각하며,-용모란 몸 전체를 주로 하여 말한 것이다. 동용주선(動容周旋)이 예(禮)에 맞으면 저절로 공손해져서 태만함이 없어진다.- 말은 충실할 것을 생각하며,-마음에 가진 것이 신실하면 나오는 말이 진실해진다.- 일할 때는 공경스러울 것을 생각하며,-마음에 주재(主宰)하는 것이 전일하면 일을 하는 것이 공경스러워진다.- 의심이 나면 물을 것을 생각하며,-의심이 나면 늘 물을 것을 생각하는 것은 내 마음에 미처 알지 못한 것을 알아서 의문을 풀려는 것이다.- 분할 때는 곤란이 생길 것을 생각하며,-분한 일이 있을 때 앞으로 곤란한 일이 생길 것을 늘 생각하는 것은 불편한 나의 마음을 진정하여 분노를 풀려는 것이다.- 이득을 보면 그것이 정당한가를 생각한다.-얻음은 이익이 그 안에 있는 것이다. 무엇을 얻을 수 있을 될 때에는 반드시 그것이 의리에 합당한지를 생각해서 취사(取捨)해야 한다.-"

라 하였다.

孔子曰: "君子有九思. 視思明,-吾心之所存者敬則明.- 聽思聰,-吾心之所存者一則聰.- 色思溫,-此見于顏色者. 人無忠信之心存乎中, 則暴戾之色, 見於外, 心存忠信, 則色自溫矣.- 貌思恭,-貌主一身而言. 動容中禮, 則自恭而無惰慢.- 言思忠,-心之所存者信, 言之所發者忠.- 事思敬,-心之所主者一, 事之所執者敬.- 疑思問,-疑常思問, 欲以通吾心之未通而解其疑.- 忿思難,-忿常思難, 欲以平吾心之不平而寬其意.- 見得思義.-得者利之所在也. 當可得之時, 必思其合於義理之當否而取舍之也.-"

생각건대, 군자가 마음 쓰는 것은 이치를 아는 것일 뿐인데 실제 마음 쓰는 것은 사물에 있으니, 오직 사물의 이치가 옳은지 그른지를 생각하여 실행해야 한다. 구용(九容)은 외면에 있고 구사(九思)는 내면에 있는데 모두 '경(敬)' 한 글자를 벗어나지 않으니, 이것이 이천(伊川)의 「사물잠(四勿箴)」에 말한 '외면을 제어하는 것이 내면을 함양(涵養)하는 바이다.'라는 것이다.

按君子用心, 惟其理而已. 其用在事, 惟當思其理之是非而行之也. 九容存乎外, 九思存乎內, 而皆不出敬之一字. 此所謂制於外, 所以養其內者也.

10. 「백록동규」-주자가 지은 것이다.-

「白鹿洞規」[133]-朱子所作.-

아비와 자식 사이에는 친함이 있으며

임금과 신하 사이에는 의리가 있으며

남편과 아내 사이에는 분별이 있으며

어른과 아이 사이에는 질서가 있으며

벗 사이에는 신의가 있다

父子有親 君臣有義 夫婦有別 長幼有序 朋友有信

이상은 오교(五敎)의 조목이다. 요순(堯舜)이 설(契)로 하여금 사
도(司徒)가 되어 경건히 오교를 펴게 한 내용이 바로 이것이다. 배
우는 이는 이를 배울 뿐인데, 그 배우는 순서에 또 다섯 가지가 있
으니, 그 구별이 아래와 같다.

右, 五敎之目. 堯舜使契爲司徒, 敬敷五敎[134], 卽此是也. 學者學此而已, 其

---

133 「白鹿洞規」: 朱熹가 만든 白鹿洞書院의 學規로 원제목은 「白鹿洞書院揭示」
　　이다. 『朱子大全 권74 雜著 白鹿洞書院揭示』
134 舜使……五敎 : 『書經』 「舜典」에 "帝가 이르기를 '설아! 백성이 친목하지 않
　　고 五品이 순하지 않으므로 너를 司徒로 삼노니, 공경히 다섯 가지 가르침을
　　펴되 너그럽게 하라.' 하였다.[帝曰 : 契, 百姓不親, 五品不遜, 汝作司徒, 敬

所以學之之序, 亦有五焉, 其別如左.

널리 배우며

자세히 물으며

신중히 생각하며

분명히 분변하며

독실히 실행한다

博學之 審問之 愼思之 明辨之 篤行之

이상은 배움의 순서이다. 배우고, 묻고, 생각하고, 분변하는 네 가
지는 이치를 궁구(窮究)하는 방법이다. 그러나 독실히 실천하는〔篤
行〕 일로 말하면 수신(修身)으로부터 처사(處事)와 접물(接物)에
이르기까지 또한 각기 요령(要領)이 있다. 그 구별이 아래와 같다.

右, 爲學之序. 學問思辨四者, 所以窮理也. 若夫篤行之事, 則自修身以至於
處事接物, 亦各有要. 其別如左.

말은 충신하며

행실은 독경하며

분노를 다스리고 욕심을 막으며

---

敷五敎, 在寬.〕"라 하였다.

# 선으로 옮겨가고 잘못을 고친다

言忠信 行篤敬 懲忿窒慾 遷善改過

-이상은 수신의 요령(要領)이다.-
-右, 修身之要.-

그 의(義)를 바르게 지키고 이익을 꾀하지 않으며
도리를 밝힐 뿐 그 공리(功利)를 계산하지 않는다

正其誼不謀其利 明其道不計其功

-이상은 처사(處事)의 요령(要領)이다.-
-右, 處事之要.-

자신이 하기 싫은 바를 남에게 베풀지 않으며
행하고도 뜻대로 안 되는 것이 있으면 자신에게 돌이켜 까닭을 찾
는다.

己所不欲勿施於人 行有不得求諸己

-이상은 접물(接物)의 요령이다.-
-右, 接物之要.-

희(熹)는 삼가 보건대 옛날의 성현들이 사람으로 하여금 학문하게 한 뜻은 그들로 하여금 의리(義理)를 강론하여 밝힘으로써 그 자신을 닦은 뒤에 이를 미루어 남에게 미쳐 가도록 했던 것이니, 단지 글을 읽고 기억하여 문장을 지음으로써 명성과 이록(利祿)을 얻게 하고자 한 것이 아니었다.

오늘날 사람들이 학문하는 것은 이미 이와 상반된다. 그러나 성현이 사람을 가르친 방법은 경서에 갖추어져 있으니, 뜻이 있는 선비는 진실로 익숙히 읽고 깊이 생각하고 묻고 분변해야 할 것이다. 진실로 그 이치가 마땅히 그러해야 하는 것임을 알아서 반드시 그렇게 하도록 그 자신을 책려(責勵)한다면, 법규와 금방(禁防)의 제도는 어찌 다른 사람이 설치하기를 기다린 뒤에 지키고 따르겠는가.

근세에 학교에 학규(學規)가 있었으나 배우는 사람들에게 요구하는 기준이 너무 얕았고 그 법이 게다가 반드시 고인(古人)의 뜻은 아니었다. 그러므로 지금 이 학당에서는 다시 시행하지 않고 단지 성현들이 사람들로 하여금 학문하게 했던 큰 단서를 취하여 이상과 같이 조목조목 열거하여 문미(門楣)에 걸어두노니, 제군들은 서로 더불어 그 뜻을 강명(講明)하고 준수하여 그 자신에게 책려한다면 무릇 사려하고 언동(言動)할 때 계신(戒愼)하고 공구(恐懼)하는 바가 반드시 세상의 학규보다 더 엄할 것이다. 그렇지 못하여 혹 이 말을 따르지 않는다면 세상의 학규를 반드시 가져와 쓸 것이요, 진실로 그만두고 말지 않을 터이니, 제군들은 유념하라!

熹竊觀古昔聖賢所以敎人爲學之意, 莫非講明義理, 以修其身然後, 推以及人, 非徒欲其務記覽爲詞章, 以釣聲名取利祿而已. 今之爲學者, 旣反是矣,然聖賢所以敎人之法, 具存於經, 有志之士, 固當熟讀深思而問辨之, 苟知理之當然而責其身以必然, 則夫規矩禁防之具, 豈待他人設之而後, 有所持循哉? 近世於學有規, 其待學者, 爲己淺矣, 而其爲法, 又未必古人之意也, 故今不復施於此堂, 而特取凡聖賢所以敎人爲學之大端, 條列如右而揭之楣間, 諸君相與講明遵守而責之於身焉, 則夫思慮云爲之際, 其所以戒謹恐懼者, 必有嚴於彼者矣. 其有不然而或出於禁防之外, 則彼所謂規者, 必將取之, 固不得而畧也, 諸君其念之哉!

## 11.  진서산의 「교자재규」
### 眞西山「敎子齋規」


1. 학례(學禮) -부모나 선생이 말씀을 하면 응답하며, 일을 하게 하면 일을 하되, 태만하거나 자기 뜻대로 해서는 안 된다.-

一. 學禮 -父母及先生與之言則應, 敎之事則行, 毋得怠慢, 自行己意.-

2. 학좌(學坐) -자세를 바로 하여 단정히 앉으며 다리를 가지런히 하고 손을 모아서 거둔다. 다리를 구부리거나 엎드리거나 등을 기대거나 드러눕거나 삐딱하게 앉아서는 안 된다.-

二. 學坐 -正身端坐, 齊脚斂手, 毋得伏靠背, 偃仰傾側.-

3. 학행(學行) -손을 거두어 소매 속에 넣고 천천히 걸어야 하며, 팔을 흔들거나 발을 껑충껑충 디뎌서는 안 된다.-

三. 學行 -籠手徐行, 毋得掉臂跳足.-

4. 학립(學立) -공수(拱手)하고 몸을 바르게 세워야 하며, 한쪽 발로 서거나 삐딱하게 서서는 안 된다.-

四. 學立 -拱手正身, 毋得跂倚攲斜.-

5. 학언(學言) −박실(樸實)하게 말해야 하며, 망녕되거나 허탄해서는 안 된다. 말소리는 나지막하고 작아야 하며, 소리 지르거나 떠들어서는 안 된다.−

五. 學言 −樸實語事, 毋得妄誕. 低細出聲, 毋得呼噪.−

6. 학읍(學揖) −머리를 숙이고 허리를 굽혔다가 출성(出聲)하면서 손을 놓되, 경솔하거나 방만(放漫)해서는 안 된다.−

六. 學揖 −低頭屈腰, 出聲放手, 毋得輕擧慢易.−

7. 학송(學誦) −글자를 보고 구두를 끊어 천천히 읽되, 글자마다 분명하게 읽어야 하고, 이리 저리 눈을 굴리거나 손으로 물건을 만지작거려서는 안 된다.−

七. 學誦 −看字斷句漫讀, 須要字字分明, 毋得目視東西, 手弄他物.−

8. 학서(學書) −종이를 펼쳐놓고 붓을 잡아서 쓰되, 글자는 단정하고 깨끗하게 써야지 경솔하게 마구 써서는 안 된다.−

八. 學書 −展紙把筆, 字要齊整圓潔, 毋得輕易糊塗.−

# 12. 정(程)·동(董) 두 선생의 학칙

程·董二先生學則.[135]

삭망(朔望)의 의식을 엄격히 한다 -먼동이 트면 모두 일어나서 세수하고 머리를 빗고 의관을 갖추되 심의(深衣)나 양삼(涼衫)을 입는다. 당(堂)에 오르면 사장(師長)이 제자들을 거느리고 선성(先聖)의 화상(畫像)이나 소상(塑像) 앞에 나아가서 재배(再拜)하고 분향한 다음 재배하고 물러난다. 사장이 서남쪽을 향하여 서면 제생(諸生)들이 차례로 동북쪽을 향하여 재배하고, 사장은 선 채로 읍(揖)한다. 제생들 중 연장자 한 사람이 앞으로 나와서 치사(致辭)를 하고 마치면 다시 재배한다. 사장이 당으로 들어가면 제생들이 차례로 둘러서서 두 번 절하고 물러나서 각자 책상 앞에 간다.-

嚴朔望之儀 -昧爽咸起, 盥櫛衣冠, 着深衣或涼衫. 升堂, 師長率弟子, 詣先聖像前, 再拜焚香訖, 再拜退. 師長西南向立, 諸生以次東北向再拜, 師長立而揖之. 諸生長者一人前致辭, 訖, 又再拜. 師長入于堂, 諸生以次環立再拜退, 各就案.-

새벽과 저녁의 의식을 삼가서 한다 -매일 제생들이 당에 올라가 차례로 서서 사장(師長)이 나와 서기를 기다렸다가 모두 읍(揖)하고, 다음에는 차례대로 두 줄로 나뉘어 서서 서로 읍하고 물러난다. 밤이 되면 아침과 마찬

---

**135** 程·董二先生學則 : 南宋 때 성리학자인 程端蒙이 董銖와 함께 편찬한 학칙이다.

가지로 들어가서 절한다. 회강(會講)과 회식다(會食茶)를 전처럼 한다. 아침에 읍할 때와 회강할 때는 심의(深衣)나 양삼(涼衫)을 입으며, 나머지는 도배자(道褙子)를 입는다.-

謹晨昏之令 -常日諸生升堂序立, 候師長出戶立定, 皆揖, 次分兩序相揖而退. 至夜, 入拜如朝. 會講會食茶如前. 朝揖會講, 以深衣或涼衫, 餘以道褙子.-

거처(居處)할 때는 반드시 공손한 자세를 갖춘다 -거처는 일정한 곳이 있는데, 나이에 따라 차례로 앉는다. 앉을 때는 언제나 반드시 꼿꼿한 자세로 반듯하게 앉으며, 두 다리를 뻗고 앉거나 비스듬히 기대어 앉거나 다리를 꼬고 앉거나 발을 떨어서는 안 된다. 잠자리에는 반드시 어른보다 나중에 들며, 남의 잠자리를 넘어 건너편 사람과 말해서는 안 되며, 낮에는 잠을 자서는 안 된다.-

居處必恭 -居有常處, 序坐以齒. 凡坐必直身正體, 毋箕踞傾倚, 交脛揩足. 寢必後長者, 隔寢勿言, 當晝勿寢.-

걸음걸이와 서있는 모습을 반드시 바르게 한다 -걸음을 반드시 천천히 걷고, 서 있을 때는 반드시 공수(拱手)하며, 반드시 어른의 뒤를 따른다. 높은 분을 등지지 않으며, 문지방을 밟지 않으며, 비스듬히 서지 않는다.-

步立必正 -行必徐, 立必拱, 必後長者. 毋背所尊, 毋踐閾, 毋跂倚.-

보고 듣는 자세를 반드시 단정하게 한다 -곁눈질하여 보지 않으며, 귀

를 기울여 듣지 않는다.-

視聽必端 -毋淫視, 毋傾聽.-

말을 반드시 조심해서 한다 -말을 자세히 살펴서 하며, 응낙(應諾)을 신중히 하며, 목소리를 엄숙히 할 것이요, 경솔하거나 허탄한 말을 하지 않으며, 농담을 하거나 시끄럽게 떠들지 않으며, 향리(鄕里) 인물의 장단점이나 시장거리의 무익하고 비속한 일을 말하지 않는다.-

言語必謹 -致詳審, 重然諾, 肅聲氣, 毋輕毋誕, 毋戲謔喧嘩, 毋及鄕里人物長短市井鄙俚無益之談.-

용모를 반드시 공경하게 한다 -단정하고 공경하며 중후(重厚)하게 할 것이요, 경솔하고 방자하게 굴지 않으며, 거칠게 호기를 부리거나 사납게 오만을 떨지 않으며, 가볍게 기뻐하거나 노하지 않는다.-

容貌必莊 -端莊凝重, 勿輕易放肆, 勿麤豪狠傲, 勿輕有喜怒.-

의관을 반드시 단정하게 한다 -괴상하거나 화려한 복장을 착용하지 않으며, 때 묻거나 떨어지거나 소홀한 복장을 착용하지 않는다. 평상시에도 웃옷을 벗고 살을 드러내거나 맨머리를 내놓지 않으며, 삼복더위라도 신발이나 버선을 벗어서는 안 된다.-

衣冠必整 -勿爲詭異華靡, 毋致垢弊簡褻, 燕處不得披袒露頂, 盛暑不得撤去鞋襪.-

음식을 반드시 절제한다 -배불리 먹으려고 하지 않으며, 맛을 탐내지 않는다. 반드시 때를 맞추어서 먹으며, 악식(惡食)을 부끄럽게 여기지 않는다. 절일(節日)의 노는 기간이나 어른의 명(命)이 있을 때가 아니면 술을 마셔서는 안 되며, 마시더라도 석 잔을 넘지 않으며, 취할 정도로 마시지는 않는다.-

飲食必節 -毋求飽, 毋貪味, 食必以時, 毋恥[136]惡食; 非節假及尊命, 不得飲, 飲不過三爵, 勿至醉.-

출입(出入)할 때는 반드시 말씀드린다 -어른의 명이 있거나 매우 급한 일이 아니면 학당의 문을 나서서는 안 된다. 나갈 때 반드시 말씀드리고, 돌아와서 반드시 찾아뵙고, 나간 후에 말씀드린 방향을 바꾸지 않고, 돌아오는 기한을 넘기지 않는다.-

出入必省 -非尊命及己急幹, 不得出學門, 出必告, 反必面, 出不易方, 歸不踰期.-

독서는 반드시 전일(專一)해야 한다 -반드시 마음을 바루고 용모를 엄숙히 한다. 읽은 번수가 이미 찼더라도 외우지 못하면 외울 때까지 읽고, 읽은 번수가 아직 덜 찼다면 이미 외웠더라도 반드시 번수를 채운다. 한 책을 완전히 익고서야 다른 책을 읽으며, 대충대충 보려 해서는 안 되고 억지로 외우려고 해서도 안 된다. 성현의 글이 아니면 읽지 않으며, 무익한 글은 보지 않는다.-

---

**136** 恥 : 원문은 貪자로 되어 있는데 교감하여 고쳤다.

讀書必專一 -必正心肅容, 遍數已足, 未成誦, 必須成誦, 遍數未足, 雖已成誦, 必滿 遍數. 一書已熟, 方讀一書, 毋務泛看, 毋務強記, 非聖賢之書勿讀, 無益之文勿觀.-

글씨는 반드시 해정(楷正)하고 공경스럽게 쓴다 -흘려 쓰지 않으며 비 뚤게 쓰지 않는다.-

寫字必楷敬 -勿草, 勿欹傾.-

궤안(几案)은 반드시 정돈한다 -궤안을 두는 자리가 질서정연해야 하 며, 책을 어지럽게 놓아두지 않으며, 책장이나 옷장은 반드시 자물쇠를 채 워 둔다.-

几案必整齊 -位置有倫, 簡帙不亂, 書篋衣笥, 必謹局鑰.-

강당과 거실은 반드시 정결해야 한다 -직월(直月)이 매일 먼지를 쓸어 내고 걸레로 궤안(几案)을 닦으며, 나머지는 재복(齋僕)을 시켜서 쓸고 닦 게 한다. 달리 더러워진 곳이 있으면 모두 소제하게 하되 아침과 저녁에만 하지 않는다.-

堂室必潔淨 -逐日, 直月掃去塵埃, 以巾掃拭几案, 其餘令齋僕掃拭之, 別有穢汚, 悉 令掃除, 不拘早晚.-

상호간의 호칭은 반드시 나이를 따른다 -나이가 곱절인 사람은 아버지 처럼 대하며, 10년이 위인 사람은 형님처럼 대하며, 나이가 비슷한 사람끼

리는 자(字)를 부르고 너니 나니 하지 않는다. 편지에서의 호칭도 마찬가지이다.-

相呼必以齒 -年長倍者以父, 十年長者以兄, 年相若者以字, 勿以爾汝, 書簡稱亦如之.-

접견(接見)에는 반드시 정한 절차가 있다 -손님이 접견을 청하면 사장(師長)이 좌정(坐定)한다. 제생(諸生)들이 의관을 갖추고 당(堂)에 올라서 차례로 읍하고 모시고 서 있다가 사장이 물러가라고 명하면 물러간다. 손님이 제생들 중 보고 싶은 사람이 있으면 그가 있는 곳으로 가서 만나보고 동류(同類)가 아니면 친압(親狎)하지 않는다.-

接見必有定 -客請見, 師坐定. 諸生具服升堂, 序揖立侍, 師命之退則退. 客於諸生欲相見, 就其位見之, 非其類者, 勿與親狎.-

공부를 하고 여가가 있으면 기예를 익히되 기예는 적성에 따라 한다 -거문고를 타거나 투호놀이를 하는 것은 각기 규칙이 있으니, 때가 아니면 하지 말아야 한다. 장기·바둑 등 비속한 도구들은 가까이하고 배워서는 안 된다.-

脩業有餘功, 游藝有適性: -彈琴射壺, 各有儀矩, 非時勿弄, 博奕鄙具, 不宜親學.-

사람을 부릴 때는 근엄하면서도 너그럽게 하되, 반드시 지시받은 대로 한다 -신중하고 근면한 자를 골라서 공경하게 임하고 너그럽게 대하되, 작은 과실이 있는 자는 꾸짖고 심할 경우에는 사장에게 말씀드려 징벌한다. 징계를 했는데도 고치지 않을 경우에는 여럿이서 사장에게 품해서 내쫓으며, 자기 생각대로 곧장 벌을 주어서는 안 된다.-

使人莊以恕而必專所聽 -擇謹愿勤力者, 莊以臨之, 恕以待之, 有小過者訶之, 甚則白於師長懲之. 一不悛, 衆禀師長遣之, 不許直行己意.-

## 13. 곤재학령-『우득록(愚得錄)』에 보인다.-

困齋學令[137]-見[138]『愚得錄』.-

자식에게 바라는 바로써 부모를 섬기며, 신하에게 바라는 바로써 임금을 섬기며, 아우에게 바라는 바로써 형을 섬기며, 벗에게 바라는 바로써 벗에게 먼저 베푼다.-이상은 인륜을 극진하게 하는 요령이다.-

所求乎子, 以事父; 所求乎臣, 以事君; 所求乎弟, 以事兄; 所求乎朋友, 先施之.-右, 盡人倫之要.-

경(敬)으로써 안을 곧게 하고, 의(義)로써 밖을 반듯하게 하며, 의로써 일을 재단하고, 예(禮)로써 마음을 절제한다.-이상은 처심(處心)·행사(行事)의 요령이다.-

敬以直內, 義以方外; 以義制事, 以禮制心.-右, 處心行事之要.-

덕성(德性)을 높이고 학문을 말미암으며, 광대(廣大)함을 지극히

---

**137** 困齋學令 : 困齋는 先祖 때의 유학자 鄭介淸(1529~1590)의 호이다. 저술로 『困齋愚得錄』이 있다.

**138** 見 : 원문은 現자로 되어 있는데 오자로 판단하여 고쳤다.

하고 정미(精微)함을 다하며, 고명(高明)함을 다하고 중용(中庸)을 따르며, 옛것을 익혀 새로운 것을 알며, 돈후하고 예(禮)를 높인다.-이상은 학문을 극진하게 하는 요령이다.-

尊德性而道問學, 致廣大而盡精微, 極高明而道中庸, 溫古而知新, 敦厚以學禮.-右, 盡學問之要.-

관대하면서도 엄중하며, 부드러우면서도 확고하며, 근후하면서도 공손하며, 잘 다스리면서도 경외하며, 순하면서도 굳건하며, 곧으면서도 온화하며, 소탈하면서도 청렴하며, 굳세면서도 진실하며, 강하면서도 의로우며, 예(禮)가 아니면 보지 말며, 예가 아니면 듣지 말며, 예가 아니면 말하지 말며, 예가 아니면 움직이지 말아야 한다.-이상은 기질을 변화시키는 요령이다.-

寬而栗, 柔而立, 愿而恭, 亂而敬, 擾而毅, 直而溫, 簡而廉, 剛而塞, 强而義, 非禮勿視, 非禮勿聽, 非禮勿言, 非禮勿動.-右, 變化氣質之要.-

윗사람에게서 싫어하는 바로 아랫사람을 부리지 말며, 아랫사람에게서 싫어하는 바로 윗사람을 섬기지 말며, 앞사람에게서 싫어하는 바로 뒷사람에게 먼저 하지 말며, 뒷사람에게서 싫어하는 바로 앞사람을 따르지 말며, 오른쪽 사람에게서 싫어하는 바로 왼쪽 사람과 교제하지 말며, 왼쪽 사람에게서 싫어하는 바로 오른쪽 사람과 교제하지 말아야 한다.-이상은 대인 관계를 극진히 하는 요령이다.-

所惡於上, 毌以使下; 所惡於下, 毌以事上; 所惡於前, 毌以先後; 所惡於後, 毌以從前; 所惡於右, 毌以交於左; 所惡於左, 毌以交於右.-右, 盡待人之要.-

나무는 철을 가려서 베고, 새와 짐승은 철을 가려서 잡고, 동면에서 깨어 나오는 벌레는 죽이지 않고, 한창 자라는 나무는 꺾지 않는다.-이상은 만물에 대한 사랑을 극진히 하는 요령이다.-

樹木以時伐焉, 禽獸以時殺焉, 啓蟄不殺, 方長不折.-右, 盡愛物之要.-

글을 읽고 학문을 강론함에는 한결같이 이치를 밝히는 데 힘써야 하며, 많이 아는 것을 자랑하려는 생각을 해서는 안 된다.

讀書講學, 一以明理爲務, 而不以誇多爲意.

마음을 쓰고 일을 처리함에는 한결같이 이치를 따르는 것을 위주로 해야 하며, 남의 환심을 사려는 생각을 해서는 안 된다.

處心行事, 一以循理爲主, 而不以悅人爲意.

현자(賢者)를 존경하고 벗을 사귀되 반드시 성신(誠信)으로써 해야 하며, 사사로운 마음으로 공손하고 구차하게 잘 보이려는 마음을 가져서는 안 된다.

尊賢取友, 必以誠信, 而毋以私恭苟容爲心.

사람을 대하고 일을 처리할 때에는 반드시 관대하고 너그러워야하고, 남의 잘못을 따지거나 두루 다 잘하기를 요구하는 마음을 가져서는 안 된다.

待人接物, 必以寬恕, 而毋以犯校責備爲心.

분노를 징계하고 욕심을 막는 일은 이미 일어난 이후에 제어할 뿐만이 아니라, 평소 공부하는 때에 강론하여 이치를 밝혀 분노와 욕심이 일어나는 연유를 알아야 한다.

懲忿窒慾, 不但制之於已發之後, 當講明於平日論學之際, 以知其忿慾之所自.

개과천선(改過遷善)은 보고 들은 뒤에만 할 것이 아니라, 평소 마음을 잡아 지킬 때 안으로 성찰하여 그 선과 악이 어디 있는지 살펴 알아야 한다.

遷善改過, 不但治之於見聞之後, 當內省於平日操存之際, 以察其善惡之所在.

『소학(小學)』·『가례(家禮)』 및 『증손여씨향약(增損呂氏鄕約)』은 일상생활 중의 매우 절실한 인륜을 담고 있으니, 먼저 이를 강론하고 힘써 실행하여 집안에 들어와서는 효도하고 밖에 나가서는 공경할 바탕을 삼아야 한다.

『小學』・『家禮』及『增損呂氏鄕約』, 乃人倫日用之最急切, 須先講磨力行, 以爲入孝出悌之地.

사서(四書)와 오경(五經)을 순서대로 읽어 그 이치를 정밀히 알아 신묘한 경지에 들어가면 후일에 이용(利用)・안신(安身)의 바탕과 수신(修身)・처물(處物)의 요령이 이보다 큰 것이 없다. 『의례경전(儀禮經傳)』・『주자대전(朱子大全)』・『주자어류(朱子語類)』・『성리대전(性理大全)』・『강목(綱目)』 및 자서(子書)・사서(史書)는 회집(會集)하는 때에 이를 뽑아내어 강론해서 학식을 넓히고 풍부하게 하는 자료로 삼아야 할 것이다.

四書五經, 循序而讀, 精其義以入神, 他日利用安身之地, 修身處物之要, 莫大於此. 『儀禮經傳』・『朱子大全』・『語類』・『性理大全』・『綱目』及子史, 當於會集之時, 抽出講論, 以爲多畜富有之資.

계중(契中)의 모든 일은 「증손여씨향약(增損呂氏鄕約)」에 의거한다.

契中凡事, 一依「增損鄕約」.[139]

---

**139** 「增損鄕約」: 朱熹의 「增損呂氏鄕約」의 준말이다. 이 글은 呂大均과 大臨 형제가 張載의 가르침을 바탕으로 삼아 쓴 「呂氏鄕約」의 德業相勸・過失相規・禮俗相交・患難相卹 조목을 주희가 增損한 것이다. 본래 「여씨향약」은 지방 자치규약으로서 도덕을 중시하고 백성을 교화하여 민풍을 진작시키는 유교교육의 이념을 담고 있다. 이 유교이념을 근간으로 삼아 만든 「여씨향약」

학령(學令)은 「백록동규(白鹿洞規)」를 준칙(準則)으로 삼는다.

學令則以「白鹿洞規」爲準則.

노자(老子)·장자(莊子)·소진(蘇秦)·장의(張儀)의 학문과 진(晉)·송(宋) 시대의 청담(淸談)은 비록 때때로 강설(講說)하여 왜 이단(異端)인지 그 까닭을 궁구하더라도, 절대로 경계하여 심술(心術)을 무너뜨리고 지견(知見)을 그르치지 않도록 해야 한다.

老莊·儀秦之術, 晉·宋淸談之習, 雖時有講說, 以究其所以爲異端, 切宜戒之, 勿使壞心術誤知見.

계중(契中)의 회원이 범한 잘못은 분명히 알아듣게 규간(規諫)하고 꾸짖어 개과천선하게 할 것이며, 이를 용인하여 그러한 잘못을 더 하도록 해서는 안 된다. 그리고 잘못을 꺼려서 고치지 않고 두 번 세 번 잘못을 범하는 자가 있으면 비록 회집(會集)하는 날이라 하더라도 그 사람과 말하지 말고, 그가 뉘우칠 때까지 기다렸다가 다시 평소처럼 대한다.

契中人員所犯過惡, 明切規責, 期於遷改, 勿使容忍, 以益其非. 其有忌憚不悛, 至于再三, 則雖會集之日, 勿與言論, 竢其悔悟而後如平日.

은 훗날 향약의 모범이 되었다.

○ 학자(學者)는 모름지기 분발하여 뜻을 세우고 용맹하고 독실하게 공부하여 깊이 체인(體認)하여 힘써 실행해야만 된다.-『한강집(寒岡集)』에 나온다.-

○學者須是發憤立志, 勇猛篤實, 深體力行始得.-出『寒岡集』.-

자신의 학식이나 재능을 깊이 감추어 오직 남이 알까 두려워해야 비로소 위기지학(爲己之學)이 되어 유자(儒者)의 기미를 잃지 않는다.

深自韜晦, 惟恐人知, 方是爲己, 不失儒者氣味.

만약 조금이라도 남이 알아주기를 바라는 마음이 있으면 바로 위인지학(爲人之學)이니, 이런 사람과는 함께 학문해서는 안 된다.

若有些求知底意思, 便是爲人, 不可與共學也.

자신의 몸가짐을 규중(閨中) 처녀와 같이 해서 단 한 점이라도 남에게 더럽힘을 당해서는 안 된다.

自持其身, 當如閨中處子, 不可一點受汚於人.

차라리 백이(伯夷)처럼 융통성 없는 사람이 될지언정 유하혜(柳下惠)와 같이 공손하지 못한 사람을 본받아서는 안 된다.

寧失於伯夷之隘, 不可學柳下惠之不恭也.


이상은 모두 학문하는 데 긴요한 일들로, 학자가 가장 먼저 힘써야
할 공부인데, 이 가운데 몽양(蒙養)의 도리가 갖추어져 있다. 약중
(約中)의 여러분들은 이를 따라 실행하기 바란다.


右, 皆爲學之緊務, 學者最初用工者, 而其中蒙養之義備矣. 願約中依行.

## 14. 주자의 「독서법」

朱子「讀書法」


"거경(居敬)하고 심지(心志)를 바로잡아서, 차례를 따라 점차로 나아가며, 익숙하게 읽고 정밀하게 생각하며, 마음을 비우고 그 속에 푹 빠져들며, 자신에게 절실한 것을 체인(體認)하여 관찰하며, 정신을 바짝 차려 공부한다."

라 하고, 또 말하기를,

"몸을 가다듬고 반듯이 앉아 느긋하게 책을 보며 나직한 소리로 읊조리며, 정밀하게 탐구하고 깊이 생각하여 알기 어려운 뜻을 찾으며, 마음과 기운을 평이(平易)하게 하여 스스로 뜻을 알기를 기다린다. 기한은 느긋하게 가지되 과정(課程)은 단단히 지킨다. 백 번을 읽으면 쉰 번 읽는 것보다 낫고, 쉰 번을 읽으면 스무 번 읽는 것보다 낫다. 글의 뜻을 따라서 그 맥락을 깊이 찾아 옛사람과 직접 대면하여 이야기하는 것처럼 한다."

라 하였다.


"居敬持志, 循序漸進, 熟讀精思, 虛心涵泳, 切己體察, 着緊用力."

又曰："斂身正坐, 緩視微吟, 研精覃思, 以求其所難知; 平心易氣, 以聽其所自得, 寬期限, 緊着課程; 一百遍時, 自是勝五十遍時; 五十遍時, 自是勝二十遍時. 傍依文義, 根尋句脉, 如與古人對面說話."

# 15. 정단례의 「독서분년정법」
## 程端禮「讀書分年程法」

8세가 되어 학교에 들어가기 전에는 『성리자훈(性理字訓)』을 익히고, 학교에 들어간 뒤에는 『소학(小學)』의 본문(本文)을 읽는다. 그 다음에는 『대학(大學)』 경전(經傳)의 본문을 읽고, 다음에는 『논어(論語)』 본문을 읽고, 다음에는 『맹자(孟子)』 본문을 읽고, 다음에는 『중용(中庸)』 본문을 읽고, 다음에는 『효경(孝經)』 본문을 읽고, 다음에는 『주역(周易)』 본문을 읽고, 다음에는 『서경(書經)』 본문을 읽고, 다음에는 『시경(詩經)』 본문을 읽고, 다음에는 『의례(儀禮)』와 『예기(禮記)』의 본문을 읽고, 다음에는 『주례(周禮)』 본문을 읽고, 다음에는 『춘추(春秋)』의 경(經)과 삼전(三傳)의 본문을 읽는다.

8세부터 시작하여 대략 6, 7년간 공부하면 15세 이전에 『소학』과 사서(四書) 및 여러 경(經)의 본문을 마칠 수 있다. ○ 또 학문에 뜻을 두어야 할 15세부터는 뜻을 높게 가져 『대학장구혹문(大學章句或問)』을 읽고, 다음에는 『논어집주(論語集註)』를 읽고, 다음에는 『맹자집주(孟子集註)』를 읽고, 다음에는 『중용장구혹문(中庸章句或問)』을 읽고, 다음에는 집주(集註)에 합쳐져 있는 『논어혹문(論語或問)』을 뽑아서 읽고, 다음에는 집주에 합쳐져 있는 『맹자혹문(孟子或問)』을 뽑아서 읽고, 다음에는 『주역』·『서경』·『시경』·『예기』·『춘추』를 읽는다. ○ 또 사서(四書)와 본경(本經)을 밝게 안 뒤에는 매일 사서(史書)를 읽는 한편 전에 배운 글들을 익힌다. 그 다음에는

『통감(通鑑)』을 읽으면서 『강목(綱目)』을 참고하고, 다음에는 한퇴지(韓退之)의 글을 읽고 다음에는 『초사(楚辭)』를 읽는다. ○ 또 『통감』, 한퇴지(韓退之)의 글, 『초사』를 읽고 나면 대략 20세 혹은 21, 2세가 되는데, 이때부터 작문(作文)·경문(經問)·경의(經義)·고부(古賦)·고체(古體)·제조장표(制詔章表)·사륙장표(四六章表)를 배운다.

　생각건대, 사람이 학문을 하는 것은 성인(聖人)을 배우고자 함이다. 그런데 성인은 멀고 그 말씀만 책에 남아 있으니, 글을 읽는 것이 학문에서 선무(先務)가 된다. 그래서 위와 같이 구별하여 말해 둔다.

八歲未入學之前, 講『性理字訓』, 入學之後, 讀『小學書』正文, 次讀『大學』經傳正文, 次讀『論語』正文, 次讀『孟子』正文, 次讀『中庸』正文, 次讀『孝經』正文, 次讀『易』正文, 次讀『書』正文, 次讀『詩』正文, 次讀『儀禮』幷『禮記』正文, 次讀『周禮』正文, 次讀『春秋經』幷三傳正文. 自八歲約用六七年之功, 則十五歲前, 『小學書』四書諸經正文可畢. ○又自十五歲志學之年, 卽當尙志, 讀『大學章句或問』, 次讀『論語集註』, 次讀『孟子集註』, 次讀『中庸章句或問』, 次鈔讀『論語或問』之合于集註者, 次鈔讀『孟子或問』之合于集註者, 次讀『易』·『書』·『詩』·『禮記』·『春秋』. ○又四書本經旣明之後, 日看史, 仍溫前書, 次讀『通鑑』及參『綱目』, 次讀『韓文』, 次讀『楚辭』. ○又『通鑑』·『韓文』·『楚辭』旣讀之後, 約才二十歲或二十一二歲, 學作文·經問·經義·古賦·古體·制詔·章表·四六章表.
按人之爲學, 欲學聖人, 而聖人遠矣, 其言在於方冊, 則讀書爲學之先務, 故別具于右.

월조약회의(月朝約會儀) -초하룻날은 각자 참알(參謁)하는 예(禮)가 있으므로, 초이튿날로 정일(定日)을 삼는다. 이 날 비가 오면 굳이 두루 통고할 필요 없이 각자 비가 그치는 날에 와서 모인다.-

당일 아침 일찍 유사(有司)가 청당(廳堂)을 청소하고 자리를 깐다. 당중(堂中)의 북쪽 벽 아래에 자리 하나를 가로로 펴고 자리 앞에 향상(香床)·향로(香爐)·향합(香盒)을 놓는다. 당중의 동쪽 및 서쪽 벽 아래에 각각 자리 하나씩을 세로로 편다. 뜰 아래 동쪽과 서쪽에 각각 자리 하나씩을 북쪽을 향하여 편다. 일찍 아침을 먹고 나서 약원(約員)들이 모두 의관을 갖추고 모인다. 재장(齋長) 이하가 각자 차례로 들어와서 뜰에 나누어 늘어선다. 유사가 동쪽 계단으로 올라가서 선성(先聖)과 선사(先師)의 지방(紙牓)을 북쪽 벽에 걸고 내려와서 자리로 돌아가면 다 같이 재배한다. 유사가 먼저 재배하고 당(堂)에 올라가서 창례(唱禮)한다.-아래의 홀기(笏記)에 보인다.- 재장이 동쪽계단으로 올라와서 향안(香案) 앞에 나아가 세 번 향을 올리고 내려와 자리로 돌아오면, 자리에 있는 사람들이 모두 재배하고 재장이 내려와 읍하면 자리에 있는 사람들이 동서로 나뉜다. 재장은 읍하고 올라가되 세 번 읍하고 세 번 사양한다. 재장이 먼저 올라가고 빈객들은 각기 양쪽 계단으로 따라 올라가서 모두 북쪽을 향하여 선다. 유사가 재장을 인도하여 북쪽 벽 아래 자리에 가서 서게 한다. 빈객들은 각자 동쪽과 서쪽의 자리에 나뉘어 선다. 유사가 배례(拜禮)를 행할 것을 청한다. 동쪽과 서쪽 자리의 연장자(年長者)가 먼저 재장에게 절하면 재장은 서서 받고 답한다. 다음으로 젊은이들이 절하면 재장이 앉아서 받고 반배(半拜)로 답한다. 유사가 독약(讀約)할 것을 청하면 도강(都講)이 기선적(記善籍)과 기과적(記過籍)을 들고 소리높여 읽는다.-문리가 통하지 않은 자가 있으면 말로 풀어서 설명해준다.- 재장 이하 약원(約員)들은 모두 공수(拱手)하고 서서 공손히 들은 다음 다 같이 앉는다. 유사가 평상의 의식(儀式)에 따라 강례(講禮) 할 것을 청하면 저마다 자기가 읽는 책을 가지고 나아가서, 어떤 사람은 임강(臨講)하고 어떤 사람은 배송(背誦)한다.-30세 이하는 배송하고, 30세 이상은 임독(臨讀)한다.- 마치면 식사를 하고, 식사를 마치면 어른 과 아이들이 각각 줄을 나누어 앉아서 강독한 글을 다시 뽑아서 자세 히 토론하여, 혹 이해하지 못하는 것이 있으면 재장에게 가서 질문한 다. 만약 해가 길면 투호(投壺) 놀이도 하고 활쏘기도 하되, 가급적이 면 위의(威儀)를 엄정하게 갖추도록 하고 떠들거나 난잡스러운 데 이르지 못하게 함으로써 서로 흐뭇한 마음으로 화합한 뒤에 마치고, 날이 저물면 물러간다. 마칠 때 다시 다음달의 강례 의식을 정한다.

月朝約會儀: -朔日各有參謁之禮, 故以初二日爲定日, 有雨則不必遍告, 各以雨止日 來會.-

當日早朝, 有司灑掃廳堂, 鋪陳堂中, 北壁下橫布一席, 席前安香床爐盒, 堂 中東西壁下, 各竪布一席, 庭下東西, 各布一席北向. 早食後, 約員冠服皆 會. 齋長以下, 各以次入, 分庭而立. 有司陞自東階, 揭先聖先師紙牓于北 壁, 降復位, 皆再拜. 有司先再拜, 升堂唱禮,-見下笏記.- 齋長升自東階, 詣 香案前, 三上香, 降復位, 與在位者皆再拜, 齋長以下揖, 分東西. 齋長揖 升, 三揖三讓. 齋長先升, 諸客各從兩階從升, 皆北面立. 有司引齋長, 立于 北壁下席. 諸客各分立東西席. 有司請行拜禮, 東西位年長者先拜齋長, 齋 長立受而答之. 次少者, 齋長坐受而半答. 有司請讀約, 都講執記善記過籍 抗聲讀之.-有文理未達者, 方言曉喩.- 齋長以下約員, 皆拱立恭聽畢, 皆坐. 有司請行講禮如常儀, 各以書進, 或臨講, 或背誦.-三十以下背誦, 三十以上臨讀.- 畢, 乃食, 畢, 長幼各分列而坐, 更抽所講書, 爛熟商確, 或有未達者, 就問于齋長. 若日力稍長, 或投壺或習射, 務使威儀齊整, 毋致喧雜, 款洽而罷, 日晡乃退. 罷時更定後朔講儀.

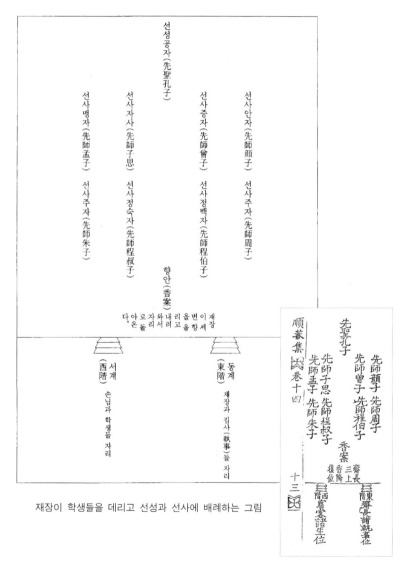

재장이 학생들을 데리고 선성과 선사에 배례하는 그림

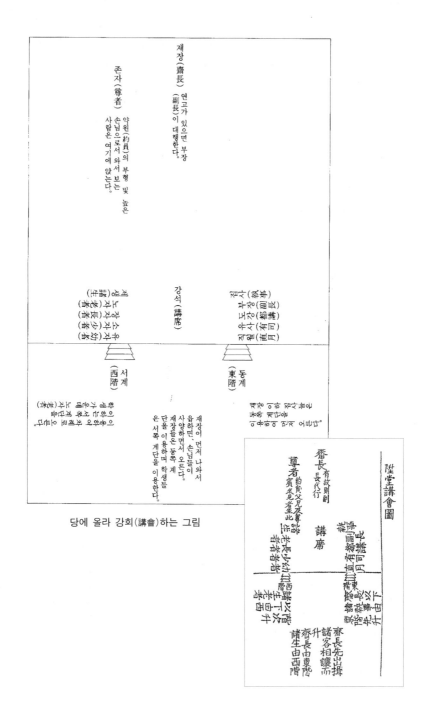

당에 올라 강회(講會)하는 그림

16. 「관례작의의절」-경인년(1770, 59세) 손자 철중(喆重)의 관례 때에 정
    한 것이다.-

    「冠禮酌宜儀節」-庚寅, 小孫喆重冠禮時所定.-


관례를 행하기 어려운 것은 말세의 풍속(風俗)이 완악(頑惡)하고
퇴폐(頹廢)한 때문만이 아니라, 사실은 관복(冠服)이 갖추어져 있
지 않고 연폐(宴幣)를 마련하기가 어려우며, 빈(賓)이나 찬(贊)을
맡는 것을 사람들이 대부분 남에게 미루고 사양해서 그런 것이다.
  정자(程子)는 "관복은 반드시 시복(時服)을 입어야 한다."라 하였
으니, 『가례(家禮)』에서 이를 따랐고, 『예기(禮記)』에 "가난한 사람
은 재물을 쓰는 것으로 예(禮)를 삼지 않는다."라 하였다. 그리고 삼
가(三加)에 대한 절차는 의문(儀文)에 갖추어져 있으니, 이를 살펴서
행하면 된다. 빈이나 찬도 굳이 남에게 미루고 사양할 필요가 없다.
이제 형식과 내용을 형편에 따라 적절하게 해야 한다는 옛사람의 뜻
을 미루어 아래에 기록해 둔다.


冠禮之難行, 不惟末俗頑弊, 實由於冠服之不具・宴幣之難辦, 而賓贊之任,
人多推辭而然矣. 程子曰: "冠服必須用時服." 『家禮』從之, 『禮』曰: "貧者
不以貨財爲禮." 三加節次, 儀文具備, 按行可成. 賓贊之任, 亦不必推辭矣.
今推古人質文從宜之意, 錄之下方.

## 17. 빈과 찬

**賓贊**

회우(會友) 중에서 많은 사람이 추천하는 사람이 하되, 나이가 많은
사람은 빈이 되고 나이가 적은 사람은 찬이 된다.

會友中推物議所歸者爲之, 而年尊者爲賓, 少者爲贊.

18. 빈
   儐


자제나 친척 중에서 가려 뽑아서 한다.


擇子弟親戚中爲之.

## 19. 집례

執禮

친구 중에서 예(禮)에 통달한 자를 가려 뽑아서 한다. 호창(呼唱)을 주관하며 예절을 지시하고 일러준다.

擇親舊中達於禮者爲之. 主呼唱, 禮節指敎之.

## 20. 관
冠


초가(初加)에는 치포(緇布)를 쓰니, 고례(古禮)를 따른 것이다. 『가례(家禮)』에도 그렇게 하였다. 재가(再加)는, 『가례』에는 모자를 쓴다고 했는데, 이는 송(宋)나라 때의 상복(常服)이다. 지금은 갓〔笠子〕으로 대신한다. 삼가(三加)는, 『가례』에는 복두(幞頭)를 쓴다고 했는데, 이는 당시에는 귀천의 구별없이 통용되던 성복(盛服)이었지만 지금은 벼슬이 있는 이의 복장이다. 관례에는 신분의 등급을 올려서 입는다는 규정이 없어서 쓸 수 없기 때문에 지금 유건(儒巾)으로 대신한다.


初加緇布從古也. 『家禮』已然. 再加『家禮』用帽子, 宋時常服也, 今代以笠子. 三加『家禮』用幞頭, 當時貴賤通用之盛服, 今爲有官者服, 則冠禮無攝盛, 不可用. 故今代以儒巾.

## 21. 복
服


초가(初加)에는 심의(深衣)를 입는데, 이는 가정에 늘 있는 옷이 아니고 갑자기 마련하기도 어렵다. 그러므로 속제(俗制)의 대수창의(大袖敞衣)나 대수겹의(大袖袷衣) 같은 것을 입어도 안될 것은 없다. 재가(再加)에는 조삼(皁衫)을 쓰니, 이는 송(宋)나라 사대부가 평소에 입던 상복(常服)이다. 지금 세속에서는 도포(道袍)를 상복(上服)으로 여기고, 게다가 고례(古禮)에는 재가복(再加服)을 흰 주름치마[素積]와 흰 폐슬[素韠]로 했기 때문에 흰 도포[素袍]로 대신한다. 삼가(三加)에는 공복(公服)이나 난삼(襴衫)을 입는데, 오늘날 공복은 대부(大夫)의 복장이고 난삼은 진사(進士)의 복장이다. 따라서 청포(靑袍)로 대신하니, 또한 세 번 관을 씌움에 갈수록 문식(文飾)을 더하게 하는 의미이다.


初加服深衣, 此非人家恒有之服, 亦難卒辦, 故以俗制大袖敞衣大袖袷衣之類, 無不可. 再加用皁衫, 宋時士大夫平居常服也. 今俗道袍爲上服, 且古禮再加服素積素韠, 故代以素袍. 三加用公服或襴衫, 今公服爲大夫之服, 襴衫爲進士之服, 故代以靑袍, 亦三加彌文之意也.

## 22. 띠
   帶


초가(初加)에는 치대(緇帶)를 쓰니 고례(古禮)를 따른 것이다. 재
가(再加)에는 혁대(革帶)를 쓰니 『가례(家禮)』를 따른 것이다. 삼
가(三加)에는 청사대(靑絲帶)를 쓰니 세속을 따른 것이다.


初加緇帶, 從古也; 再加革帶, 從『家禮』也; 三加靑絲帶從俗也.

## 23. 신발
### 履

고례(古禮)에 신발은 치마[裳]의 색깔을 따랐으나 『가례』에는 이미 그렇게 하지 않았다. 우리나라 풍속은 당(唐) 위에서 신발을 신지 않으니, 일일이 고례를 따를 수는 없다. 그래서 지금 청혜(靑鞋) 하나를 삼가(三加)한 뒤에 신게 하니, 또한 가죽신[皮]을 쓴 고례의 취지를 따른 것이다. 삼가는 원복(元服)을 중시하지만 가난하여 삼가의 복장을 갖추기 어려우면 도포 한 가지만 써도 무방하다.

古禮履順裳色, 『家禮』已不然, 而東俗堂上不用履, 不可一一依古, 故今以一靑鞋用于三加之後, 亦從古皮履之義. 三加以元服[140]爲重, 而貧窶難備三加之服, 則以一道袍用之, 亦無妨矣.

---

**140** 元服 : 『儀禮』「士冠禮」에 "처음으로 관을 씌우고 이르기를 '좋은 달 좋은 날에 원복을 씌우니, 너의 어린 마음을 버리고 성인의 德을 따르라.〔始加祝曰 令月吉日 始加元服 棄爾幼志 順爾成德〕"라 한 데서 온 말로, 남자가 성년인 20세가 되면 비로소 입는 成人의 복장 또는 그 의식을 말한다.

## 24. 진설
### 陳設

관례를 행하는 날에는 일찍 일어나서 방과 당(堂)과 계정(階庭)에 자리를 펴되, 계정에는 금을 그어서 3등분이 되도록 한다. 방 안에 탁자를 놓고 옷과 띠를 담은 상자를 놓아두되, 옷깃을 동쪽에 두고 북쪽을 위로 하여 놓는다. 다음에는 망건과 빗 같은 도구를 놓고, 신발을 탁자 밑에 놓는다. 탁자 북쪽에 반(盤)을 설치하여 잔반(盞盤)·주전자·포를 담은 접시[脯楪]를 놓는다.-제주(祭酒)와 모사(茅沙) 그릇을 갖춘다.- 삼가(三加)에 쓸 관건(冠巾)-유건(儒巾)·갓[笠子]·치관(緇冠)·비녀(簪)이다.-을 각각 반에 담아서 상보[帕]로 덮고, 축사(祝辭) 6장을 그 서쪽에 펼쳐놓은 다음, 서쪽 계단 아래 남쪽 가까이에 두고 집사(執事) 한 사람이 지킨다. 손 씻을 물그릇과 손 닦을 수건을 동쪽 계단 아래의 남쪽 가까이에 놓는다.

冠日早起, 鋪筵房堂階庭, 畫階作三等. 房中置卓, 陳衣帶箇, 東領北上, 次陳網巾梳具, 陳鞋於卓下. 卓北置盤, 設盞盤酒注脯楪.-祭酒沙碗具.- 三加冠巾,-儒巾·笠子·緇冠並簪.- 各盛以盤, 用帕覆之, 陳祝辭六張于其西, 置于西階下近南, 執事一人守之. 設盥盆帨巾于阼階下近南.

## 25. 서립
序立

주인 이하가 의관을 갖추고 자리로 간다. 주인은 동쪽 계단 아래 약
간 동쪽에 서쪽을 향하여 서고, 관례를 치르는 사람의 아버지는 그
왼쪽에 조금 뒤로 물러나서 서고, 친척들은 그 뒤에 두 줄 이상으로
서쪽을 향하여 서되 북쪽을 상석(上席)으로 한다. 빈(賓)의 자리는
서쪽 계단 아래 주인의 자리와 마주하는 곳이며, 찬(贊)의 자리는
그 오른쪽에서 조금 뒤로 물러난 곳이며, 빈(賓)들의 자리는 그 뒤
에 있는데, 두 줄 이상으로 동쪽을 향하여 서되 북쪽을 상석으로 한
다. 자제나 친척들 중에서 예(禮)에 익숙한 자를 뽑아서 빈(儐)으로
삼아 문밖에다 서쪽을 향해서 세운다.-손님을 맞이하기 위한 것이다.-
관례를 할 사람은 동복(童服) 차림으로 방 안에 서되 남쪽을 향한다.

主人以下, 盛服就位. 主人阼階下少東西向, 冠者之父在其左少退, 親戚在
其後重行, 西向北上. 賓位在西階下, 與主位對, 贊位在其右少退, 衆賓位在
其後, 重行東向北上. 擇子弟親戚習禮者爲儐, 立於門外西向,-將以迎賓也.-
冠者以童服立房中南向.

26. 빈지-행례(行禮)하기 전에 빈(賓)이 잠깐 외차(外次)에 나가 있었던 것이다.-

　　賓至-行禮前, 賓少出外次.-


차례로 늘어 선 다음 빈(儐)이 외차로 나아가 빈(賓)을 청한다. 빈 (賓)이 문 서쪽에 이르러 동쪽을 향하고, 찬(贊)이 그 오른쪽에 조 금 뒤로 물러나 선다. 빈(儐)이 들어가서 고하면 주인이 문밖으로 나오고, 관례를 치르는 사람의 아버지가 그 뒤를 따른다. 주인이 문 동쪽에서 서쪽을 향해 서서 재배하고, 관례를 치르는 사람의 아버 지는 절하지 않고, 빈이 답배(答拜)한다. 주인이 찬에게 읍하면 찬 이 답하여 읍한다. 주인이 읍하면 빈이 들어가기를 청한다. 주인이 먼저 들어가면 관례를 치르는 사람의 아버지가 따라 들어가고, 빈 과 찬이 그 뒤를 따른다. 문안에 들어가서는 뜰 양쪽으로 나뉘어서 걸으며, 읍하고 사양하고, 계단에 이르러서는 세 번 읍하고 서로 사 양한다. 주인은 동쪽계단을 따라 먼저 올라가서 약간 동쪽에 서쪽 을 향하여 서고, 빈은 서쪽 계단을 따라 뒤이어 올라가서 약간 서쪽 에 동쪽을 향하여 선다. 관례를 치르는 사람의 아버지가 동쪽 계단 을 따라 올라가서 주인의 왼쪽에 서고, 찬이 손을 씻고 닦은 뒤 서 쪽 계단을 따라 올라가서 방 가운데 서쪽을 향하여 선다. 빈(儐)이 당(堂) 동쪽의 동쪽 계단 위에 자리를 펴고 약간 북쪽에 서쪽을 향 하여 선다.

序立畢, 儐詣外次請賓. 賓至門西東向, 贊在右少退. 儐入告, 主人出門, 冠 者之父從之, 門東西向再拜, 冠者之父不拜, 賓答拜. 主人揖贊, 贊報揖. 主人揖賓請行. 主人先行, 冠者之父從之, 賓贊從之. 入門分庭而行, 揖讓, 至階三揖相讓. 主人由阼階先升, 少東西向, 賓由西階繼升, 少西東向. 冠者之父從升由阼階, 立主人之左, 贊盥帨由西階升, 立房中西向. 儐布席于堂東東階上, 少北西向.

## 27. 초가
初加

관례를 치르는 사람은 방을 나와서 자리의 오른쪽에 남쪽을 향하여 선다. 찬(贊)이 망건과 빗 등이 든 상자를 가져다 자리의 왼쪽에 놓은 다음 일어나서 관례를 치르는 사람의 왼쪽으로 가서 선다. 빈(賓)이 읍하면 관례를 치르는 사람이 자리에 가서 서쪽을 향하여 꿇어앉는다. 찬이 따라서 그 왼쪽에 서쪽을 향하여 꿇어앉아 관례를 치르는 사람의 머리를 빗기고 상투를 틀어서 망건을 씌운다. 찬이 내려오고, 빈이 내려오고, 주인이 내려온다. 빈이 손을 씻고 닦은 다음 제 자리로 돌아간다. 주인이 빈에게 읍하고 올라가서 함께 제 자리로 돌아간다. 집사가 관(冠)과 잠(簪)을 담은 반(盤)과 초가축(初加祝)을 가지고 나아가 계단 아래에 이르면, 빈이 한 계단을 내려와서 관과 잠을 받아 들고 바른 자세로 천천히 걸어서 관례를 치르는 사람의 앞으로 가서 동쪽을 향하여 선다. 찬이 축문(祝文)을 가지고 올라가서 종종걸음으로 관례를 치르는 사람의 왼쪽으로 가서 서쪽을 향하여 서서, 두 손으로 축문을 펴들고 빈을 향하면 빈이 축문을 읽는다. 찬이 축문을 주면 관례를 치르는 사람은 두 손으로 축문을 받아서 본 다음 말아서 소매 속에 넣는다. 빈이 무릎을 꿇고 관례를 치르는 사람의 머리에 치관(緇冠)을 씌우고 잠을 주면 찬이 무릎을 꿇고 잠을 받아서 꽂아주고는 일어나서 선다. 빈이 일어나서 자리로 돌아간다. 관례를 치르는 사람이 일어나면 빈이 그에게 읍한다. 찬이 관례를 치르는 사람을 인도하여 방으로 들어가서 상

의를 입고 치대(緇帶)를 매게 한 다음 방을 나와서 자리의 오른쪽에
서게 하면, 남쪽을 향해 용모를 가다듬고 한참 동안 서 있는다.

將冠者出房, 立于席右面席南面. 贊取網巾櫛具筍, 置于席左, 興立於冠者
之左. 賓揖, 冠者卽席西向跪. 贊隨其左西向跪, 爲之櫛髮合髻, 施網巾. 贊
降, 賓降, 主人降. 賓盥帨畢, 復位. 主人揖賓升, 俱復位. 執事以冠簪盤幷
初加祝進, 至階下, 賓降階一等, 受冠簪執之, 正容徐行, 詣冠者前, 東向
立. 贊取祝升, 趨詣冠者之左, 西向立, 雙手展祝向賓, 賓讀之. 贊授祝, 冠
者雙手受之視之, 卷之袖之. 賓跪, 加緇冠于冠者之首, 授簪, 贊跪受簪之興
立. 賓興復位, 冠者興, 賓揖之. 贊導冠者入房, 服上衣緇帶, 出房立于席
右, 南面正容良久.

## 28. 재가

### 再加

빈이 읍하면 관례를 치르는 사람은 자리에 가서 서쪽을 향하여 꿇어앉는다. 집사가 갓을 담은 반과 재가축(再加祝)을 가지고 나아가 계단에 이르면 빈이 두 계단 내려와서 갓을 받아 들고 올라가서 관례를 치르는 사람의 앞으로 나아가 동쪽을 향하여 선다. 찬이 재가축을 가지고 올라가서 관례를 치르는 사람의 왼쪽으로 나아가 서쪽을 향하여 서서 축문을 펴면, 빈이 축문을 읽는다. 찬이 축문을 주면 관례를 치르는 사람은 받아서 본 다음 말아서 소매 속에 넣는다. 찬이 무릎을 꿇고서 비녀를 뽑고 관을 벗겨 빗을 담은 상자 동쪽에 놓으면, 빈이 무릎을 꿇고 관례를 치르는 사람의 머리에 갓을 씌운다. 찬이 갓끈을 매어주고 일어나서 서면, 빈이 일어나서 자리로 돌아간다. 관례를 치르는 사람이 일어서면 빈이 읍한다. 찬이 관례를 치르는 사람을 인도하여 방으로 들어가서 소포(素袍)를 입고 혁대를 매게 한 다음 방을 나와서 자리의 오른쪽에 서게 하면, 남쪽을 향해 용모를 가다듬고 한참 동안 서 있는다.

賓揖之, 冠者卽席西向跪. 執事以笠子盤幷再加祝進, 至階, 賓降階二等, 受笠子執之升, 詣冠者前, 東向立. 贊取再加祝升, 詣冠者之左, 西向立展之, 賓讀之. 贊授祝, 冠者受之視之, 卷之袖之. 贊跪去簪脫冠, 置梳笥東, 賓跪, 加笠子于冠者之首. 贊結纓興立, 賓興復位. 冠者興立, 賓揖之. 贊導冠者入房, 服素袍革帶, 出房立于席右, 南面正容良久.

## 29. 삼가
### 三加

빈이 읍하면 관례를 치르는 사람은 자리에 가서 서쪽을 향하여 꿇어앉는다. 집사가 유건(儒巾)을 담은 반과 삼가축(三加祝)을 가지고 나아가 계단에 이르면 빈이 세 계단 내려와서 유건을 받아서 들고 올라가 관례를 치르는 사람 앞으로 나아가서 동쪽을 향하여 선다. 찬이 삼가축을 가지고 올라가 관례를 치르는 사람의 왼쪽으로 가서 서쪽을 향하여 서서 축문을 펴면, 빈이 축문을 읽는다. 찬이 축문을 주면 관례를 치르는 사람은 받아서 본 다음 말아서 소매 속에 넣는다. 찬이 무릎을 꿇고서 갓끈을 풀고 갓을 벗겨 관과 잠의 동쪽에 놓는다. 빈이 무릎을 꿇고 관례를 치르는 사람의 머리에 유건을 씌운다. 찬이 끈을 매어주고 일어서면, 빈이 일어나서 자리로 돌아온다. 관례를 치르는 사람이 일어서면 빈이 읍한다. 찬이 관례를 치르는 사람을 인도하여 방에 들어가서 재가(再加) 때 입은 소포(素袍)를 벗기고 청포(靑袍)를 입히고 사대(絲帶)를 매어주고 청혜(靑鞋)를 신긴다. 집사가 올라가서 소사(梳筒)·관잠(冠簪)·갓을 거두어서 방으로 들어가 탁자 위에 놓고 계단을 내려와서 자리로 돌아온다. 관례를 치르는 사람은 방을 나와서 남쪽을 향하여 선다.

賓揖之, 冠者卽席西向跪. 執事以儒巾盤幷三加祝進, 至階, 賓降階三等, 受儒巾執之升, 詣冠者前, 東向立. 贊取三加祝升, 詣冠者之左, 西向立展之, 賓讀之. 贊授祝, 冠者受之視之, 卷之袖之. 贊跪解纓脫笠, 置于冠簪東. 賓跪, 加儒巾于冠者之首. 賛結纓興立, 賓興復位. 冠者興立, 賓揖之. 賛導冠者入房, 釋再加素袍, 服靑袍絲帶靑鞋. 執事升徹梳筒冠簪笠子, 入房置于卓上, 降復位. 冠者出房南向立.

## 30. 술을 따라 먹이는 의식

乃醮

관례를 치르는 사람이 방을 나와서 남쪽을 향하여 서면, 빈(儐)이
자리를 당중(堂中)의 조금 서쪽에 남쪽을 향하도록 고쳐서 편다.-중
자(衆子)는 관례를 행한 자리에 그대로 있는다.- 찬자(贊者)가 방안에서
술을 따라 가지고 나와 관례를 치르는 사람의 왼쪽에 선다. 빈(賓)
이 읍하면 관례를 치르는 사람은 자리 오른쪽에 남쪽을 향하여 선
다. 찬자가 술을 받들어 빈에게 주면 빈이 받아서 초석(醮席)으로
나아가 북쪽을 향해서 선다. 찬이 초사(醮辭)를 가지고 관례를 치르
는 사람의 왼쪽에 가서 남쪽을 향해 서서 펼쳐 들면 빈이 초사를 읽
는다. 찬이 초사를 주면 관례를 치르는 사람은 받아서 본 다음 말아
서 소매 속에 넣는다. 그리고는 부복하였다가 일어나서 재배하고
자리로 올라가서 남쪽을 향해서 술을 받아들고 선다. 빈이 자리로
돌아와서 동쪽을 향해 서서 답하여 재배한다. 찬자가 방에 들어가
서 포접(脯楪)을 갖고 나온다. 관례를 치르는 사람이 자리 앞으로
나아가서 포(脯)를 고수레[祭]하고-관례를 치르는 사람이 왼손으로 술
잔을 잡고 오른손으로 포를 놓은 접시를 집어서 자리 앞 빈 곳에 놓는 것이
다.- 술을 고수레한 다음-땅에 조금 붓는 것이다.- 일어나서 물러나 자
리 끝으로 가서 꿇어앉아 술을 마신다.-조금만 입에 넣는 것이다.- 그
러고는 일어나서 자리로 내려와서 술잔을 찬자에게 준다. 집사가
포(脯)·해(醢)를 놓은 접시를 거둔다. 관례를 치르는 사람이 남쪽
을 향하여 재배하면 빈이 동쪽을 향해 답하여 재배한다. 관례를 치

르는 사람이 몸을 돌려 서쪽으로 찬자를 향하여 재배하면 찬자가
빈의 왼쪽에 서서 동쪽을 향해 조금 물러나서 답하여 재배한다.

冠者出房南面立, 儐改席于堂中少西南向.-衆子因冠席.- 贊者酌酒房中, 出
立于冠者之左. 賓揖, 冠者立席右南向. 贊者奉酒授賓, 賓受之, 詣醮席北向
立. 贊取醮辭, 詣冠者之左, 南向立展之, 賓讀之. 贊授辭, 冠者受之視之,
卷之袖之. 俯伏興再拜, 升席南向, 受酒而立. 賓復位, 東向立, 答再拜. 贊
者入房, 以脯楪出立. 冠者進席前, 祭脯,-冠者左手執盞, 右手執脯楪, 置于席前
空地上.- 祭酒,-傾少許于地.- 興退就席末, 跪啐酒.-少入口.- 興降席, 以盞授
贊者. 執事撤脯醮楪. 冠者南向再拜, 賓東向答再拜. 冠者側身西向贊者再
拜, 贊者立賓左東向少退, 答再拜.

## 31. 빈이 관례를 치르는 사람의 자(字)를 부름
賓字冠者

빈과 주인이 함께 계단을 내려와서 서로 마주하여 서면, 관례를 치르는 사람은 서쪽 계단으로 내려와서 약간 동쪽에 남쪽을 향하여 선다. 찬이 자사(字辭)를 집어서 빈에게 올리면 빈이 받아서 펼쳐 읽는다. 다 읽은 다음에 찬에게 주면 찬이 이를 받아서 관례를 치르는 사람에게 준다. 관례를 치르는 사람이 받아서 본 다음 말아서 소매 속에 넣는다. 찬이 대사(對辭)를 집어서 주면 관례를 치르는 사람은 받아서 읽고, 다 읽고 나면 재배한 다음 예(禮)를 마친다.

賓主俱降階相向立. 冠者降自西階, 少東南向. 贊取字辭, 進于賓, 賓受而展讀. 讀畢授贊, 贊受之與冠者. 冠者受之視之, 卷之袖之. 贊取對辭, 冠者受而讀之, 讀畢再拜, 禮畢.

## 32. 주인이 읍하고 빈이 자리로 감

### 主人揖賓就坐

빈(賓)들은 뒤따르기를 상례(常禮)와 같이 하고, 집사는 기물들을
거둔다.

衆賓從之如常禮, 執事撤諸具.

## 33. 주인이 관례를 치른 사람을 데리고 사당에 배알함
主人以冠者現于祠堂

사당에 이르러 차례대로 서서 손을 씻는다. 주독(主櫝)을 열고 제찬 (祭饌)을 올리고 술잔을 올리고, 강신(降神)하고 참신(參神)하고 술을 따르고 수저를 정돈한다. 주인이 재배한다. 주인이 재배하고 꿇어앉으면, 축(祝)이 주인의 왼쪽에 동쪽을 향해 꿇어앉아서 축문 을 읽은 다음 일어나서 자리로 돌아간다. 주인이 부복하였다가 일 어나서 자리로 돌아가면, 관례를 치른 사람은 양계(兩階) 사이로 가 서 재배한다. 수저를 거두고 사신(辭神)한 다음 제찬을 거두고, 주 독을 덮고 물러간다.

至祠堂序立, 盥洗. 啓櫝, 進饌奠盞, 降神參神, 斟酒整著. 主人再拜. 主人 再拜跪, 祝跪主人之左東向讀祝, 興復位. 主人俯伏興復位, 冠者進兩階間 再拜. 撤著辭神, 撤饌, 闔櫝退.

## 34. 관례를 치른 사람이 어른을 뵘
### 冠者現于尊丈

부모가 방안에 남쪽을 향하여 앉는다.-조부모가 계시면 이 자리에 앉고, 부모는 제부(諸父)・제모(諸母)와 함께 동서로 나뉘어 모시고 앉는다.-관례를 치르는 사람이 북쪽을 향하여 부모에게 절하면 부모가 일어난다.-조부모도 마찬가지이다.- 백숙부모(伯叔父母)에게 절하면 모두 일어난다. 형제 자매로서 답배(答拜)를 해야 할 사람은 절을 한다.

父母房中南面坐.-有祖父母則當此坐, 而父母與諸父諸母東西分侍.- 冠者北向拜父母, 父母爲之起.-祖父母亦然.- 拜諸父諸母, 皆爲之起. 兄弟姊妹應答拜者拜.

## 35. 빈에게 예를 갖춤

乃禮賓

상례(常禮)대로 한다.-빈과 찬은 예(禮)를 조금 달리 한다.- 관례를 치른 사람이 손님들을 뵙되 어른과 젊은이를 각각 한 줄로 해서 각각 절하면 손님들이 모두 답한다.

如常禮.-賓贊稍禮異之.- 冠者現于衆賓, 長少各爲一列, 各拜, 衆賓皆答.

36. 혼례작의-무인년(1758, 47세) 사위 권일신(權日身)을 맞을 때 정한 것이다.-

婚禮酌宜-戊寅 迎女壻權日身時所定.-

살펴보건대, 우리나라의 풍속 중에 혼례가 가장 거칠고 소략한데, 인습해 온 지 오래라 변경하기 어려운 것도 있다. 대개 풍기(風氣)가 변함에 따라 옛날과 지금의 제도가 달라졌으니, 이것이 바로『가례(家禮)』가 만들어진 까닭이다. 우리나라는 습속이 중국과 현격히 다른데다 송(宋)나라로부터 지금까지 5백여 년이 넘는 세월이 흘렀으니 그 사이에 절로 억지로 맞출 수 없는 것들이 있게 마련이다. 그래서 고금의 예(禮)를 참작하여 혼례 의식을 만들어서 우리 집안의 사규(私規)로 삼는다.

按國俗婚禮, 最爲沽畧, 循襲已久, 或有難變者. 夫風氣之變而古今殊制, 此『家禮』所以作也. 我東與中華俗習懸殊, 由宋至今, 亦踰五百有餘歲, 其間自有不可强而相合者, 故酌古參今, 作婚禮儀, 爲一家之私規.

납채-『의례(儀禮)』「사혼례(士昏禮)」의 본문과『가례』의 본문에 보인다. ○ 시속(時俗)의 예(禮)에는 없다.-

納采-見『儀禮』「士昏禮」本文・『家禮』本文. ○俗禮無.-

문명-『의례』의「사혼례」본문과『가례』의 본문에 보인다. ○ 시속의 예에는 없다.-

問名-見『儀禮』「士昏禮」本文・『家禮』本文. ○俗禮無.-

살펴보건대, 납채는 그 채택(採擇)을 받아들이는 예(禮)이니, 『가
례』에서 말한 '언정(言定)'이라는 것이다. 그리고 문명은 장가들 여
자의 이름을 묻는 것을 말하니, 장차 길흉(吉凶)을 점치려는 것이
다. 문명은 후세에 행하기 어려웠으므로 『가례』에서 삭제하였다.
지금의 풍속에는 이 두 가지 예(禮)가 모두 없고, 두 집안이 혼인을
정한 후에 신랑 집에서 신랑의 연명(年命)을 써서 신부 집에 보내는
것을 '사주단자(四柱單子)'라고 하니, 고례(古禮)가 아니다. 지금 고
례에 따라 납채를 하되 신랑의 연명을 갖추고 아울러 여자의 연명
을 청하기를 문명의 의식과 같이 한다면, 아마 지금의 풍속을 따르
면서도 고례를 잃지 않을 것이다. 세속에서 연명을 고쳐서 길요(吉
曜)에 맞추려 하거나 나이를 줄여서 나쁜 연명을 기피하고 감추려
하는 일이 있는데, 대례(大禮)의 시작부터 속임수를 먼저 쓰니 매우
옳지 못하다. 무릇 혼인은 양가가 의논하여 정한 것으로 확고하여
파기할 수 없다. 그런 뒤에야 납채의 예(禮)를 행하는 것이니, 지금
사람들이 납폐(納幣)를 납채라고 하는 것은 잘못이다.

按納采者, 納其采擇之禮, 『家禮』所謂言定也. 問名, 謂問所娶女之名, 將卜
吉凶也. 問名, 後世難行, 故『家禮』刪之. 今俗幷無二禮, 而兩家定婚後, 壻
家書送壻年命于女家, 謂之四柱單子, 非古禮也. 今當依禮納采, 而具壻年
命, 兼請女命, 依問名之儀, 庶乎循今之俗而不失古禮也. 俗有改易年命, 求
合吉曜, 或減年忌諱, 大禮之始, 先行詐僞, 甚不可也. 凡婚姻, 兩家議定,
牢不可破, 然後行納采禮, 今人以納幣爲納采, 非也.

납채의 서식-서규(書規)는 시속의 예(例)를 따르고, 사어(辭語)는 『의례』
「사혼례」와 구준(丘濬)의 『가례의절(家禮儀節)』의 글을 취하였다. 아래도
같다. 당본(唐本) 『만보전서(萬寶全書)』 서식도 채택한다.-

納采書式-書規依俗例, 辭語取「士昏禮」『丘儀』[141]成文. 下同. 唐本『萬寶全書』書式
亦采用.-

피봉-상장모성모관집사(上狀某姓某官執事) 근봉(謹封)이라고 쓴다.-
皮封-上狀某姓某官執事謹封.-

모성명(某姓名)은 두 번 절하고 사룁니다. 존자(尊慈)께서 저의 몇
째 자식 아무개에게 영애(令愛)를 아내로 주시겠다고 허락해 주셨
습니다. 저의 자식은 모년 모월 며칟날 모신(某辰) 모시(某時)에 태
어났습니다. 이에 선인(先人)의 예(禮)가 있기에 삼가 사자(使者)
를 보내어 납채를 청하며, 장차 점을 쳐보고자 하여 감히 따님의 성
씨가 무엇인지를 알려주시기를 청하오니, 부디 존자께서는 특별히
살펴 생각해 주시기 바랍니다. 이만 그칩니다.
　　연 월 일 모군(某郡)-관향- 모성명(某姓名)-재배 상장(再拜上狀)-
　　모성모관집사(某姓某官執事)

某姓名再拜白. 伏蒙尊慈, 許以令愛既室僕之第幾子某. 子生于某年某月第

---

141　『丘儀』: 명나라 때 학자 丘濬의 『家禮儀節』을 약칭한다.

幾日某辰某時. 玆有先人之禮, 敬遣使者, 請納采, 將加諸卜, 敢請女爲誰

氏. 伏惟尊慈特賜鑑念. 不宣.

年月日, 某郡-貫鄕.- 某姓名,-再拜上狀.- 某姓某官執事.

# 37. 답서 서식
## 復書式


피봉 - 답상장모성모관집사(答上狀某姓某官執事) 근봉(謹封)이라고 쓴다.-

皮封-答上狀某姓某官執事謹封.-


모성명(某姓名)은 두 번 절하고 답장을 드립니다. 존자께서는 저의 몇째 딸을 영랑(令郞)의 아내로 맞이할 것을 허락하셨습니다. 비록 어리석고 약질(弱質)인데다 제대로 가르치지도 못하였으나 이처럼 채택하여 주시니 제가 감히 사양할 수 없습니다. 저의 딸은 모년 모월 모일 모신(某辰) 모시(某時)에 태어났음을 감히 갖추어서 고합니다. 부디 존자께서는-이하는 위와 같다.-

某姓名再拜復. 伏蒙尊慈將僕之第幾女作配令郞. 憙愚弱質, 雖不能敎, 旣辱采擇, 僕不敢辭. 女生于某年某月第幾日某辰某時, 謹具以告. 伏惟尊慈-以下同上.-


납길-「사혼례」의 본문에 보인다. ○『가례』에는 없고 속례에도 없다.-
納吉-見「士昏禮」本文, ○『家禮』無俗禮無.-


납징-「사혼례」의 본문에 보인다. 곧 『가례』의 납폐(納幣)이다. 시속의 예(禮)는 아래에 보인다.-

納徵-見「士昏禮」本文, 卽『家禮』納幣也. 俗禮見下.-

청기-「사혼례」의 본문에 보인다. ○『가례』에는 없으며, 속례는 아래에 보
인다.-
請期-見「士昏禮」本文. ○『家禮』無. 俗禮見下.-

살펴보건대. 납길은 신랑 집에서 점을 쳐서 길(吉)함을 신부 집에
알리는 것이다. 납징의 징(徵)은 증명하는 것이며 이루는 것이니,
신랑 집에서 피백(皮帛)으로 폐백을 삼아서 혼인이 이루어졌음을
증명하는 것이다. 청기는 신랑 집에서 혼인 날짜를 알리는 것인데,
옛날에는 기일 전에 납폐를 했으므로 청기가 납폐 뒤에 있었다.『가
례』에서는 생략했는데 양씨(楊氏)가 다시 증보(增補)한 것은 빠뜨
릴 수 없는 것이기 때문에 고례를 따른 것이다. 지금 세속에서 청기
는 신부 집에서 하는데, 신랑의 연명(年命)을 받은 다음에 날을 받
아서 보내주는 것을 '연길단자(涓吉單子)'라고 한다. 무릇 혼인의 예
(禮)를 신랑 집에서 주관하는 것은 남자가 우선이라는 이치를 따른
것이니, 이는 예(禮)의 본뜻에 어긋난다. 그러나 지금은 시속(時俗)
을 따라, 신부 집에서 날짜를 정해서 통보하면-단자(單子)로 하지 않
고 그 날짜만 알린다.- 신랑 집에서 납길·납징·청기의 절차를 글로
써서 신부 집에 보낸다.

按納吉, 婿家卜以告吉于女家也. 納徵, 徵證也成也. 婿家將皮帛爲幣, 證成
昏也. 請期, 婿家告昏期也. 古者前期納幣, 故請期在納幣後.『家禮』簡之,
而楊氏增補者, 以其不可闕而從古禮也. 今俗請期一節, 女家爲之, 旣受婿

年命後, 擇日送之, 謂之涓吉單子. 凡婚姻之禮, 婚家主之者, 男先之義, 而此違禮意. 今依俗女家定日通報,-不用單子例, 但告其日子.- 則婚家將納吉納徵請期之節, 作書送于女家.

## 38. 납폐 서식-위와 같다.-
### 納幣書式-同上.-


모성명(某姓名)은 두 번 절하고 사룁니다. 가명(嘉命)을 내리시어 영애를 저의 몇째 아들 아무개의 아내로 주실 것을 허락하셨는데, 게다가 복점(卜占)도 길조(吉兆)로 나왔습니다. 이에 선인(先人)의 예(禮)가 있기에 거듭 사자를 보내어 납징의 예를 행하며, 삼가 길일을 택해서 모월 모일에 혼인하기를 청합니다. 가부를 기다립니다. 부디-이하는 위와 같다.-


某姓名再拜白. 伏承嘉命, 許以令愛貺室僕之第幾子某, 加之卜占, 已叶吉兆. 兹有先人之禮, 申遣使者, 行納徵禮, 謹涓吉日以請某月某日, 實惟昏期. 恭俟可否. 伏惟-以後同上.-

## 39. 답서 서식-위와 같다.-

復書式-同上.-

모성명(某姓名)은 두 번 절하고 답장을 드립니다. 이처럼 가명(嘉命)을 내리시어 이 한미(寒微)한 가문과 혼약해 주셨습니다만 어린 자식을 제대로 가르치지도 못했기에 감당하지 못할까 매우 두렵습니다. 이제 복점(卜占)도 길하다 하니 어찌 감히 사양하겠습니까. 또 선인의 예법에 따라 중한 예절을 베풀어 주시기에 이미 사양하지 못했으니 감히 명을 받들지 않겠습니까. 혼례 기일은 명하신 대로 따를 따름입니다. 삼가 준비하고 기다리겠습니다. 부디-이하는 위와 같다.-

某姓名再拜復. 伏承嘉命, 委禽寒宗. 顧惟弱息, 敎訓無素, 切恐不堪. 卜旣叶吉, 僕何敢辭? 又蒙順先典, 貺以重禮, 辭旣不獲, 敢不承命? 若夫婚期, 惟命是聽. 敬備以須, 伏惟-以後同上.-

살펴보건대, 지금 시속의 서식은 납폐 때만 신랑 집에서 글을 보내는데 이를 '혼서(婚書)'라고 하며, 여자 집에서는 답장이 없으니, 이것은 예법의 뜻에 매우 어긋난다. 그래서 지금 위와 같이 납채와 납폐의 두 가지 서식을 갖추고, 겸하여 문명·납길·청기라는 말을 들어서 옛 혼례의 육례(六禮)의 뜻을 갖춘다. ○『의례』「사혼례」에는 납징에 현훈(玄纁)을 쓴다고 했는데『가례』에서 색증(色繒)을 쓰도록 한 것은 편의를 따른 것이다. 그러나 사람은 생활 형편을 고려하지 않을 수 없으므로 또 "빈부에 따라 적절히 한다."라 하였으니, 대개 예(禮)는 실행할 수 있는 것이 중요하니, 폐물(幣物)이 지나친 것은 예가 아니다. 옛날에는 속백(束帛)과 여피(儷皮)를 썼으니, 지금 시속에서 더러 피폐(皮幣)만 홀으로 쓰는 것은 잘못이다. 옛날에는 가죽이 의복으로 쓰였지만 후세에는 그렇지 않아 가죽을 실제로 쓸 곳이 없으니 사용하지 않는 것이 옳다. 옛날의 1필은 40척이니 대략 지금의 포백척(布帛尺) 20척쯤 된다. 의당 마련하기 쉬운 포백으로 현(玄)·훈(纁)을 각각 20척씩 갖추어야 하니, 이는 곧 "아무리 적어도 두 가지 이상은 갖추어 한다"는 『가례』의 뜻이다. ○ 요즘 세상에서는 채색 보자기로 폐백을 싸서 작은 칠함(漆函)에 담아 자물쇠로 채우며, 또 혼서(婚書)를 채색 보자기에 싸서 함 속에 넣고 함을 다시 색깔 있는 보자기로 싼다. ○ 기일 전에 납폐(納幣)하는 것이 예(禮)이다. 지금 시속에서는 납폐를 전안(奠鴈)하는 날 새벽에 하는데, 세속에는 이를 '마두납채(馬頭納采)'라고 한다. 예(禮)는 조용히 하는 것이 중요하니 이처럼 급박하게 해서는 안 된다. 그러나 납폐를 하고 나면 혼인이 이미 결정되는데, 오랜 기간을 끌다 보면 사고가 생기지 않는다는 보장을 할 수 없다. 그러므로 이 또한 잘못될 것을 걱정하는 후인들의 깊은 생각에서 나온 것이니, 시속(時俗)을 따르는 것도 무방하다. 성호(星湖)선생은 "후대의 습속이 완악하여 혹 염려할 만한 변고가 있을 수도 있기에 모두 혼인하는 날에 먼저 납폐를 행하니, 비록 촌스럽기는 하지만 우선 시속을 따른다."라 하였다. ○ 시속의 예(禮)에 여자 집에서 택일하여 보낸 후에 또 신랑의 옷 치수를 알려달라고 청하는데, 이를 '의양단자(衣樣單子)'라고 한다. 신랑 집에서도 여자의 옷 치수를 알려달라고 청하는 일이 있으니, 시속에 따라 해야 한다. 부자라서 여유가 있더라도 너무 사치하게 해서는 안 되며, 가난하여 아무 것도 없으면 생략해도 문제될 것이 없다. 군자는 예(禮)가 행하여지지 못하는 것을 부끄럽게 여기지 재물의 많고 적음을 마음에 두지 않으니, 사치를 자랑하는 풍조는 시정잡배가 하는 행위로 옛사람이 이른바 오랑캐의 풍습이니, 금수(錦繡)·능단(綾段)·주옥(珠玉)·보배(寶貝) 따위는 일절 금지해야 한다. 범문정공(范文正公)은 신부가 비단으로 휘장을 만들었다는 말을 듣고 노하여 말하기를, "우리 가법(家法)을 어지럽히는 일이니, 마땅으로 가져가서 태우라."라 하였으며, 허미수(許眉叟)는 완평부원군(完平府院君)의 손서(孫婿)가 되어 첫날밤에 이부자리가 화려한 것을 보고는 행장(行裝) 속에 있는 베이불을 꺼내어 덮고 잤다고 한다. 옛사람은 자신을 단속함이 맑고 엄격하였으니, 매우 본받을 만하다.

按今俗書式, 惟於納幣時婿家有書, 謂之婚書, 而女家無答, 甚非禮意. 故今具納采納幣二書于右方, 兼擧問名納吉請期之語, 以備古婚六禮之義. ○「士昏禮」納徵用玄纁, 而『家禮』用色繒者從便也. 人不可以不慮居, 故又云: "貧富隨宜." 盖禮貴有行, 幣物之過度非禮也. 古用束帛儷皮, 今俗或有單用皮幣者非也. 古者皮爲衣服之用, 而後世不然, 則皮無實用, 不用爲宜. 古一匹爲四十尺, 大約準今布帛尺二十尺. 當以布帛易具之物, 玄纁各二十尺, 即『家禮』少不過兩之義也. ○俗用綵袱包幣, 盛小漆函, 函具鎖鑰, 又以婚書包綵袱, 納函中函, 用色袱包之. ○前期納幣, 禮也. 今俗納幣用冞鴈日曉頭, 俗謂馬頭納采. 禮貴從容, 不當如是迫急. 而納幣以後, 婚姻已定, 或曠日持久, 事故難定, 故亦出於後人慮患之深意, 依俗無害. 星湖先生曰: "後

俗頑弊, 或有變故可慮, 皆於婚日先行納幣. 雖野, 亦且從俗." ○俗禮, 女家
送涓吉後, 又請婿衣樣尺度, 謂之衣樣單子. 壻家亦或請女衣樣, 當隨俗爲
之. 苟富而有, 無使汰侈, 苟貧而無, 雖闕何害? 君子以禮不行爲愧, 不以財
之饒乏爲意. 以奢侈相高者, 是市井之爲, 而古人所謂夷虜之風也, 錦繡綾
段珠玉寶貝之屬, 當一切禁之. 范文正公[142]聞新婦以羅綺爲帳, 怒曰: "亂吾
家法, 當火于庭." 許眉翁爲完平孫婿, 昏夜見衾褥華鮮, 遂持行中布衾以宿.
古人律己淸嚴, 最爲可法.

**142** 范文正公 : 北宋의 명재상 范仲淹(989~1052)을 가리킨다. 그는 자는 希文
이고 시호가 文正이다.

40. 청기 서식-위와 같다. ○ 만약 예(禮)에 정한 대로 기일 전에 납폐할 수 없으면 이 서식대로 쓴다.-

請期書式-同上. ○若不能如禮, 前期納幣, 則用此書式.-


모성명(某姓名)은 두 번 절하고 사룁니다. 이미 존명(尊命)을 받들었고, 게다가 복점(卜占)도 길조(吉兆)에 맞기에 삼가 길일(吉日)을 택하여 모월 모일 간지(干支)에 혼인하고자 합니다. 정중히 가부를 기다립니다. 부디-이하는 위와 같다.-


某姓名再拜白. 伏承尊命, 加之卜占, 已叶吉兆, 謹涓吉日以請某月某日干支, 實維昏期. 恭竢可否. 伏惟-以後同上-

## 41. 답서 서식-위와 같다.-

### 復書式-同上.-

모성명(某姓名)은 두 번 절하고 답장을 드립니다. 삼가 존명(尊命)을 받건대, 이 한미한 가문과 혼약해 주셨습니다만, 어린 자식을 평소 제대로 가르치지 못하여 감당하지 못할까 두렵습니다. 그렇지만 복점(卜占)이 이미 길하니, 제가 감히 사양하겠습니까. 혼인 날짜는 말씀하신 대로 따르겠습니다. 부디-이하는 위와 같다.-

某姓名再拜復. 伏承尊命, 委禽寒宗. 顧惟弱息, 敎訓無素, 竊恐不堪, 卜旣叶吉, 僕不敢辭? 昏期惟命, 敢不敬須. 伏惟-以後同上.-

## 42. 납폐 서식-위와 같다.-

納幣書式-同上.-

모성명(某姓名)은 두 번 절하고 사룁니다. 삼가 가명(嘉命)을 받건 대, 영애(令愛)를 저의 몇째 아들 아무개에게 아내로 주실 것을 허 락하셨습니다. 이에 선인(先人)의 예(禮)가 있기에 삼가 사자(使者)를 보내어 납징(納徵)의 예를 행합니다. 부디-이하는 위와 같다.-

某姓名再拜白. 伏承嘉命, 許以令愛貺室僕之第幾子某. 兹有先人之禮, 敬 遣使者, 行納徵禮. 伏惟-以後同上.-

## 43. 답서 서식-위와 같다.-

復書式-同上.-


아무개는 두 번 절하고 답장을 드립니다. 삼가 가명(嘉命)을 받건
대, 혼인 날짜가 이미 정해졌으니 장차 대례(大禮)를 행할 예정입니
다. 이제 선인의 법도를 따라 중한 예(禮)를 베풀어 주셨습니다. 이
미 사양할 수 없으니, 감히 명을 따르지 않을 수 있겠습니까. 부디-이
하는 위와 같다.-


某姓名再拜復. 伏承嘉命, 昏日已定, 大禮將行. 玆蒙順先典, 既以重禮. 辭
既不獲, 敢不承命? 伏惟-以後同上.-


고묘-『가례』의 본문에 보인다. ○ 『의례』「사혼례」에는 없다. ○ 시속(時
俗)의 예(禮)에서는 행하는 집안도 있고 행하지 않는 집안도 있다.-


告廟-見『家禮』本文. ○「士昏禮」無. ○俗禮或行或否.-


살펴보건대, 『의례(儀禮)』「사혼례」에는 사당에 고하는 글이 없다.
그러나 『좌전(左傳)』에는 초(楚)나라 공자(公子) 위(圍)가 장가들
면서 장공(莊共)의 사당에 고했다는 기사가 있으니, 옛날에도 사당
에 고하는 예(禮)가 있었던 것이다. 『의례』에 "납채(納采) 때 여자
집 주인이 문 서쪽에 연(筵)을 설치하되 서쪽을 상석(上席)으로 하
고 오른편에 궤(几)를 설치한다."라 하였는데, 그 주(註)에서 "연

(筵)이란 신을 위하여 자리를 펴는 것이다. 장차 선조의 유체(遺體)를 남에게 허락하려 하기 때문에 예묘(禰廟)에서 그 예(禮)를 받는 것이다."라 하였으니, 이 또한 사당에 고하는 의식이다. 『가례』에서는 의혼(議昏)하여 납채할 때 신랑 집에서 사당에 고하고, 여자 집에서 혼서(婚書)를 받은 뒤에 다시 사당에 고하고 나와서 답장을 사자(使者)에게 준다고 되어 있고, 납폐할 때는 사당에 고하는 절차가 없다. 납채란 곧 지금 세상의 정혼(定婚)이다. 세속에 거짓이 많아져서 혹 기일에 임박하여 혼약을 저버리는 사람이 있기 때문에 지금은 납폐할 때로 옮겨서 하는데, 길이 먼 경우에는 발행(發行)하는 날에 고해야 한다.

按「士昏禮」無告廟之文, 而『左傳』楚公子圍娶妻, 告莊共之廟, 則古亦有告廟禮矣. 『儀禮』: "納采, 女家主人筵于戶西, 西上右几." 註云: "筵爲神布席也. 將以先祖之遺體許人, 故受其禮於禰廟也." 是亦告廟之儀也. 『家禮』議昏納采時, 壻家告廟, 女家受書後, 又告廟出, 以復書授使者, 而納幣無告廟. 納采者, 卽今世定婚之初也. 世俗多僞, 或有臨期負約者, 故今移于納幣時行之, 路遠者當於發行日告.

## 44. 신랑 집에서 사당에 고하는 의식
### 婿家告廟儀

삭참(朔參) 의식과 같이 한다. 축판(祝版)에,

　모년 모월 모삭(某朔) 며칟날 모신(某辰)에 효모손(孝某孫) 모관(某官) 아무개는 현(顯) 모친(某親) 모관부군(某官府君)과 현 모친 모봉(某封) 모관(某貫) 모씨(某氏)-여러 신위(神位)를 차례로 열거한다.-에게 감히 밝게 고합니다. 아무개의 자식 아무개 또는 아무개의 모친(某親) 아무개의 자식 아무개는 나이가 이미 장성하였으나 아직 짝이 없기에 모군(某郡)에 사는-살고 있는 고을이다.- 모관(某官) 모관(某貫)-성향(姓鄕)이다.- 아무개의 딸 또는 아무개의 모친(某親) 아무개의 딸과 혼인하기로 이미 의논하였기에 장차 모일(某日)-만약 사는 곳이 가까우면 '오늘[今日]'이라고 한다.-에 납폐하고 전안(奠鴈)하고자 합니다.-만약 친영(親迎)이면 '납폐하고 친영하려 한다'고 한다.- 감회와 슬픔을 가눌 길이 없어서 삼가 술과 과일을 갖추어 경건히 고합니다.

如朔參儀. 祝版云: "維年月某朔幾日某辰, 孝某孫某官某, 敢昭告于顯某親某官府君 · 顯某親某封某貫某氏.-諸位列序.- 某之子某若某之某親某之子某, 年已長成, 未有伉儷, 已議娶某郡居,-所居之郡.- 某官某貫-姓鄕.-姓名之女若某親某之女, 將以某日-若居近則云今日.-納幣奠鴈.-若親迎則云: '納幣親迎.'- 不勝感愴, 謹以酒果, 用伸虔告謹告."

45. 초자-사혼례와 『가례』의 본문에 보인다. ○ 시속(時俗)의 예(禮)에는 없다.-
醮子-見「士昏禮」·『家禮』本文. ○俗禮無.-


고묘(告廟)한 후에 초자례(醮子禮)를 행한다. 먼저 탁자에다 술병
과 반잔(盤盞)을 진설하여 당 위에 놓는다. 주인의 자리를 동서(東
序)에 서쪽을 향하게 설치하고, 아들의 자리를 그 서북쪽에 남쪽으
로 향하게 설치한다. 자제 중에 예(禮)에 익숙한 자 한 사람을 골라
서 찬(贊)을 삼는다. 아버지가 당에 오르면, 아들은 먼저 계단 아래
에 서 있다가 이 때에 서쪽 계단으로 올라가서 자리 서쪽에 가서 남
쪽을 향하여 선다. 찬자(贊者)가 술을 반잔에 따라 들고 아들의 자
리 앞에 가서 선다. 아들이 재배하고 나서 초석(醮席)으로 올라가
남쪽을 향하여 꿇어앉는다. 찬자가 아들에게 술을 주면 아들이 술
을 받아서 땅에 조금 붓고는 일어나 자리 끝으로 물러나서 꿇어앉
아 술을 조금 마시고, 일어나서 자리 서쪽으로 내려와서 술잔을 찬
에게 주고 또 재배한다. 그리고 아버지가 앉아 있는 앞으로 가서 동
쪽을 향하여 꿇어앉아서 계사(戒辭)를 듣는다. 아버지가 명하기를
"가서 너의 배필을 맞이하여 우리 종사(宗事)를 잇도록 하되, 부디
공경하는 마음으로 아내를 거느릴 것이며, 너는 언제나 떳떳함이
있게 하라."라 하면, 아들이 대답하기를, "예! 감당하지 못할까 두렵
기는 하지만 감히 명하신 바를 잊지 않겠습니다."라 하고, 부복했다
가 일어나서 나온다. 종자(宗子)의 아들이 아닐 경우에는 종자가 사
당에 고한 뒤에 그 아버지가 사실(私室)에서 술을 부어주고, 명사
(命辭)는 '종사(宗事)'를 '가사(家事)'로 고친다.

告廟後, 行醮子禮, 先以卓子設酒注盤盞於堂上, 設主人坐於東序西向, 設子席於其西北南向, 擇子弟之習禮者一人爲贊. 父升坐, 子先立于階下, 至是, 升自西階, 立於席西南向. 贊者取酒斟盤盞, 執詣子席前. 子再拜訖, 升醮席南向跪. 贊者授子酒, 子受酒, 少傾于地, 興退席末, 跪啐酒, 興降席西, 授盞于贊者, 又再拜, 詣父坐前東向跪, 聽戒辭. 父命之曰: "往迎爾相, 承我宗事, 勉率以敬, 若則有常." 子對曰: "諾! 惟恐不堪, 不敢忘命." 俛伏興出. 非宗子之子, 則宗子告廟後, 其父醮於私室, 命辭改宗事爲家事.

# 46. 「초자도」
### 「醮子圖」

살펴보건대, 시속에서는 초자례를 하지 않는
다. 만약 하려면 『가례』에서 정한 관례초(冠
禮醮)에 따라야 한다. 서자(庶子)는 혼례에도
초자례를 해야 한다. 지자(支子)는 명사의 '승
(承)'자를 '조(助)'자로 고친다.

친영-「사혼례」와 『가례』의 본문에 보인다. ○ 속
례에는 없다.-
親迎-見「士昏禮」・『家禮』本文. ○俗禮無.-

살펴보건대, 친영이란 몸소 맞이한다는 말이
다. 『시경』에 "위수(渭水)에서 친히 맞는다."
라 하였으며, 『예기(禮記)』에 "면복(冕服)으로 친히 맞는다."라 하
였으니, 이는 남자가 여자보다 먼저 한다는 뜻이다. 우리나라 사람
들은 친영의 예(禮)를 행하지 않는데, 그 풍속은 이미 오래된 것이
다. 『후한서(後漢書)』「고구려전(高句麗傳)」에 "혼인을 하면 부부
가 다 신부의 집으로 가서 자식을 낳아 자식이 자라서 큰 뒤에 돌아
온다."라 하였으니, 지금 세상에서 신부의 집에서 혼례(昏禮)를 행
하는 것은 그 유래가 오래인 것이다. 성호(星湖)선생은,
 "친영의 예(禮)는 양가(兩家)의 의견이 반드시 같을 수는 없다.

더구나 거리가 멀어서 사관(舍舘)을 빌리고 어른과 젊은이를 데리고 가자면 일의 형편상 매우 불편한 점이 있다. 게다가 '친영하면 아내를 얻지 못하고 친영하지 않으면 아내를 얻더라도 반드시 친영해야 합니까?'라 질문에 맹자는 '친영하지 않고는 아내를 얻을 수 없다.'라는 답을 한 적이 없다. 그리고 「사혼례」에는 또 친영하지 않는 예(例)가 있으니, 옛사람들도 역시 일의 형편에 따라 편의대로 처리했다."

라 하였다. 『가례』에 의거하면, 준비하고 방을 마련하는 것은 여자 집에서 하는 일이고, 납폐와 전안은 모두 남자가 먼저 한다는 뜻이다. 따라서 우선 시속(時俗)의 예(例)에 따라 여자 집에서 성례(成禮)하더라도 크게 문제되지는 않는다. 다만 이치에 매우 위배되는 것은 사람들의 뜻에 어긋나더라도 따라서는 안 된다.-윤장(尹丈)은 "대개 가난하면 아무리 대현(大賢)이라도 예(禮)에 정한 대로 하지 못하는 경우가 있다. 예컨대 회옹(晦翁 주희(朱熹)의 호)의 아들 점(塾)이 반숙도(潘叔度)의 사위가 되었을 때와 면재(勉齋)가 회옹의 사위가 되었을 때 자식을 낳은 뒤에 며느리를 본 것이 이것이다. 게다가 친영의 예(禮)는 본래 왕도(王都) 사대부의 예(禮)이니, 일반 서민들로서는 이를 일일이 시행할 수 없을 듯하다."라 하였다.- ○ 살펴보건대, "처가가 멀 경우에는 사관(舍舘)을 빌려서 행례(行禮)한다."는 설을 주자(朱子)가 말했으니, 거리의 멀고 가까움을 막론하고 예(禮)로 보아서는 당연히 친영해야 하는 것이다. 그러나 우리나라 사람들은 형편이 가난하여 의물(儀物)을 갖추기가 어렵다는 것은 참으로 성호선생의 말과 같지만, 같은 고장에 산다면 당연히 예법에 정한 대로 해야 한다. 예(禮)는 본래 간이(簡易)한 것이니 시행하기 어려운 것을 보지 못했다. 더구

나 '빈부의 형편에 따라 편의한대로 한다'고 했음에 있어서랴. 의당
그 의절(儀節)을 준행하되 쓸데없는 비용을 줄이고 남에게 과시하
려고 쓸데없이 많은 경비를 들이지 말아야 할 것이다. 지금 시속에
서는 궁가(宮家)만이 당일에 친영하는데, 의문(儀文)이 옛스럽지
않고 사치스러운 경비가 또한 많다. 사인(士人)들의 집에서 이를 부
러워하며 본받으려 하지만 형편이 안 되기 때문에 하지 못한다. 안
타까운 일이다.

按親迎者, 謂躬親迎之也. 『詩』曰: "親迎于渭." 記曰: "冕而親迎." 是男先
女之義也. 東人不行親迎, 其俗已舊. 『後漢書』「高句麗傳」云: "婚姻皆就婦
家, 生子長大, 然後將還." 今俗行禮於婦家, 其來久矣. 星湖先生曰: "親迎
之禮, 兩家未必意同. 況居遠借館, 長少搬移, 事勢有甚不便者. 且孟子答親
迎得妻之問, 不曾道不迎不得.[143] 「士昏禮」又有不親迎之例, 則古人亦或隨
事方便以處矣." 據『家禮』張陳舖房[144], 卽女家事, 而納幣奠鴈, 則皆男先之

---

**143** 孟子……不得 : 맹자의 제자 屋盧子가 "친영을 하면 아내를 얻지 못하고 친
영을 하지 않으면 아내를 얻더라도 반드시 친영을 해야 하는가?[親迎則不得
妻, 不親迎則得妻, 必親迎乎?]"라고 하는 물음에 대답을 하지 못하고 맹자에
게 물으니, 맹자가 "女色의 중한 것과 禮의 가벼운 것을 취하여 비교한다면
어찌 여색이 중할 뿐이겠는가.[取色之重者與禮之輕者而比之, 奚翅色重?]"
라 하고 "동쪽 집의 담장을 뛰어넘어 처자를 끌어오면 아내를 얻고, 끌어오지
않으면 아내를 얻지 못할지라도 장차 끌어오겠는가?[踰東家牆而摟其處子則
得妻, 不摟則不得妻, 則將摟之乎?]"라 하였다. 『孟子 告子下』

**144** 張陳舖房 : 혼례에서 親迎하기 하루 전날 여자 집에서는 사람을 시켜 舖房에
물품을 진열해 둘 것이다. 진열하는 물품은 혼례에 쓰이는 털담요·요·장막

義也. 姑從俗例, 成禮於女家, 抑未爲大害. 惟甚背于義者, 雖違衆不可從.-尹丈<sup>145</sup>曰: "盖坐貧困, 則雖大賢或不能如禮. 如晦翁子塾爲潘叔度之壻, 勉齋爲先生之壻, 至生子而後婦見, 是也. 且親迎之禮, 自是都人士<sup>146</sup>之禮, 至於几庶, 恐不可一一行之也."- ○按妻家遠, 則借舘行禮之說, 朱子言之, 則勿論遠近, 禮當親迎. 而東俗貧窶, 儀物難備, 誠如師說, 若同居一鄕, 自當依禮. 禮本簡易, 未見難行. 況云貧富隨宜乎! 當遵其儀節, 蠲省浮費, 勿爲觀美, 可也. 今俗惟宮家當日親迎, 而儀文不古, 侈費又多, 士人家慕效而不可及, 故因以不行, 惜哉!

〔帳〕·막사〔幔〕·휘장〔帷〕·천막〔幕〕 등이다. 포방은 친영할 때에 신랑 일행이 머물 수 있도록 신부 집에서 마련한 방이다.

145 尹丈 : 조선시대 正祖 때의 학자 尹東奎(1695~1773)를 가리킨다. 그는 자가 幼章이고 호는 邵南이며, 星湖 李瀷의 문인이다. 그는 벼슬에 뜻을 버리고, 象緯·曆法·천문·지리·의약 등 실용적 학문의 수립을 주장하여 실학파의 대가로 손꼽힌다. 저서로 『邵南集』·『四水辨』 등이 있다.

146 都人士 : 『詩經』 「小雅 都人士」에 "저 王都의 人士는 대립에 緇布冠을 쓰셨고, 저 군자의 따님은 머리숱 많고 예뻤는데, 지금은 볼 수 없는지라 내 마음 기쁘지를 않네.〔彼都人士 臺笠緇撮 彼君子女 綢直如髮 我不見兮 我心不說〕"라 하였다. 이 『詩經』 「都人士」의 내용을 親迎하는 광경으로 본 듯하다. 여기서는 서울 사대부를 뜻하는 말로 쓰였다.

## 47. 납폐 의식
納幣儀

살펴보건대, 지금 시속에서는 전안(奠鴈)하는 날 새벽에 납폐를 하면 여자 집에서 받아서 곧장 안으로 가지고 들어가니, 예절이 너무 소략하다. 그래서 지금 아래에 그 의절(儀節)을 서술한다.

신랑 집에서 사람을 보내어 납폐할 것을 알리면, 신부 집에서는 미리 병풍과 포장을 치고 탁자를 마당에 내어놓은 뒤 탁자 위에 촛불을 밝히고 기다린다. 신랑 집에서 자제를 사자(使者)로 보내면-지금 시속에서 종만 보내는 것은 잘못이다.- 신부 집 주인이 옷을 갖추고 나와 맞이하여 당에 오르고, 신부 집 계집종이 폐백 함(函)을 받들고 나와서 탁자 위에 올려놓는다. 신랑집의 종자(從者)가 폐백 함을 올리면 사자가 받들어서 당(堂) 위에 놓고 폐백 함을 열고 혼서와 폐백을 내어서 혼서를 주인에게 주면, 주인이 혼서를 받아서 자리 위에 놓고, 집사자(執事者)가 폐백을 받는다. 주인이 북쪽을 향하여 재배하면 사자는 피하고 답하지 않으며,-주인의 절은 배명(拜命)하는 것이지 사자를 위하여 하는 것이 아니므로 답하지 않는다.- 다시 나아가 물러나겠다고 한다. 주인이 답장을 주면 사자가 받는다. 주인이 예빈(禮賓)할 것을 청하고 나서 주찬(酒饌)으로 대접하는 한편 별실(別室)-지금의 행랑(行廊) 같은 것이다.-에서 그 종자에게 음식을 먹인다. 예(禮)를 마치고 사자와 주인이 서로 교배(交拜)하고 읍하기를 평소의 의식처럼 하고서 물러난다. 주인은 편지와 폐백을 함에 넣어서 안으로 들이고 드디어 고묘(告廟)의 예(禮)를 행한다.

按俗於奠鴈日曉頭納幣, 女家受之直入內, 太涉疎畧. 今具儀節于下. 壻家
遣人告納幣, 女家預設屛帳, 舖陳卓子于庭, 明燭於卓上以俟. 壻家遣子弟
爲使者,－今俗只送奴隷, 非也.－ 女家主人盛服出迎升堂, 女家女僕奉函安于卓
上. 壻家從者以幣函進, 使者奉置堂上, 開函出書幣, 以書授主人, 主人乃受
書置于席上, 執事者受幣. 主人北向再拜, 使者避不答.－主人之拜爲拜命, 非爲
使者故不答.－ 復進請退. 主人授以復書, 使者受之. 主人請禮賓, 乃以酒饌待
之, 又饋其從者別室.－若今行廊也.－ 禮畢, 使者與主人交拜揖, 如常儀而退.
主人入書幣于函, 入于內, 遂行告廟禮.

살펴보건대 『가례』에 의하면, 납채와 납폐 때에 종자(從者)에게 여
자의 집에서 모두 폐물(幣物)을 주도록 되어 있으며, 지금의 시속도
여전히 그렇게 하고 있다. 그런데 무식한 하인배들이 흔히 대접의
후함과 박함, 선물의 많고 적음에 따라 칭찬하기도 하고 헐뜯기도
하니, 습속의 비루함이 정말 통탄스럽고 가증스럽다. 성호(星湖)
선생은 "예(禮)에 '구고(舅姑)가 보내는 사람을 향응(饗應)할 때 술
한 잔을 드리는 일헌(一獻)의 예(禮)로 하고 속백(束帛)을 준다.'라
하였으니, 지금 신랑의 종자(從者)에게도 의당 이에 따라 주식(酒
食)으로 대접하고 포백(布帛) 따위를 주되 형편에 따라서 적절히
할 것이며, 돈을 주는 것은 옳지 않다."라 하였다.－만약 길이 멀면 신
랑 집의 친빈(親賓)과 신랑은 사관(舍館)에 들었다가 여자 집 근처에서 행
례(行禮)한다.－

按『家禮』納采納幣, 從者女家皆酬以幣, 今俗猶然. 而賤隷無知, 多以接遇
之豐薄·贈餽之多寡, 或有毀譽, 俗習之陋, 誠可痛惡. 星湖先生曰: "禮:

'舅姑饗送者, 以一獻之禮, 酬以束帛.'今壻之從者宜倣此, 待以酒食, 贈以
布帛之屬, 輕重隨宜, 若用錢貨則不可."-若路遠則壻家親賓與壻, 就舘女家近處
行禮.-

## 48. 여자 집에서 사당에 고하는 의식

女家告廟儀

폐백을 받은 뒤 사당에 고하되 신랑 집에서 하는 의식과 같이 한다. 축판(祝版)은 앞의 것과 같되 이르기를, "아무개의 몇째 딸 또는 모친(某親) 아무개의 몇째 딸이 나이가 장성하여 이미 모군(某郡)에 사는 모관(某官) 모관(某貫) 아무개의 아들 아무개 또는 모친(某親) 아무개에게 시집보내기로 허락하였기에 오늘 납폐하고 성혼하니,-만약 친영일 경우에는 '오늘 친영하여 돌아가게 되니'라고 한다.- 감회와 슬픔을 이기지 못하겠습니다. 삼가-이하는 위와 같다.-"라 한다.

受幣後告廟, 如壻家儀. 祝版同前, 但云: "某之第幾女若某親某之第幾女, 年漸長成, 已許嫁于某郡居某官某貫姓名之子某若某親某. 今日納幣成婚.-若親迎則云: '今日親迎以歸.'- 不勝感愴. 謹以.-以後同上.-

## 49. 신랑이 가는 의식
壻行儀

살펴보건대, 예(禮)에 의하면 신랑은 저녁에 오는데 지금 시속(時俗)에서는 저물녘에 떠나며, 예에 의하면 혼인에는 명복(命服)을 쓰는데 지금 시속에서는 반드시 일품장복(一品章服)을 쓰니, 역시 근거가 있다 하겠다.

그리고 시속에서 신랑은 백마(白馬)를 타는데, 『주역(周易)』에, "백마가 나는 듯하니, 도둑이 아니라 혼인하러 오는 것이다.〔白馬翰如 匪寇昏媾〕"라 하였으니, 혼인에 백마를 타는 것은 역시 고례(古禮)이다. 우리나라는 기자(箕子)가 남긴 풍습이 지금까지 남아있으니, 신랑이 백마를 타는 것은 아마도 은(殷) 나라의 풍속일 것이다. 고려 충선왕(忠宣王)이 원(元)나라에 납폐할 때에 백마 81필을 사용하였으니, 그 유풍(流風)이 남아있었던 것이다. 그렇다면 이 풍속을 따르는 것이 옳겠지만, 향리에서 백마를 구하기 어려우면 굳이 그렇게 할 필요는 없다. 시속에 작은 햇불 네 개를 말 두 필에 실어서 어린아이를 시켜 앞에서 인도하게 하면서 이를 '봉거꾼〔奉炬軍〕'이라고 하니, 바로 예(禮)에 말한, 두 개의 햇불로 앞을 인도한다는 뜻에서 나온 것이다. 마땅히 두 개의 햇불을 써야 할 것이다. 지금 사람들은 흔히 촛불로 대신하니, 비록 근래의 풍속이지만 편리한대로 해도 무방하다. 또 여자 집에서 큰 햇불을 마당에 놓는데, 이는 정료(庭燎)와 비슷하니 쓰지 않는 것이 옳다. 시속에서는 말 앞에다 징씨(徵氏) 한 쌍을 보내는데 하인 중에서 관동(丱童)을 뽑아 초립(草笠)을 씌우

고 청포(靑袍)를 입힌다. 여자 집에서도 역시 징씨 한 쌍을 보내는데,
하인 중에서 나이 어린 자를 뽑아 초립을 씌우고 홍포(紅袍)를 입혀서
앞에서 맞아 인도한다. 이른바 징씨란 성호선생이 "납징(納徵)의 '징
(徵)'에서 나온 뜻이다."라고 하였으니, 이치가 혹 그럴 법하다. 이는
시속을 따르더라도 무방하지만, 만약 쓸 만한 사람이 없으면 그만두
는 것이 옳다. 또 시속에서 한 사람에게 나무 구슬 갓끈이 달린 검은
갓을 쓰고 검은 도포를 입고 검은 신발을 신고서 기러기를 머리를
왼쪽으로 향하게 해서 들고 걸어가게 한다. 이를 이름하여 '기럭아비
〔鴈夫〕'라 하며, 색실로 기러기의 머리를 감는다. 만약 관복(冠服)
이 갖추어지지 않았다면 단지 길복(吉服)만 쓰는 것이 옳다. 지금
시속에서 신랑이 도착하면 여자 집에서 종을 보내어 말고삐를 바꿔
잡게 하는 것을 '경마를 뺏는다〔奪牽馬〕'라고 한다. 말이 놀라 더러
다치기도 하니, 좋은 풍습이 아니다. 미리 꾸짖어 금해야 할 것이다.
○ 대저 시속에서 납폐할 때의 함진아비〔負函人〕, 여자 집에서 함을
받는 계집종, 전안(奠鴈)할 때 촛불을 드는 사람을 모두 다복(多福)
한 사람을 쓰니, 이는 모두 미신에 가까운 것이다. 혼인은 정례(正禮)
이니 의당 이런 것들을 금해야 한다.

按禮婿以昏來, 今俗向晚而行; 禮昏用命服, 今俗必用一品章服, 亦爲有據.
又俗婿乘白馬, 『易』曰: "白馬翰如, 匪寇昏媾." 昏用白馬, 亦古矣. 我東箕
子遺俗, 至今尙存, 白馬之禮, 盖殷俗也. 高麗忠宣王納幣於元, 用白馬八十
一匹, 流風未已也. 然則從之爲宜, 而鄕曲難得, 則亦不可拘也. 俗以四小炬
駄于二馬, 使小兒前導, 謂之奉炬軍, 卽禮二炬前導之義也. 當用二炬, 今人
多以燈燭代之, 雖近俗, 從便無害. 女家又植大炬於庭, 此近庭燎, 不用爲

宜. 俗於馬前, 立徵氏一雙, 用隸人中卝童, 戴草笠靑袍. 女家亦送一雙, 用隸人中年少者, 戴草笠紅袍, 前迎以導. 所謂徵氏者, 星湖先生謂出於納徵之徵, 義或然也. 此從俗無害, 如無可用人, 罷之亦宜. 俗又使一人黑笠木纓, 黑袍烏靴, 執鴈左首而行, 名鴈夫, 以綵絲絡鴈首. 若冠服未具, 但用吉服爲宜. 今俗壻至, 女家送僕遞執靮, 稱奪牽馬, 馬驚或致傷. 俗習不美, 當先呵禁. ○凡俗納幣時負函人及女家受函女僕・奠鴈時燃燭人, 皆用多福人, 此皆近禳法. 昏姻正禮, 宜禁此屬.

## 50. 전안하는 의식
### 奠鴈儀

살펴보건대, 시속의 예(禮)에 신랑이 이르기 전 여자 집에서 먼저 전안석(奠鴈席)을 외당(外堂)이나 마당에 설치하고 자리 북쪽에 홍촉(紅燭) 한 쌍을 설치한다. 그런데 대홍촉(大紅燭)은 고려 때 궐내(闕內)에서 쓰는 것이라 하여 금령(禁令)이 있었고, 게다가 보기 좋도록 하려고 과시하는 데 가까우니 하지 않는 것이 좋다. 또 부용향(芙蓉香) 한 쌍과 자촉(刺燭) 한 쌍을 하녀를 시켜 좌우에서 나누어 들고 기다리게 하는데, 자촉이란 둘레는 2촌(寸) 가량이고 길이는 수척(數尺)이 되는 갈대 묶음을 붉은 종이로 싸고 기름을 부은 것이다. 『주례(周禮)』「추관(秋官)」의 사훤(司烜) 소(疏)에 "갈대를 중심으로 삼고 베로 이를 싼 다음에 이밀(飴密)을 붓는다."라 하였으니, 마치 지금의 납촉(蠟燭)과 같은 것이다. 대개 옛날에는 이와 같이 촛불을 만들어서 썼던 것이다. 예(禮)란 근본을 잊지 않는 것이니 이 또한 비슷하지만 이제 이미 납촉을 쓰고 있으니 하지 않아도 무방하다. 촛불은 설치만 해 놓고 켜지 않는 것이 옳다. ○ 신랑이 도착하면 주인이 문 밖에 나가 맞이해서 읍양(揖讓)하면서 들어간다. 지금 시속에서 자제나 친족 중 연소한 사람을 시켜서 맞이하는 것은 예(禮)를 중히 여기는 뜻이 아니다. 『의례(儀禮)』「사혼례(士昏禮)」에 "주인이 신랑을 문밖에서 맞이하여 서쪽을 향하여 재배하면 신랑은 동쪽을 향하여 답하여 재배한다."라 했는데, 『가례』에서는 이를 생략하였으니 간편하게 한 것이다. 기럭아비가 신랑에게 기러기를 주면 신랑이 기러기 머리를 왼쪽으로 향하게 하여 받는다. 주인이 신랑에게 읍하면서 들어가기를 청하면 신랑은 사양한다. 주인이 먼저 들어가면 신랑이 뒤따른다. 주인이 읍하고 동쪽 계단으로 올라가면 신랑이 답하여 읍하고 서쪽 계단으로 올라간다. 주인이 서쪽을 향하여 서서 읍하면 신랑은 자리로 나아간다. 신랑이 자리에 이르러 북쪽을 향해 꿇어앉아서 기러기를 자리에 놓는다. 주인의 시자(侍者)가 받아서 안으로 들어가면, 신랑이 부복했다가 일어나서 재배한다.

按俗禮壻未至, 女家先設奠鴈席于外堂或庭, 席北置紅燭一雙. 大紅燭則麗朝以闕內所用有禁, 且近觀美, 闕之可也. 芙蓉香一雙·刺燭一雙, 使女婢分執左右以竢. 刺燭者, 以葦束圍二寸許, 長數尺, 纏以紅紙蘸油. 按「秋官」司烜疏云:"以葦爲中心, 以布纏之, 飴密灌之." 若今蠟燭. 盖古者用燭如此. 禮, 所以不忘本, 則斯亦近之, 然今旣用蠟燭, 廢亦無妨. 凡燭, 設而不燃, 可也. ○壻至, 主人迎于門外, 揖讓以入. 今俗使子弟親族中年少者迎之, 非重禮之意也. 「士昏禮」:"主人迎壻于門外, 西向再拜, 婿東向答再拜." 『家禮』畧之, 從簡也. 鴈夫授壻以鴈, 壻受之左首. 主人揖壻請行, 壻辭, 主人先入, 壻從之. 主人揖, 升自東階, 婿報揖, 升自西階. 主人西向立揖, 壻就席, 婿至席北向跪, 置鴈於席. 主人侍者受之入內, 壻俯伏興再拜.

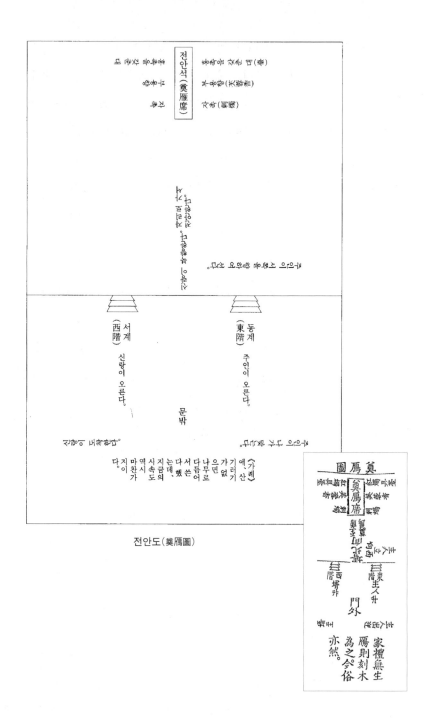

전안도(奠雁圖)

살펴보건대, 당일에 친영하면 여자 집에서 사당에 고한 뒤 즉시 딸에게 술을 따라 주는 의식을 행한다. 아버지 자리를 내당(內堂) 마루의 동쪽에 서쪽을 향하여 설치하고, 어머니 자리를 서쪽에다 동쪽을 향하여 설치한 다음, 딸의 자리는 어머니 자리 동북쪽에 남쪽을 향해서 설치하고, 유모와 늙은 계집종 한 사람을 골라서 보모(保姆)로 삼는다. 딸은 신부 치장을 하는데 보모가 이를 도와서 실외(室外)에 가서 선다. 또 여시(女侍) 한 사람을 찬자(贊者)로 삼는다. 친속(親屬)들은 차례대로 동쪽과 서쪽으로 나뉘어서 줄지어 앉는다. 보모가 딸을 인도하여 방을 나와서 당 앞에 이르러 북쪽을 향해 선다. 부모에게 사배(四拜)하여 작별 인사를 드리고 일어난 다음 친속(親屬)에게 사배하여 작별 인사를 드리고 일어난다.-앉은 자리에 따라 동쪽과 서쪽을 향하여 각각 네 번 절한다.-

초례(醮禮)를 행한다. 딸이 자리 오른쪽으로 가서 북쪽을 향한다. 여시(女侍)가 술을 따라 들고 딸이 있는 자리 앞으로 간다. 딸이 사배하고 자리 오른쪽으로 자리에 올라가서 꿇어앉으면, 찬자가 술을 딸에게 준다. 딸은 술을 고수레[祭]하고-조금 땅에다 붓는 것이다.- 술을 마신 다음-조금 입에 넣는 것이다.-사배한다. 보모가 딸을 인도하여 어머니의 왼쪽으로 나오면, 아버지가 일어나서 명하기를, "조심하고 공경하여 밤이나 낮이나 시아버지와 시어머니의 명을 어기는 일이 없도록 하라."라 한다. 보모가 딸을 인도하여 서쪽 계단 위로 가면, 어머니가 일어나서 딸을 보내는데, 관과 옷을 바로잡아 주면서 명하기를, "노력하고 공경하여 밤이나 낮이나 규문(閨門)의 예절을 어기는 일이 없도록 하라."라 한다. 백모와 숙모들 및 고모·올케·언니들이 중문(中門) 밖까지 따라 나와서 부모의 명을 거듭하며 이르기를 "부모가 한 말씀을 잘 들어서 밤이나 낮이나 잘못하는 일이 없도록 하라."라 한다. 종자(宗子)의 딸이 아닌 경우에는 종자가 사당에 고하고 그 아버지가 사실(私室)에서 술을 따라 주기를 의식대로 한다.

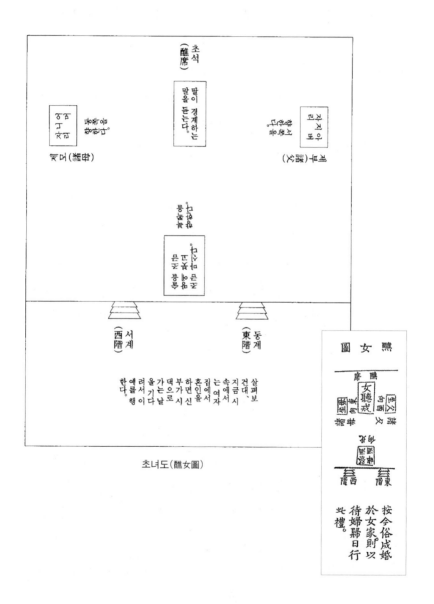

초녀도(醮女圖)

按卽日親迎, 則女家告廟後, 卽行醮女儀. 設父坐於內堂廳事東西向, 母坐于西東向, 女席於母坐之東北南向, 擇乳母及老女僕一人爲姆. 女盛餙, 姆相之, 立於室外, 又擇女侍一人爲贊者, 諸親屬以次東西列坐. 姆導女出房, 至堂前北向立, 辭父母四拜興, 辭親屬四拜興.-逐位東西向各四拜.- 行醮禮, 女就席右北向, 女侍酌酒執詣女席前. 女四拜, 自席右升席跪. 贊者以酒授女, 女祭酒-少傾于地.- 晬酒.-少入口.- 四拜. 姆導女出於母左, 父起命之曰: "戒之敬之! 夙夜無違爾舅姑之命." 姆導女至西階上, 母起送之, 整其冠帔, 命曰: "勉之敬之! 夙夜無違爾閨門之禮." 諸母及諸姑嫂姊送至中門之外, 申以父母之命曰: "謹聽爾父母之言, 夙夜無愆." 非宗子之女, 則宗子告于祠堂, 而其父醮於私室如儀.

신랑이 전안(奠鴈)한 뒤 보모가 신부를 데리고 중문을 나간다. 신랑이 읍하고 나가기를 청한 다음 서쪽 계단으로 내려가서 먼저 나간다. 신부가 뒤따라서 가마 곁에 이르면, 신랑이 발을 걷고 기다린다. 보모가 말하기를, "가르치지 못하여 예(禮)를 차리기에 부족합니다."라 한다. 신부가 가마에 오르면 신랑은 말을 타고 신부의 가마를 앞장선다. 신부의 가마도 두 개의 촛불로 앞에서 인도한다. 신랑이 집에 도착하면 대청에 서서 기다리고 있다가 신부에게 가마에서 내리기를 청한다. 신랑이 신부에게 읍하고 앞장서서 신부를 인도하여 방으로 들어가 교배례(交拜禮)를 행한다.

婿奠鴈後, 姆奉女出中門. 婿揖請行, 降自西階先出. 女從之, 至轎邊, 婿擧簾以俟. 姆辭曰: "未敎, 不足以爲禮也." 女乃登轎, 婿乘馬先婦車, 婦車亦以二燭前導. 婿至家, 立于廳事以俟, 請婦下車. 婿揖婦先行, 導婦入室, 行交拜禮.

살펴보건대, 혼례 때 입는 신부의 옷은 옛날과 지금이 서로 다르다. 「사혼례(士昏禮)」에, "신부의 복장은 차(次)·순의(純衣)·훈염(纁袡)이다."라 하였는데, 그 주(注)에 "차는 수식(首飾)이니 오늘날의 다리〔髢〕이다. 순의는 사의(絲衣)인데, 신부와 종자(從者)가 모두 진·현(袗·玄 검은 저고리에 검은 치마)을 입으니, 이 옷도 역시 검은 것이다. 염(袡)은 옷의 끝동이니, 붉은 끝동으로 옷의 가선〔緣〕을 두르는 것이다."라 하였고, 그 소(疏)에 "부인(婦人)의 옷은 치마를 다르게 하지 않고 저고리와 치마를 겸하여 연결해서 그 색깔이 다르지 않게 한다. 혼례에 이 옷을 입는데, 왕후 이하는 시집갈 때 모두 옷의 끝동이 있다."라 했으며, 『주례(周禮)』에 "추사(追師)가 부(副)·편(編)·차(次)를 관장한다."라 하였는데, 그 주(注)에 "부는 머리에 얹어서 꾸미는 것이니 지금의 보요(步搖)와 같은 것이고, 편은 머리를 나란히 땋아서 만드는 것이니 지금의 가계(假髻)와 같으며, 차는 긴 머리와 짧은 머리를 차례로 얹어서 만드는 것이니 이른바 다리〔髢髻〕이다. 소뢰례(少牢禮)는 대부(大夫)의 제사인데 이때 주부(主婦)가 머리에 다리를 얹는다. 혼례는 섭성(攝盛)하기 때문에 사녀(士女)도 차를 쓰는 것이다."라 하였다. 또 『가례』를 상고해 보면, "단지 신부는 성식(盛飾)한다."라 하였고, 부인(婦人)의 성복(盛服)은 '참례(參禮)' 조(條)에 보이는데, 가계(假髻)·대의(大衣)·장군(長裙)이 있으니, 이른바 성식이란 이런 복장에다 보태어서 꾸미는 것이다. 오늘날 시속에서는 장파(粧婆)-장파는 속칭 수모(首母)이다.-를 써서 의복을 꾸미는데 수식(首飾)은 옛날 가계(假髻)

의 남은 모양이다. 그 홍장삼(紅長衫)은 혹자는 "명승(明昇)의 부인 한테서 나왔으니 필시 귀한 집안 여자의 옷일 것이다."라 하는데, 그 사실 여부는 알 수 없다. 그러나 검은 옷에 붉은 빛깔의 넓은 소매와 긴 옷단이 비록 현의훈염(玄衣纁袡)의 고제(古制)와 맞지는 않지만 저고리와 치마가 다르지 않다는 예문(禮文)에는 어긋나지 않으니, 시속을 따라 써도 무방하다.

按昏禮女服古今殊異. 據「士昏禮」: "女次純衣纁袡." 註云: "次, 首餙也, 今時髮也. 純衣, 絲衣也, 女從者畢衫玄, 則此衣亦玄矣. 袡, 緣也, 以纁緣其衣." 疏云: "婦人之服不殊裳, 兼連衣裳, 不異其色也. 昏禮用此服, 王后以下, 嫁皆有袡." 『周禮』: "追師掌爲副編次." 註云: "副, 覆首爲之餙, 若今步搖. 編, 編列髮爲之, 若今假髻. 次, 次第髮長短爲之, 所謂髮髢. 少牢禮, 是大夫之祭, 而主婦髮鬄. 昏禮攝盛, 故士女亦用次也." 又據『家禮』只言女盛餙, 而婦人盛服, 見於參禮條, 有假髻・大衣・長裙, 所謂盛餙者, 當加餙於此服耳. 今俗用粧婆衣服,-粧婆俗稱首母.- 其首餙, 卽古假髻之遺像. 其紅長衫, 或謂: "出於明昇[147]之婦, 必是貴女之服." 雖未知其信然, 然純衣纁色, 廣袖長裾, 雖不合玄衣纁袡之制, 而不違於不殊衣裳之文. 從俗用之無妨.

---

[147] 明昇 : 明나라 太祖 때 蜀 땅에 大夏란 나라를 세웠다가 항복한 인물로, 고려 恭愍王 21년(1372) 5월에 명나라 태조가 우리나라로 보내어 安置하였다. 『東史綱目 卷15』

## 51. 신랑과 신부가 맞절하는 의식-옛날에는 이 의식이 없었으니, 『가례』에서 속습(俗習)을 따른 것이다.-

壻婦交拜儀-古無此儀, 『家禮』從俗.-

살펴보건대, 신랑이 친영하지 않고 시속을 따라 신부 집에서 행례(行禮)할 경우에 다음과 같이 한다. 신부 집에서 미리 탁자 두 개를 중당(中堂)에 설치하되 동서로 서로 마주보게 하고, 떡·국수·수저·잔반(盞盤)을 앞쪽 첫줄에 놓는다.-신랑 자리에는 떡을 북쪽에 놓고 국수를 남쪽에 놓으며, 신부 자리에는 그 반대로 놓는다. 이하 모두 같다.- 생선과 육류(肉類)-옛날에는 생선은 붕어〔鮒魚〕를 쓰고 육류는 돼지고기를 썼는데, 지금은 형편에 따라서 쓴다.- 또는 탕(湯)이나 적〔炙〕을 중앙에 놓는다.- 생선은 북쪽에 놓고 육류는 남쪽에 놓는다.- 닭은 통째로 쓰되-옛날의 토지(兔脂)를 대신하여 시속에 따라 닭을 쓰는 것이다.- 날것이든 익히든 상관없으며, 생선과 육류 사이에 놓는다. 식해(食醯)·김치·대추·밤을 각각 한 접시씩 바깥 줄에 놓는다. 따로 남쪽에 탁자 하나를 설치하고 합근배(合졸杯)와 술주전자를 놓는다. 또 남쪽과 북쪽에 두 개의 손 씻을 물그릇을 설치하되 물그릇 밑에 대(臺)를 받친다. 물그릇 옆에는 수건걸이를 설치하고 수건을 걸어둔다.

按壻不親迎, 從俗行禮於女家, 則女家預設卓子兩位於中堂, 東西相向, 餠麵及匙筯盞盤, 居前一行.-壻位餠北麵南, 婦位反設. 下同.- 魚肉-古魚用鮒, 肉用豚, 今隨宜用之.- 或湯或炙居中,- 魚北肉南.- 鷄用全體,-代古兔脂, 從俗用

鷄.- 生熟惟意, 居魚肉之間.-食醢·葅菜·棗·栗各一楪, 居外列.- 別置一卓于

南, 設合巹杯酒注, 又南北設二盥盆, 盆有臺, 盆傍設帨巾, 巾有架.

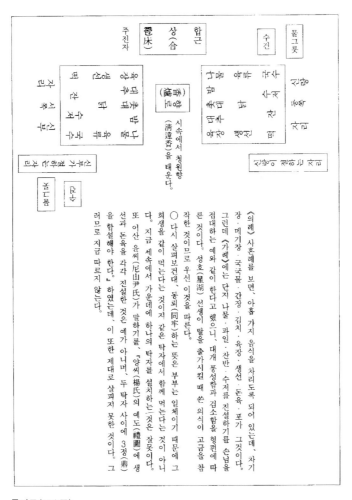

시속에서 청원향
(淸遠香)을 태운다.

《의례》사혼례를 보면, 아홉 가지 음식을 차리도록 되어 있는데, 차기
장·메기장·국국물·간장·김치·육장·생선·돈육·포가 그것이다.
그런데《가례》에는 단지 나물·과일·산반·수저를 진설하기를 손님을
접대하는 예와 같이 한다고 했으니, 대개 풍성함과 검소함을 형편에 따
른 것이다. 성호(星湖) 선생이 딸을 출가시킬 때 쓴 의식이 고금을 참
작한 것이므로 우선 이것을 따른다.

○ 다시 살펴보건대, 동뢰(同牢)하는 뜻은 일체이기 때문에 그
희생을 같이 먹는다는 것이지 같은 탁자에서 함께 먹는다는 것이 아니
다. 지금 세속에서 가운데에 하나의 탁자를 설치하는 것은 잘못이다.
또 이산 윤씨(尼山尹氏)가 말하기를, 「양씨(楊氏)의 예도(禮圖)에 생
선과 돈육을 각각 진설한 것은 예가 아니며, 두 탁자 사이에 3정(鼎)
을 합설해야 한다.」하였는데, 이 또한 제대로 살피지 못한 것이다. 그
러므로 지금 따르지 않는다.

동뢰도(同牢圖)

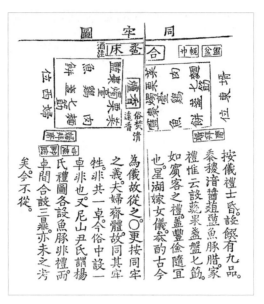

『의례』 「사혼례」를 보면, 아홉 가지 음식을 차리도록 되어
있으니, 차기장·메기장·국국물·간장·김치·육장·생
선·돈육·포가 그것이다. 그런데 『가례』에는 "평상시 손님
을 접대할 때처럼 단지 나물·과일·잔반·수저를 진설한
다."라 했으니, 대개 집안 형편에 따른 것이다. 성호선생이
딸을 출가시킬 때 쓴 의식이 고금을 참작한 것이니, 우선 이
를 따른다.
○ 다시 살펴보건대, 동뢰(同牢)하는 뜻은 부부는 일체이기
때문에 그 희생을 같이 먹는다는 것이지 같은 탁자에서 함
께 먹는다는 것이 아니니, 지금 시속에서 가운데 하나의 탁
자를 설치하는 것은 잘못이다. 또 이산 윤씨(尼山尹氏)는
"양씨(楊氏)의 예도(禮圖)에 생선과 돈육을 각각 진설한 것
은 예(禮)가 아니며, 두 탁자 사이에 3정(鼎)을 합설해야
한다."라 하였는데, 이 또한 제대로 살피지 못한 것이다. 그
러므로 지금 따르지 않는다.

신랑이 전안(奠鴈)을 마치면 주인이 신랑을 인도하여 들어가는데,
여복(女僕)이 촛불을 나누어 들고 앞장선다.-시속에서는 나이 어린 여
복이 홍촉(紅燭)을 들고 앞장서고, 동비(童婢)가 자촉(刺燭)을 들고 뒤따른
다. 이 예(禮)는 따르든 말든 상관없다.- 신부의 종자(從者)가 미리 신

랑의 자리를 동쪽에 펴놓고, 신랑의 종자가 미리 신부의 자리를 서쪽에 펴 놓는다.-신랑이 올 때 데리고 온 여복(女僕)이 없으면 신부 집에서 따로 계집종 하나를 정해서 대행한다.- 이때 장파(粧婆)가 신부를 성대하게 꾸미고 기다리면, 주인이 신랑을 인도하여 당(堂)에 이르러 읍하고 오른다. 신랑이 올라와서 남쪽에서 손을 씻으면 신부의 종자(從者)가 물을 따라주고 수건을 드린다. 신부가 북쪽에서 손을 씻으면 신랑의 종자가 물을 따라주고 수건을 드린다. 손을 다 씻은 다음 주인이 읍하면 신랑이 자리에 오른다. 신랑이 자리에 올라와서 읍하면 신부가 자리로 나아간다. 신랑과 신부가 각각 자리에 가서 선다. 신부가 먼저 재배하면 신랑이 답하여 재배한다. 그런 다음 신부가 또 재배하는데, 이를 협배(俠拜)라 한다. 탁자의 동쪽과 서쪽에 먼저 각각 자리를 깔아둔다.-시속에 만화방석(滿花方席)을 쓰는데, 없으면 굳이 쓸 필요는 없다.- 배례를 마치고 신랑이 읍하면 신부가 자리로 가는데, 신랑은 동쪽이고 신부는 서쪽이다. 종자(從者)가 술을 따르고 안주를 갖다 놓는다. 안주는 탁자 위의 생선과 육류를 가져다 쓴다. 술을 드릴 때는 종자가 탁자 위에 있는 잔을 가져다 술을 따라서 신랑과 신부에게 나누어 드린다. 모두 술을 조금 땅에 부어 제주(祭酒)하고 안주를 든다. 또 술을 따르면 신랑이 읍하고 신부가 들어서 마시는데 술을 땅에 부어 제주하지 않고 안주를 들지 않는다. 다시 근배(卺杯)를 가져다 신랑과 신부 앞에 나누어놓고 술을 따른다. 신랑이 읍하면 신부가 잔을 들어서 마시되 술을 땅에 붓지 않고 안주를 들지 않는다. 예식을 마치면 신랑이 나와서 다른 방으로 간다.-오늘날에 신방(新房)을 쓰는 것도 괜찮다.- 신랑이 옷을 벗으면 신부의 종자가 이를 받는다.-신랑이 옷을 벗고 밖으로 나가는 것은 시속의 예(禮)를 따른 것인데 괜찮다.- 음식을 치우면, 신랑의 종자는 신부가 남긴 것을 먹고, 신부의 종자는 신랑이 남긴 것을 먹는다.-지금은 시속의 예를 따라 장파(粧婆)에게 준다.- 주인이 손님을 대접하고 종자에게 음식을 먹이되, 남자 손님은 외청(外廳)에서 하고 여자 손님은 중당(中堂)에서 하니 시속의 예를 따른 것이다.

壻奠鴈畢，主人導壻以入，女僕分執燭前行.-俗以女僕年少者，執紅燭前行，童婢執刺燭次之．此從違惟意.- 婦從者先布壻席於東，壻從者先布婦席于西.-壻來時無女僕，則婦家別定一婢代行.- 此時粧婆盛餙婦以俟，主人導婿至堂揖升．婿升盥于南，婦從者沃之進帨巾．婦盥于北，壻從者沃之進帨巾．盥畢，主人揖，壻升席；壻升席揖，婦就席．壻婦各卽席，婦先再拜，壻答再拜，婦又再拜，是謂俠拜．卓東西先布各席.-俗用滿花方席，雖無不拘.- 拜畢，壻揖婦就座，壻東婦西．從者斟酒設饌，饌取卓上魚肉．進酒時，從者取卓上盞斟酒，分進于壻婦前，皆祭酒擧殽．又斟酒，壻揖婦擧飮，不祭無殽．又取巹分置壻婦之前，斟酒．婿揖婦擧飮，不祭無殽．禮畢，壻出就他室.-今用新房亦宜.- 壻脫服，婦從者受之.-壻脫服出外，從俗禮爲宜.- 撤饌，壻從者餕婦之餘，婦從者餕婿之餘.-今依俗給粧婆.- 主人禮賓，饗從者，男賓於外廳，女賓於中堂，隨俗禮．

살펴보면 시속의 예(禮)에는 동뢰연(同牢宴)을 한 탁자에 합설(合設)하며, 음식 차리는 절차를 전적으로 장파(粧婆)에게 맡겨 상차림에 법도가 없다. 게다가 음식상에 유밀과(油蜜果)를 놓는데, 가난한 집에서는 형편에 맞지 않으며, 예(禮)에도 근거가 없다. 유밀과는 고려 충선왕(忠宣王)이 원(元)나라에 장가들 때에 썼다고 하니 아마도 우리나라의 오랜 풍습일 듯하다. 혹자는 승가(僧家)에서 부처에게 공양하는 여습(餘習)에서 나왔다고도 한다. 지금 혹 한과(漢果)로 대신하기도 하는데, 한과란 명칭은 어디서 나온 것인지는 모르겠지만 콩가루를 풀에 버무려서 만들고 사화봉(絲花鳳)을 씌워서 보기 좋게 한다. 또 옥돌로 동자(童子) 한 쌍을 조각하여 향을 피우고 향좌아(香座兒)에 설치하되 남북의 향좌아에 나누어 안치하고서 금물(禁物)로 삼는다. 동자의 모습이 사람을 본떴으니 실로 요망하다 하겠다. 모두 사용하지 않는 것이 마땅하다. 또 신랑과 신부가 술을 마실 때 남녀가 같은 잔으로 번갈아 술을 마시니, 이미 남녀가 잔을 달리해야 한다는 예의(禮義)에 어긋날 뿐더러 몹시 설만(媟嫚)하다. 또 복이 많은 부인을 골라서 존자(尊者)의 자리에 올려놓고 한 가닥의 붉은 실로 합근배의 두 술잔을 연결해 묶어서 술을 따르게 하는데, 이를 해홍사(解紅絲)라고 한다. 홍사라는 말은 패가(稗家)에서 나온 것이니 허탄하여 따를 것이 못 된다. 또 지금 시속에서 교배(交拜)하는 자리는 하나의 장석(長席)인데, 양쪽 끝에 "두 성이 합하니 만복의 근원이다.〔二姓之合萬福之源〕"라는 글귀가 있으니, 같은 자리에서 교배례를 하는 것은 의리에 부합되지 않는다. 또 신랑이 자리에 앉아서 술을 마실 때 주인집 소년이 반드시 탁자 위의 생밤을 집어서 신랑에게 먹으라고 권하는데, 무슨 뜻인지 알 수 없으니 의심할 것 없이 폐지해야 한다. 또 신랑과 신부가 예를 마치고 신랑을 인도하여 신방에 들어가면 이윽고 신부가 들어가 마주 앉아서 조금 있다가 나오는데, 이를 상회례(相會禮)라고 한다. 예(禮)에 의하면, "신랑이 나오고 신부는 방에 머물러 있는다."라 하였으니 신부가 바깥에서 들어가는 것이 아니고 보면 이것은 반드시 그렇게 할 필요는 없다. 이상 시속의 예들은 사람들의 뜻을 어기고 따르지 않더라도 무방하다. ○ 만약 친영을 한다면, 기일 하루 전에 여자 측에서 신랑의 방을 마련하는데, 의복은 상자에 넣어두고 진열할 필요는 없다. 이튿날 아침에-친영한 이튿날이다.- 신랑 집에서 중당(中堂)에 자리를 마련한다.-위에서 말한, 속례의 여자 집 의식과 같다.- 교배례를 행하고 음례(飮禮)를 행한다. 예를 마치면 신랑은 나가고 신부는 방에 남는다. 신랑이 다시 들어가서 옷을 벗으면 촛불을 내어 오고 주인이 손님을 대접한다.-손님은 신랑과 같이 온 자로, 세속에서 의빈(儀賓)이라 한다. 또 요객(繞客)이라고도 하고 위요(圍繞)라고도 한다.- 여자 집에서 보내온 자에게는 모두 폐백으로 준다.

按俗禮同牢合設一卓, 設饌之節, 專委粧婆, 冪置無法. 又有油蜜果, 非貧家所宜, 於禮無據. 高麗忠宣王娶元時用之, 疑東方舊俗也. 或謂出於僧家供佛之餘習. 今或代以漢果, 漢果之名, 未知緣何, 而以大豆末和糊造成, 覆以絲花鳳, 助其觀美. 又有玉刻童子一雙, 奉香設於香座兒[148]上, 分置南北香座兒爲禁物, 童子形貌象人, 誠近妖妄, 皆宜不用. 又婿婦飮酒, 男女同杯交換, 已非男女異爵之義, 而媟莫甚焉. 又擇婦人中有福者, 立於尊所, 以紅絲一條, 繫兩卺而斟酒, 稱解紅絲. 且紅絲之說, 出於稗家, 誕不可從. 又今俗交拜席, 只一長席, 兩頭有文曰: "二姓之合, 萬福之源." 同席而拜, 不合於義. 又婿就坐飮時, 主家少年, 必取卓上生栗, 勸婿啖之, 不知何義, 廢之無

---

**148** 香座兒 : 향로나 향합을 올려놓는 받침대로, 사각형으로 된 작은 탁자이다. 香坐兒 또는 香佐兒라고도 한다.

疑. 又壻婦禮畢, 導壻入新房, 俄而婦入對坐, 少頃而出, 謂之相會禮. 據
禮: "壻出而婦留室中." 非婦從外入, 則此不必然也. 已上諸俗禮, 雖違衆不
從, 無妨. ○若親迎, 則先期一日, 女氏張陳其壻之室, 衣服鎖之篋笥, 不必
陳. 厥明, -親迎明日.- 壻家設位中堂, -如上俗禮女家儀.- 行交拜禮飮禮. 禮畢,
壻出, 婦留室中. 壻復入脫服, 燭出, 主人禮賓, -賓則與壻來者, 俗稱儀賓, 亦曰
繞客, 亦曰圍繞.- 凡女家送來者, 皆酬以幣.

## 52. 신부가 시부모를 뵙는 의식-「사혼례」와 『가례』의 본문에 보인다.-
### 婦見舅姑-見「士昏禮」·『家禮』本文.-


신부가 뵙는 예(禮)는 반드시 아침에 한다.-길이 먼 경우에는 사관(舍 館)에 와서 자고 아침에 뵙는다.- 뵐 때에 종자(從者)가 반(盤)에 폐백 을 담아 들고 따른다. 그릇은 사기 접시를 쓰고, 폐백은 대추·밤· 단수(腶修)를 쓴다.-이런 것들을 다 갖추지 못하면 시속을 따라 대추와 포만 쓴다. 대추는 접시에 가득 담고, 포는 10개를 쓴다.- 시아버지와 시 어머니가 당(堂) 위에 동서로 서로 마주보고 앉는데 각각 앞에 탁자 를 놓는다. 집안의 남녀로서 시부모보다 나이가 적은 이들은 각각 차례대로 시부모의 양쪽 곁에 선다. 보모가 신부를 인도하여 동쪽 계단을 통해 당에 올라서 북면(北面)하여 시아버지를 향해 재배한 다. 시아버지 앞으로 나아가서 대추를 담은 반을 올리면 시아버지 가 만져본다. 시자(侍者)가 폐백을 받아서 안으로 들인다. 신부가 물러나서 다시 북면하여 재배하면, 보모가 신부를 인도하여 내려왔 다가 서쪽 계단으로 당에 올라서 북쪽을 향하여 시어머니를 향해 재배한다. 그리고 시어머니 앞으로 나아가 포를 담은 반을 올리면, 시어머니가 이를 들어서 모시는 자에게 준다. 신부가 물러나서 다 시 북쪽을 향하여 재배한다.-지자(支子)와 동거자(同居者)는 사실(私 室)에서 이 의식을 행한다.-


婦見必以朝.-路遠者來宿舍館, 朝而見.- 將見, 從者以盤盛贄從之, 器用砂楪, 贄用棗栗腶修.-不具則從俗, 只用棗脯. 棗盈楪, 脯十條.- 舅姑坐於堂上, 東西相向, 各置卓于前. 家人男女少於舅姑者, 各以次立於兩傍. 姆引婦自阼階升堂, 北面向舅再拜. 詣舅前, 奠棗盤, 舅撫之. 侍者奉贄以入. 婦退, 又北面再拜, 姆引婦降, 詣西階升堂, 北面向姑再拜, 詣姑前, 奠脯盤, 姑擧以授侍者. 婦退, 又北面再拜.-支子同居者, 行于私室.-

살펴보건대,『가례』에는 신부가 계단 아래에서 절하는 것으로 되어 있으니, 이는 당송(唐宋) 때의 예(禮)이다. 주자(朱子)가 이회숙(李晦叔)의 물음에 대해 답하기를 "아들과 며느리는 동일한 예(例)로 해야지 분별을 두어서는 안 된다."라 하였는데, 이것이 후세의 정론(定論)이 되었다. 그래서 지금 당(堂)에 올라 배례를 행하도록 하는 것이다. 그릇은 질그릇이나 바가지를 쓰는 것이 고례(古禮)에 가까우므로 지금은 사기 접시를 쓰니 역시 옳다. ○ 살펴보면 예(禮)에는 친영한 다음 날에 시부모를 뵙는 것으로 되어 있다. 그런데 지금 시속에서는 여자 집에서 예를 행하기 때문에 가까이에 살고 있는 경우는 혹 혼인한 지 3일 만에 신부가 와서 뵙기도 한다. 이를 일러 '삼일신부례(三日新婦禮)'라 하니, 당일로 돌아갔다가 다시 날을 정하여 재차 와서 뵙는데, 이를 '재현례(再見禮)'라 한다.-속어(俗語)로 '풀보기'라 한다.- 시속의 의식은 따르는 하인들과 갖추는 식물(食物)이 매우 많아서 낭비가 적지 않으며, 신랑 집의 예물 또한 많다. 그런데 가난한 사람들이 이를 본받아서 마음에 찰 만큼 의식과 예물을 갖추지 못하면 즉시 신부를 맞이하여 보지 않는다. 오로지 탐욕과 사치만을 숭상하니 어찌 예(禮)를 중시하는 군자의 도리라 하겠는가? 예에 근거가 없으니 간소하게 하는 것이 좋고, 재물을 논하는 것이 부끄러우니 또한 절약하여 줄여야 한다. 혹시 길이 먼 경우

는 세속의 번거로운 형식을 일절 버리고 날짜를 받아 와서 뵙도록
하되, 날짜를 정하는 것은 양쪽 집에서 편의에 따라 하는 것이 좋
다. ○『의례』「사혼례(士昏禮)」에 "친영할 때 신랑은 묵거(墨車)를
타고 신부도 마찬가지이나 첨(裧)이 있다."라 하였고, 그 주(注)에
"사(士)가 묵거를 타는 것은 섭성(攝盛)이다."라 하였다.-소(疏)에
이르기를, "제후는 금로(金路)를 타고, 삼고(三孤)는 하전(夏篆)을 타고, 경
(卿)은 하만(夏縵)을 타고, 대부는 묵거를 타고, 사(士)는 잔거(棧車)를 타
고, 서인은 역거(役車)를 탄다."라 하였다. 사(士)가 신분을 높여서 묵거를
탄다면 서인은 당연히 잔거를 타야 할 것이다.-『주례(周禮)』에서는 첨
(裧)을 용(容)이라 한다고 했으니, 용이 있으면 덮개가 있기 마련이
다. 용은 유상(帷裳)이며 덮개는 수레 지붕〔屋〕을 말한다. 지금 지
붕 있는 가마〔有屋轎〕가 사대부 간에 통용되고 있으니 사용해도 된
다. 세속에서 쓰는 금교(金轎)나-속칭 '덩'이라 한다.-육인교(六人轎)
같은 것은 각자 등급이 있으니, 너무 과람(過濫)하게 쓸 일이 아니
며, 또한 가난한 사(士)에게 맞는 것도 아니다.

按『家禮』婦拜階下, 此唐・宋之禮. 朱子答李晦叔問: "子婦一例, 不當分
別." 此爲後來定論. 今令升堂行拜禮. 器用陶匏, 爲其近古, 故今用砂楪, 亦
宜矣. ○按禮親迎明日, 見舅姑. 今俗行禮於女家, 故居近者, 或成婚三日,
婦來見, 謂之三日新婦禮. 卽日還歸, 又定日再來見, 稱再見禮,-諺稱풀보
기.- 俗儀僕從備物甚繁, 浮費不些, 婿家禮物亦多, 貧家慕效, 力不從心, 則
不卽迎見. 惟以貪侈相尙, 豈君子以禮之道哉? 禮無可據則從簡爲宜, 論財
爲恥則亦當節省. 或路遠者, 世俗繁文, 一切祛之, 當擇日來見, 而日期遲
速, 兩家從便爲之, 可也. ○禮: "親迎, 婿墨車, 婦車亦如之, 有裧." 註: "士

乘墨車, 攝盛也."-疏云: "諸侯金路, 孤乘夏篆, 卿乘夏縵, 大夫乘墨車, 士乘棧車,

庶人乘役車." 士乘墨車爲攝盛, 則庶人當乘棧車.-『周禮』袂謂之容, 有容則有盖.

容帷裳也, 盖謂屋也. 今有屋轎爲士大夫通用者, 則用之爲宜. 若世俗所用

金轎-俗稱딩-六人轎之屬, 各有等級, 不用過僭, 亦非貧士所宜.

## 53. 신부가 시댁 어른들을 뵙는 의식-『가례(家禮)』의 본문에 보인다.-
### 婦見于諸尊長-見『家禮』本文.-

신부가 시부모를 뵙는 의식을 마친 뒤, 시조부모나 정존자(正尊者)
가 있으면 시부모가 신부를 데리고 나아가 뵙는데 역시 폐백이 있
다. 존장(尊長)들은 각각 그 거처하는 방으로 가서 뵙는데, 시부모
를 뵙는 예와 같이 하되, 폐백은 없다. 그 나머지 어른이나 젊은이
는 각각 차례로 절하기를 평상시의 의식과 같이 한다.-단배(單拜)만
하는 것이다.-

婦見舅姑, 畢, 有祖舅姑正尊者, 則禮畢, 舅姑以婦就見, 亦有贄. 諸尊長,
各就見於其室, 如見舅姑之禮, 無贄. 其餘長少, 各以次拜, 如常儀.-用單拜.-

## 54. 신부가 시부모에게 음식을 올리는 의식-「사혼례」와『가례』의 본문에 보인다.-

婦饋舅姑-見「士昏禮」·『家禮』本文.-


이 날 식사할 때 신부 집에서 주찬(酒饌)을 갖추어 신랑 집에 보낸다. 음식은 떡·국수·생선·육류·대추·밤 여섯 가지에 술을 합친 일곱 가지를 쓰되 형편에 따라 장만한다. 시부모가 자리에 나아가 앉는 것은 신부가 시부모를 뵐 때의 의식과 같다. 시자(侍者)가 신부를 인도하여 손을 씻고 당에 오르게 한다. 여섯 가지 음식을 각각 시부모 앞에 올린다. 신부가 직접 술을 따라서 시아버지에게 드린다. 시아버지가 술을 마시고 나면 신부가 재배(再拜)한 다음 시어머니에게 음식을 드리고 술을 올린다. 시어머니가 받아서 술 마시기를 마치면 신부가 또 재배한다. 시어머니 뒤에 모시고 서서 식사 마치기를 기다렸다가 그 음식을 치우면 시어머니가 남긴 대궁을 먹는다. 신부의 종자(從者)는 시아버지가 남긴 대궁을 먹고 신랑의 종자는 다시 신부가 남긴 대궁을 먹는다.


是日食時, 婦家具酒饌送婿家. 饌用餅麵魚肉棗栗幷六品, 及酒爲七味, 豐薄隨宜. 舅姑就坐如見儀. 侍者導婦盥洗升堂, 以六品之饌, 各奠於舅姑前. 婦自斟酒, 奠於舅前. 舅飮畢, 再拜, 遂獻姑進酒. 姑受飮畢, 又再拜. 侍立姑後, 以俟卒食, 撤饌, 就餕姑之餘. 婦從者餕舅之餘, 婿從者又餕婦之餘.


살펴보건대「사혼례(士昏禮)」에 의하면, 시부모에게 올리는 음식은 신부를 맞을 때의 예(禮)와 같되 생선과 포가 없고 메기장이 없으며, 단지 차기장·돼지고기·갱즙(羹汁)·간장·김치·육장의 여섯 가지이다. 돈육의 오른쪽 반은 시아버지에게 드리고 왼쪽 반은 시어머니에게 드린다. 『가례』에, "성찬(盛饌)을 차리고 품절(品節)하는 바가 없으면 세속 사람들이 너무 음식을 잘 차리려고 힘쓸까 두려우니, 차라리 고례(古禮)를 따르는 편이 옳다."라 하였다. ○ 살펴보면 『예기(禮記)』에, "서부(庶婦)는 음식을 올리지 못한다."라 했는데, 그 주(注)에, "시부모에게 음식을 올리는 것은 적부(嫡婦)가 통괄한다."라 하였다. 그러나 어버이를 섬기고 어른을 공경함에는 총부(冢婦)와 개부(介婦)의 구별이 없으니, 서부(庶婦)가 비록 전행(專行)하여 음식을 올릴 수 없다 하더라도 이를 보조하는 일은 하지 않을 수 없다. 그러니 그 의식을 총부가 주관하여 개부를 이끌어서 예(禮)를 행하는 것이 마땅할 듯하다.

按「士昏禮」饋舅姑饌, 如娶婦時禮, 而無魚腊, 無稷, 只有黍豚湆醬菹醢六品. 豚右胖獻舅, 左胖獻姑. 『家禮』云: "盛饌而無所品節, 則恐俗習務高, 不若從古之爲宜也." ○ 按『記』曰: "庶婦不饋." 註: "供養統於適也." 然事親敬長, 無冢介之別, 庶婦雖不敢專行送饌助饋, 亦不可闕其儀. 使冢婦主之, 導介婦行禮, 似宜.

## 55. 신부에게 음식을 먹이는 의식-「사혼례」와 『가례』의 본문에 보인다.-
饗婦-見「士昏禮」·『家禮』本文.-


이 날 시부모가 시자(侍者)를 시켜서 3찬(饌)을 차리는데, 음식은 신부가 시부모를 대접하는 예(禮)와 같다. 차린 음식을 시부모의 앞에 각각 하나씩 놓고, 나머지 하나는 시어머니 곁 조금 서쪽에 동쪽을 향하여 놓으면, 시자가 술을 따라서 시어머니 곁으로 간다. 신부가 시부모 사이에 가 서서 북쪽을 향하여 재배하고 일어나서 꿇어앉으면, 시자가 술잔을 신부에게 준다. 신부가 술을 땅에 조금 붓고 나서 술을 조금 마시고 일어난다. 시자가 잔을 받으면 신부가 또 재배하고 자리에 나아가 배식(陪食)한다. 예를 마치면 신부의 친정에 음식을 보낸다. 시부모가 먼저 서쪽 계단으로 내려오고 신부는 동쪽 계단으로 내려와서 드디어 사당에 알현한다.


是日, 舅姑令侍者設三饌, 案品如婦饋舅姑禮. 舅姑前各置一, 餘一置姑傍少西東向, 侍者斟酒至姑側. 婦立介兩間, 北向再拜興跪, 侍者以盞授婦. 婦祭酒, 啐酒興. 侍者受盞, 婦又再拜, 就席陪食. 禮畢, 歸俎于婦氏. 舅姑先降自西階, 婦降自阼階, 遂廟見.

## 56. 사당에 알현하는 의식-「사혼례」와 『가례』의 본문에 보인다.-

廟見-見「士昏禮」·『家禮』本文.-

고례(古禮)에는 석 달만에 신부가 사당에서 조상을 알현하는데, 『가례』에서는 3일로 고쳤다. 지금은 시부모에게 음식을 올리고 신부에게 음식을 먹인 뒤에 행한다. 주인이 신부를 데리고 사당에 가서 뵙는다. 차례로 서서 손을 씻은 다음, 주독(主櫝)을 열고 신주(神主)를 내온다. 자리로 돌아온다. 자리로 내려온다. 참신(參神)하여 재배한다. 주인이 술을 따르고 재배한 다음 꿇어앉아서 고하기를, "아무개의 아들 아무개의 아내 모씨(某氏)가 감히 뵈옵니다." 라 한다. 총부(冢婦)는 동쪽 계단으로 올라가서 정문(正門)에 가서 사배(四拜)한 다음 내려와서 자리로 돌아온다. 개부(介婦)는 동쪽 계단과 서쪽 계단 사이에 나아가 사배한다. 사신(辭神)하고 모두 사배한다. 예(禮)를 마친다.

古禮三月而廟見, 『家禮』改用三日. 今行於饋舅姑饗婦之後. 主人以婦見于祠堂, 序立盥洗, 啓櫝出主, 復位降位, 參神再拜. 主人斟酒再拜, 跪告曰: "某之子某婦某氏敢見." 冢婦升自阼階, 詣正門前四拜, 降復位. 介婦進兩階間四拜. 辭神皆四拜. 禮畢.

살펴보건대, 친영했으면 그 이튿날에 시부모를 뵙고 나서 시부모께 음식을 올리고, 시부모가 신부에게 음식을 먹이고 나면 신부가 사당에 가서 조상을 뵙기를 의식대로 한다. ○ 살펴보건대, 「사혼례」

에 "시부모가 돌아가셨을 경우에는 신부가 들어간 지 석 달만에 전채(奠菜)한다."로 되어 있는데, 그 주(注)에 "채소는 미나리〔菫菜〕를 쓴다."라 하였다. 시부모가 살아계실 때는 대추·밤·단수(腶脩)를 쓰니, 돌아가신 때에 채소를 올리는 것은 그 이치가 같다. 살펴보건대, 근(菫)은 근(芹)과 통용되는데, 『가례』에서 말하지 않은 것은 시부모가 생존할 때의 예(例)이다. 만약 시부모가 생존하지 않는다면 예(禮)에 따라 전채(奠菜)의 의식을 행한다.

按親迎則明日見舅姑, 饋饗廟見如儀. ○按「士昏禮」: "若舅姑沒, 則婦入三月, 乃奠菜." 註云: "菜用菫." 舅姑存時, 用棗栗腶脩, 則沒而奠菜, 其義一也. 按菫與芹通, 『家禮』不言者, 乃舅姑存者之例也. 若舅姑不存, 依禮行奠菜儀.

## 57. 신랑이 신부의 부모를 뵙는 의식-「사혼례」와 『가례』의 본문에 보인다.-

婿見婦之父母-見「士昏禮」・『家禮』本文.-

친영하고 사당에 알현한 이튿날 신랑이 신부의 부모를 뵙는다.

親迎廟見後明日, 壻見婦之父母.

살펴보건대, 시속에서는 혼례를 신부 집에서 행하므로, 부득이 시속을 따라 혼인한 이튿날에 신부의 부모를 뵙되 평상시의 의식과 같이 한다. ○ 구씨(丘氏)는 "『의례(儀禮)』에, 신랑이 신부 집의 친척들을 뵙는다고만 했고, '사당에 알현한다[廟見]'는 글은 없으니, 궐문(闕文)이 있을 듯하다."라 했고, 본조(本朝) 상국(相國) 안로(安璐)의 『죽계잡의(竹溪雜儀)』에는 "신랑이 신부의 사당에 알현할 때 그 의식은 신부가 신랑의 사당에 알현하는 것과 같다."라 했으니, 지금 이를 따라야 한다. 그러나 신부가 시댁에 가서 사당에 알현한 뒤에 하는 것이 옳다. 살펴보건대, 우리나라 부녀자들의 다리〔髢髮〕는 삼국 시대부터 내려오는 것으로서 식자(識者)는 이것을 기자(箕子)가 남긴 제도라고 하니, 혹 그럴 법하다. 그러나 속습(俗習)은 사치해지기 쉬운 법이라 신부를 맞이하는 집에서는 다리의 값이 얼마나 되는지는 생각지 않고, 매양 값이 싸서 물건이 남만 못한 것을 수치로 여기니, 이는 비루한 세상 인심이다. 지금은 나라의 금령(禁令)이 있으니 굳이 재론할 필요는 없으나 혹시 고례(古禮)를 다시 쓴다 하더라도 참작해서 해야 할 것이고, 과시하기 위해서 쓸데없는 물건에 힘을 허비해서는 안 된다.

按俗行婚禮於婦家, 則不得已隨俗, 婚之明日而見, 如常儀. ○按丘氏曰: "『儀禮』婿見婦黨諸親, 而無廟見之文, 恐有闕文." 本朝安相國璐『竹溪雜儀』有"壻見婦之祠堂, 儀如婦見婿之祠堂." 今當從之. 然而婦歸廟見後行之爲宜. 按東方婦女髢髮, 自三國已然, 識者謂是箕子遺制, 其或信然也. 然而俗習易侈, 娶婦之家, 髢髮之價, 其費無慮, 每以價少物不及人爲恥, 此俗情之陋也. 今有國禁, 則不須更論, 而設或復舊, 當酌量爲之, 不可費力於無用之物而爲人觀美也.

## 58. 딸에게 주는 글을 첨부한다

附贈女兒

『예기(禮記)』「내칙(內則)」에 "시부모 섬기기를 친부모 섬기듯 하라."라 하였다. 부모는 나를 낳았기 때문에 언제나 은애(恩愛)가 의리를 가려서 사랑에 빠져 잘못을 알지 못하기도 한다. 그러나 시부모는 의리로 만난 관계이므로 한 번 그 의리를 잃으면 끝내 불효가되니, 일념으로 조심하여 조금이라도 소홀함이 없도록 할 것이며, 공경하는 마음을 일으키고 효도하는 마음을 일으켜 감히 게으르지 않도록 하여라.

○ 남편은 우러러 보면서 일생을 할 사람이니, 하늘과 같고 임금과 같은 존재이다. 비록 배필이라 적체(敵體 대등한 관계)라고는 하나 그 의리는 지극히 중한 것이다. 신부가 처음 왔을 때는 매사에 공경하고 조심하지만, 세월이 오래 흘러 자녀들이 장성하면 곧잘 남편을 친압(親押)하는 버릇이 생겨 일을 제 마음대로 처리하다 집안의 화목을 깨뜨리는 경우가 많다. 그러니 잠자리에서도 반드시 조심하여, 백발이 되어서도 이런 뜻이 처음처럼 새로우면 가정이 화목하고 복록을 누릴 것이다.

○ 동서 사이는 서로 화목하고 공경하도록 노력해야 한다. 모두 다른 성(姓)을 가진 사람으로서 한 집안에 들어왔으니, 그 의리가 중하지 않겠느냐. 어찌 한 마디 말이나 한 가지 일을 실수했다 해서 그 의리를 잃어버릴 수 있겠느냐. 나이의 많고 적은 차서와 총부(冢婦)와 개부(介婦)의 분별을 더욱 잘 명심해서 조금이라고 예법을 어

기고 분수를 범하는 일이 없도록 하여라.

○ 속어에 "시집살이는 소경 3년, 귀머거리 3년, 벙어리 3년."이라고 했다. 이것이 비록 속된 말이지만 그 뜻은 참으로 좋다. 이는 비록 들은 바가 있고 본 바가 있고 할 말이 있더라도 감히 함부로 여겨서는 안 된다는 말이니, 여기에 조심하면 조심하지 않는 일이 없을 것이다.

○ 오직 술과 음식을 장만하는 것이 맡은 일이니, 잘못하는 일도 일컬을 만한 잘한 일도 없어야 하니, 이 말을 종신토록 외워야 한다.

○ 이 밖의 조목들은 『내범(內範)』에 갖추어져 있다. 어른을 모시고 집안일을 하는 여가에 늘 유의하여 외우고 생각해서 마음속에 체험하도록 하여라.

「內則」曰: "事舅姑, 如事父母." 父母生我, 恩常掩義, 或溺愛而不明. 舅姑義合, 一失其意, 終爲不孝. 當一念夔夔, 罔或少忽, 起敬起孝, 毋敢怠荒. ○良人者, 所仰望而終身者也, 天道也, 君道也. 雖云適體, 其義至重. 新婦初至, 每事敬謹, 及至年歲已久, 子女成列, 狎昵易生, 事或自專, 以致乖和者多矣. 必須致謹于袵席之上, 雖至白首, 此意如新, 則家道雍睦, 福祿至矣. ○娣姒之間, 務相和敬. 俱以他姓之人, 同入一門, 其義顧不重歟! 豈忍以一言一事之或失而失其義乎? 長幼之序·冢介之分, 尤當敬念, 少無越禮犯分之事. ○諺云: "居舅家, 眼暗三年, 耳聾三年, 口啞三年." 此雖俚語, 其意儘好. 此謂雖有所聞所見所當言者, 不敢放忽. 於此而致謹焉, 則無所不謹矣. ○惟酒食是司, 無非儀可稱.[149] 當終身誦之. ○此外諸條, 內範備

---

**149** 惟酒……可稱 : 非는 잘못하는 것이고, 儀는 잘하는 것이다. 『詩經』「小雅

之. 使喚服勞之餘, 常常着意誦念, 以驗于吾心.

네가 슬하에 있던 20년 동안은 나를 하늘로 삼았다. 그런데 이제 그 하늘을 옮겨서 너의 남편을 따르라. 부모와 자식 사이의 정이란 늘 자식이 좋은 사람 되기를 바라는 마음이 있다. 그런데 네가 혹시 조심하지 않아서 이 병든 아비의 말을 빈 종이 조각이 되게 한다면 너의 마음이 과연 편안하겠느냐. 이는 모두 실천할 수 있는 일이기에 말하는 것이다. 만약에 실천하기 어려운 것이라면 내가 어찌 실없는 말을 하겠느냐.

경진년(1760, 영조36) 4월 9일 아침에 아비 한산병은(漢山病隱)은 쓰노라.

汝在膝下二十年, 以我爲天, 今移天而從汝夫婿. 父子之情, 恒有玉成之念. 汝或不謹, 使病父所言, 歸於空紙, 則於汝心果安乎? 此皆可行之事, 故言之. 若其難行者, 則吾豈爲無實之言哉? 庚辰四月九日朝, 父漢山病隱書.

---

「斯干」에 "여자를 낳아서는, 방바닥에 잠재우고, 포대기로 덮어 주며, 길쌈 도구를 갖고 놀게 하니, 잘못하는 일도 없고 잘하는 일도 없는지라, 오직 술과 밥을 알아서 하여, 부모님께 걱정을 끼치지 않으리라.〔乃生女子, 載寢之地. 載衣之裼, 載弄之瓦. 無非無儀, 唯酒食是議, 無父母詒罹.〕"라 한 데서 온 말이다. 즉 여자는 順從을 도리로 삼아 여자가 할 일만 해야 한다는 말이다.

## 59. 아우 정록과 아들 경증에게 주는 유서

示弟鼎祿 · 子景曾遺書 -기묘년(1759, 48세)-

내가 병을 앓은 6년 동안 집안에 들어 앉아 있으면서 손님 접대하는 일은 그래도 전폐하지 않았다. 그러므로 집안 식구들이나 손님들이 병이 심하다는 것을 몰랐다. 그러나 기운은 날로 없어지고 혈기는 날로 줄어들어 정신과 의지가 점차 종전만 못해지는 것을 저절로 느낀다. 올봄 이후로는 형세가 비탈을 내려가는 것과 같아서 거의 돌이키기 어려운 지경이 되었다. 의술(醫術)로 보아 죽을 만한 증후가 한두 가지가 아니니, 이러고서야 어찌 이 세상에 오래 살 수 있겠느냐. 삶이란 이 세상에 잠깐 들른 것이요, 죽음이란 원래의 고향으로 돌아가는 것이니 실로 슬퍼할 것은 없지만 슬퍼할 만한 것은 한 번 가면 다시 돌아올 수 없다는 사실이다. 스스로 생각해 보건대, 이 세상에서 살아온 48년 동안 일컬을 만한 일이 한 가지도 없으니, 평생에 다른 소망은 없고 오직 천하의 글을 읽어서 선(善)을 행하여 악을 제거하고 자신을 수양하여 남을 다스려서 결코 헛되게 살다가 헛되게 죽지 않으려는 생각 뿐이었다. 그러나 선을 제대로 행하지 못하고 악을 반드시 제거하지도 못했으며, 자신을 수양하는 데는 결함이 많고 남을 다스리는 데는 시험해 볼만한 능력이 없었으니, 이 점이 마음에 잊히지 않고 또렷이 남아 있는 듯하다. 그렇지만 한번 본원(本原)의 세계로 돌아가면 이 마음조차도 연기처럼 사라지고 구름처럼 흩어져서 예전처럼 태허공(太虛空)이 되고 말 터이니, 이 잊혀지지 않고 또렷이 남은 마음조차도 몽땅 망각하고 말 것이다. 다시 무슨 여한이 남겠느냐.

내 병은 말을 많이 하면 안 되는 것이니, 하루아침에 갑자기 병세가 심해져서 말을 못하게 되면 내 마음 속에 있는 생각을 너희들이 어떻게 알겠느냐. 내가 말하는 것은 자취이니, 그 자취를 따라서 찾아보면 마음을 알 수 있을 것이다. 죽고 사는 것은 인간에게 있어서 큰 일이다. 그렇기 때문에 옛사람은 유언을 귀하게 여겼던 것이니, 만약 이 유언을 따르지 않는다면 다시 어디에서 이 말을 듣겠느냐. 그러니 의심쩍어 하지 말고 반드시 따라 지켜서 죽은 자가 알고 산 자가 부끄럽지 않게 해야 하니, 이것이 산 자와 죽은 자 사이에 큰 믿음을 보존하여 차마 저버리지 않는 것이다. 그렇지만 유언에는 치명(治命)이 있고 난명(亂命)이 있으니, 지금 내가 말하는 것은 치명이다. 그러니 부디 명심하여 벽에다 이를 걸어 두고 잊지 말도록 하여라.

공자(孔子)는 "형제 사이에는 화목하고 친구 사이에는 서로 충고하고 권면한다."라 하였고, 맹자(孟子)는 "부자간에 책선(責善)하는 것은 은애(恩愛)를 해침이 큰 것이다."라 하였다. 그렇다면 형제 사이에는 충고하고 권면하는 도리가 없고 부자 사이에는 책선하는 일이 없어야만 그 천륜의 관계를 온전히 할 수 있다는 것인가. 형제 사이에는 반드시 충고함이 없지 않되 늘 화목한 뜻이 많고, 부자 사이에는 반드시 책선함이 없지 않되 늘 기망(期望)하는 마음이 가볍도록 하면 은혜와 의리 두 가지가 모두 온전해질 것이다. 한갓 화목할 줄만 알고 충고하거나 권면할 줄을 모르며, 한갓 은애를 해치는 것만 두려워하고 책선할 줄 모른다면, 인재를 기르기를 좋아하는 성인의 마음으로서 어찌 천륜에 대하여 먼저 스스로 가볍게 여겼겠는가. 지금 내가 말하는 것은 또한 충고하고 권면하며 책선하는 일이니, 이것은 붕우로서 대하는 것이다.

대저 학문은 기질을 변화시키는 것이 중요하다. 기질은 가장 변하기 어려우니 맹장(猛將)이 군사를 부리듯, 혹독한 관리가 형옥(刑獄)을 다루듯 해야만 사심을 극복하여 점차 제거할 수 있는 것이다. 공부하는 방법은 모두 경전(經傳)에 갖추어 있으니, 여기에 뜻이 있다면 살펴보아 알 수 있을 것이다. 이것이 바로 독서를 하지 않을 수 없는 이유이다.

余抱疾六歲, 杜門屛跡, 而酬應猶未專廢, 故家人·賓客, 未知其疾之甚也. 然而氣日益耗, 血日益衰, 自覺精神志慮, 漸不如前. 今春以來, 勢如下坂, 殆難回步. 醫法當死之候, 不一而足, 是豈可以久視此世者耶? 生寄死歸, 實無所悲. 所可悲者, 一去難復. 而自念生世四十八年, 無一事可稱, 平生無他志願, 惟欲讀天下書, 爲善以去惡, 修己以治人, 要不爲虛生虛死之計. 而善未能爲, 惡未必去, 修己多疵纇, 治人無可試. 此似耿耿者存, 而若一歸本原, 則其心也亦烟消雲散, 依舊太空, 并與耿耿者而都忘之矣, 復何恨乎? 余病是忌言語, 一朝危餒, 不能發言, 則中心所存, 汝曹何知? 余所言者跡也. 循跡而求之, 可以知其心矣. 死生爲人道之大節, 故古人貴遺言. 若使此言不從, 更於何處復聞此言乎? 是以, 必從無疑, 使死者有知, 生者無愧, 是存大信於生死而有不忍負也. 然而有治命有亂命, 余所言治命也. 切願銘心揭壁, 無相忘也. 孔子曰: "兄弟怡怡, 朋友切切偲偲." 孟子曰: "父子責善, 賊恩之大者." 然則兄弟無切偲之道, 父子無責善之事而後, 可以全其天倫耶? 兄弟之間, 未必無切偲, 而常使怡怡之意重; 父子之間, 未必無責善, 而常使期望之心輕, 則恩義兩全矣. 徒知怡怡而不知切偲, 徒畏賊恩而不知責善, 則以聖人樂育之心, 豈先自輕於天倫耶? 今余所言, 亦切偲責善之事,是朋友之也. 夫學貴變化氣質, 氣質最難變, 須如猛將用兵, 酷吏斷獄手段, 然後可以克祛己私, 漸次鋤除. 用功之方, 具在經傳, 有意於此, 可考而知. 此讀書之所不可廢也.

사람이 힘을 쓸 것은 일상생활 중의 인륜(人倫)에 불과하니, 여기에서 어긋나면 비록 절세(絶世)의 재주와 뛰어난 포부를 가졌더라도 완인(完人)이 될 수 없다.

人之用力, 不過彝倫日用之常. 於此蹉失, 則雖有絶時之才·高世之略, 不可爲完人也.

부모가 없으면 이 몸이 어떻게 태어났겠는가. 형과 아우는 같은 부모의 혈기를 받아 태어났다. 늘 이런 이치를 생각하여 잠시라도 잊지 않는다면 효도와 우애의 마음이 저절로 뭉클 일어날 것이다. 그러므로 비록 부모의 사랑을 얻지 못하더라도 공경하고 효도하는 마음을 일으켜 혹시라도 원망하는 마음이 없어야 한다. 형제간에 사이가 좋지 못하더라도 분노를 감추어 두거나 원한을 오래 품어서는 안 되고 서로 탓해서는 안 된다.

無父母則此身何由而生? 兄及弟矣, 同受一人之血氣. 常念此理, 造次不忘, 孝友之心, 油然自出. 是以, 雖不得於父母, 起敬起孝, 無或怨焉. 雖不得於兄弟, 無藏怒, 無宿怨, 無相猶矣.

부부는 의리로 만났으나 은애(恩愛)가 우세한 관계이다. 그러므로 친압(親押)하는 마음이 쉽게 생겨 가도(家道)가 어긋나고 어지러워진다. 증자(曾子)는 "효(孝)는 처자 때문에 쇠퇴한다."라 하였으며, 유중도(柳仲塗)는 "의지가 굳은 남자 중에서 몇 사람이나 아내의 말에 미혹되지 않겠는가."라 하였다. 그러나 저 아내 된 자가 어찌 모두 남의 골육 사이를 이간하려 하겠는가. 다만 그 편협한 성품을 바꾸기가 어렵고 기쁘고 노여운 감정이 쉽게 생기니, 남편 된 자가 혹시라도 아내를 거느림에 정도를 잃고 아내가 하는 말에 현혹된다면 잠깐 사이에 그만 짐승의 소굴로 굴러 떨어지고 말 것이니, 진정 두려운 일이 아니겠는가. 하찮은 일에서 자그마한 사단이 일어나 깊고 무거운 원한이 맺혀 혹 길가는 사람만도 못하게 되는 경우도 있으니, 이것이 참으로 무슨 마음인가. 진실로 나의 평소의 마음가짐이 광명정대(光明正大)하여 일상생활의 인륜에 그 어느 하나라도 극진하지 않음이 없도록 한다면 애초에 이런 문제가 없을 것이다.

夫婦以義合, 而恩愛勝焉. 是以, 狎昵易生, 而家道乖亂. 曾子曰: "孝衰於妻子." 柳仲塗曰: "世間男子剛腸者幾人, 不爲婦人言所惑." 彼婦人者, 豈皆欲踈間人之骨肉乎? 但其偏性難化, 喜怒易生, 爲夫者或御之失其道, 而聽瑩於膚受浸潤之際, 則俄頃之間, 墮落於禽獸阬塹, 可不懼哉? 事起微細, 怨結深重, 或有如路人之不若者, 此誠何心? 苟使我平日立心, 正大光明, 於彜倫日用之常, 無一事之不盡, 則初無是患矣.

부부의 의리는 중하다. 그런데 지금 세상의 부녀자들이 대다수 배우지 못하여 아는 것이 없으니 어찌 의리가 중하다는 것을 알겠는가. 모든 것이 남편 된 자가 잘 인도하는 데 달려있을 뿐이다. 작은 잘못이 있을 때는 응당 가려서 덮어주어야 하지만, 만약 부모를 원망하거나 욕하고 지친(至親) 사이를 이간하려는 마음이 있다면 이는 결단코 용인할 수 없는 일이니, 깊이 미워하고 통렬히 물리쳐서 그러한 조짐이 자라지 못하도록 해야 할 것이다. 고금에 복록을 누린 집안들을 두루 살펴보면 언제나 전세(前世)의 내행(內行)이 순후(淳厚)하게 갖추어졌던 가문에서 나왔으니, 유념하지 않을 수 있겠는가.

夫婦義重, 而今世婦女, 多不學無識, 安知義理之爲重乎? 皆在於爲夫者導以爲善而已. 其有小過, 當掩覆之, 至若有怨詈父母疎間至親之意, 則斷不饒貸, 深惡而痛斥之, 其漸不可長也. 歷觀古今人家多福祿者, 恒由於前世內行淳備之家, 可不念哉!

붕우의 도리가 끊어진 지 오래다. 근래에는 붕우의 교제가 실로 어려우니, 몸을 그르치고 이름을 망치는 것이 이로 말미암는 경우가 많다. 반드시 덕행을 먼저 보고 문예(文藝)를 그 다음으로 봐야 하니, 문예가 비록 볼 만하더라도 그 실행이 취할만한 점이 없으면 그런 사람과는 깊이 교제해서는 안 된다. 피차를 막론하고 서로 교제할 때에는 오직 자신의 성의를 다하여 시종 일관 공경해야 할 것이니, 그렇게 하면 원한을 멀리하고 교제가 군건해질 것이다.

朋友道絶, 久矣. 近來交際實難, 誤敗身名, 多由於此. 必先德行而後文藝, 文藝雖有可觀, 實行無取, 則不可與之深交. 無論彼此, 但相與之際, 惟當盡吾誠意而終始以敬, 則可以遠怨而交固矣.

무릇 마음가짐이나 일처리에는 오직 하나의 '옳을 시〔是〕'자만을 추구해야 한다. 맹자(孟子)는 "남을 해치지 않으려 하는 마음을 확충한다면 인(仁)을 이루 다 쓰지 못할 것이며, 담을 뚫거나 넘어 가서 도둑질하지 않으려는 마음을 확충한다면 의(義)를 이루 다 쓰지 못할 것이다."라 하였으며,『시경』에는 "남을 해치지도 않고 탐욕을 부리지도 않는다면 어찌 착하지 않으리오."라 하였으니, 이 말이 종신토록 수용(受用)할 말이 될 만하다.

凡處心行事, 惟求一是字. 孟子曰: "充無欲害人之心, 仁不可勝用也; 充無穿窬之心, 義不可勝用也."『詩』曰: "不忮不求, 何用不臧?" 此可爲終身受用之語.

사물(四勿)과 구용(九容)은 잠깐 사이라도 잊지 말아야 한다.『서경』에 "자신을 검속하되 늘 부족한 듯이 하라."라 하였다.

四勿・九容, 造次當念.『書』曰: "檢身若不及.[150]"

치산(治産)과 이재(理財)는 가정을 가진 사람은 하지 않을 수 없는 일이다. 더구나 우리 집안은 가난하여 지금까지 굶어죽지 않은 것만도 다행이라 하겠으니, 이를 소홀히 여겨 힘쓰지 않을 수 있겠는가. 그러나 의리의 마음은 늘 무겁고 외물(外物)은 늘 가볍도록 해

---

**150**  檢身若不及 :『書經』「尙書 伊訓」에 보인다.

야 하니, 그렇게 하면 사군자(士君子)의 풍도(風度)를 잃지 않을 수 있을 것이다. 만약 재물을 경영하는 데 몰두하여 고상한 지취(志趣)에는 전혀 어둡다면, 이는 용렬하고 속된 사람이 하는 짓이다.

治産理財, 是有家之所不免. 而況吾家貧薄, 至今免爲溝中瘠, 幸矣, 其可濶焉而不用力乎? 然當使義理之心常重, 而外物常輕, 則庶不失士君子風旨. 若沒頭經營, 全昧雅尙, 是庸人俗子之爲耳.

하늘이 재물을 내는 것은 장차 사람들이 쓰도록 하기 위한 것이니, 자기의 욕심만 채우려고 해서는 안 된다. 범 문정공(范文正公)은 높은 경상(卿相)의 지위에 이르러 구족(九族)이 그 혜택을 입었는데도 그가 죽은 뒤에는 염빈(斂殯)할 수 없을 정도로 가난했다고 한다. 내가 일찍이 글을 읽다가 이 대목에 이르면 경모(景慕)하여 마지않았다. 너희들은 항상 이러한 뜻을 지녀야 할 것이다.

天之生財, 將爲人用, 不可以充自己之意欲. 范文正[151]貴爲卿相, 九族蒙惠, 而至其身沒之後, 無以斂殯. 余嘗讀書至此, 景慕不已. 汝曹當常存此意思.

---

**151** 范文正 : 北宋 때 명재상인 文正公 范仲淹을 가리킨다. 그는 벼슬이 參知政事에 이르자, 吳縣에 사는 자기 종족들을 위하여 자신의 봉급을 덜어서 성곽을 등지고 있는, 곡식이 항상 잘 익는 전답 1천畝를 사서 義田이란 전답을 마련하고 이로써 종족의 婚嫁, 喪葬 등 大小事에 드는 경비를 충당하였다. 이를 義田宅 또는 義庄이라고도 한다. 『宋史 권314 范仲淹列傳』『小學 권5 嘉言』

『소학(小學)』이 한 책은 사람을 만드는 틀이요 성인(聖人)이 되는 기반이니, 늘 염송(念誦)하여 옛사람의 언행을 마치 자신이 직접 모시고 목격하는 것처럼 되도록 해야 한다. 이렇게 하면 오랫동안 축적된 나머지 자신의 마음 또한 점차로 활짝 열려 선(善)한 단서가 뭉클 일어나 수용(受用)이 다하지 않을 터이니, 이는 종신토록 해야 할 구경(究竟)의 일이다. 그 밖에 순서에 따라 점차로 나아가는 독서의 규칙은 전유(前儒)의 성법(成法)이 있으니 준행(遵行)하면 된다.『사기(史記)』는 곧 치란(治亂)과 득실(得失)의 자취이니, 이 또한 익히 읽지 않아서는 안 된다. 천하를 경륜하는 도리는 비록 육경(六經)에 갖추어져 있지만, 그 구체적인 시비(是非)와 성패(成敗)의 자취는 사서(史書)에 갖추어 실려 있으니, 이것이 체(體)와 용(用)의 다른 점이다.

『小學』一書, 是做人樣子・作聖根基, 常常念誦, 使古人言行, 若身自親承而目擊然, 則積累之久, 我之心界, 亦漸開濶, 善端油然, 受用不盡. 此爲終身究竟之所. 其他讀書之規, 循序漸進, 有前儒成法, 可以遵行.『史記』是治亂得失之跡, 亦不可不熟覽. 經綸天下之道, 雖具於六經, 而其是非成敗之形, 該載於史書. 此有體用之別也.

나는 집이 가난하여 쌓아둔 책이 많지 않기에 젊을 때부터 잊어버릴 것에 대비하여 즐겨 책을 초록(鈔錄)하였는데, 상자 속에 가득한 난질(亂帙) 중에는 전혀 긴요한 것이 없다.

저서로는『하학지남(下學指南)』이 참으로 볼 만한 것이 있으나 번용(煩冗)한 부분들을 아직 정리하지 못하였다.『독사상절(讀史詳節)』

또한 그 번다한 곳과 간결한 곳은 적절하나 양한(兩漢) 부분은 없어졌고 송명(宋明) 부분은 편집하지 못했으며, 중간에도 산삭하거나 윤색하지 못한 곳들이 많으니, 이는 완성하지 못한 책이다. 갑술년(1754, 영조30), 거상(居喪)한 후에『가례주해(家禮註解)』를 편찬하느라고 퍽 심력(心力)을 허비했다. 그러나 글을 암초(暗草)로 써놓은 탓에 내가 직접 교검(校檢)하지 않으면 다른 사람은 판독할 수 없으니, 이 역시 완성하지 못한 책이나 마찬가지다. 이 점이 퍽 아쉽다.

또 일찍이『가례』의 목록에 의거하여, 위로 삼례(三禮)로부터『통전(通典)』과 염락(濂洛) 제현(諸賢)들 및 우리나라 선유(先儒)의 설에 이르기까지 모두 편집하여『가례익(家禮翼)』이란 이름을 붙였다. 이 또한 하나의 큰 저술이나 완성하지 못하였으니, 후일에 어떤 사람이 이 책을 완성할 수 있을지 모르겠다.『제왕성현이통(帝王聖賢二統)』은 비록 젊을 때에 편찬한 것이지만 그림으로 만들어서 벽 위에 걸어둔다면 잡다한 그림보다는 훨씬 나을 것이다.『동사강목(東史綱目)』은 가장 힘을 들인 것이지만, 겨우 고려의 인종(仁宗) 연간까지 서술하는 데 그치고 말았다. 그러나『지리고(地理考)』와 기타의 변증(辨證)을 많이 갖추었으니, 남다른 안목을 갖춘 사람이 본다면 더러 취할 만한 곳이 있을 것이다.

너희들은 재주가 둔하여 이 책들을 이어서 완성하지 못하겠지만, 젊은 벗들 중에서 이원양(李元陽)과 권기명(權旣明)은 참으로 전도가 유망하니, 이 일을 맡길 만하다. 성호선생께서도 "이 책은 우리 동방에서 일찍이 없던 것이다."라고 하여 적잖이 기대하고 인정하셨으니, 이대로 인몰(湮沒)하고 마는 것은 애석하다. 이원양(李元陽)과 권기명(權旣明) 두 벗은 마음을 움직일 수도 있지 않겠는가. 중간에 산삭하고 윤색하는 일은 모두 대장(大匠)의 손에 맡긴다.

余家貧無儲書, 自少好鈔錄, 以備遺忘, 盈籠亂帙, 都無緊關. 所著書『下學
指南』, 儘有可觀, 而頗煩冗未刪. 『讀史詳節』亦爲煩簡適中, 而兩漢見失,
宋明未編, 中間亦多有未刪潤者, 此爲未成之書. 甲戌居憂後, 編『家禮註解』,
頗費心力, 而文在暗草, 非親自校檢, 則他人不能辨, 亦同未成之書, 是爲可
恨. 又嘗欲依『家禮』目錄, 上自三禮, 至『通典』·濂洛諸賢我東先儒之說編
之, 名曰家禮翼, 是亦一副當大篇文字而未能成, 未知後有何人能爲此否也.
『帝王聖賢二統』雖少時所撰, 而圖揭壁上, 優於雜畫多矣. 『東史綱目』最所
用力, 而纔及於麗仁宗年間. 『地理考』及他辨證多, 具隻眼, 或有一得之可
取. 汝輩才鈍, 雖未能續成, 少友輩中李元陽[152]·權旣明[153], 儘有前道, 可
以相托. 丈席亦以爲此書東方之未始有也, 期許不淺, 則沒之可惜. 二友豈
不爲之動心哉! 中間刪潤, 都付大匠之手耳.

관례와 혼례의 의식은 집에 조금 써놓은 것이 있으니 그대로 따라
하면 되고, 상례(喪禮)와 제례(祭禮)는 성호선생의 『상위일록(喪威
日錄)』이 반드시 시행하여 의심할 나위 없는 것이니 준용(遵用)하
면 된다. 그러나 집안 형편이 넉넉하지 못한 탓에 사시(四時)의 제

---

152　李元陽: 星湖 李瀷의 손자이고 李孟休의 아들인 李九煥을 가리킨다. 그의
　　　자가 元陽이다. 『星湖全集』附錄에 실려 있는 星湖의 조카 李秉休의 아들
　　　李森煥이 쓴 제문의 注에 보인다.

153　權旣明: 星湖의 제자인 鹿庵 權哲身(1736~1801)을 가리킨다. 그의 자가
　　　旣明이다.

향(祭享)을 지내지 못하고 겨울과 여름의 동지와 하지에만 사당에 제사를 지낼 뿐이며, 선대(先代)의 묘제(墓祭)는 한식에만 한 번 제사하고 봉사위(奉祀位)에는 추석과 한식에 두 번 제사한다. 이 또한 제사 횟수를 구별한 것으로 모두 나름대로 뜻이 있다. 그러나 미처 하나의 규범으로 편찬하지는 못했으니, 어이하리오!

冠婚之儀, 家有小草, 可以依行; 喪祭之禮, 丈席『喪威日錄』, 必行無疑, 可以遵用. 而以家力之不及, 不能行四時之享, 惟用冬夏二至, 祭于祠堂, 墓祭先代, 只有寒食一祭, 奉祀位, 有秋夕寒食二祭, 是亦踈數之別也, 皆有意存焉. 而未及編出一規, 奈何!

'근졸(謹拙)'이라는 두 글자는 곧 우리 가문에서 대대로 전해오는 성법(成法)이다. 그러므로 그 사이 세란(世亂)이 빈번했지만 화환(禍患)을 당하지 않았으니, 이미 그 효험을 보았다. 너희들도 이를 깊이 체념(體念)하고 전수(傳授)해서 소홀히 여기지 말아야 한다.

謹拙二字, 是余家累世相傳之成法也. 是以, 世亂頻仍而禍患不逼, 其效然也. 汝曺亦當體念傳授, 不可放忽.

우리 가문의 세덕(世德)은 직접 듣고 본 것으로 말하면, 광양군(廣陽君)의 주밀하고 신중하며 겸손하고 공손함과 토산공(兔山公)의 효성과 우애의 탁월한 행실과 왕고(王考)의 자애롭고 신실하며 화락한 인품과 선군(先君)의 청렴결백하고 고상한 지조는 자손으로서 몰라서는 안 될 것이다.

余家世德, 以耳目所及, 廣陽君之周愼謙恭・冤山公之孝友卓行・王考之慈
諒愷悌・先君之廉潔雅操, 是爲子孫者之不可不知也.

내가 젊어서는 제대로 배우지 못하다가 늦게야 도가 있는 군자의
문하에 들어갔으니, 이 세상에 태어나서 실로 헛되이 죽지는 않게
되었다. 그러나 타고난 재주가 노둔(駑鈍)해서 독서하고 궁리(窮
理)할 때 늘 정해진 차서(次序)를 따라서 옛사람의 범위를 벗어나
지 않았으니, 이는 차라리 서툴지언정 교묘한 수단을 부리려 하지
않고자 한 것이다. 너희들이 이 방법을 따른다면 거의 성취가 있을
것이다. 그러나 만약 재덕(才德)을 헤아리지 않고 함부로 논하는 바
가 있으면 그 유폐(流弊)가 성인의 말씀을 능멸하는 데에 이르게 될
터이니 유념하라.

余少而失學, 晚歸有道, 生於此世, 誠非虛死. 而才分駑下, 讀書窮理, 恒欲
循塗守轍, 不能出古人範圍. 盖欲寧拙無巧也. 汝輩遵此, 庶有依做, 而不量
才德, 妄有所論, 其流之弊, 將至於侮聖人之言, 念之哉!

## 60. 송종록-을유년(1765, 54세)-
### 送終錄

대저 예(禮)란 고금의 차이가 있으니, 『의례(儀禮)』는 옛날의 예(禮)이고 『가례(家禮)』는 지금의 예이며, 『상례비요(常禮備要)』는 이 두 가지 예를 절충한 것이다. 상례(常禮)는 구비(具備)해야 하고 변례(變禮)는 강쇄(降殺)해야 한다.

불초한 내가 일찍부터 괴질(怪疾)에 걸려 예(禮)로써 선조(先祖)의 제사를 받드는 일에 성심을 다하지 못하였다. 게다가 지금 연로하신 어버이가 살아계신데 병증이 이와 같아 거듭 심려를 끼쳐드리고 있으니, 불효가 크다 하겠다. 의당 강쇄하는 변례(變禮)를 써야 하니, 내 목숨이 끊어지거든 부음을 통고하지 말고,-오직 용호(龍湖)·원양(元陽)·양근(楊根) 및 시호(詩湖)·단성(丹城)에게만 알려라.- 목욕을 시키지 말고,-다만 손과 발만 씻겨라.- 반함(飯含)은 가져다 두되 사용하지는 말고, 옷은 시복(時服)을 쓰되 전에 입던 것을 빨아서 쓰고, 이불은 대렴금(大斂衾)을 쓰야 한다. 비록 성호선생처럼 지금(紙衾)을 쓰지는 못하더라도 단금(單衾)이면 족하다. 조석전(朝夕奠)은 지내지 말고 혹시 새로 나온 식물(食物)이 생기거든 단천(單薦)만 하고 곡할 것이며, 삭전(朔奠)만 지내고 월반전(月半奠)은 지내지 말라. 그 나머지는 모두 『상위일록(喪威日錄)』을 따르되 다시 재량하여 줄여서 하면 될 것이다. 세상 사람들은 과시를 하기를 좋아하여 비록 유명(遺命)이 있더라도 행여 남들이 비방하지나 않을까 염려해서 따르지 않는 사람이 많다. 그렇다면 양왕손(楊王孫)이나 왕 문정(王文

正)의 아들을 두고 후인들이 어떻게 효자의 마음이 있다고 말하겠는
가. 남들이 만약 이러쿵저러쿵 말한다면 의당 이 글을 가져다 보여주
어야 할 것이니, 자식 된 자의 도리는 유명을 따르는 일이 중요한
것이다.

이 밖에 선을 행하고 악을 버리며, 몸을 단속하고 행실에 힘쓰며,
조선(祖先)을 받들고 집안을 다스리며, 종족(宗族) 간에 돈독하고
사람을 접대하는 일 등은 책에 모두 실려 있으니, 잘 알아서 실행하면
된다. 굳이 내 말을 기다릴 필요가 있겠느냐.

사람이 사람다우려면 오직 입지(立志)가 견고해야 하니 강건한 덕
이 으뜸이다. 또 일찍이 보건대, 세상 사람들이 곤궁이 심해지면 친척
간에 더욱 불화(不和)하여 향리 사람들에게 비난을 받곤 하였다. 이
또한 마음에 깊이 유념해야 할 것이다. 정신이 피곤하여 더 이상 많은
말을 못하겠으니, 효자(孝子) · 순제(順弟)가 묵묵히 알아서 실행하
면 될 것이다.

夫禮有古今之殊, 『儀禮』古禮也, 『家禮』今禮也, 『備要』[154] 折衷此兩禮者
也. 常禮當備, 變禮當殺. 余不肯早罹奇疾, 其於奉先以禮, 不能如誠, 今又
老親在堂而疾症如是, 重貽其慽, 不孝大矣, 當用殺禮. 氣絶之後, 不通告訃

----

**154** 『備要』:『喪禮備要』의 약칭이다. 이 책은 본래 조선 중기의 학자로 金長生
과 교유하였던 申義慶이 1권 1책으로 편찬한 것인데, 뒤에 친구인 김장생이
광해군 12년에 여러 대목을 增補하고 아울러 당시 세상에 쓰이는 禮制도
참고하여 이용하기에 편리하도록 만든 다음 서문을 붙였으며, 그 뒤에 다시
김장생의 아들 金集이 교정하여 仁祖 26년에 2권 1책으로 간행하였다.

書,-惟告于龍湖·元陽·楊根及詩湖·丹城.- 不沐浴,-只洗其手足.- 飯含則設而
不擧, 衣用時服, 而澣濯舊衣, 斂用大斂衾, 雖不能如星翁之用紙衾, 單衾足
矣. 罷朝夕奠, 或得新物, 當單薦而哭之, 只行朔奠而廢月半奠. 其餘皆遵『
喪威日錄』[155], 而又加裁減, 可也. 世人好用觀美, 雖有遺命, 或慮人譏謗而
不行者多矣. 然則楊王孫[156]·王文正之子, 後人安得謂之有孝子之心乎? 人
若有言, 當以此示之, 而人子之道, 貴遵遺命也. 其他爲善去惡·飭身勵
行·奉先齊家·敦宗接人等事, 方冊俱存, 當體而行之, 何待余言? 人之爲
人, 惟當立志堅固, 剛德爲上耳. 亦嘗觀世人窮困轉甚, 則親戚益至不和, 爲
鄕里之所譏矣. 此亦當體念者也. 神短不能多言, 都在孝子順弟之默會耳.

고례(古禮) 및 국제(國制)를 따라 나 이후로 제사는 증손에서 그친
다. 증손이 죽은 후에는 곧바로 신주를 매안(埋安)하고, 제사지내
고 싶어하는 장방(長房)이 있으면 지방(紙榜)으로 지내도록 하라.
명정(銘旌)은 '한남일사안공지구(漢南逸士安公之柩)'라는 여덟 자만
쓰고, 관 위에 시속에 따라 명정을 쓰려거든 관작(官爵)을 갖추어서
관례대로 쓰도록 하라.

依古禮及國制, 自我以後, 祭止於曾孫. 曾孫死後, 卽爲埋主, 有長房欲祭

---

**155** 『喪威日錄』: 星湖 李瀷이 1746년(영조22) 무렵 부인의 喪을 치를 때 喪禮와
祭禮에 관한 견해를 정리하여 편찬한 책이다. 現傳하지 않는 것으로 보인다.
**156** 楊王孫: 前漢 때 사람이다. 黃老의 학문을 배워 많은 가산을 자신의 몸을
봉양하는 데 쓰고는 죽을 때가 되자 자신을 나체로 묻어 지나치게 厚葬하는
세속의 풍습을 바로잡도록 하라고 아들에게 유언하였다. 『漢書 卷67 楊王孫傳』

者, 許以紙榜行祀. 銘旌書以漢南逸士安公之柩八字, 棺上依俗書銘, 則具
官依例書之, 可也.

## 61. 추록-갑진년(1784, 73세)-
追錄

나는 평소 괴질을 앓았는데, 갑술년(1754, 영조30)에 친상(親喪)을 당한 후로 화기(火氣)가 치솟으며 피를 토한 나머지 병들어 세상에 쓸모없는 사람이 되고 말았다. 그래서 매일같이 죽음을 걱정해야 했으니, 당초에 다소 스스로 기약했던 마음들은 모두 연기처럼 사라져 버리고, 하루 열 두 시간, 한 달 30일, 1년 300여 일이 모두 죽음을 기다리는 날 아닌 적이 없었다.

기묘년(1759, 영조35)에 병이 더 심해지고 을유년(1765, 영조41)에 더욱더 심해졌다. 당시에 각각 유서 한 통씩을 써서 너의 아비와 너의 종조부에게 주었다. 그런데 모진 목숨이 질겨 지금까지 죽지 않고 살아있다.

만년에는 다소 병세에 차도가 있어서 다시 벼슬길에 나갔으나, 잠깐 나갔다가는 곧장 물러나곤 하여 끝내 오랫동안 벼슬할 생각이 없었으니, 이는 고상하게 은거하려는 뜻이 있어서가 아니라 병세로 보아 억지로 하기 어려워서 그랬던 것이다. 제대로 알지 못하는 자들이 함부로 학자(學者)라는 이름을 붙여 놓았으니, 이것이 비록 일일이 사람을 찾아다니며 해명할 수 없지만 또한 나의 진심을 알지 못한 것이다.

올해 내 나이가 73세이니 스스로 정력을 헤아려보건대 오래 가지는 못할 것이다. 이제 기묘년과 을유년 두 해에 남겼던 말을 가지고 또 다시 첨삭하여 아래에 적어 놓았으니, 의당 여기에 따라서 해야 한다.

애석하구나! 네 아비는 오래 살지 못할 것이니, 슬프고 슬프다.

余素抱奇疾, 自甲戌丁憂以後, 火升嘔血, 仍作病廢之人. 日有死生之慮, 從前多少自期之心, 都歸烟滅, 一日十二時, 一月三十日, 一歲三百餘日, 無非待死之日矣. 歲己卯復添, 乙酉更重, 伊時各有遺書一紙, 以付汝父與汝從祖, 而頑命支離, 尙今撑度. 晚來少間, 又能復入仕路, 乍進乍退, 終無久仕之意, 是非有高尙之志也, 都以病勢之難强而然也. 不知者妄加以學者之名, 此雖不可向人人分疏, 而亦非知我之實心也. 今年七十三, 自量精力, 要非久視. 今依己卯乙酉二年所遺之言而又更添刪乎下方, 當依此爲之也. 惜乎! 汝父不存, 痛矣痛矣.

복(復): 호흡이 끊어진 한참 후에 복을 하되, 반드시 곡을 그쳐야 한다. 곡을 그치는 것은 다름이 아니라 단지 혼기(魂氣)가 허공을 떠돌며 아득히 돌아갈 곳이 없으므로 혹시 넋이 다시 돌아오는 이치가 있기 때문이니, 곡소리가 시끄러우면 혼이 어찌 편안히 돌아올 수 있겠는가. 예(禮)의 뜻은 실로 정미(精微)하다.

復: 氣絶良久而復, 必須止哭. 止哭非他, 只以魂氣飄蕩, 茫無所歸, 雖或有復魄之理, 若哭聲喧聒, 神豈安之乎? 禮意實精微矣.

설치(楔齒): 성호선생이 정한 예(禮)를 따라 반함(飯含)을 행하지 않았다면, 이것도 하지 말라.

楔齒: 依星湖禮, 不行飯含, 則去之.

여각전(餘閣奠) : 병들었을 때에 먹던 음식으로 즉시 진설하도록 한다.

餘閣奠: 以病時所飮食卽設, 可也.

목욕(沐浴) : 평소에 몸을 남에게 드러내 보인 적이 없으니, 죽었다고 어찌 다르겠는가. 얼굴과 손발만 씻기도록 하라.

沐浴: 平日未嘗露體示人. 死豈有異, 只洗面及手足.

소단삼(小單衫)-속칭 적삼(赤衫)이라 한다.-: 명주로 만든다.

小單衫-俗稱赤衫-: 用紬.

소단유(小短襦)-속칭 작은 저고리라 한다.-: 솜을 넣되 무명으로 만들고 명주 안찝을 받친다.

小短襦-俗稱자근져고리-: 有著, 用綿布, 內供紬.

장유의(長襦衣)-속칭 동옷이다.-: 안팎을 모두 명주로 만든다.

長襦衣-俗稱동옷-: 表裏用紬.

상복겹의(上復袷衣)-속칭 핫겹옷이다.-: 명주 안찝을 받친다.

上服袷衣-俗稱핫겹옷-: 內供紬.

도포(道袍): 베로 만든다. 이는 옛 사람이 당시에 입는 옷을 사용했던 뜻이다. 심의(深衣)는 평소에 입는 옷이 아니니 어찌 죽은 뒤에 갑자기 쓰겠는가. 조사(朝士)의 반열에 있었으니 공복(公服)을 써야할 것이다. 그러나 이는 나의 본심이 아니니 어찌 죽고 사는 데 따라 차이를 두겠는가. 쓰지 않는 것이 좋겠다. 또 비록 쓰고자 한들 어떻게 마련할 수가 있겠는가.

道袍: 用布. 此古人用時服之意也. 深衣非平日所服, 豈可死後猝然用之乎? 忝居朝士之列, 當用公服, 而此非余之本心, 豈生死有二乎? 勿用可也. 雖欲用之, 何以辦備?

대대(大帶): 검은 비단으로 만든다.

大帶: 用黑繒.

단고(單袴)-속칭 속것이다.-: 명주로 만든다.

單袴-俗稱속것-: 用紬.

바지〔袴〕: 솜을 넣고 무명으로 만든다.

袴: 有著, 用綿布.

망건(網巾): 검은 비단으로 만든다.

網巾: 用黑繪.

당건(唐巾): 검은 비단으로 만들며, 뒤에 드림이 있다.-복건(幅巾)도 좋으니 형편에 따라 쓰라.-

唐巾: 黑繪, 後有垂脚.-幅巾亦好, 隨宜用之.-

멱건(幎巾): 검은 비단으로 만들되 솜을 넣고 흰 명주 안찝을 받친다.

幎巾: 用黑繪, 有著, 內供素紬.

악수(握手): 할 필요가 없으며, 염(斂)할 때 반드시 두 손을 가슴과 배 아래로 나란히 드리워서 평소 하던 공수(拱手)의 뜻과 같이 하도록 하다.

握手: 不必用, 而斂時必令兩手齊垂於胸腹之下, 以象平日拱手之意, 可也.

신발〔履〕: 역시 착용할 필요가 없다. 죽은 자가 신발을 신고 장차 어디로 간단 말인가.

履: 亦不必用. 死者納履, 將何往乎?

함(含): 하지 않는다. 성호선생의 설이 있으니, 단연코 믿을 만하다.

含: 不行. 星湖有說, 斷可信矣.

혼백(魂帛): 종이를 쓴다. 지금 사람들이 흔히 흰 모시를 쓰는데, 그럴 필요 없이 종이를 쓰는 것이 좋다. 종이가 삼대(三代) 이후에 나왔기 때문에 예(禮)에 언급이 없었던 것이다. 만약 삼대 때 종이가 나왔더라면 틀림없이 사용했을 것이다.

魂帛: 用紙. 今人多以白苧用之, 不必然也, 用紙可也. 紙出於三代之後, 故禮無所言, 若出三代之時, 則必有用矣.

명정(銘旌): 흰 종이를 쓸 것이니, 굳이 붉은 색으로 쓸 필요가 없고, 널[柩]만 덮으면 된다. '한산일사안공지구(漢山逸士安公之柩)'라고 쓰라.

銘旌: 用素紙, 不必絳色, 表柩而已, 書以漢山逸士安公之柩.

습전(襲奠)을 지낸다.

有襲奠.

이튿날 소렴(小斂)한다.

翌日少斂.

치금(緇衾)：무명으로 만들고 솜을 넣되, 표지(標識)는 없다.-세상 사람들이 흔히 표지가 있는데, 이는 예(禮)가 아니다.-

緇衾, 用縣布有著, 無識.-世人多有識, 非禮也.-

베개〔枕〕：편의한대로 따라 한다.

枕：隨宜爲之.

산의(散衣)：세탁한 것을 사용하며, 굳이 새 옷을 쓸 필요가 없다. 다만 너의 조부는 평소에 입는 옷 이외에 달리 여벌의 옷이 없다. 그러나 있는 옷을 가지고 상체와 하체에 입혀라.

散衣：用澣濯者, 不必用新衣. 但汝祖平日無著外餘衣, 然隨其所有而上下 體隨用.

보공(補空)：시속에 따라 천 조각을 쓰되, 새 무명이나 세탁한 옷을 쓴다.

補空：依俗用片衣, 或新綿或澣衣.

교포(絞布)：삼베를 쓴다.

絞布: 用麻布.

소렴전(小斂奠)이 있다: 만약 습(襲)과 소렴을 함께 했다면, 또 합전(合奠)해야 한다.

有小斂奠: 襲·小斂并行, 則又當合奠.

이튿날 대렴(大斂)한다.

翌日大斂.

널〔棺〕: 미리 준비해 둔 것이 없으면 집 뒤에 내가 금양(禁養)한 나무를 베어 쓰되, 급속히 만들어서 시일을 끌지 말도록 한다. 지금 세상의 자제들은 평소에 관을 미리 준비하지 못하여 이미 자식의 도리를 잃었고, 죽은 뒤에 비로소 좋은 목재를 구하느라 비싼 값을 치르면서 남 보기에 좋게 하느라고 여러 날이 걸린다. 그리하여 온갖 난처한 일이 있어도 아랑곳 하지 않을 뿐 아니라, 또 평소 검소함을 지키던 죽은 자의 뜻마저 어기니, 모두 불효이다.

棺: 既無預備, 則當用家後余所禁養者, 急速治之, 毋曠日子. 今世人家子弟常時不能先事辦備, 已失爲人子之道, 而死後始求美材, 多給價直, 以爲觀美之資, 累日持久, 多有難處之事而不之恤, 又違死者尙儉之意, 皆爲不孝.

대렴 이불〔大斂衾〕: 베로만 만든 홑이불을 쓴다. 우계(牛溪)와 성
호(星湖) 두 선생은 모두 종이이불을 썼는데 지금은 예비해 주지 못
했으니, 홑이불을 쓰도록 하라.

大斂衾: 用布單衿. 牛溪·星湖皆用紙衾, 今亦未備, 用單衿, 可也.

천금과 지요: 시속의 예(禮)이니 쓸 필요가 없다.

天衾·地褥: 俗禮, 不必用.

부고(訃告)하지 않는다: 마을에는 알리지 않아도 알 것이고, 그 나
머지 평소에 친교가 있는 사람이 아니라면 내가 죽고 사는 것이 그
들과 무슨 상관이 있다고 굳이 알리겠는가. 일절 알리지 말도록 하
라. 인천(仁川)의 권실(權室)에게는 특별히 사람을 보내어 알려야
겠지만 그 나머지는 모두 그럴 필요가 없다.

不通訃: 鄕里不待告而必知, 餘非平日相許之人, 則其生其死, 何關於人而
必告之耶? 一切不爲, 可也. 仁川權室處當專告, 其餘皆不必然.

조석전(朝夕奠)을 설행하지 않는다: 아침에 한 그릇의 맑은 물만
떠놓고 곡한다.

不設朝夕奠: 平朝只奠一盂淸水而哭之.

만사(輓詞)와 제문(祭文)을 받지 않는다: 나를 아는 자는 절로 나에 대해 평가할 것이니, 남에게 억지로 청하여 실정을 벗어난 실없는 말을 받아서 공연히 비웃음을 살 필요가 없다.

不受輓祭文: 知我者自當有語, 不必强請於人, 求其情外無實之言而徒取笑侮耳.

치전(致奠)을 받지 않는다: 내 평생에 남의 음식을 받으면 마음이 늘 편치 않았으니, 일절 받지 않도록 하라.

不受致奠: 平生受人之食, 心便不安, 一切不受, 可也.

## 62. 묘제 의식
墓祭儀


제청(祭廳)을 세운다.-이번 을사년(1785, 정조9)에 덕곡(德谷)에 세 칸 집을 지어 묘사(墓祀) 때 제사지내는 장소로 삼았다.-

建祭廳: 今乙巳, 搆三間屋于德谷, 爲墓祀時行祭之所.

『개원례(開元禮)』에 "삼대(三代) 이전에는 묘제가 없다가 진(秦)나라에 이르러 비로소 묘소 옆에 재실(齋室)을 지었는데, 한(漢)나라가 이를 이어받자 이후로 풍습이 되었다. 그러다가 당(唐)나라에 이르러 비로소 왕공(王公) 이하가 한식(寒食)에 묘소에 배소(拜掃) 의식을 정하였으니, 그 의식은 다음과 같다. 슬픈 마음으로 묘소를 세 번 돌면서 살펴보고, 거친 풀과 가시덤불을 베어낸다. 신도(神道)는 유정(幽靜)함을 좋아하므로 묘역(墓域)에 접근하여 더럽혀서는 안 된다. 따라서 묘역 남쪽의 산문(山門) 밖에다 깨끗한 자리를 설치하여 제위(祭位)를 차리고 멀리서 묘소를 향해 시찬(時饌)으로 제사를 지내되 생전에 좋아하는 음식을 쓴다. 만약 한 묘역에 묘소가 여럿이면 각 묘소마다 각각 위석(位席)을 차리고 소목(昭穆)에 따라 늘어세우되 서쪽을 상석(上席)으로 한다. 주인이 손을 씻고 술잔을 올리되 삼헌(三獻)에 그치고 음식을 거둔다. 주인 이하가 사묘(辭墓)한다. 남은 음식은 으슥하여 묘소가 보이지 않는 다른 곳에서 먹는다. 이것이 효자의 마음이다."라 하였다.

살펴보건대 이것이 묘제의 시작이다. 제사를 굳이 묘소 앞에서 지내지 않고 묘역 남쪽의 으슥한 곳에서 지내는 것은 신도(神道)는 유정(幽靜)하기 때문에 동요함이 있을까 염려한 것이다. 이 뜻이 매우 정밀하니 의심할 나위 없이 준행(遵行)해야 할 것이다.『가례』에는 묘소 앞에 자리를 펴고 제사 지내도록 한 것은 아마도 당시의 속례(俗禮)로 편의를 따라 그렇게 한 듯하다. 예(禮)의 본뜻에 맞는『개원례』만 못한 듯하다.

○ 남헌(南軒)의 성묘문(省墓文)에 "묘정(墓亭)에 신위를 차리고 술과 안주를 갖추어 천신한다. 운운" 하였으니, 송(宋)나라 때의 묘제도 역시 묘정(墓亭)에서 지냈던 것이다.

『開元禮』[157]: "三代以前無墓祭, 至秦始起寢於墓側, 漢因之, 自後因以成俗. 至唐始定王公以下寒食拜掃儀, 哀省三周, 剪其荊棘荒草. 神道尙幽, 不可逼瀆塋域, 塋南山門外, 設淨席爲位, 遙祭以時饌, 如平生所嗜. 若一塋數墓, 每墓各設位席, 昭穆以列, 以西爲上. 主人盥手奠酌, 三獻而止, 徹饌. 主人以下位辭, 餘饌可於他處僻不見墳所食之, 孝子之情也." 按此墓祭之始也. 祭必不於墓前而行於塋南僻處者, 以其神道幽靜, 恐其有動也. 此意至精, 當遵行無疑.『家禮』墓前布席而祭, 恐其時俗禮, 從便而然也. 恐不如『開元禮』之爲得禮意也. ○南軒[158]「省墓文」曰: "爲位于亭, 具酒肴之薦云

157  『開元禮』:『大唐開元禮』의 약칭이다. 開元은 唐나라 玄宗의 연호이다. 개원 20년(732)에 王嵒의 奏請에 의해 蕭嵩의 지휘 아래 賈登 · 張烜 등이 편찬한 책이다. 당나라 太宗과 高宗 때의 五禮를 수정 보완한 것으로 모두 150권이다.『新唐書 권11 藝文志』

云."則宋時墓祭, 亦行于墓亭矣.

김사계(金沙溪)의 『가례고증(家禮考證)』에 "'묘제를 지낼 산소가
한두 곳이 아니라 많게는 여덟, 아홉 곳에 이르니, 동쪽 서쪽 산등
성이를 오르내리자면 지쳐서 태만해질 우려가 있습니다. 혹 날이
저물기라도 하면 어떻게 하며, 진종일 비가 오기라도 하면 또 어떻
게 합니까? 묘소 옆에 재실을 지어서 시제(時祭)의 의식에 따라 합
제(合祭)하는 것이 어떻겠습니까?'라 하고 물으니, 퇴계(退溪)가
대답하기를, '어찌 좋은 방법이 아니겠리오!'라 하였다."라 하였다.

金沙溪『家禮考證』: "問: '墓祭或非一二, 多至八九, 東西丘壟, 往來倦疲,
恐有怠慢之氣. 或日亦不繼, 則何以處之? 或有終朝之雨, 亦何以爲之? 欲
搆一室於墓側, 依時祭儀合祭如何?' 退溪曰: '豈不善哉!'"

퇴계(退溪)의 『언행록(言行錄)』에 "김부륜(金富倫)이 묻기를, '족장
(族葬)한 여러 묘위(墓位)들에 차례로 제사를 올리자면 근력이 지
치고 정성과 공경이 해이해지며 제물(祭物)도 다 식어버리는 음식
이 있을 것입니다. 그러니 먼저 분소(墳所)에 나아가서 잔을 올려
혼령을 인도하여 와서 지방(紙牓)으로 재궁(齋宮)에서 합제(合祭)
하는 것이 어떻겠습니까?'라 하니, 퇴계가 '무방하다.'라 하였다. 또

---

**158** 南軒: 南宋 때 학자 張栻(1133~1180)의 호이다. 그는 자는 敬夫 또는 欽夫
이고 張浚의 아들로, 胡宏의 제자이자 朱熹의 절친한 벗이다.

묻기를, '정결한 곳에 제단을 설치하고 합제하는 것은 어떻겠습니까?'라 하니, '더욱 좋다.'라 하였다."라 하였다.-살펴보건대, 제단을 설치하는 것이 좋기는 하지만 비가 오면 불편할 것이니, 결국 제청(祭廳)을 짓느니만 못하다.-

『退溪言行錄』: "金富倫問: '族葬列位, 次第行祭, 則筋力疲而誠敬弛, 祭物冷煖有異. 先詣墳所, 奠杯引靈, 而以紙牓合祭齋宮, 如何?' 退溪曰: '無妨.' 又問: '或設壇於淨地合祭, 如何?' 曰: '尤是.'-按設壇雖好, 而若遇雨則難便, 終不如搆祭廳之爲宜.-

살펴보건대, 이상 여러 조항들에 근거해 보면 고금 사람들이 예(禮)를 논한 뜻을 알 수 있을 것이다. 또 『가례』에서는 묘소 앞에서 제사를 지내도록 한 것은 대개 시속을 따른 것이다. 지금 국가의 산릉(山陵)의 경우 반드시 정자각(丁字閣)에서 제사 지내는 것은 곧 예(禮)의 본뜻이 그렇기 때문이다.

按據此諸條, 則古今人論禮之意, 可知也. 且『家禮』之墓前設祭, 盖因俗也. 今國家山陵祭, 必於丁字閣, 卽禮意然也.

제전: -「제전록」은 생략하고 수록하지 않는다.- 추수 후에 모두 따로 곡식을 저축해 두었다가 필요할 때 쓴다.
祭田: -祭田錄略不錄.- 秋收後皆當別儲應用.

선대의 묘소에는 조위(祧位)가 있고, 봉사위(奉祀位)가 있고, 부위

(祔位)가 있고, 상위(殤位)가 있고, 또 산신위(山神位)가 있다.

先墓有祧位有奉祀位, 有祔位有殤位, 又有山神位.

조위: 해마다 10월 삭일에 상묘(上墓)하는데 1년에 한 차례이다.

祧位: 歲以十月朔上墓, 一年一次.

봉사위: 한식과 추석에 상묘하는데 1년에 두 차례이다.

奉祀位: 寒食秋夕上墓, 一年二次.

부위와 상위: 모두 제수를 집에서 마련하고, 제전에서 수확한 것을
쓰지 않는다.

祔位·殤位: 皆自家中辦出, 不用祭田所收.

추수한 곡식을 제사에 쓴 후에는 필시 다소간 남는 것이 있을 터이
니, 모두 따로 저축해두고 유사(有司)를 정하여 선대(先代)의 묘역
(墓役) 및 마을 안 일가들의 길흉사 등에 쓰되 작정(酌定)하여 도와
준다.

秋收祭用後, 所餘必有多少之數, 皆別儲定有司, 用於先代墓役及巷內一家
吉凶等事, 酌定顧助.

## 63. 제사

祭祀


제삿날 하루 전에 자손들이 나뉘어서 여러 묘소들 앞으로 나아가서 재배례(再拜禮)를 행하고-묘소가 많기 때문에 자손들이 나뉘어서 성묘하는 것이다.- 부복하여 구축(口祝)하기를, "내일 제청(祭廳)에서 제사를 올리고자 하여 감히 고하나이다."라 한다. 그리고는 슬픈 마음으로 묘소를 세 번 돌면서 살펴보고, 묘정(墓庭)을 청소하고 나무뿌리와 잡초들을 뽑아낸다. ○ 제청에 상탁(床卓)을 설치하고 깨끗이 세척한다. 지방에 모조(某祖) 모비(某妣)의 신위(神位)라고 열서(列書)하되, 소목(昭穆)의 순서대로 써서 동시에 함께 제사한다.


祭前一日, 諸子孫分詣列位墓前, 行再拜禮,-以墓所多, 故子孫分省.- 俯伏口祝曰: "明將行祀于祭廳, 敢告." 哀省三周, 洒掃墓庭, 拔去木根雜草. ○祭廳具床卓洗滌. 紙牓列書某祖某妣神位, 以昭穆書之, 一時幷祭.

## 64. 제물
祭物

가난하면 집의 형편대로 하는 것이 예(禮)이다. 우리 집은 매우 가난하여 살아가기 어려우니, 조상을 받들고 싶은 마음이야 무궁하지만 집안 형편에 달렸다. 이제 우리 집안 형편을 헤아려 말한다.

○ 조위(祧位) 및 봉사위(奉祀位)는 밥·국·떡·면·어탕(魚湯)·육탕(肉湯)을 각각 한 그릇씩 담고, 적(炙) 세 꼬치, 소채 따위는 김치·숙채(熟菜)·생채(生菜)·잡절임〔雜葅〕·식해(食醢) 및 초(酢)를 육두(六豆)에 담고, 절육(切肉)-속칭 자반(佐飯)-·포(脯)·과일 4가지는 육변(六籩)에 담되, 만약 형편이 못 미치면 사두(四豆)·사변(四籩)만 올려도 된다.

○ 상위(殤位)는 밥과 국으로만 제사하되 살아있는 사람의 식사와 같이 할 것이며, 찬품(饌品)은 논할 필요가 없다.

○ 제사를 마친 뒤 자손들이 제청(祭廳)에서 음복을 하니, 첫째는 선조의 은혜를 잊지 않겠다는 뜻이며, 둘째는 당일 친족 간의 정의를 펴고자 하는 것이다. 서로 흐뭇하게 즐기고 자리를 파한다.

貧則稱家有無, 禮也. 吾家貧甚, 無以自存, 享先之心雖無窮, 在家力之有無, 今量力而言之. ○祧位及奉祀位, 飯羹餠麵魚肉湯各一器·炙三串蔬菜等屬沉菜熟菜生菜雜葅食醢及酢爲六豆·切肉-俗稱佐飯.-·脯果四品爲六籩, 力若不及, 則四豆四籩, 可也. ○殤位, 只當以飯羹爲之, 如生人之食而已, 饌品不必論. ○祭後子孫飯餕於祭廳, 一則不忘先祖之惠, 一則叙當日親族之情, 盡歡而罷.

## 65. 축문
祝文

불천위 및 봉사위의 묘제 축문-한식과 추석-

不遷位及奉祀位墓祝-寒食秋夕.-

유세차(維歲次) 모년(某年) 모월(某月) 간지삭(干支朔) 며칠날 간지에 효육대손(孝六代孫) 모관(某官) 정복(鼎福)은 감히-이 아래에 열위(列位)의 모관부군(某官府君)과 비위(妣位) 모봉(某封) 모씨(某氏)를 열서(列書)한다.-께 밝게 고하나이다. 계절이 바뀌어 한식이 다가와 우로(雨露)가 이미 내렸기에-추석에는 '추석이 다가와 우로가 이미 내렸습니다.'라 한다.- 봉영(封塋)을 찾아뵙고 소분(掃墳)을 하니 감회와 추모의 정을 이길 길이 없습니다. 삼가 맑은 술과 음식으로 제사를 올리오니 부디 흠향하소서.

維歲次某年某月干支朔第幾日干支. 孝六代孫某官鼎福敢昭告于-此下列書列位某官府君. 妣位某封某氏.- 氣序遷易, 節屆寒食, 雨露旣濡.-秋夕則云節屆秋夕, 霜露旣降.- 瞻掃封塋, 不勝感慕. 謹以淸酌庶羞, 祗薦歲事. 尙饗.

조위(祧位)의 묘제 축문-10월 초하룻날로 정한다. 사간공(思簡公)의 산소는 문장(門長)이 제사를 지내고, 다른 산소는 종가(宗家)에서 제사를 맡는다.-

桃位墓祝-定以十月朔日．思簡公位，門長行祀，他位宗家主祀．-

유세차 모년 10월 간지삭(干支朔)에 몇 대손(代孫) 모관(某官) 아무개 등은 감히 현(顯) 몇 대(代) 조고(祖考) 봉시부군(封諡府君)과 조비(祖妣) 모봉(某封) 모씨(某氏)께 밝게 고하나이다. 이제 맹동(孟冬) 초하루라 벌써 우로가 내렸기에, 묘역(墓域)을 찾아뵙고 소분(掃墳)을 하니 감회와 추모의 정을 이길 길이 없습니다. 보본(報本)의 뜻을 추념(追念)함에 감히 예(禮)를 잊을 수 없기에 삼가 맑은 술과 음식으로 제사를 올리오니 부디 흠향하소서.

維歲次某年十月干支朔, 幾代孫某官某等敢昭告于顯幾代祖考封諡府君・祖妣某封某氏. 今以孟冬之朔, 霜露旣降, 瞻掃塋域, 不勝感慕. 追惟報本, 禮不敢忘, 謹以淸酌庶羞, 祇薦歲事. 尙饗.

유세차 운운. 효(孝) 11대손 모관 정복은 감히-이 아래에 11대 조고와 조비의 신위로부터 5대 조고와 조비의 신위까지를 열서(列書)한다.-께 밝게 고하나이다. 이제 맹동의 초하루라 운운(云云).-이하는 위와 같다.-

維歲次云云, 孝十一代孫某官鼎福敢昭告于-此下列書十一代祖考妣位至于五代祖考妣位.- 今以孟冬之朔.-以下同上.-

## 66. 후손이 없는 묘소들의 신위에 올리는 축문

諸隴無后神祝

유세차 운운. 정복은 삼가 밥과 국을 갖추어 아무개를 시켜 후손이 없는 묘소들의 신위에 감히 고하나이다. 옛날에 우리 선조의 택조(宅兆)를 이곳에 정한 뒤로 전후의 묘소들이 모두 그 자손들이었습니다. 비록 이름이 전해지지는 않지만 다 같이 우리의 종족(宗族)인데, 무덤이 황폐하여 무너졌으니 누가 한 잔의 술을 따라 올리겠습니까. 아침저녁으로 바라보면서 슬픈 생각이 늘 깊었습니다. 이제 제사를 마친 다음에 뒤이어 천신(薦新)하여 작은 정성을 바칩니다. 배위(配位)를 나타내어 두 탁자에 나누어 진설하고, 상동(殤童)과 상녀(殤女)에 대해서도 각각 부류대로 흠향해도록 하오니, 비록 음식은 변변찮지만 부디 오셔서 흠향하소서.

維歲次云云, 鼎福謹具飯羹之奠, 使某敢告于諸隴無后之神. 昔我先祖宅兆于此, 前後幽堂, 皆其遺嗣. 名雖不傳, 想皆我族, 丘隴荒頹, 誰奠一酌? 朝夕瞻望, 愴懷恒深. 祭餘繼薦, 以效微忱. 表厥配位, 分設兩卓. 殤童殤女, 各以類食. 物雖菲薄, 庶幾歆格. 尙饗.

## 67. 토지신에 대한 축문

土地神祝


유세차 운운. 모관(某官) 아무개는 감히 토지의 신령께 밝게 고하나
이다. 이제 맹동의 초하루라 삼가 선대의 산소에 제사를 올립니다.
생각건대 이렇게 보우한 것은 실로 토지신께서 보살펴주신 덕택입
니다. 삼가 떡과 국수, 술과 찬반(饌盤)을 갖추어 공경히 전헌(奠
獻)하오니, 부디 흠향하소서.


維歲次云云, 某官某姓名敢昭告于土地之神. 今以孟冬之朔, 恭脩歲事于先
墓. 惟玆保佑, 實賴神休. 謹以餠糆酒饌, 敬伸奠獻. 尙饗.

# 68. 자전의 칭호에 대한 사의

慈殿稱號私議

금상(今上) 기해년(1779, 정조3)에 상(上)이 '자전(慈殿)의 칭호를 아직 정하지 못하였다' 하여 학자들에게 물었는데, 송덕상(宋德相)이 "왕대비(王大妃)의 자리가 비어 있으니 지금 왕대비로 칭하는 것이 마땅합니다."라 하고 헌의(獻議)하였다. 상이 다시 예조낭관(禮曹郎官) 목조수(睦祖洙)를 보내어 김양행(金亮行)에게 물으니, 김양행은 "본래 예학(禮學)에 어두워서 감히 헌의할 수 없다."라 대답하였다. 목조수가 돌아가는 길에 나를 찾아와 말하기를,

"영종(英宗)이 금상에게 조부가 되니 자전의 칭호는 당연히 대왕대비로 해야 할 것이다. 지금 왕대비로 칭하는 것은 분명한 근거가 없으니 송덕상의 헌의는 잘못 되었다."

라 하고, 이어서 근거할 만한 것이 있는지를 물었다. 내가 말하기를,

"이는 예경(禮經)에는 보이지 않는다. 그러나 한(漢)나라는 상고시대로부터 멀지 않으므로 후세의 예론(禮論)이 대부분 한유(漢儒)를 따르고 있다. 한나라 선제(宣帝)는 소제(昭帝)의 종손(從孫)인데, 소제의 황후인 상관씨(上官氏)는 당시 나이가 아직 젊었고, 당시 황태후로 칭할 만한 자가 없었으므로 태후의 자리가 비어있었다. 그러나 『강목(綱目)』에는 '황후 상관씨를 높여서 태황태후(太皇太后)를 삼았다.'고 대서(大書)하고 황태후라고 하지 않았으니, 이것이 지금의 분명한 전거가 아니겠는가. 대왕대비로 불러야 할

높은 지위를 낮추어서 왕대비라고 부르면서도, 스스로 윤서(倫序)
를 어기고 소목(昭穆)을 어지럽힌 죄에 빠진 것을 깨닫지 못하니,
조정에 이를 면박하여 바로잡을 만한 사람이 하나도 없는 것이 한
스럽다."
라 하니, 목조수가 말하기를,
"참으로 그렇소. 참으로 그렇소."
라 하였다.


今上己亥, 上以'慈殿稱號未定'問於諸學者. 宋德相以'王大妃位空, 此當稱
王大妃'獻議. 上復遣禮郎睦祖洙, 問於金亮行. 金以'素昧禮學, 不敢獻議'爲
對. 睦歸路歷見余, 且曰: "英宗於今上爲祖, 則慈殿稱號, 當爲大王大妃.
而今稱王大妃, 未有明據, 宋議則誤矣." 因問可據者, 余曰: "此不見禮經,
而漢去古未遠, 後世禮論, 多從漢儒. 漢宣帝爲昭帝從孫, 昭帝后上官氏時
尚年少, 而時無可稱皇太后者, 太后之位空矣. 然而『綱目』大書曰: '尊皇后
上官氏, 爲太皇太后.' 不曰皇太后. 此非今日明據乎? 以大王大妃之尊, 降
稱王大妃, 不覺自歸於乖倫序亂昭穆之罪, 但朝無一人駁正者, 可恨." 睦曰:
"誠然, 誠然."

# 69. 세자의 복제에 대한 사의-병오년(1786, 75세)-
世子服私議

『의례(儀禮)』의 '상복(喪服) 참최(斬衰)' 조(條)에 경문(經文)에 "아비가 장자(長子)를 위하여 입는다."라 하였는데,-살펴보건대, 신분의 상하(上下)를 통틀어서 한 말이다.-그 전(傳)에서는 "선조(先祖)에 대하여 정체(正體)가 되고 또 장차 전중(傳重)하기 때문이다."라 하였고,-살펴보건대, 정체란 정궁(正宮) 소생임을 말한 말이다.-소(疏)에서는 "비록 승중(承重)하였더라도 3년을 입을 수 없는 경우가 네 가지 있다. 첫째는 정체이지만 전중(傳重)하지 못한 경우이니, 적자(適子)가 폐질(廢疾)이 있어서 종묘를 주관하는 일을 감당하지 못하는 경우을 말한다. 둘째는 전중하였으나 정체가 아닌 경우이니, 서손(庶孫)으로서 후사(後嗣)가 된 경우이다. 셋째는 체(體)이되 정(正)이 아닌 경우이니, 서자(庶子)를 세워서 후사를 삼은 경우이다.-살펴보건대, 이는 후궁의 소생이다.-넷째는 정(正)이되 체(體)가 아닌 경우이니, 적손(適孫)을 세워서 후사로 삼은 경우이다."라 하였다.

○ '자최(齊衰) 기년(朞年)' 조의 경문에 "임금의 장자(長子)를 위하여 입는다."라 하였는데, 소(疏)에서는 "장자에 대해서 임금은 참최를 입고, 신하는 임금을 따라 기년을 입는다."라 하였다.

○ '자최(齊衰) 삼월(三月)' 조의 경문에 "서인(庶人)이 국군(國君)을 위하여 입는다."라 하였는데, 그 주(注)에 "백성〔民〕이라 하지 않고 서인이라 한 것은 서인은 혹 관직에 있는 경우도 있기 때문이다.

천자(天子)의 기내(畿內) 백성들이 천자를 위하여 입는 복도 이와 같다."라 하였다.-살펴보건대, 서인이 임금을 위하여 자최 삼월을 입는다면 세자(世子)의 상(喪)에는 또한 차별이 있어야 할 것이다. ○ 이상은 신하와 백성의 복(服)에 대해서 말한 것이다.-

○ '참최' 조의 경문에 "공(公)·사(士)·대부(大夫)의 중신(衆臣)은 자기 임금을 위하여 베띠[布帶]를 띠고 미투리[繩]를 신는다."라 하였는데, 주(註)에 "천자와 제후에게 눌리기 때문에 그 중신(衆臣)의 복을 낮춘 것이다. 귀신(貴臣)은 원래대로 참최를 입을 수 있다."라 하였다.-살펴보건대, 이 조항 또한 참고하여 준용할 만하다.-

喪服斬衰, 經: "父爲長子."-按通上下言.- 傳: "正體於上, 又將所傳重也.-按正體以正宮所生言.-" 疏: "雖承重, 不得三年, 有四種, 一則正體不得傳重, 謂適子有廢疾, 不堪主宗廟也; 二則傳重非正體, 庶孫爲後, 是也; 三則體而非正, 立庶子爲後, 是也.- 按此後宮所生.- 四則正而不體, 立適孫爲後, 是也." ○齊衰期, 經: "爲君之長子." 疏: "長子君服斬, 臣從君服期." ○齊衰三月, 經: "庶人爲國君." 註: "不言民而言庶人, 庶人或有在宮. 天子畿內之民, 服天子亦如之.-按庶人服君齊衰三月, 則世子喪, 亦當有差. ○右言臣民服.-" ○斬衰, 經: "公士大夫之衆臣爲其君, 布帶繩屨." 註: "厭於天子諸侯, 故降其衆臣. 貴臣得伸.-按此條亦可旁照.-"

『통전(通典)』을 보면, 진(晉)나라 혜제(惠帝)의 민회태자(愍懷太子)가 서자(庶子)로서 태자(太子)에 책봉되었다가 죽었을 때 임금이 삼년복(三年服)을 입는 문제에 대하여 논란이 있었는데, 왕감(王堪)은 헌의(獻議)하기를,

"성상(聖上)의 통서(統緒)는 달리 선택할 바가 없습니다. 천지에 고하고 조묘(祖廟)에 배알하였으니, 이는 황저(皇儲)임을 밝힌 것입니다. 정체(正體)로서 승중(承重)함이 어찌 이보다 더할 수 있겠습니까?"

라 하였다. 왕접(王接)은 헌의하기를,

"태자를 비록 이미 책봉했으나 이른바 전중(傳重)이지만 정체(正體)가 아닌 경우이니, 적정(嫡正)과 같을 수는 없습니다. 예(禮)에 천자나 제후는 서자를 위하여 복을 입지 않습니다."

라 하니, 논자(論者)가 말하기를,

"군부(君父)가 책봉하였으니 황후의 소생과 같습니다. 어찌 이미 태자이면서 다시 적정(嫡正)이 아닐 수 있겠습니까?"

라 하였다. 왕접이 대답하기를,

"적서(嫡庶)로 정해진 이름은 책봉을 했다고 해서 바꿀 수 있는 것이 아닙니다. 『의례』 상복(喪服) 조에 "서자가 그 어미를 위하여 시마복(緦麻服)을 입는다."라 하였는데, 적자(嫡子)가 첩모(妾母)를 위해 입는 복에 대해서는 언급이 없고 '서자가 그 어미를 위하여 시마복을 입는다.'라 것은 후사로 삼도록 허락했을지라도 서자라는 명칭은 여전히 남아 있음을 의미합니다."

라 하였다.

송(宋)나라 유울지(庾蔚之)는 이 문제에 대해,

"양쪽 모두 잘못이라 하겠다. 살펴보건대, 경문에서 "아비가 장자(長子)를 위하여 참최 삼년복(三年服)을 입는다."라 하였는데, 그 전(傳)에서는 "선조(先祖)에 대하여 정체(正體)가 되고 또 장차 전중(傳重)하기 때문이다."라 하였으니, 이 두 가지 의리(義理)가 아울러 충족되어야만 삼년까지 복(服)을 입을 수 있음을 밝힌 것이다. 이제 태자에 책봉한 것이 비록 장차 전중하려는 것이지만 정체는 아니니, 어찌 갑자기 적정(嫡正)과 동일하게 참최복을 입을 수 있으리오. 그리고 이미 태자로 책봉하였으니 이는 장차 전중하려는 것이니, 어찌 여전히 뭇 서자와 동일하게 복이 없을 수 있겠는가. 천자와 제후는 방손(傍孫)에 대해서는 복을 입지 않지만, 이제 서자를 책봉하여 태자로 삼았으니 높이거나 낮출 수는 없다. 이미 정적(正嫡)이 아니요 다만 보태어 높일 수가 없을 뿐이니, 본복(本服)대로 기년복(朞年服)을 입는 것이 옳다.”

라 하였다.-살펴보건대, 유씨(庾氏)는 서출(庶出)이란 이유 때문에 기년으로 강복(降服)해야 된다는 것이다.-○『남사(南史)』에 “제(齊)나라 무제(武帝)의 문혜태자(文惠太子)-정궁(正宮)의 소생이다.-가 죽었을 때 유사(有司)가 아뢰어, 어복(御服)은 기년(朞年)으로 입고, 조정 신하는 자최 삼월(齊衰三月)로 입고, 남군(南郡)의 국신(國臣)은 자최 기년으로 입었으며,-태자를 처음에 남군왕(南郡王)으로 봉했었다.-육궁(六宮)은 종복(從服)하지 않았다.”라 하였다.

○『통전(通典)』에 의하면, 문혜태자가 죽었을 때 우복야 왕안(王晏)이 헌의하기를,

“『의례』 ‘상복’ 조의 경문(經文)에 ‘임금의 장자(長子)를 위하여 자최 기년(齊衰期年)을 입는다.’라 하였습니다. 그런데 지금 지존(至尊)께서 삼년복(三年服)을 입지 않고 기년복(朞年服)을 입으신다면 신하들은 응당 한 등급을 낮추어서 대공복(大功服)을 입어야 합니다. 공최(功衰)는 형제에 대한 복이니 입을 수 없습니다. 지존께서는 자최 삼월을, 태손(太孫)은 삼년을, 남군(南郡)의 국신(國

臣)들은 자최 기년을 입어야 합니다."라 하니, 조명(詔命)을 내려 헌의한 대로 하였다. ○『명사(明史)』를 보면, 홍무(洪武) 임신년에 의문태자(懿文太子)-정궁의 소생이다.-가 죽었는데, 예부시랑(禮部侍郎) 장지(張智) 등이 헌의하기를,

"아버지는 장자를 위하여 자최 기년복을 입습니다."

라 하고, 또 말하기를,

"기년복의 상(喪)은 대부에게까지만 미치니, 지금은 의당 달을 날로 바꾸어서 자최복을 12일간 입고 제사를 마친 뒤 복을 벗어야 합니다."

라 하니, 이를 따랐다.

○ 가정(嘉靖) 연간에도 역시 이 예(禮)를 따랐다.-이 밖의 사전(史傳)은 미처 상고하지 못했다.-


『通典』: 晉惠帝愍懷太子以庶子立爲太子, 及薨, 議疑上當服三年. 王堪議: "聖上統緖, 無所他擇. 告于天地, 謁于祖廟, 明皇儲也. 正體承重, 豈復是過?" 王接議: "太子雖已建立, 所謂傳重而非正體者也, 不得與嫡同. 禮天子諸侯不爲庶子服." 難者曰: "君父立之, 與后所生同焉. 有旣爲太子而復非嫡乎?" 答曰: "嫡庶定名, 非建立所易. 「喪服」: '庶子爲其母緦.' 不言嫡子爲其妾母而曰: '庶子爲其母.' 許其爲後, 庶名猶存矣." 宋庚蔚之謂: "二者可謂兩失. 按經長子三年, 言以'正體乎上', 又將所傳重', 明二義兼足, 乃得加至三年. 今拜爲太子, 雖將所傳重而非正體, 安得便同嫡正爲之斬衰乎? 旣拜爲太子, 則是將所傳重, 寧得猶與衆庶子同其無服乎? 天子諸侯絶傍周, 今拜庶子爲太子, 不容得以尊降之. 旣非正嫡, 但無加崇耳, 自宜伸其本服一周."-按庚氏以庶出, 故降服朞.- ○『南史』: "齊武帝文惠太子薨,-此正宮出.-

有司奏御服朞, 朝臣齊衰三月, 南郡國臣齊衰朞,-太子初封南郡王.- 六宮不從
服.¹⁵⁹" ○『通典』: 文惠太子薨, 右僕射王晏議:"「喪服」, 經:'爲君之長子,
齊衰周.' 今至尊旣不行三年之典, 服周. 羣臣應降一等, 應大功. 功衰兄弟
之服, 不可以服. 至尊宜服齊衰三月, 太孫三年, 南郡國臣宜齊衰周." 詔依
所議. ○『明史』: 洪武壬申, 懿文太子薨,-正宮出.- 禮部侍郎張智等議:"父
爲長子, 服齊衰朞." 又曰:"朞之喪, 達于大夫. 今當以日易月, 服齊衰十二
日, 祭畢乃釋." 從之. ○嘉靖年間, 亦用此禮.-此外史傳未及考.-


본조(本朝)의 『오례의(五禮儀)』는 국휼(國恤)에 대한 복제(服制)가
대부분 소략하다. 그래서 세자(世子)의 상에 대한 절문(節文)은 빠
져서 상고할 수 없다. 세조 정축년(1457)의 의경세자(懿敬世子)와
명종 계해년(1563)의 순회세자(順懷世子)의 상(喪)에 대한 양조(兩
朝)의 의주(儀注)는 지금 고출(考出)할 수 없다. 그러나 인조 을해
년(1635)의 소현세자(昭顯世子)-이상 삼조(三朝)는 모두 정궁(正宮)의
소생이다.-와 영종(英宗) 무신년(1728)의 효장세자(孝章世子)-후궁
이씨(李氏)의 소생이다.-의 상(喪)에 대한 양조(兩朝)의 문적(文籍)
은 대략 기록할 만한 것이 있기에 아래에 기술한다.

　○ 소현세자의 상에 예관(禮官)이 '가정(嘉靖) 연간에 달을 날로
바꾸어서 자최 12일로 복(服)을 정하였다'는 문구에 의거하여 자최
삼월로 정하였다. 보덕(輔德) 서상리(徐祥履)가 상소하기를,

---

**159** 從服 : 자기의 친족이 아닌데 남을 따라서 服을 입는 것으로, 대개 신하가
　　　임금의 복에 따라 복을 낮춰 입는 것을 말한다. 『禮記 大傳』

"『의례(儀禮)』「상복(喪服)」조의 '기년(朞年)' 장(章)에, '임금의 부모·처·장자 및 조부모를 위하여 입는다.'라 하였는데 그 전(傳)에 '어찌하여 기년인가? 종복(從服)이기 때문이다.'라 하였고, 『예기(禮記)』「복문(服問)」에는 '대부의 적자(適子)는 임금의 부인 및 태자를 위하여 입는 복이 사인(士人)의 복과 같다.'라 하였는데 정현(鄭玄)의 주(註)에는 '사인(士人)이 임금의 소군(小君)을 위하여 기년복을 입고 태자를 위하여는 종복(從服)한다.'라 하였습니다. 또 명정(銘旌)에 '구(柩)' 자를 쓰는데, 살았을 때는 동궁(東宮)이라 하고 죽으면 빈궁(殯宮)이라고 칭하는 법이니, 청컨대 빈궁으로 고치소서."

라 하였다. 지평 송준길(宋浚吉)은 상소하기를,

"『의례』「상복」조에 '임금은 장자(長子)를 위하여 참최 3년을 입으며, 신하는 임금의 부모·처·장자를 위하여 종복(從服)으로 기년복을 입는다.' 하였습니다. 그러니 지금 세자의 복제는, 전하께서는 참최 3년을 입으셔야 하고 신하들은 종복으로 기년복을 입어야 합니다. 장자를 위하여 어찌하여 참최를 입는 것이겠습니까? 선조(先祖)에 대하여 정체(正體)가 되고 장차 전중할 사람이기 때문입니다. 신하들은 어찌하여 기년복을 입는 것이겠습니까? 임금이 참최를 입기 때문에 종복(從服)하는 것입니다. 그런데 예관(禮官)이 억측으로 근거 없는 말을 하여 처음에는 12일의 복제(服制)를 쓰려 하다가 곧바로 다시 낮추어서 7일만에 제복(除服)하는 것으로 정하였습니다. 7일의 복제는 이미 고례(古禮)가 아닐 뿐더러 또한 명(明)나라의 복제도 아닙니다. 주자(朱子)가 영종(寧宗)에게 고하여 상복을 논한 차자(箚子)에 '이미 지나간 잘못은 소급하여 다시 고칠 수 없지만, 앞으로 있을 계빈(啓殯)과 발인(發引)의 예(禮)는 응당 다시 초상(初喪)의 복제를 써야하니, 변제(變除)의 절차는 오히려 논의할 만한 것이 있습니다.'라 하였습니다.

따라서 전하와 빈궁(嬪宮) 및 원손(元孫)은 참최 3년의 복으로 정하고, 중전은 자최 3년, 신하들은 종복(從服) 기년으로 정하되, 계빈(啓殯)할 때에 이르러 상하의 최복(衰服)과 전하께서 시조(視朝)할 때 입는 복장과 신하들이 출사해서 입는 복장을 바로 잡을 것이며, 또한 의당 주자가 논의한 바와 같이 임금과 신하가 같은 복(服)을 입되 약간 구별을 두어야 합니다. 옛 상복을 만들어 입고 상차(喪次)에 임하되 별도로 포복두(布幞頭)·포정복(布正服)·포혁대(布革帶)를 만들어 착용하고 조회를 받는 제도에 대해서는 다시 더 재량(裁量)하여 영구히 규정으로 삼아서 후사(後嗣)에게 보여주도록 하소서."

라 하였다.

○ 사부(師傅) 안응창(安應昌)의 일기(日記)에,

"이 때 낭천현감(狼川縣監)으로 있었는데, 관문(關文)이 이르자 흑모(黑帽)와 소복(素服) 차림으로 관정(官庭)에 들어가서 무릎을 꿇고 세 번 향을 올린 다음 부복하여 슬피 곡한 후 재배례(再拜禮)를 행하였다. 4일째 되던 날 성복(成服)했는데, 그 날 이른 새벽에 다시 정청(正廳)에 향탁(香卓)을 설치한 다음 소복(素服)을 벗고 자최복을 입고, 베로 싼 사모(紗帽)에 생베로 만든 단령(團領)과 마대(麻帶)를 착용하였다. 산관(散官)과 유생들은 각각 관문(官門)에 모여서 곡림(哭臨)하였고, 성복하는 날 흰옷과 흰 갓에 흰 띠를 착용하였으며, 공제(公除)한 뒤에는 역시 검은 갓·검은 띠에 흰 옷을 입었다. 경외(京外)의 관원은 12일만에 공제한 뒤에는 검은 갓·검은 띠·흰 옷으로 근무라 하였다."

라 하였다.-살펴보건대 이에 의거하면, 당일의 복제는 아마도 기년으로 결정했던 것 같다.-

○『속오례의(續五禮儀)』에 의하면, 효장세자(孝章世子)의 복제는 전하는 자최 기년(齊衰朞年)을 입고 왕비는 같은 복을 입었으며, 세자빈은 참최 3년을 입고 대왕대비는 증손에 대한 복(服)으로 시마(緦麻)를 입고 왕대비는 대공복을 입었으며, 종친과 문무백관은 자최 기년을 입고 생원·진사와 생도(生徒)는 흰 옷에 흰 갓과 흰 띠를 착용했다가 졸곡(卒哭) 후에는 검은 갓에 흰 옷과 흰 띠를 착용하여 기년(朞年) 만에 제복(除服)하였으며, 서인은 흰 옷·흰 띠에 검은 갓을 착용하여 기년 만에 제복하였다.-당시의 의주(儀注)를 상고해보면, "4일째 되는 날 성복하고 석 달이 지나 장사지낸다. 대전과 중전은 기년복을 입고 13일만에 공제(公除)하되 성복한 날로부터 계산한다. 공제하기 전에 시사(視事)할 때는 흰 도포에 베로 싼 익선관을 쓰는데 갓도 마찬가지로 베로 싸고 검은 서대(犀帶)를 띠며, 공제한 뒤에는 흰 도포에 익선관·검은 서대·검은 갓을 착용하며, 평상시에는 흰 띠를 띠고 기년을 마친다. 백관(百官)은 기년복인데, 공제 전에는 백단령(白團領)과 베로 싼 모대(帽帶)를 착용하며, 평상시에는 검은 갓·흰 옷·흰 띠를 착용한다. 파관(罷官) 및 산관(散官)과 유생(儒生) 이하는 공제 전에는 흰 갓·흰 옷·흰 띠를 착용하고 공제한 후에는 검은 갓에 흰 옷·흰 띠를 착용한다. 사부가(士夫家)의 장사(葬事)는 장례 전에 허락하고 가취(嫁娶)는 졸곡 후에 허락하며, 묘제(墓祭)는 폐하고 기제는 간략히 베풀도록 하며 삭망(朔望)의 참배는 지내도록 허락한다."라 하였다. 살펴보건대, 이는 아마도 소현세자(昭顯世子)의 상례(喪禮)를 쓴 것인 듯한

데, 소현세자의 상(喪) 때에는 공제한 뒤에 검은 띠를 썼으니 이 점이 조금 다르다.-

○ 금상(今上) 병오년(1786, 정조10) 5월 11일 미시(未時)에 왕세자-후궁 성씨(成氏)의 소생이다.-의 상(喪)이 나서 본부(本府)-광주(廣州)-에 알려왔다. 그 의주(儀注)에,

"종친과 문무백관은 자최 기년복을 입되, 공제 전에는 흰 포모(布帽)·흰 갓·흰 옷·흰 띠를 착용하고 공제 후에는 오모(烏帽)·검은 갓·검은 띠를 착용하며, 평상시에는 흰 옷·흰 띠를 착용한다. 외관(外官)은 유생(儒生)과 함께 공제 전에는 흰 갓·흰 옷·흰 띠를 착용하고 공제 후에는 검은 갓·흰 옷·흰 띠를 착용하며, 생원·진사·생도는 공제 전에는 흰옷·흰 갓·흰 신을 착용하고 공제 후에는 흰 옷·흰 띠·검은 갓을 착용하고 기년에 제복(除服)한다. 갑사(甲士)와 정병(正兵)은 서인(庶人) 및 승도(僧徒)와 같이 흰 옷·흰 띠·흰 갓을 착용하고 공제 후에는 흰 옷·검은 갓·흰 띠를 착용하고 기년에 제복한다. 음악을 정지하고 졸곡 후 모든 제사에 음악을 쓴다. 저잣거리는 공제 전에는 폐좌(廢坐)하며, 형살(刑殺)에 관한 문서는 계달(啓達)하지 않으며, 가취(嫁娶)를 금지한다. 실직(實職) 3품 이하는 졸곡 후에 차길(借吉) 3일을 허락하며, 당상관 및 일찍이 시종(侍從)을 지낸 이는 소상 후에 길례(吉禮)를 허락하며, 도살(屠殺) 금지는 공제 전까지로 한정한다."라 하였다.-살펴보건대 예조(禮曹)의 의주(儀注) 및 유신들이 헌의한 바는 미처 보지 못했으나 아마도 효장세자(孝章世子) 상(喪)의 의절을 사용했을 듯하다.-

本朝『五禮儀』, 國恤服制多沽略. 世子喪節文, 闕焉無考. 世祖丁丑懿敬世子‧明宗癸亥順懷世子喪, 兩朝儀注, 今未考出. 而仁祖乙亥昭顯世子,-右三朝皆正宮出.-‧英宗戊申孝章世子,-後宮李氏出.-喪, 兩朝文籍, 畧有可記者, 故著于下方. ○昭顯喪, 禮官依嘉靖中以日易月齊衰十二日之文, 定爲齊衰三月. 輔德徐祥履疏言: "『儀禮』「喪服」篇朞章有曰: '爲君之父母妻長子祖父母.' 傳曰: '何以朞也? 從服也.' 『禮記』「服問」曰: '大夫之適子, 爲君夫人太子, 如士服.'" 鄭註: "士爲君之小君朞, 太子從服.' 且銘旋書以柩字, 生稱東宮, 薨稱殯宮, 請改以殯宮." 持平宋浚吉疏言: "『儀禮』「喪服」: '君爲長子, 斬衰三年. 臣爲君之父母妻長子, 從服朞.' 今日世子服, 殿下當服斬衰三年, 羣臣當從服朞. 爲長子, 何以斬也? 爲其正體於上, 將所傳重也. 羣臣何以朞也? 君服斬, 故從服也. 禮官臆料杜撰, 初用十二日之制, 旋又降用七日而除. 夫七日之制, 旣非古禮, 又非大明之制. 朱子告寧宗論喪服箚曰: '旣往之失, 不及追改, 惟有將來之啓殯發引, 禮當復用初喪之服, 則其變除之節, 尙有可議.' 殿下與嬪宮元孫, 定爲斬衰三年之服, 中殿齊衰三年, 羣臣從服朞, 趁啓殯, 釐正上下衰服與殿下視朝之服‧羣臣供仕之服, 亦宜倣朱子所論, 君臣同服, 畧爲區別, 製古喪服以臨, 別製布幞頭‧布正服‧布革帶以朝之制, 更加裁量, 永爲法程, 垂示後嗣." ○安師傅應昌日記: "時爲狼川縣監, 闗文到, 黑帽素服, 入庭跪, 三上香, 俯伏哭盡哀, 行再拜禮. 第四日成服, 其日早晨, 又設香卓於正廳, 去素服, 着齊衰‧布紗帽‧生布團領麻帶. 散官儒生, 各其官門, 聚會哭臨, 成服日, 着白衣白笠白帶, 公除後則亦用黑笠黑帶白衣. 京外官, 十二日公除後, 則用黑笠黑帶白衣, 以供常仕."-按據此, 當日服制, 疑以朞斷.- ○『續五禮儀』: 孝章服制, 殿下齊衰期年, 王妃同, 世子嬪斬衰三年, 大王大妃曾孫服緦, 王大妃大功服, 宗親文武百官齊衰朞; 生進生徒白衣笠帶, 卒哭後黑笠白帶, 期年而除; 庶人白衣帶黑笠，期年而除.-考當日儀注："四日成服，三月葬，大殿中殿朞服，十三日公除，自成服日計. 公除前視事，白袍·布裹翼善冠·笠同布裹·烏帶，公除後，白袍·翼善冠·烏帶·黑笠，燕居白帶終朞，百官朞年，公除前，白團領·布裹帽帶，燕居黑笠·白衣帶，罷散官儒生以下公除前，白笠衣帶，公除後黑笠白衣帶. 士夫家葬事葬前許，嫁娶卒哭後許，墓祭則廢，忌祭則略設，朔望參許行." 按此疑用昭顯喪禮，而昭顯時公除後用黑帶，此爲少異.-○當宁丙午五月十一日未時，王世子-後宮成氏出.-喪，本府-廣州- 知委，儀注："宗親文武百官齊衰朞年，公除前，白布帽笠衣帶；公除後，烏帽笠帶；燕居白衣帶. 外官同儒生公除前，白笠衣帶，公除後，黑笠白衣帶. 生進生徒公除前，白衣帶笠鞋，公除後，白衣帶黑笠，期而除. 甲士正兵同庶人僧徒白衣帶笠，公除後，白衣黑笠白帶，期而除. 停樂，卒哭後凡祭用樂. 巷市公除前，廢坐刑殺文書不爲啓達，禁嫁娶. 實職三品以下，卒哭後許借吉三日，堂上及曾經侍從，小祥後許行吉禮. 禁屠限公除前."-按禮曹儀注及儒臣所議，未及見，而大抵疑用孝章喪儀節.-

## 70. 상(殤)에 대한 복제(服制)를 첨부함
附殤服


『의례』「상복(喪服)」조 '대공(大功)' 장에 "공(公)이 적자(適子)의 장상(長殤)과 중상(中殤)을 위하여 입는다."라 하였는데, 그 주(註)에 "적자의 상사(殤死)에 강복(降服) 하지 않는 것은 적자임을 중히 여긴 것이다. 천자(天子)도 역시 같다."라 하였고, 그 소(疏)에 "적자가 성인(成人)이면 참최를 입는데, 지금 상사(殤死)하여 대(代)를 잇지 못하였기 때문에 대공(大功)으로 낮춘 것이다. 특별히 적자라 말한 것은, 천자나 제후는 서자에 대해서는 단절하여 복이 없기 때문이다."라 하였다.-이상은 임금이 적자의 상사(殤死)에 대하여 입는 복을 말한 것이다.-


「喪服」大功章: "公爲適子之長殤中殤." 註: "不降適殤者, 重適也. 天子亦如之." 疏: "適子成人, 斬衰. 今爲殤死, 不得著代, 故入大功. 特言適子者, 天子諸侯於庶子則絶而無服."-右, 言君服適子殤.-


『통전(通典)』을 보면, 진(晉)나라 혜제(惠帝)는 적자(嫡子)가 없어서 서자를 태자로 삼았는데 태자가 죽자 '응당 복(服)을 강등해야 한다'고 하였고, 충태손(冲太孫)-회민태자(懷愍太子) 아들이다.-의 상(喪)에는 의론하는 이가,

"응당 상복(殤服)을 입어야 한다."
라 하였다. 중서시랑(中書侍郞) 고제(高齊)가 헌의하기를,

"태손(太孫)은 본래 복(服)이 없는 상사(殤死)이니 복을 제정해서는 안 됩니다. 달을 날로 바꾸는 제도를 따라야 합니다."-『의례』「상복(喪服)」조의 전(傳)에, "8세가 되지 않은 자는 복이 없는 상사이니, 달을 날로 바꾼다." 하였다.-

라 하였고, 박사 채극(蔡克)은 헌의하기를,

"신자(臣子)가 군부(君父)에 대해 상복(殤服)을 입지 않는 것은 신자를 둔 사람은 곧 성인(成人)이 되기 때문에 상복을 입지 않는다는 뜻이 아닙니다. 신하가 임금에게 상복하지 않는 것은 태손(太孫)의 신하의 경우에는 상복하지 않는다는 뜻입니다. 태자는 오직 동궁(東宮)에서만 높으므로 동궁의 신하들은 상복하지 않을 뿐입니다. 지금 태손은 아직 관례나 혼례를 하지 않은 4세입니다. 그런데 성인(成人)의 예(禮)인 자최복을 입는 것은 옳지 않습니다."

라 하였다.

○ 진(晉)나라 모(某) 국왕(國王)의 둘째 아들이 상(殤)에 해당하고 세자였다. 그래서 "신하가 복을 입어야 하는가?"라고 물으니, 태상(太常) 왕기(王冀)가 말하기를,

"예(禮)에 임금을 따라 상(殤)을 위해 복을 입는다는 문구는 없습니다. 대저 신하가 임금을 따라 복을 입는 것은 임금은 체(體)가 통서(統緖)를 이었기 때문이지 성인(成人)이냐 상사(殤死)냐에 달린 것이 아닙니다. 만약 적자를 대신해 태자가 되었을 경우에는 임금도 그를 위하여 복을 입는 법인데 신하가 어찌 종복(從服)하지 않을 수 있겠습니까. 만약 예문(禮文)이 없기 때문에 복을 입지 않아도 되는 경우로 말한다면 장자(長子)의 하상(下殤)이 이에 해당할 것입니다."

라 하였다. 송(宋)나라 유울지(庾蔚之)는 이르기를,

"신하는 의(義)로써 복을 입는다. 그러므로 종복(從服)의 기한은 길어도 3년에 그친다. 경문에서는 중복(重服)을 들어 말하여 '반드시 종복한다'고 했으니 가벼운 경우는 종복하지 않는다는 것을 알 수 있다. 만약 세자의 상(殤)에 종복한다면 적부(嫡婦)에게도 종복할 수 있단 말인가. 소군(小君 왕후)은 신하처럼 종복하는 사람이 아니기 때문에 임금의 경우와 같다."

라 하였다.-이상은 비록 태자라도 당연히 상(殤)으로 논해야 한다는 말이다.-


『通典』: 晉惠帝無嫡子, 以庶子爲太子. 亡, 謂應降; 冲太孫-懷愍太子之子.-喪, 議者謂應爲殤. 中書侍郞高齊議: "太孫自是無服之殤[160], 不應制服, 宜從以日易月之制."-「喪服」傳: "不滿八歲以下, 爲無服之殤, 以日易月."- 博士蔡克議: "臣子不殤君父, 非爲有臣子便爲成人不服殤也. 臣不殤君者, 謂如太孫之臣不殤耳. 太子惟尊於東宮, 東宮臣不殤之耳. 今太孫未冠婚四歲, 而齊衰成人之禮, 不可." ○晉某國王第二郞在殤, 爲世子, 臣當有服不? 太常王冀云: "禮無從君服殤之文. 夫臣從君而服, 以其體承緖, 非係成人與殤也. 苟爲代嫡, 君爲之服, 則臣何而不從服乎? 若以禮無文者亦可不服, 長子之下殤乎!" 宋庾蔚之謂: "臣以義服, 故所從極於三年. 經擧重服必從, 則輕不


---

**160**　無服之殤 : 19세에서 16세 사이에 죽는 것을 長殤이라 하고, 15세에서 12세 사이에 죽는 것을 中殤이라 하고, 11세에서 8세 사이에 죽는 것을 下殤이라고 한다. 7세 이하에 죽으면 無服殤이라고 한다. 『儀禮 喪服傳』

從可知也. 若從服世子之殤, 亦可從服嫡婦乎? 惟小君非從, 故與君同.-右,
言雖太子, 當以殤論.-


『통전(通典)』을 보면, 진(晉)의 신채왕(新蔡王)이 4세에 죽자 박사
장량(張亮)이 헌의하기를,

"상제(殤制)는 복이 없습니다."
라 하였고, 제주 두이(杜夷)는 헌의하기를,

"제후는 나라의 주체로서 의물(儀物)을 구비하여 국사를 다스리니
성인(成人)과 다름없습니다. 의당 성인의 복제를 따라야 합니다."
라 하였다. 송(宋)나라 유울지(庾蔚之)가 이르기를,

"사자(嗣子)의 체(體)는 성인(成人)으로만 규정하는 것은 아니다.
그러므로 예경(禮經)에 제후의 적자(嫡子)에 대한 상복(殤服)이
있는 것이다. 신자(臣子)는 군부(君父)에 상(殤)이라 여기지 않는
법이니, 궁신(宮臣)은 참최복을 입을 수 있고, 나머지 종친들은
본복(本服)을 따르면 된다. 『예기(禮記)』에 '능히 간과(干戈)를 잡
고서 사직(社稷)을 위하여 죽었다면 성인(成人)의 복(服)을 입어
준다.'라 하였으며, 또 '나이가 20세가 되지 않았으나 관례와 혼례
를 치른 자 및 대부(大夫)가 된 자는 모두 상(殤)으로 여기지 않는
다.'라 하였다. 제후의 경우로 말하자면 한 나라에 군림(君臨)하거
늘 도리어 상(殤)으로 여길 수 있겠는가."
라 하였다.

○ 송(宋)나라 대명(大明) 5년에 영양후(永陽候) 유승(劉升)의 아
들이 4세로 죽었는데, 방친(旁親)이 입는 복제를 결정하기가 어려웠
다. 태상승(太常丞) 유울지(庾蔚之)가 헌의하기를,

"의당 성인(成人)의 복과 같아야 합니다."

라 하였고, 좌승(左丞) 순만추(荀萬秋)는 헌의하기를,

"하상(下殤) 이상은 봉작(封爵)을 받았으니 성인(成人)과 같아야 합니다. 그러나 나이가 무복상(無服殤)에 해당하니, 등관(登官)한 것으로 결단하여 영양(永陽)의 국신(國臣)들은 응당 전복(全服 상기(喪期)를 다 채우는 복)을 입어야 하고 방친은 상례(殤禮)를 따라야 합니다."

라 하니, 가(可)하다는 조명을 내렸다.

○ 양(梁)의 사인(舍人) 주이(朱异)가 헌의하기를,

"예(禮)로 보면 비록 성인(成人)에 미치지 못하였더라도 이미 봉작(封爵)이 있으면 상사(殤死)가 아닙니다. 봉양후(封陽侯)는 나이로는 비록 중상(中殤)이지만 이미 배봉(拜封)이 있으니 응당 상복(殤服)에 해당할 수는 없습니다."

라 하니, 황제가 가(可)하다고 하였다.-이상은 봉작이 있으면 상(殤)으로 하지 않음을 말하였다.-


『通典』: 晉新蔡王年四歲而亡, 博士張亮議: "殤制無服." 祭酒杜夷議: "諸侯體國, 備物典事, 不異成人. 宜從成人之制." 宋庾蔚之謂: "嗣子之體, 不以成人爲義, 故經有諸侯嫡子之殤服. 臣子不殤君父, 宮臣得服斬耳, 餘親自依本服. 『記』云: '能執干戈, 以死社稷, 則以成人服之.' 又'年未二十而冠婚及爲大夫者, 皆不爲殤.' 至若諸侯, 君臨一國, 而可反殤之乎?" ○宋大明五年, 永陽侯劉升子年四歲, 旁親服制有疑. 太常丞庾蔚之議: "宜同成人之服." 左丞荀萬秋議: "下殤以上, 身居封爵, 宜同成人年. 在無服之殤, 以登官爲斷, 永陽國臣自應全服, 旁親宜從殤禮." 詔可. ○梁舍人朱异議: "禮雖

未及成人, 已有封爵, 則不爲殤. 封陽侯年雖中殤, 已有拜封, 不應殤服."帝
可之.-右, 言有封爵則不爲殤.-


살펴보건대, 본조(本朝)의 세자 상(喪)에 대한 복제는 전혀 상고할
곳이 없으니, 한번 변고를 당하면 명(明)나라의 잘못된 사례를 인
용해서 그대로 따르는 데 불과하다. 이렇게 한 번 준행(遵行)하면
곧 바꿀 수 없는 법이 되었다. 명나라 홍무(洪武)・가정(嘉靖) 연간
의 제도는 어찌하여 저와 같은지 모르겠다.

지금 당한 일로 말해본다면, 주상(主上)은 의당 자최 기년(齊衰朞
年)을 입어야 하며,-정궁(正宮)의 소생이 아니니, 이른바 '체이부정(體而不
正)'이다. 선조(先朝) 때 순회세자(順懷世子)와 소현세자(昭顯世子)의 상에
는 모두 참최복을 입어야 하는데, 기년복을 입었으니 잘못된 것이다.-궁료
(宮僚) 및 본궁(本宮)의 궁녀와 위졸(衛卒)들도 마찬가지다. 군신(群
臣)들의 종복(從服)은 한 등급을 낮추는 것에 불과한데, 기년을 강등
하면 대공(大功)이 된다. 대공은 바로 공최(功衰)로서 형제(兄弟)의
복에 해당하니, 지존(至尊)에게 행할 수는 없다. 그래서 자최 3월의
복으로 행하고, 3월이 지난 뒤에는 흰 옷과 흰 띠로 기년을 마칠 수
밖에 없었다. 이것이 곧『예기』「옥조(玉藻)」에서 "흰 비단 관에 검은
테두리 장식을 한 것은 상중(喪中)의 자손들이 쓰는 관이다."라 한
뜻이다.

사민(士民)은 원래 입을 복(服)이 없다. 무릇 복제(服制)는 오직
은의(恩義)로 결정하는 법이니, 세자의 신분이면 은의가 아직 사민에
게 미치지 못했으므로 복이 없는 것이 당연하다. 다만 부음을 듣는
날 각자 망곡례(望哭禮)를 행해야 하며, 주상에게 중복(重服)이 있은

즉 사민(士民)은 흰 옷과 흰 띠를 착용하고 기년을 마치되 화려한 복장만 금지하면 된다. 예(禮)로 말하자면 이번 상(喪)은 주상에게는 복이 없는 상(殤)이지만, 이미 명위(名位)를 정하여 높여서 저군(儲君)으로 정했으니 연령이 많고 적음을 논할 필요가 없다.

다만 의심스러운 점은 『의례(儀禮)』 '대공(大功)' 장에 "공(公)이 적자(嫡子)의 장상(長殤)과 중상(中殤)을 위하여 입는다."라 하였는데, 적자는 승통(承統)한 사람을 일컫는 말이다. 여기서 하상(下殤)은 말하지 않았으니, 하상은 비록 적통을 계승했을지라도 나이가 아직 어리므로 복제(服制)의 대열에 들 수 없다는 것인가. 내 생각에는 위에서 말한 바와 같이 이미 명위(名位)를 정하였으면 굳이 나이의 많고 적음은 따질 필요가 없을 듯하다.

按本朝世子喪服制一節, 全無所考, 一當事變, 不過引明朝謬例而行之, 一番遵行, 便成不易之典. 洪武嘉靖之制, 未知何以如彼也. 試以今所遭言之, 主上當齊衰朞,-非正宮出, 則所謂體而不正.[161] 先朝順懷昭顯, 皆當服斬而

---

**161** 體而不正 : 『禮記』 「喪服小記」의 孔穎達의 疏에 "禮에 後事가 된 자에 대해 네 가지 경우에는 참최복을 입지 않는다. 어떤 경우인가? 體而不正·正而不體·傳重而非正體·正體而不傳重이다. '체이부정'은 서자가 후사가 된 경우이며, 정이불체는 적손이 후사가 된 경우이며, '전중이비정체'는 서손이 후사가 된 경우이며, '정체부전중'은 적자에게 廢疾이 있어 후사로 세우지 못한 경우이다. 이 네 가지 경우에는 모두 기년복을 입으며 모두 참최복을 입을 수 없다. 오직 正·體요 傳重의 경우에만 가장 무거운 상복을 입는다.〔禮, 爲後者有四條皆不爲斬, 何者? 有體而不正, 有正而不體, 有傳重而非正體, 有正體而不傳重是也. 體而不正, 庶子爲後是也. 正而不體, 適孫爲後是也. 傳

以朞則誤.- 宮僚及本宮宮女衛卒, 亦當如之. 羣臣從服, 不過降一等, 朞之
降爲大功. 大功是功衰兄弟之服, 則不可行於至尊, 不得不以齊衰三月之服
行之, 三月後以素衣帶終朞年, 卽縞冠玄武子姓之服之義也. 士民元無所服,
凡服惟以恩義爲定, 身爲世子, 則恩義未及於士民矣, 故當無服. 但當於聞
訃之日, 各行望哭之禮, 而主上有重服, 則士民不可不素衣帶終朞年, 而禁
其華盛之服而已. 以禮言之, 今此之喪, 於主上爲無服之殤, 而名位已定, 尊
爲儲君, 則年歲多寡, 不必論矣. 但有可疑者, 『儀禮』大功章: "公爲嫡子之
長殤中殤." 嫡子, 承統之名. 今不言下殤, 下殤雖承嫡, 年旣幼冲, 則不當在
於制服之列耶? 愚意則旣已定名, 不必論年歲之多寡, 如上所言矣.

重非正體, 庶孫爲後是也. 正體不傳重, 適子有廢疾不立是也. 四者皆期, 悉不
得斬也. 惟正體又傳重者, 乃極服耳.」라 한 데서 온 말로 임금과 부자간이지
만 적통은 아니라는 뜻이다.

순암집

15권

잡저

雜著

# 1. 광주부 경안면 2리 동약
## 廣州府慶安面二里洞約


집강(執綱) 1인-속칭 존위(尊位)이다. 마을 안에서 나이와 덕망이 모두 우월한 자를 추대하여서 하고, 큰 연고가 있는 경우가 아니면 바꾸지 않는다. 임무는 풍속을 돈독하게 하고, 기강을 진작하고, 환난을 구제하고, 호오(好惡)를 공정하게 하는 등 동네의 모든 일이다.-


執綱一人-俗稱尊位, 推洞中齒德俱優者爲之. 非有大故則不遞. 其爲任, 敦風俗, 振紀綱, 恤患難, 公好惡, 一切洞事.-


부임(副任) 1인-속칭 부존위(副尊位)이다. 중계(中契) 중에서 마음가짐이 공정한 이를 골라서 맡기고, 1년마다 교체한다.-


副任一人-俗稱副尊位, 擇中契中處心公正者爲之, 一年相遞.-


기로(耆老) 3인-중계(中契)와 하계(下契) 중에서 나이가 가장 많은 세 사람을 골라서 삼로(三老)라 칭한다. 그 중 누가 죽으면 다음 연로한 자가 대신 승격한다. 무릇 동회(洞會) 때에 약령(約令)을 위반한 자가 있으면 모두 삼로와 마을의 두목(頭目)들로 하여금 함께 죄를 판결하게 하니, 이는 중인(衆人)과 함께 한다는 의미이다.-


耆老三人-擇中下契中年最高者三人, 稱爲三老. 身死後次老代陞. 凡洞會時, 有犯約

者, 皆令三老與諸村頭目決罪, 是與衆同之意也.-

유사(有司) 1인-속칭 공원(公員)이다. 하계(下契) 중에서 강직하고 언변이 능하여 시비를 분간할 수 있는 자를 골라서 맡기고, 1년마다 교체한다.-

有司一人-俗稱公員, 擇下契中剛直能言, 辨別是非者爲之, 一年相遞.-

장무(掌務) 1인-하계 중에서 공정하고 청렴하며 글을 잘하는 자를 골라서 맡긴다. 동약(洞約)과 문서를 관장하며 1년마다 교체한다.-

掌務一人-擇下契中公廉能文者爲之, 掌洞約文書, 一年相遞.-

사령(使令) 2명-공사천(公私賤) 중에서 나이가 젊고 부지런하고 성실하며 호령에 따를 만한 자를 골라서 맡기고, 1년마다 교체한다.-

使令二名-擇公私賤中年少勤幹, 能遵號令者爲之. 一年相遞.-

고직(庫直) 1명-하계 중에서 청렴하고 근신(謹愼)한 자를 골라서 맡긴다. 보미(保米)의 출납을 관장하며, 연고가 있지 않으면 교체하지 않는다.-

庫直一名-擇下契中廉謹者爲之, 掌保米出納, 非有故不遞.-

색장(色掌) 1명-하계 중에서 영리한 자를 골라서 맡긴다. 상여(喪輿) 위아래의 장식물 등을 관장하며, 마을에 상사(喪事)가 있으면 장식물을 준비하

여 달려간다. 연고가 있지 않으면 교체하지 않는다.-

色掌一名-擇下契中伶俐者爲之, 掌喪擧上下裝等物, 洞中有喪則裝飾以赴, 非有故不遞.-

기명적(記名籍) 2책-속칭 좌목(座目)이다. 상계가 한 책이고 중계와 하계가 한 책인데, 모두 나이에 따라 차례로 기록한다. 중계와 하계는 다시 권을 나누어서 상편과 하편을 만들어 구별한다.-

記名籍二-俗稱座目, 上契一冊, 中下契一冊, 皆以齒序錄. 中下契則又分卷爲上下篇以別之.-

기선적(記善籍) 1책-상계는 전 회원이 함께 의논하고 중계와 하계는 공원(公員)이 관찰해서, 동회(洞會) 날에 집강(執綱)에게 고하여 기록함으로써 권면(勸勉)할 방도로 삼는다.-

記善籍一-上契則僉員同議, 中下契則公員察之, 會日告于執綱記之, 以爲勸勉之道.-

기과적(記過籍) 1책-역시 기선적과 같다. 동회 날에 집강에게 고하여 기록함으로써 잠규(箴規)의 방도로 삼는다. 잘못을 고치는 자가 있으면 다음의 모임에서 그 잘못에 관한 조항을 지워 버린다.-

記過籍一-亦如上儀. 會日告于執綱記之, 以爲箴規之道, 有能改過者, 則後會爻周其過條.-

## 2. 선

善

부모를 잘 섬김

형제간에 우애로움

제사를 잘 모심

상제(喪制)에 슬픔과 예(禮)를 다함

자제를 잘 가르침

어른과 노인을 공경함

처첩을 잘 화합시킴

이웃 간에 친목함

손님을 잘 접대함

종족·인척과 친목함

은혜를 널리 베풂

약령(約令)을 잘 따름

분쟁을 잘 해결함

환난을 잘 구제함

억울함을 잘 풀어줌

옳고 그름을 잘 분별함

-이상 16조이다.-

能事父母, 能友兄弟, 能奉祭祀, 能盡喪制, 能敎子弟, 能敬長老, 能和妻妾, 能睦鄰里, 能接賓客, 能親族戚, 能廣施惠, 能遵約令, 能解鬪爭, 能救患難, 能伸冤枉, 能卞曲直.-右十六條.-

## 3. 과

### 過

부모에게 불효함

형제간에 우애롭지 못함

남녀 간에 예의가 없음

본처를 소박함

상사(喪事)에 슬퍼하지 않음

제사에 공경하지 않음

이단(異端)을 따르고 받듦

음사(淫祀)를 숭상함

친척 간에 화목하지 못함

거짓말로 남을 무함함

이웃 간에 화목하지 못함

경조사(慶弔事)에 가지 않음

윗사람으로서 아랫사람을 능멸함

아랫사람으로서 윗사람을 능멸함

강함을 믿고 약한 자를 능멸함

관가의 정사에 대해 시비함

-이상 16조이다.-


不孝父母, 不友兄弟, 男女無禮, 踈薄正妻, 臨喪不哀, 祭祀不敬, 遵奉異
端, 崇尙淫祀, 親戚不睦, 搆虛誣人, 鄰里不和, 慶弔不問, 以上凌下, 以下
凌上, 恃强凌弱, 是非官政.-右十六條.-

## 4. 약헌신규(約憲新規)-생략하고 기록하지 않는다.-

約憲新規-略不錄.-


동회의(洞會儀)-동회는 규약을 읽는 것만을 중히 여기며, 보미(保米)를 받아들이는 등의 일들은 따로 다른 날을 정해서 한다.-

洞會儀-洞會, 惟以讀約爲重, 保米捧受等諸事, 別定他日.-


一. 옛날에, 주장(州長)은 1년에 네 번 법을 읽어 주었고,-2,500가(家)가 주(州)이다.- 당정(黨正)은 1년에 일곱 번 법을 읽어 주었고,-500가가 당(黨)이다.- 족사(族師)는 1년에 열네 번 법을 읽어 주었고,-100가가 족(族)이다.-『여씨향약(呂氏鄕約)』은 한 달에 한 번 법을 읽어 주었으며, 명(明)나라 제도는 각 갑(甲)에서 매일 아침에 성교(聖敎)를 거듭 유시해 주었으니,-명나라의 제도에 10호(戶)마다 갑장(甲長) 한명을 두었다.- 백성과의 거리가 가까운 자일수록 그 횟수가 더욱 잦았던 것이다. 이렇게 해야만 은혜는 서로 구제할 수 있고, 의리는 서로 권면할 수 있어서 교법(敎法)이 분명해질 수 있으니, 그 뜻이 지극하다 하겠다. 우리나라는 향속(鄕俗)들이 같지 않으니, 우선 구습을 따라서 봄과 가을에 모이되,-속칭 강신(講信)이다.- 봄에는 3월 3일, 가을에는 9월 9일에 모여서 계약(契約)을 수정한다.-이 날 연고가 있으면 따로 날짜를 정하되, 이 달을 넘기지 않아야 한다.-

一. 古者州長一歲四讀法.-二千五百家爲州.- 黨正一歲七讀法,-五百家爲黨.-
族師一歲十四讀法,-百家爲族.-『呂氏鄉約』月一讀法, 大明之制各甲每日朝,
申諭聖敎,-明制十戶置一甲長.- 去民近者, 其會彌速. 如此而後, 恩足相恤,
義足相勸, 而敎法明, 其意至矣. 我國鄉俗不同, 姑且因舊春秋會集,-俗稱講
信.- 春以三月三日, 秋以九月九日會集, 修正契約.-是日有故, 別定期日, 要不
出是月.-

一. 모일 때는 5일 전에 집강(執綱)이 공문을 발송하여 모든 상계
(上契)에 통지하고, 하유사(下有司)가 공문을 발송하여 모든 하계
(下契)에 통지하여 모일 장소와 기일을 알린다. 소임(所任)들은 일
찍이 모여서 좌석과 기물들을 갖추어 진열해 놓고, 두 사령(使令)은
각각 태장(笞杖) 열 개씩을 갖추고 대령한다.-태장은 잘못을 범한 자
를 경계하기 위한 것이다.-

一. 會集時前期五日, 執綱發文通告諸上契, 下有司發文通告諸下契, 諭以
所會之地及期. 諸所任早會, 具鋪陳器用, 兩使令各具笞杖十箇待令. -笞杖,
所以警犯過者.-

一. 모이는 날의 시각은 진시(辰時)로 정하고, 그 시각이 지나서 온
자에게는 늦게 온 벌을 주고,-벌은 백지(白紙) 1속(束)이다.- 까닭 없
이 오지 않은 자에게는 벌을 가중하며,-벌은 공용으로 쌀 한 말을 낸
다.- 상계(上契)가 오지 않아도 논벌(論罰)한다.-동네 사람들이 모두
다 아는 부득이한 연고가 경우에는 단자를 제출한다.-

一, 會日時刻, 定以辰時, 過時後來者, 行晚到罰.-罰白紙一束.- 無故不赴者, 用加罰,-罰米一斗公用.- 上契不來, 亦論罰.-若有人所共知不得已之故, 則亦呈單.-


一. 모일 때 상·하의 약원(約員)들은 각각 한 병의 술-지금은 술은 금하고 있는 중이므로 뺀다. 술 대신 국수를 마련하는 것도 괜찮다.-과 떡·과일·고기·채소를 가지고 오는데 많아도 다섯 그릇을 넘지 않고 적어도 세 그릇에 밑돌지 않도록 하여 되도록이면 간략하게 하여 혹시라도 폐를 끼치지 않는다.-흉년 및 봄 강신(講信) 때는 용도 가 바야흐로 군색하니 각자 점심을 싸가지고 온다. 우리나라의 풍속은 음식 만 숭상하니 비루하기 짝이 없다. 만약 바르지 않거나 과도한 경우가 있으면 일절 금지한다.-


一, 會集時, 上下員各持一壺酒,-今以酒禁除, 代設麪亦可.-餠果肉菜, 多不過 五器, 少不下三器, 務從簡約, 毋或貽弊.-年凶及春講信時, 用度方窘, 當各齎點 心.- 我國俗習, 惟飮食是尙, 陋莫甚焉. 若有邪濫者, 一切禁止.-

## 5.  회집좌차도
### 會集坐次圖

-만약 들판에서 모여 대청과 뜰의 구별이 없을 경우에는 포진(鋪陳)할 때 이 그림에 따라 배열하여 그 위서(位序)를 분별해서 서로 섞이는 일이 없도록 한다. 모든 좌석은 앞쪽을 남쪽으로 삼는다.-

-若會原野, 無堂庭之別, 則鋪陳時依此排列, 以分其位序, 無使相混. 凡坐以前爲南.-

북쪽
장자(長者)
존자(尊者) 존위(尊位)

당(堂)
젊은이(少者) 어린이(幼者) 부존위(副尊位)가 앞에 서서 명령을 받는다.

중인(中人)의 자리
북쪽이 상석이다.
부존위가 앉는 곳

계(階)
중계와 하계의 삼로(三老)의 자리중 계와 하계에서 선행이 있는 자에게는 딴 자리를 주어 특별히 예우한다.

사령(使令) 사령(使令) 북[鼓]숙정패(肅靜牌)공원(公員) 하유사(下有司) 중계와 하계에서 과실이 있는 자는 자리 없이 면계(面戒)한다. 정(庭) 공천과 사천이 나이에 따라 앉는 곳, 북쪽 이상석이다. 양인(良人)이 나이에 따라 앉는 자리. 북쪽이 상석이다.
남쪽

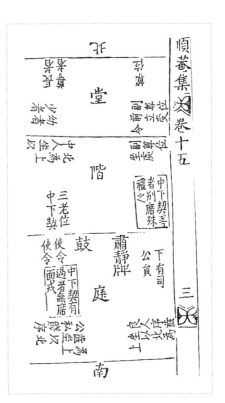

一. 동회 날 약원(約員)들이 다 모여 하유사(下有司)가 고하면, 집
강(執綱)이 상원(上員)들과 함께 당(堂)으로 나와서 예(禮)에 따라
배읍(拜揖)을 행한다. 이때 중원(中員)과 하원(下員)은 모두 공수
(拱手)하고 서서 기다린다. 유사가 북을 세 번 치면-무릇 사람들의 청
각을 용동(聳動)하는 데는 북소리 만한 것이 없다. 그러나 북을 치는 것은
군법(軍法)과 비슷한 점이 있으니, 큰 동이에다 물을 담고 그 위에 바가지를
엎은 다음 이것을 쳐서 북소리를 낸다.- 사람들이 모두 섬돌 아래로 가
서 북쪽을 향하여 꿇어앉아서 듣는다.-상계(上契)도 일어선다.- 부존
위(副存位)를 시켜 큰 소리로 규약(規約)을 읽게 하니, 「여씨향약
(呂氏鄕約)」의 네 조목인-부존위가 잘하지 못하면 상계가 대신해도 된
다.-'덕업상권(德業相勸)·과실상규(過失相規)·예속상교(禮俗相
交)·환난상휼(患難相恤)'이다.-하계(下契)에게는 우리말로 풀이하여
일러준다.- 또 여섯 조목을 읽게 하니, 명(明)나라 태조의 성유(聖
諭) 여섯 조목인 효순부모(孝順父母)·존경장상(尊敬長上)·화목
인리(和睦隣里)·교훈자손(教訓子孫)·각안생리(各安生理)·무작
비위(毋作非爲)이다. 읽기를 마치면 집강이 사람들을 모아놓고 고
하기를,

"이제부터 우리 계(契)를 같이 하는 사람들은 약속을 경건히 준행
하여 다 같이 착한 사람이 되도록 해야 것이다. 만약 딴 마음을
가지고 겉으로는 착한 척 하면서 속으로 악한 짓을 한다면, 양(陽)
으로는 왕법(王法)이 있고 음(陰)으로는 귀신의 책벌(責罰)이 있
을 것이다."

라 하면, 사람들이 모두 "예!"하고 절하고 일어나서 차례로 나가 자
리로 돌아가 동쪽과 서쪽으로 나뉘어 서로 마주보고 서서 서로 읍

을 한 다음 나이에 따라 차례로 앉는다.-절목(節目)은 유사가 그 때가
되어 호창(呼唱)한다.-유사가 미리 나무 조각에 '숙정(肅靜)' 두 글자
를 크게 써서 뜰 가운데 꽂아놓는다. '숙정'이라고 외치면 모두 정숙
(整肅)하여 떠들거나 웃지 않는다. 다시 나이 젊고 강직한 사람 둘
을 뽑아서 '사정(司正)'이라고 명명(命名)하고 뜰 좌우에 세워서 좌
중(座中)의 과실을 규찰하여 보고하게 한다. 각자 음례(飮禮)를 행
하되, 술은 두 순배에 그친다.-지금은 술을 금하고 있으니, 다른 음식을
대신 쓴다.- 유사가 섬돌 위에 선행을 표창하는 자리인 창선위(彰善
位)를 설치하고, 북을 세 번 울리면 사람들이 모두 일어난다.-상계
는 일어나지 않는다.- 유사가 각 마을의 보정(保正)을 불러서 내알(來
謁)하게 한다. 보정들이 자리에서 나와 섬돌 아래로 가서 부복하고
가르침을 듣는다. 집강이 선행(善行)에 관한 조목을 들고 묻기
를,-백성들에게 유시하는 말은 간략해야 하기 때문에 말을 간략하게 해서
묻는다.-

"너희 마을에 부모를 잘 봉양하는 자가 있는가?-있으면 '아무개는
효성스러운 봉양이 남들보다 뛰어납니다.'라고 답하고, 없으면 '별로 특기
할 만한 효자가 없습니다.'라고 답한다. 아래의 여러 조항들도 이에 따른
다.- 형제간에 우애로운 자가 있는가? 행의(行義)가 남보다 뛰어난
자가 있는가? 구휼(救恤)하는 자가 있는가? 이 밖에 칭찬할 만한
일이 있으면 모두 진고(陳告)하라."

라 한다. 만약 있으면 부존위를 시켜 기선적(記善籍)에 기록하기를,
"모년(某年) 모회(某會)-봄 또는 가을이다.- 때에 아무개가 어떠어떠
한 선행이 있으므로 이를 기록하여 권면하고 사람들에게 들어서
보인다."

라 하고, 또 부존위로 하여금 선행을 한 사람에게 읍하게 하면, 그 사람은 창선위로 올라가서 북쪽을 향하여 선다. 집강이 친히 술을 따르고서 이르기를,-지금은 술을 금지하고 있으므로 다른 음식을 대신 쓴다.-

"아무개는 이러이러한 선행을 하였다. 사람마다 이와 같다면 어찌 풍속이 돈후하지 않을 리 있겠는가. 동약(洞約)을 같이 하는 우리들은 의당 본받아야 할 것이다."

라 하고는 술을 권한다. 선행을 한 사람이 부복하여

"황송하고 부끄럽습니다!"

라 하여 사례한 다음 술을 다 마시고 재배하면 집강이 손을 들어 답한다. 선행한 사람이 자리로 돌아가면 사람들이 모두 자리에 앉고, 유사가 창선의의 자리를 거둔다. 다시 음례(飮禮)를 행하되 술이 두 번 돌면 그친다.-지금은 술을 금지하고 있으므로 다른 음식을 대신 쓴다.- 유사가 과실을 규탄하는 자리인 규과위(糾過位)를 섬돌 아래에 설치한다.-자리는 없고 단지 풀만 깐다.- 북을 세 번 울리면 사람들이 모두 일어난다.-상계는 일어나지 않는다.- 유사가 각 마을의 보정을 불러서 내알하도록 하되 위의 의식과 같이 한다. 집강이 과실에 관한 조항을 들고 묻기를,-그 말은 역시 되도록 간략하게 한다.-

"너희 마을에 부모에게 불순한 자가 있는가? 형제간에 불화한 자가 있는가? 사부(士夫)를 능욕한 자가 있는가? 어른이나 노인을 모욕한 한 자가 있는가? 이웃 간에 화목하지 못한 자가 있는가? 행동거지가 의심스러운 자가 있는가? 음모하여 남을 해친 자가 있는가? 이익을 독차지하여 원망을 산 자가 있는가? 음흉하고 간악하여 더러운 짓을 한 자가 있는가? 자신이 공임(公任)으로 있으면서 이를 빙자하여 남을 침해하고 능멸한 자가 있는가? 이 밖에 증오할만한 일이 있으면 모두 숨기지 말라."

라 한다.-모두 우리말로 알아듣게 일러 준다.-

만약 이런 일이 있으면 부존위를 시켜서 기과적(記過籍)에 기록하기를,

"모년 모회 때 아무개는 아무 과실이 있기에 이를 써서 경계로 삼는다."

라 하고 이를 들어서 모인 사람들에게 보여준 다음 사령(使令)으로 하여금 과실이 있는 자를 불러내어 규과위로 데리고 가서 북쪽을 향하여 세우게 한다. 집강이 경계(警戒)하기를,

"너의 잘못을 내가 직접 본 것은 아니지만, 중론(衆論)이 이와 같고 평판은 덮어 가리기 어려우니, 너의 잘못은 사실이라 하겠다. 이제 응당 그 경중에 따라 징벌해야겠지만, 우리 약회(約會)를 처음 시작하는 터라 사람들이 모인 자리에서 차마 죄를 다스리지 못하겠고, 내 마음에도 부끄러운 점이 있다. 이제 우선 징벌을 내리지 않으니, 속히 허물을 고치라."

라 한다. 그리고 사령을 시켜서 냉수 한 잔을 따라 권하게 한다. 과실이 있는 자는 부복하여 냉수 마신 다음 재배한다. 집강이 다시 경계하기를,

"지금은 비록 징벌하지 않지만, 만약 잘못을 고치지 않는다면 징벌하거나 출좌(黜座)-속칭 손도(損徒)이다.-하거나 관아에 고발하거나 동네에서 쫓아낼 것이다. 의당 이 규약대로 시행할 것이니 노력하여라."

라 하면, 과실이 있는 자는 부복하여 사례하고 물러나서 자리로 돌아간다.-그 후에도 잘못을 고치지 않는 자는 모임의 자리에 들이지 않고 뜰

밖에 따로 앉도록 한다.- 무릇 선행을 표창하고 과실을 규탄하는 등의
일은 의당 삼로(三老)와 함께 의논한다. 죄를 다스려야 할 사람이
있으면 동약(洞約)에 따라 5등급으로 나누어 벌하되, 삼로가 여러
촌장(村長)들과 열좌(列坐)하여 죄를 다스리게 하니, 이는 중인(衆
人)과 함께 한다는 취지이다. 또 과실이 있는 자의 마을에서 나이가
많고 사리를 아는 사람 두세 명을 불러와서 타이르기를,

　"덕업(德業)을 서로 권면하고 과실을 서로 규계(規戒)하는 것은
　이웃 간의 아름다운 풍속이다. 아무개에게 이러이러한 과실이 있
　는데도 너희들이 이를 바로잡지 못하고 멋대로 행동하게 함으로써
　나쁜 행실이 알려지게 했으니, 너희들 또한 죄가 없다고는 할 수
　없다."

라 하고, 마침내 벌로 물 한 잔씩을 먹인 다음 물러가게 한다. 그리
고 또 각 마을의 보정을 불러서 다시 이르기를,

　"너희 마을에 선행이 있는데 알리지 않고 과실이 있는데 고하지
　않으면 의당 어진 이를 엄폐(掩蔽)하고 간사한 자를 용납한 죄에
　따른 벌이 있을 것이니, 그 벌은 하벌(下罰)이다. 후일 발각되면
　너희가 그 벌을 받아야 한다."

라 하고는 각 보정으로 하여금 자기 마을의 선행과 악행이 있는지
없는지를 책에 기록하고 이름을 적어서 보관하게 함으로써 다음 약
회(約會) 때 의거하여 상고할 수 있도록 한다. 각 보정들이 물러나
서 자리로 돌아가면, 유사가 규과위를 거둔다. 다시 음례(飮禮)를
행하여 술을 한 차례 돌리고-지금은 술을 금지하고 있으며 중지한다.-
점심을 먹는다. 음식례(飮食禮)를 마치면 유사가 세 번 북을 울린
다. 사람들이 일어나서 규약(規約)을 듣는다. 집강이 부존위를 시

켜 섬돌 앞에서 큰 소리로 규약을 읽게 하면, 사람들이 모두 엄숙하고 공손한 자세로 기다린다. 먼저 선약(善約) 16조를 읽고 나서 말하기를,

"이는 모두 선한 일들이니 약원(約員)들은 다 준행하기 바란다."
라 하면, 사람들은 "삼가 따르겠습니다."라 한다. 다음에 과약(過約) 16조를 읽고 나서 말하기를,

"이는 모두 악한 일들이니 약원들은 다 경계하기 바란다."
라 하면, 사람들은 "삼가 따르겠습니다."라 한다.—하계(下契)에게는 모두 우리말로 알아듣게 일러준다.— 읽기를 마치면 집강이 자리에서 나와 사람들에게 이르기를,

"오호라! 무릇 우리 약회(約會)를 같이 하는 사람들은 단단히 경계하는 말을 분명히 들어라. 오늘의 계사(契事)는 약중(約中)이 모두 모여서 함께 좋은 일을 행한 것이니, 사람의 마음이 같다는 것을 알 수 있다. 저 아무개 아무개의 선행은 실로 사람이 마땅히 실행해야 할 것이니, 이는 귀히 여길 만한 것이다. 응당 서로 권면해야 한다. 그러나 만약 '선(善)이 이 정도에 그치는 것이다.'라 여겨 스스로 자부하는 마음을 가진다면 선이 도리어 악이 될 수도 있을 것이다. 저 아무개 아무개가 범한 과실은 실로 사람이 해서는 안 될 일이니, 응당 부끄러워해야 할 것이다. 그러나 그 사람이 과실을 범한 것은 생각하지 못해 생긴 일이니, 만약에 그것이 잘못이란 생각을 했더라면 어찌 과실을 범할 리 있었겠는가. 참으로 잘못을 뉘우치고 선으로 돌아간다면 그 즐거움이 어떠하겠는가! 만약 자기 잘못을 변명하고 남을 원망한다면, 이는 잘못을 거듭하여 스스로 허물을 초래하는 짓이다.—약회 중에 선행이나 과실로 기록된 자가

없으면 누구누구라고 사람을 거명할 필요는 없고, 선악의 두 가지를 범범하게 들어서 거듭 밝혀서 경계한다.- 바라건대 약중(約中)의 사람들은 이후로는 모두 아버지는 자애롭고 자식은 효도하며, 형은 우애롭고 아우는 공손하며, 집안에서는 화목하고 이웃 간에는 구휼하며, 어른과 노인을 공경하고 어린이와 부모 없는 이들을 사랑하며, 못하는 사람들을 가르쳐 선행을 하도록 권면하며, 의롭지 않은 일을 하지 말며, 과실을 있는 사람이 말아서 오로지 이 규약을 따르도록 하라. 그렇게 하면 장차 고을의 선인(善人)이 되고 국가의 양민이 될 터이니, 어찌 즐거운 일이 아니겠는가."

라 하면, 사람들이 부복하여 대답하기를,

"감히 공경히 따르지 않으리오!"

라 한다. 그리고 다시 부존위로 하여금 하계(下契)에게 효유(曉諭)하는 글을 다시 우리말로 읽게 하면 사람들이 모두 앉아서 부복하고 듣는다.

一, 當會日約員畢會, 下有司告. 執綱與諸上員出堂, 依禮行拜揖. 此時中下員, 皆拱手立俟. 有司擊鼓三,-凡聳動人聽, 無過鼓聲. 然而此疑於軍法, 當盛水于大盆, 覆瓠其上, 擊之作鼓聲.- 衆皆詣階下, 北面跪聽.-上契亦起立.- 使副尊位高聲讀約, 『呂氏鄉約』四條,-副尊位不能, 則上契代行亦可.- 曰德業相勸, 曰過失相規, 曰禮俗相交, 曰患難相恤.-下契則解以方言諭之.- 又讀大明太祖聖諭六條, 曰孝順父母, 曰尊敬長上, 曰和睦鄰里, 曰教訓子孫, 曰各安生理, 曰毋作非爲. 讀畢, 執綱合衆以告曰:"自今以後, 凡我同契之人, 敬遵約束, 同歸于善. 若有二三其心, 陽善陰惡, 則明有王法, 陰有鬼責."衆皆曰諾, 皆拜興, 以次出復位, 分東西相向立, 行相揖禮, 序坐以齒.-節目, 有司臨時呼唱.- 有司預以木片大書肅靜二字, 挿庭中. 唱肅靜二字, 皆整肅不爲喧笑.
更擇年少剛直者二人, 名司正, 立庭左右, 糾座中過失以告. 各行飮禮, 酒二
行止,-今以酒禁, 代用他饌.- 有司設彰善位於墻上, 鳴鼓三, 衆皆起,-上契不
起.- 有司呼各村保正來謁, 各保正出座來詣墻下, 俯伏聽敎. 執綱乃執善條
以問-諭民之辭當簡. 故略其辭以問.-曰: "汝村有善養父母者乎?-有則答曰: '某人
孝養出人.' 無則答曰: '別無可紀之孝.' 下諸條倣此.- 有兄弟友愛者乎? 有行義過
人者乎? 有周恤鄰里者乎? 此外有他可善之事, 皆當陳告." 若有則令副尊位
記于善籍曰: "某年某會,-或春或秋.- 某有某善, 書之以勸, 擧以示衆. 又令
副尊位揖善者, 升彰善位席, 北向立. 執綱親酌酒諭之曰:-今以酒禁, 代用他
饌.- 某能爲某善. 使人人若此, 風俗豈有不厚. 凡我同約, 當取以爲法." 遂
屬. 善者俯伏, 稱惶愧以謝. 飮畢再拜, 執綱擧手以答. 善者復位, 衆皆坐,
有司撤彰善之席. 復行飮禮, 酒二行止.-今以酒禁, 代用他饌.- 有司設糾過位
於階下,-無席, 只鋪草.- 鳴鼓三, 衆皆起,-上契不起.- 有司呼各村保正來謁如
上儀. 執綱乃執過條以問-其辭亦從簡.-曰: "汝村有不順父母者乎? 有不和兄
弟者乎? 有凌辱士夫者乎? 有罵辱長老者乎? 有鄰里不睦者乎? 有行止可
疑者乎? 有陰謀害人者乎? 有專利取怨者乎? 有陰奸穢行者乎? 有身爲公
任, 憑藉侵凌者乎? 此外有他可惡之事, 皆勿隱諱."-皆以方言曉諭.- 若有則
令副尊位記于過籍曰: "某年某會, 某有某過, 書之爲戒." 擧以示衆, 使使令
招過者, 引至糾過位, 北向立. 執綱戒之曰: "汝之過, 雖非余所親見, 衆論
如是, 聲聞難掩, 則汝過誠是矣. 今當隨輕重施罰, 而立約之初, 不忍決罪於
衆會之中, 於我心亦有愧焉. 今姑無罰, 惟速改過." 使使令酌冷水一盞屬.
過者俯伏, 飮畢再拜. 執綱復戒曰: "今雖不罰, 若不改過, 或施罰或黜座,-俗
稱損徒.- 或告官或黜洞. 當如約施行, 勉之哉!" 過者俯伏致謝, 退復位.-後不
改過者, 不入會位, 當於庭外別座.- 凡彰善糾惡等事, 當與三老幷議, 若有治罪

者, 依洞約五等罰, 三老與諸村長列坐, 使之治罪, 是與衆同之意也. 又招過者里中年老解事者二三人以來, 諭之曰: "德業相勸, 過失相規, 是鄰里之善俗. 某有某過, 而汝等不能規, 使之自行, 使惡行彰聞, 是汝等亦不爲無罪." 遂罰飮水各一盞使退. 又招各村保正, 更諭曰: "汝村有善不以聞, 有過不以告, 當有蔽賢容奸之罰, 其罰下罰. 後日現發, 汝當其罰." 遂使各保正本村善惡有無, 書于冊, 着名藏之, 以待後會憑考. 各保正退復位, 有司撤糾過位. 復行飮禮, 酒一行, -今以酒禁止.- 遂點心. 飮食禮畢, 有司鳴鼓三, 衆起聽約束. 執綱令副尊位當階前, 高聲讀約, 皆肅恭以俟. 先讀善約十六條畢曰: "此事皆善, 願諸約員, 當盡遵行." 衆曰: "敬諾." 次讀過約十六條畢曰: "此事皆惡, 願諸約員, 當盡戒之." 衆曰: "敬諾. -下契則皆以方言曉諭.- 讀畢, 執綱出坐, 諭衆曰: "嗚呼! 凡我同約之人, 明聽申戒. 今日契事, 約中並會, 同行好事, 可以見人心之同矣. 彼某某人之爲善, 固人之所當行者, 是可貴也, 當相與勉之. 若謂善止於此而有自恃之心, 則善反爲惡. 彼某某人之犯過, 固人之所不當行者, 是可愧也. 然其犯過, 乃不思之致, 若思其非, 則豈有犯過之理. 誠能悔過歸善, 其樂何如! 又遂非而怨望, 是重其過而自速辜也. -會中無記善記過之人, 則不必稱某某人, 汎擧善惡二端, 申明戒之.- 願約中人, 自今以後, 皆父慈子孝, 兄友弟恭, 家道和睦, 鄰里周恤, 敬長老而慈幼孤, 敎不能而勉爲善, 不行非義之事, 不爲有過之人, 一遵約憲, 則將爲鄕之善人而國之良民, 豈不樂哉!" 衆俯伏以答曰: "敢不敬從?" 復令副尊位更以方言讀諭下契文, 衆皆坐俯伏以聽.

## 6. 하계에게 효유하는 글

諭下契文


우리 동네의 상하계(上下契)는 수백 집이니, 또한 적지 않다 하겠다. 그러나 사람들이 모두 가난해서 예의가 생기지 못하고 위아래가 서로 업신여겨서 풍속이 날로 무너지고 있으니, 보는 사람들이 모두 비루하게 여기며 비웃지 않는 이가 없다. 이 어찌 습속이 그러한 것이겠는가. 참으로 약법(約法)이 분명하지 못했기 때문에 사람들이 자포자기(自暴自棄)하여 전연 거리끼는 바가 없는 데에 이르러 그렇게 된 것이다.

대대로 이 마을에 살아와서 이미 하루아침에 떠나갈 수 없다면 어찌 마냥 구습(舊習)만 따르고 풍속을 부지할 방도를 생각하지 않을 수 있겠는가. 동네의 민폐가 되는 것은 모두 제거해 없애야 한다.

금일 하고자 하는 것은 다만 악을 제거하고 선을 실행하는 것일 뿐이다. 지금 약조(約條)와 벌목(罰目)을 아래에 갖추어 두니, 우리 계(契)를 같이하는 사람들이 참으로 약속을 따르고 징벌을 두려워하면 오래지 않아 풍속이 좋아질 수 있으리라.


惟我洞中上下契幾百家, 則亦可謂不少矣. 然而人皆窮困, 禮義不生, 上下相凌, 風俗日頹. 人之見者, 莫不唾鄙而譏笑焉. 此豈俗習然哉? 寔由於約法不明, 自暴自棄, 以至於無所忌憚而然矣. 世居此洞, 旣不能一朝而離去, 則豈可因循舊習, 不思所以扶持之道乎? 洞中爲民弊者盡除之. 今日所欲爲者, 只是去惡爲善而已. 今具約條罰目于下, 惟我同契之人, 信能如約而畏罰, 則風俗之美, 當不日而待矣.

一. 사람이 귀한 까닭은 인륜(人倫)이 있기 때문이다. 사람으로서 인륜이 없다면 금수(禽獸)와 무엇이 다르겠는가? 사람들 중에는 더러 무지해서 함부로 행동하는 자도 있고, 혹 알면서도 일부러 과오를 범하는 자가 있다. 약조(約條)는 아래와 같다.

一, 人之所以爲貴者, 以其有人倫也. 人而無倫, 何異禽獸? 人或有無知而妄作者, 亦或有知而故犯者. 約條如下.

부모를 보면 나를 낳아준 은혜를 생각하고 효도와 공경을 다한다.

見父母, 則思生我之恩而盡孝敬.

형제를 보면 같은 동기(同氣)가 나누어졌음을 생각하고 우애와 사랑을 다한다.

見兄弟, 則思同氣之分而盡友愛.

어른을 보면 자신의 나이가 젊은 것을 생각하고 공경을 다한다.

見長者, 則思己之年少而盡其敬.

존귀한 이를 보면 자신의 지위가 낮은 것을 생각하고 공경을 다한다.

見尊貴, 則思己之位卑而盡其恭.

족척(族戚)을 보면 같은 조상에서 나온 친밀한 사람임을 생각하고 돈독하고 화목한 정을 다한다.

見族戚, 則思同祖之親而盡敦睦.

이웃을 보면 같은 마을에 사는 의리를 생각하고 화친(和親)한 정을 다한다.

見鄰里, 則思同居之義而盡和好.

부부 사이는 의리가 중하니 화순(和順)의 도리를 다할 것을 생각한다.

夫婦義重, 思盡和順之道.

노복과 상전은 분의(分義)가 엄중하니 충성의 절개를 다할 것을 생각한다.

奴主分嚴, 思盡忠誠之節.

남녀는 예의로 서로 만나고 혐의쩍은 일을 하지 않는다.

男女相見以禮而別嫌.

붕우는 의리로써 교제하고 신의가 있어야 한다.

朋友相交以義而有信.

분수에 넘치는 생각이 일어나면, "지위에는 존비(尊卑)가 있으니 함부로 넘보아서는 안 된다."라고 생각한다.

有非分之心, 則曰: "位有尊卑, 不可妄有希覬."

남을 속이고 싶은 생각이 일어나면, "일이란 성신(誠信)해야 하니 옳지 못한 일을 조작해서는 안 된다."라고 생각한다.

有詐僞之心, 則曰: "事當誠信, 不可造作非義."

남과 싸우고 싶은 생각이 일어나면, "이는 장차 나를 해칠 것이다. 어찌 부모가 낳아주신 몸으로 용기만 믿고 화(禍)를 좋아할 수 있겠는가?"라고 생각한다.

有鬪狠之心, 則曰: "是將傷我也. 豈以父母所生之身恃勇而樂禍乎?"

남의 것을 훔치고 싶은 생각이 일어나면 "이는 장차 나를 죽게 만들 것이다. 어찌 하늘이 준 본래 선한 성품을 가지고 욕심을 좇아 삶을 망각할 수 있겠는가?"라고 생각한다.

有偸竊之心，則曰："是將殺我也. 豈以天賦本善之性殉慾而忘生乎?"

위 각 조항들은 한 가지 일을 당할 때마다 반드시 먼저 생각해야 한다. 생각하고 생각해서 늘 잊지 않고 체행(體行)하면, 집안에서나 고을에서나 아름다운 이름을 잃지 않을 것이니, 어찌 즐겁지 않겠는가!

右各條, 每見一事, 必先思之. 思之又思, 常常不忘, 體而行之, 則在家在鄉, 不失令名, 豈不樂哉!

一. 사람의 본성이 어찌 악하겠는가? 불선(不善)을 하는 데 익숙해지다 보면 흔히 불의(不義)한 짓을 하게 되는 것이다. 이 때문에 성인이 가르침을 베풀고 임금이 법을 만들었으니, 모두 불초(不肖)한 자를 경계하여 선으로 돌아오게 하려는 것이다. 벌목(罰目)은 아래와 같다.

一, 人性豈惡哉? 習爲不善, 多行不義. 是以, 聖人設敎, 王者制法, 皆所以警不肖而歸之善也. 罰目如下.

첫째는 부모에게 불효하는 것이다.
　무릇 봉양을 성실히 하지 않고, 어버이 뜻을 거스르고, 부모로 하여금 항상 근심 걱정하는 마음을 가지게 하는 경우 등은 모두 불효이다.-모두 중벌(重罰)을 내린다. 그리고 부모에게 욕하거나 부모를 내쫓는 등의 악행은 국법이 매우 엄중하니, 의당 관가에 고당하여 죄를 다스려야 한다.-

一曰不孝父母: 凡不謹奉養, 違越親意, 令父母常懷憂戚之心, 皆不孝也.-皆
有重罰. 若夫辱罵敺逐等惡行, 則邦律甚重, 當告官正罪.-

둘째는 형제간에 불화하는 것이다.

형이 그르고 아우가 옳거나-똑같이 벌한다.- 옳고 그름이 반씩이거
나-형은 가볍게 벌하고 아우는 무겁게 벌한다.- 형이 사사로운 혐의로 아
우를 때리는 경우-중벌(中罰)을 내린다.- 등이며, 아우가 형을 때리는
경우에는 누가 옳고 누가 그른지 논하지 않고 아우를 벌한다.-상벌(上
罰)로 출벌(黜罰)한다.-

二曰兄弟不和: 兄曲弟直,-均罰.- 曲直相半,-兄輕弟重.[162]- 兄以私嫌打弟,-中
罰.- 以弟打兄, 不論曲直.-上罰黜.-

셋째는 가도(家道)가 패란(悖亂)한 것이다.

아내가 남편을 때리거나,-상벌(上罰)을 내리며, 상해를 입히면 관에 고
발한다.- 죄가 없는데 아내를 때리거나,-중벌(中罰)을 내리고, 상해를 입
히면 상벌을 내리며, 칼로 상처를 입히면 관에 고발한다.- 아내의 말을 듣고
부모를 성실히 봉양하지 않거나 골육(骨肉) 사이를 이간질하거나-상
벌을 내리되, 서인(庶人)은 아내도 함께 벌한다.- 정처(正妻)를 소박하는
경우-상벌을 내린다.- 등이다.

---

**162** 兄輕弟重 : 저본에는 본문으로 되어 있는데, 착오로 판단하여 注로 고쳤다.

三曰家道悖亂: 妻打夫,-上罰. 傷, 告官.- 無罪打妻,-中罰. 傷, 上罰, 刃傷, 告官.- 聽妻言, 不謹奉養, 離間骨肉,-上罰. 庶人則幷妻同罰.- 疎薄正妻.-上罰.-

넷째는 친족 간에 화목하지 못한 것이다.

늘 구타하고 욕설하거나,-중벌을 내린다.- 길흉사에 인사를 차리지 않거나,-중벌을 내린다.- 서로 조면(阻面)하고 보지 않는 경우-상벌을 내린다. 서로 감정을 풀게 하여도 따르지 않는 자는 출벌(黜罰)한다.- 등이다.

四曰親族不睦: 常常毆罵,-中罰.- 吉凶不問,-中罰.- 相絶不見,-上罰. 使之釋憾, 不從者黜.-

다섯째는 이웃 간에 불화하는 것이다.

환난이 있을 때 서로 도와주지 않거나,-상벌을 내린다.- 늘 구타하고 욕설하거나,-중벌을 내린다.- 서로 조면하고 보지 않거나,-중벌을 내리되, 서로 감정을 풀게 했는데도 따르지 않으면 상벌을 내린다.- 황당(荒唐)한 자를 집에 머물러 지내게 하는 경우-중벌을 내린다.- 등이다.

五曰鄰里不和: 患難不救,-上罰.- 常常毆罵,-中罰.- 相絶不見,-中罰. 使之釋憾, 不從, 上罰.- 止接荒唐人.-中罰.-

여섯째는 상전에게 불충하는 것이다.

명령을 따르지 않거나, 기만하여 이익을 취하거나, 다른 곳에서 원망하고 욕하는 경우 등은 모두 불충이다.-모두 중벌을 내린다. 욕설하거나 구타하는 경우에는 국법이 엄중하니, 관가에 고발하여 죄를 다스린다.-

六曰上典不忠: 不從敎令, 欺罔取利, 怨罵他處, 皆不忠也.-皆有重罰. 若辱罵
歐打, 邦有重律, 告官正罪.-


일곱째는 존장(尊長)을 능욕(凌辱)하는 것이다.

　부모에게 욕설하거나,-상벌을 내리고 관가에 고발하고 출벌(黜罰)한다.
조부모에게 욕설하는 경우도 마찬가지이다.- 백부·백모·숙부·숙모나
장형(長兄)에게 욕하거나,-상벌을 내린다.- 오촌숙(五寸叔) 및 아내의
부모·외삼촌·종형(從兄)에게 욕설하거나,-차상벌(次上罰)을 내린
다.- 한 마을에 사는 양반에게 욕하거나,-상벌을 내리고 관가에 고발하고
출벌(黜罰)한다.- 나이가 월등하게 많은 사람에게 욕하는 경우-차상벌
을 내린다.- 등이다.


七曰凌辱尊長: 辱罵父母,-上罰. 告官黜. 辱罵祖父母同.- 辱罵伯叔父母長
兄,-上罰.- 辱罵五寸叔及妻父母外三寸從兄,-次上罰.- 辱罵同里兩班,-上罰.
告官黜.- 辱罵年老絶等人.-次上罰.-


여덟째는 존자(尊者)의 앞에서 무례한 행위를 하는 것이다.

　부모나 시부모 앞에서 걸터앉거나 보는 데서 말을 탄 채로 지나가
는 경우,-차상벌을 내린다.- 백부·백모·숙부·숙모와 형이 보는 데
서 걸터앉거나 말을 탄 채로 지나가는 경우,-차상벌을 내리며, 나머지는
이에 따라서 차등을 둔다.- 양반이 보는 데서 걸터앉거나 말을 탄 채로
지나가는 경우,-차상벌을 내린다.- 양반의 집 앞에서 말을 탄 채 지나가
는 경우,-차중벌(次中罰)을 내린다.- 상계(上契)에게 배례(拜禮)하지
않는 경우,-중벌을 내린다.- 부모나 시부모 앞에서 말씨가 공손하지

못하거나 얼굴색을 변하며 따지는 경우,-상벌을 내리며, 나머지는 이에 따라 차등을 둔다.- 모든 존항(尊行) 및 연로한 사람 앞에서 따지는 말을 하여 공손하지 못한 경우-그 사안에 따라 참작하여 결정한다.- 등이다.

八日尊前無禮: 父母舅姑前踞坐及見處騎馬過者,-次上罰.- 伯叔父母及兄見處踞坐及騎過,-次上罰. 餘以是差.- 兩班見處, 踞坐及騎過,-次上罰.- 兩班家前騎過,-次中罰.- 不拜上契,-中罰.- 父母舅姑前, 言辭不恭, 變色相詰,-上罰. 餘以是差.- 諸尊行及長老人前, 言詰不恭.-隨事參定.-

아홉째는 남녀 간에 분별이 없는 것이다.

남녀 간에 무람없이 희롱한 경우,-차중벌을 내린다.- 남의 아내나 딸을 몰래 간통한 경우,-상벌을 내리되, 화간(和奸)한 경우에는 여자도 같은 죄로 다스린다.- 남의 아내나 딸을 강간한 경우,-상벌을 내리고 관가에 고발한다.- 추행한 경우,-상벌로 출벌(黜罰)하되, 범한 죄가 중하면 관가에 고발한다.- 유녀(遊女)와 간통한 경우,-차중벌을 내린다.- 자기들끼리 교제하여 간통하고 부부가 된 경우-의논하여 벌한다.- 등이다.

九日男女無別: 男女昵戲,-次中罰.- 潛奸他人妻女,-上罰. 和奸者並女同罪.- 强奸他人妻女,-上罰, 告官. 穢行, 上罰黜. 犯重則告官.- 遊女相奸,-次中罰.- 自相交奸爲夫婦.-論罰.-

열째는 예법(禮法)을 따르지 않는 것이다.

거상(居喪) 중에 술주정하며 욕거나,-상벌을 내린다.- 상중에 장가를 들거나,-상벌을 내리고 강등하여 천역(賤役)을 시킨다.- 조부모·백부·백모·숙부·숙모·외조부모·형제의 장례 전에 장가를 들거나,-중벌을 내린다.- 상장(喪葬)을 제 때에 하지 않거나,-상벌을 내리되, 형세를 헤아려 참작해서 벌을 정한다.-기일(忌日)에 절에서 천도재를 지내거나,-의논하여 벌한다.- 푸닥거리를 좋아하거나,-의논하여 벌한다.- 한 해가 다 가도록 제사를 지내지 않거나,-상벌을 내린다.- 요술(妖術)로 사람을 현혹시키거나,-상벌을 내리고, 심한 경우에는 관가에 고발하고 출벌(黜罰)한다.- 의관(衣冠)이 분수에 넘쳐 참람한 경우-중벌을 내린다.- 등이다.

十曰不遵禮法: 居喪酗罵,-上罰- 喪中娶妻,-上罰, 降賤役.- 祖父母伯叔父母外祖父母兄弟葬前娶妻,-中罰.- 喪葬不時,-上罰, 量勢參定.- 忌日薦齋山寺,-論罰.- 好行神事,-論罰.- 終年不祭,-上罰.- 妖術惑人,-上罰. 甚者告官黜.- 衣冠踰僭.-中罰.-

열한째는 세력이나 권세를 믿고 마을에서 함부로 횡포를 부리는 것이다.

자신의 재력을 믿고 남을 업신여기거나,-하벌을 내리되, 고치지 않으면 벌을 가중한다.- 남의 것을 빼앗아 매매하거나,-차중벌(次中罰)을 내리고 매매한 물건은 원래의 약인(約人)에게 되돌려 준다.- 세력을 믿고 분란을 일으키거나,-상벌을 내린다.- 공임(公任)의 신분으로서 세력을 빙자하여 침탈하고 능멸하거나,-사안에 따라 벌을 내리되 중하면 관가에 고발한다.- 공임의 신분으로 몰래 관가에 호소하여 약한 백성들을 음해하거나,-중벌을 내리되 사안이 크면 관가에 고발한다.- 술에 취하여 주정하고 욕설하거나,-차중벌을 내리되, 술을 빙자하여 못된 짓을 마구하면 벌을 가중한다.- 관리나 장교(將校)가 권세를 빙자하여 작폐하거나,-비록 동민(洞民)이 아니라도 죄목을 적발하여 관가에 고발하여 죄를 묻는다.- 빚을 내주고 지나치게 이윤을 받아내거나,-중벌을 내린다.- 인물(人物)을 초유(招誘)하거나,-상벌을 내린다.- 관령(官令)을 빙자하여 동약(洞約)을 회피할 방법을 꾀하거나,-중벌을 내리되, 누차 범하는 경우에는 벌을 가중하여 출벌(黜罰)하기까지 한다.- 용맹을 좋아하여 싸우거나,-범한 정도에 따라 의논하여 벌하되, 무릇 구타했을 경우에는 먼저 노소와 존비를 가린 다음 곡직(曲直)과 선후(先后)를 따지며, 중상을 입혔을 경우에는 곡직을 불문하고 관가에 고발한다. 벌은 상벌로부터 하벌까지 헤아려 결정한다.- 도박을 하거나 유랑하는 경우-중벌을 내린다.- 등이다. 사람을 죽인 죄는 원범(元犯)과 수종(首從) 여부를 막론하고 본래 국법이 있으니 논하지 않는다. 남을 저주하거나,-상벌을 내리고 관가에 고발하고 출벌(黜罰)한다.- 몰래 남의 목숨을 해치려 하다가 발각되거나,-상벌을 내리고, 관가에 고발하고 출벌한다.- 남의 집에 방화하거나,-상벌을 내리고 관가에 고발하여 축출하며, 사람이 죽었을 경우에는 살인죄를 적용한다.- 남의 분묘를 불태우거나,-상벌을 내리되, 고의로 범한 경우는 관가에 고발하고 출벌한다.- 소송을 좋아하여 그치지 않는 경우-차중벌을 내린다.- 등이다.


十一曰豪橫閭里. 恃富凌人,-下罰. 不悛加等.- 奪人買賣,-次中罰, 買賣還原約人.- 怙勢作亂,-上罰.- 身爲公任, 倚勢侵凌,-隨事施罰, 重則告官.- 身爲公任, 潛訴官府, 暗害小民,-中罰. 事大告官.- 醉酒酗罵,-次中罰, 憑酒肆惡加等.- 官吏將校憑藉作弊,-雖非洞民. 摘發罪目, 告官科罪.- 給債過徵,-中罰.- 招誘人物, -上罰.- 憑藉官令, 謀避洞約, -中罰. 累犯加罰至黜.- 好勇鬪狠, -隨犯論罰.
凡歐打, 先分老少尊卑, 次辨曲直先後, 而重傷則無論曲直, 告官. 罰自上罰至下罰量
定.- 賭博遊浪, -中罰- 殺人之罪, 勿論元犯首從, 自有國法, 不論. 咀呪人
者, -上罰. 告官黜.- 暗害人命發覺, -上罰. 告官黜.- 放火人家, -上罰. 告官黜, 致
人死則同殺人律.- 燒人墳墓, -上罰. 故犯告官黜.- 好訟不已.-次中罰.-


열두째는 옳지 않은 일을 많이 하는 것이다.

　관문(官文)을 위조하거나, -관가에 고발한다.- 동네의 문기(文記)를
위조하거나, -상벌을 내린다. 무릇 기타 위조 행위에 대해서는 모두 국법이
있다.- 남을 무함하여 헐뜯거나, -중벌을 내린다.- 사사로이 남을 싫어
하여 무함하거나, -중벌을 내린다. 이웃을 이간하여 싸우게 하거나, -중
벌을 내리되, 고치지 않으면 모두 벌을 가중한다.- 동네 사람의 과실을
다른 동네에 전파하는 경우-차중벌을 내린다.- 등이다. 도적에 대한
형률(刑律)은 본래 국법이 있으니 논하지 않는다. 남의 재물을 훔치
거나, -상벌을 내리되, 경미하면 차벌(次罰)을 내린다.- 곡식을 훔치거
나, -차상벌을 내리되, 경미하면 차벌(次罰)을 내리고, 훔친 물건은 빼앗아서
돌려준다.- 남의 전답을 침범하여 경작하거나, -중벌을 내리고 전답은 본
래 주인에게 돌려준다.- 곡식을 기르는 전답에 소를 놓아 먹이거나, -하
벌을 내리되, 피해 입은 곡물의 수량에 따라 징수하여 갚아준다.- 남의 봇도
랑 물을 훔치거나, -하벌을 내린다. -게을러 농사는 짓지 않고 놀기만
하는 경우-중벌을 내린다.- 등이다.


十二日多作非爲. 僞造官文, -告官.- 僞造洞中文記.-上罰. 凡他僞造, 皆有國
法.- 誣毁他人, -中罰.- 私嫌誣人, -中罰.- 交搆鄰里, -中罰. 不悛並加等.- 傳播

洞人過失于他洞,-次中罰.- 盜賊之律, 自有國法, 不論. 儵竊人財,-上罰, 輕則次罰.- 草竊禾穀,-次上罰, 輕則次罰, 其物徵給.- 侵耕人田,-中罰, 田還本主.- 放牛穀田,-下罰, 隨物多少徵給.- 盜人溝水,-下罰.- 惰農自逸.-中罰.-

열셋째는 약헌(約憲)을 준수하지 않는 것이다.

이의(異議)를 내세우기 좋아하거나,-차중벌을 내리되, 고치지 않으면 차차로 벌을 가중한다.- 자신의 능력을 자랑하며 약헌을 비난해서 사람들의 마음을 흔들거나,-차상벌을 내린다.- 약회(約會)에 늦게 오거나,-하벌을 내린다. 진시(辰時)를 넘겨서 오는 것이 늦게 오는 것이다.- 모임의 좌중에서 떠들거나,-하벌을 내린다.- 약회의 좌중에서 무례한 짓을 하거나,-그 경중에 따라 벌을 내린다.-약회에서 먼저 가버거나,-하벌을 내린다.- 까닭없이 약회에 불참하거나,-차중벌을 내리되, 누차 범하는 자는 처벌 등급을 더 높여 출벌(黜罰)하기까지 한다.- 자기 죄가 있는 줄 알고 고의로 회피하여 약회에 참석하지 않거나,-중벌을 내린다.- 약령(約令)을 따르지 않은 경우-그 경중에 따라 벌을 내리되, 누차 범하는 경우에는 벌을 가중하고 그래도 고치지 않으면 출벌한다.- 등이다.

十三曰不遵約憲. 好生異議,-次中罰, 不悛, 次次加等.- 自衒其能, 非議約憲, 使衆心不定,-次上罰.- 會集晚到,-下罰.- 過辰爲晚到.- 座中喧嘩,-下罰.- 座中無禮,-隨輕重施罰.- 會中先去,-下罰.- 無故不參,-次中罰. 累犯, 加等以至于黜.- 自知有罪, 故避不參,-中罰.- 不從約令.-隨輕重施罰, 累次加等, 不悛, 黜.-

이상 각 조항들을 늘 유념하여 서로 경계(警戒)하고 범하지 않으면 마을의 풍속이 절로 좋아질 것이니 어찌 다행스럽지 않겠는가. 보통 사람들끼리 말할 때에 "너는 악하다."라 하면 그 사람이 반드시 발끈 노하고, "너는 선하다."라 하면 그 사람이 반드시 흐뭇하여 기뻐한다. 이로써 보면, 악을 미워하고 선을 좋아하는 것은 사람의 본심이다. 그런데 어찌 선한 본심을 버리고 그 미워하는 악을 따른단 말인가!

위에서 말한 약조(約條)는 모두 선을 하는 일이며, 아래에서 말할 벌목(罰目)은 모두 악을 금하는 일이다. 만약 능히 선한 일을 하면 큰 경우는 관가에 알려서 정포(旌褒)하고 작은 경우는 계중(契中)에서 특별히 예우하여 남들과 구별한다. 만약 악한 일을 하면 큰 경우는 관가에 고발하여 죄를 묻되, 누차 잘못을 범하고도 고치지 않는 자는 출벌(黜罰)하며, 뉘우쳐 개과천선(改過遷善)하는 자는 선한 일을 한 예(例)에 따라 특별히 예우한다. 이 밖에 비록 동약(洞約)에 들어오지 않은 사람일지라도 이미 이 동네에 살고 있은즉 선을 권면하고 악을 규제하는 도리는 어디까지나 동약(洞約)에 든 사람과 같다.

右各條, 常常念之, 相戒勿犯, 則鄕俗自美, 豈不幸哉! 凡人相語 曰汝惡, 則人必咈然而怒, 曰汝善則人必怡然而喜. 由是觀之, 惡惡而好善, 人之本心也. 奈何棄本心之善而從所惡之惡哉! 上約條, 皆爲善之事也; 下罰目, 皆禁惡之事也. 若能爲善, 大者, 告官旌褒; 小者, 契中殊禮, 別異于人. 如復爲惡, 大者, 告官科罪, 累次犯過不悛黜, 追悔改善者, 依爲善例, 殊禮之. 此外雖非入洞之人, 旣居是洞, 則其勸善規惡之道, 一如約中人.

## 7. 벌을 다섯 등급으로 나눔
### 罰分五等

상벌(上罰)은 태(笞) 30이고, 차상벌(次上罰)은 태 25이고, 중벌(中罰)은 태 20이고, 차중벌(次中罰)은 태 15이고, 하벌(下罰)은 태 10이고,-연로하거나 병이 있어서 태를 맞을 수 없는 자는 관을 벗기고 땅에 엎드리게 한 뒤 그의 아들을 치며, 아들이 없으면 그의 아우를 친다.- 출벌(黜罰)-속칭 손도(損徒)이다. 잘못을 고치기 전에는 물과 불을 서로 융통하지 않으며, 우환에 서로 도와주지 않으며, 농사일을 서로 돕지 않는다. 만약 이웃이 출벌을 받은 자와 상통(相通)하면 의논하여 벌하고, 그래도 고치지 않으면 같은 벌을 내린다. 1, 2년쯤 기다려서 드러나게 잘못을 고친 효과가 있은 뒤에야 그 동네의 보정(保正)이 약중(約中)의 회합 때에 보고해서 면책(面責)하고 참석을 허락한다. 무릇 벌은 아무리 경미한 경우라도 술을 내게 하는 것으로 정할 수는 없다. 술과 음식을 먹고 마시는 것은 우리나라 풍속의 막대한 폐단이니, 다시 그런 단서를 열어주어서는 안 된다.-이 있다.

上罰笞三十, 次上罰笞二十五, 中罰笞二十, 次中罰笞十五, 下罰笞十.-年老有病, 不堪受笞者, 免冠伏地, 杖其子, 無子者杖其弟.- 黜罰.-俗稱損徒. 未改過前, 不通水火, 不恤憂患, 不相耕耘. 若鄰里與之相通則論罰, 不悛, 與之同罰, 俟一二年顯有改效, 然後本村保正告約中會時, 面責許參. 凡罰雖輕者, 不可定以酒盆徵責. 酒食爲國俗莫大之弊, 不可更啓其端.-

一. 국가의 조부(租賦)를 어김없이 내는 것은 특히 인민(人民)들이 유념해야 할 것이다. 전삼세(田三稅)는 실로 국가의 정공(正供)으로 잡역(雜役)을 감면하는 것이 모두 그 안에 포함되어 있으니, 혜택이 큰 것이다. 조적(糶糴 환곡)은 특히 국가의 양곡을 저축하는 대법(大法)으로 전란이 일어났을 때에는 군수(軍需)로 쓰고 평상시에는 굶주린 백성들을 구휼한다. 그 관계되는 바가 지극히 중하니 소홀히 해서야 되겠는가? 봄철의 곤궁한 때에 빚을 내려 해도 얻을 수가 없어서 환곡을 받아서 살았으니, 의당 힘을 다하여 갚아서 국가의 은혜에 보답해야 할 것이다. 혹 사세(事勢)를 관망하면서 납부하지 않고 감면하는 영(令)이 내리기를 바라는 사람도 있고, 또한 도피하여 그 해를 넘기면서 봉고(封庫)할 때를 기다리는 사람도 있으니, 비록 그 중에는 형편이 딱한 사람도 있지만, 결국은 완민(頑民)의 죄에 해당한다. 이러한 자는 훗날 동네에 돌아오면 역시 논의하여 벌해야 한다.

一, 謹租賦, 尤人民之所當惕念者也. 田三稅, 實國家惟正之供, 而雜役蠲減, 盡在其中, 爲惠大矣. 糶糴尤是儲畜之大法, 世亂則爲軍需, 時平則恤民饑. 所關至重, 其可忽哉? 當春饑窘, 請債不得, 而受以生活, 當竭力圖償, 以報國恩, 而或有觀望不納, 冀下蠲減之令, 亦有逃避至歲, 以待封庫[163]之時, 雖其中有情勢可矜者, 而終歸於頑民[164]之科. 如此者, 後日還歸洞中,

---

163 封庫 : 御史나 監司가 부정한 짓을 많이 한 고을 수령을 파면하고 관가의 창고를 봉쇄하는 일이다.

164 頑民 : 국가에 복종하지 않는 완악한 백성이다. 『書經』 「畢命」에 "주공이 선왕을 도와 국가를 편안히 안정시키고 은나라의 완악한 백성들을 삼가 낙읍

亦當論罰.

효유(曉諭)를 마치면 모두 물러나 자리로 돌아가 남은 음식을 다 먹고 한껏 즐긴 다음 자리를 파한다. 유사가 '철상(撤床)'이라 외치면, 미진(未盡)한 계사(契事)를 다시 토론하고 날이 저물면 파좌(罷坐)한다. 유사가 파좌를 외치면 존장(尊長)이 먼저 일어나고 집강이 다음에 일어나고 젊은이와 어린이는 그 다음에 일어나서 각각 배사(拜辭)하고 예(禮)를 마친다. 유사가 숙정패(肅靜牌)를 뽑아서 치우면, 서인(庶人)의 삼로(三老)가 먼저 일어나서 배사한 뒤-이 때 하원(下員)들은 모두 일어난다.- 하원들이 모두 함께 일어나서 북쪽을 향하여 배사한다. 상원・하원들이 흩어져서 돌아간 뒤 부존위가 임원들과 함께 문서를 거두어 보관하고 깔았던 자리 등 물건들을 돌려주면 사령(使令)이 수습하여 본래 주인에게 돌려준다. 파손되거나 잃어버린 물건이 있으면 조사하여 징급(徵給)한다.

諭畢, 皆退復位, 盡飮食之未盡者, 盡歡而罷. 有司呼撤床, 更論契事之未盡者, 日晡罷坐. 有司呼罷坐, 尊長先起, 執綱次, 少者幼者次, 各行拜辭, 禮畢. 有司拔肅靜牌去之, 庶人三老先起拜辭-此時諸下員皆起.-後, 諸下員一時並起, 北向拜辭. 諸上下員散歸後, 副尊位與諸任, 收藏文書歸, 鋪陳等物, 使令收拾, 還歸本主. 如有破裂閪失等事, 査出徵給.

---

으로 옮겨서 왕실에 가까이 있도록 하였다.〔惟周公左右先王, 綏定厥家, 毖殷頑民, 遷于洛邑, 密邇王室.〕"라 한 데서 온 말이다.

무릇 교법(教法)이 흥행하는 것은 반드시 윗사람으로부터 비롯된다. 명색이 사대부로서 자신을 관리하고 집안을 다스리는 도리와 사람을 대하고 일을 처리하는 절도가 서민들로 하여금 속으로 비난하고 마음으로 비웃게 한다면, 이런 자가 어찌 사람들의 신망을 받아 본보기가 될 수 있겠는가. 우리 동네에서 사대부로서 동약 중에 든 자는 적고 서민은 많기 때문에 위에서 논한 절목들은 모두 하계(下契)를 위하여 만든 것들이다. 상계(上契)가 실행해야 할 것으로 말하자면, 본래 여씨향약(呂氏鄕約)이 있으니, 지금 시대의 형편에 따라 적절히 변통하여 아래에 조목조목 열거한다.

凡教法之興行, 必自在上者始. 名爲士夫, 而持身居家之道·待人處事之節, 有使庶民腹非而心笑者, 則豈能取重而觀法哉! 此洞士夫入約者少而庶民多, 故右所論節目, 皆爲下契設, 而至若上契之所當行者, 則自有『呂氏鄕約』, 在今以時宜通變而條列于下.

## 8. 『여씨향약』부조

『呂氏鄕約』附條


『여씨향약』에,

  "무릇 향리의 약속은 네 가지이니, 첫째는 덕업상권(德業相勸)이
  며, 둘째는 과실상규(過失相規)이며, 셋째는 예속상교(禮俗相交)
  이며, 넷째는 환난상휼(患難相恤)이다."

라 하였다.


『呂氏鄕約』曰: 凡鄕之約四, 一曰德業相勸, 二曰過失相規, 三曰禮俗相交,
四曰患難相恤.

## 9. 덕업상권

### 德業相勸

덕(德): 선을 보면 반드시 실천하며, 잘못에 대해서 들으면 반드시 고치며, 자신을 잘 다스리며, 집안을 잘 다스리며, 부형을 잘 섬기며, 자제를 잘 가르치며, 노복을 잘 거느리며, 집안 살림을 잘 건사하며, 어른이나 윗사람을 잘 섬기며, 가까운 사람이나 오랫동안 알고 지낸 사람과 화목하며, 교유할 사람을 가리며, 청렴과 절조를 지키며, 은혜를 널리 베풀며, 남의 부탁을 잘 받아주며, 환난 당한 사람을 도와주며, 사람을 선으로 이끌어주며, 남의 과실을 규계(規戒)하며, 남의 일을 해결해 주며, 여러 사람을 위하여 일을 성사시키며, 싸우고 다투는 것을 풀어주며, 시비를 결단하며, 이로움을 일으키고 해로움을 제거하며, 벼슬살이를 하면서 맡은 직분을 잘 이행하는 것 등을 말한다.

업(業): 집에 있을 때는 부모를 섬기고 자제를 가르치고 처첩(妻妾)을 대우하며, 밖에 나가서는 어른과 높은 이를 섬기고 친구를 사귀고 후생을 가르치고 동복(僮僕)을 거느리는 것 및 글을 읽고, 전지(田地)를 관리하고, 가산을 경영하고, 물건을 조달하고, 법령을 경외(敬畏)하고, 조부(租賦)를 잘 바치고, 예법(禮法)·음악·활쏘기·말타기·글씨쓰기·산술(算術)까지를 말한다. 이러한 일들은 모두 할 만하지만, 이 밖의 일들은 모두 무익하다.

이상에서 말한 덕업을 우리 약회(約會)의 사람들은 각자 실천하고 서로 권면할 것이며, 잘한 일은 회집하는 날 서로 들어 추천하여 책에 기록함으로써 잘하지 못하는 이들을 경계(警戒)한다.-이상은 『여씨향약』 본조(本條)이다.-

〔德〕謂見善必行, 聞過必改, 能治其身, 能治其家, 能事父兄, 能敎子弟, 能御僮僕, 能肅家政, 能事長上, 能睦親故, 能擇交遊, 能守廉介, 能廣施惠, 能受寄託, 能救患難, 能導人爲善, 能規人過失, 能爲人謀事, 能爲衆集事, 能解鬪爭, 能決是非, 能興利除害, 能居官擧職,

〔業〕謂居家則事父兄, 敎子弟, 待妻妾; 在外則事長上, 接朋友, 敎後生, 御僮僕, 至於讀書治田, 營家濟物, 畏法令, 謹租賦, 好禮樂射御書數之類, 皆可爲之. 非此之類, 皆爲無益.

右件德業, 同約之人, 各自進修, 互相勸勉, 會集之日, 相與推擧其能, 書于籍, 以警其不能者.-右呂氏本條.-

부조(附條)

一. 진실한 마음으로 어버이를 사랑하여 맛있는 음식이 생기면 모두 어버이에게 드리고, 어버이의 뜻을 받들어서 감히 거스르는 일이 없어야 한다. 언제나 어버이를 공경하여 반드시 유순(柔順)하게 응대(應對)하며, 자신의 재물을 아까워하지 않고 어버이가 마음대로 쓰도록 하며, 어버이가 병환이 들면 걱정해 마지않으면서 반드시 약을 구하여 성심을 다해 구료(救療)하며, 어버이 상(喪)을 당해서는 슬픔을 다하고 예(禮)로써 상제(喪制) 기간을 지키며 성심으로 제사를 지낸다. 만약 약중(約中)에 이와 같은 사람이 있으면 모든 사람들이 존경하고 본받아야 한다.

一. 能實心愛親, 所得甘旨, 皆以奉親, 承順其志, 不敢違逆. 常時恭敬, 應對必順, 不惜己財, 任親用之. 父母有病, 憂念不已, 必求其藥, 盡心救療, 臨喪盡哀, 守制以禮, 祭祀以誠. 約中人有如此者, 皆當致敬而效法.

一. 지자(支子) 또는 서얼(庶孼)로 종가(宗家)와 멀리 떨어져 살아 기일(忌日)에 참석할 수 없는 사람은 지방(紙)을 써서 제사를 지내며, 사명일(四名日)에도 그렇게 한다.

一. 爲人支子或庶孼, 與宗家別處, 而不能往參忌日者, 當書紙牓行祀, 四名日亦然.

一. 사람의 제일가는 선행(善行)은 부모에게 효도하고 형제간에 화목한 것보다 더 큰 것이 없다. 만약 이 두 가지를 실행하지 못하면 비록 일컬을 만한 다른 일이나 볼 만한 외모가 있더라도 사람의 말을 흉내 내는 앵무새와 실로 다를 바 없다. 무릇 우리 약인(約人)들은 상하(上下)가 저마다 노력하고 서로 권면할 것이며, 모이는 날에 이를 잘 실행한 자를 추천하여 책에 기록한다. 하인(下人) 중에 능히 이런 선행을 하되 그것이 실로 지극한 정성에서 나왔다는 것을 남들이 모두 아는 사람이 있으면, 회집(會集)하는 날 의당 자리를 마련하여 주고 특별히 술을 따라주고 상을 내리며, 또한 그 사실을 관가에 보고한다.

一. 人之第一善行, 莫大於孝父母和兄弟. 苟不能行此二者, 則雖有他事之可稱‧外貌之可觀, 實無異於能言之鸚鵡[165]. 凡我約人, 上下各自進修, 互相勸勉, 會集之日, 推擧其能者, 書于籍. 下人中有能行此善行, 實出至誠, 人所共知者, 則會日當賜坐, 別酌行賞, 亦當擧狀聞官.

一. 부모에게 효도하고 형제간에 화목하는 것 외에 제사를 잘 받들고,-제사는 집안 형편에 맞게 지내되 정성과 공경을 다하여 추원(追遠)하는 뜻을 잊지 않으면 될 따름이다. 요즘 세상에서는 가난하다는 핑계로 제수를 갖추지도 않고, 역질(疫疾)을 핑계로 제사를 지내지 않기도 한다. 이는 모두

---

**165** 能言之鸚鵡 : 北宋의 학자 上蔡 謝良佐가 "근래 학자들은 말할 게 있겠는가. 말만 잘하는 것이 참으로 앵무새와 같다.〔邇來學者何足道? 能言眞如鸚鵡也.〕"라 하였다. 『上蔡語錄 권3』『心經 권4』

불효의 죄를 범하는 것이니, 참으로 개탄스러운 일이다. 가난하면 보리밥과 나물국으로 제사를 지내더라도 안 될 것이 없으니, 요컨대 나의 애모(哀慕)하는 정성을 다하면 된다. 『서경(書經)』에 "귀신은 일정하게 흠향하는 것이 없어 정성껏 마련한 음식을 흠향한다."라 한 것이 바로 이를 두고 말한 것이다. 역질이 돌면, 시속(時俗)에서는 "향을 피우고 음식을 차리면 역질 귀신을 불러들인다."라 하여 이로써 서로 조심하여 제사를 지내지 않으니, 이는 몹시 이치에 맞지 않는 것이다. 대개 역질 귀신은 바로 음양의 두 기운이 어그러져 생긴 기운이며, 조상(祖上) 귀신은 후손의 기운과 서로 연결된 것이니, 서로 기운이 다름이 이와 같다. 하물며 귀신은 같은 동류(同類)가 아닌 사람이 올리는 제사는 흠향하지 않음에 있어서이겠는가. 이는 비루한 속습(俗習)이니, 결코 믿어서는 안 된다.- 자제를 잘 가르치고,-자식은 반드시 선행으로 가르쳐, 수신(修身)하고 근면하여 감히 실없이 놀지 못하도록 해야 한다. 만약 다른 사람과 서로 힐난하면 옳고 그름을 막론하고 반드시 자기 자식을 다스려야 한다.- 어른과 노인을 잘 섬기고,-나이 많은 이를 공경하되, 나이 차이가 20세 이상은 만나면 반드시 절하고, 10세 이상은 감히 말을 놓지 못한다. -처첩(妻妾)을 잘 대하고,-부부는 서로 간에 공경하여 너무 친압(親狎)하지 않고 싸우지 않으며, 첩을 둔 사람은 첩 때문에 본처를 능멸하지 말아서 분의(分義)가 분명하고 집안이 화목하도록 해야 한다. 예(禮)에, 첩이 본처를 일러 '군(君)'이라 하니, 그 분의의 엄격함이 이와 같다.- 이웃간에 서로 친목하여,-성신(誠信)으로 서로 대하고, 형편에 따라 서로 돕고, 우환에 서로 구제한다. 만약 나쁜 이웃이라도 일체 공경하게 대하고 나의 성의를 잃지 않아야 하니, 시일이 오래 지나면 절로 교화될 것이다.- 붕우(朋友)와 잘 교제하고,-은혜로는 서로 도울 만하고 의리로는 서로 권면할 만하다. 무엇보다 신의를 중시하여 오래토록 공경하는 것이 붕우를 사귀는 중요한 도리이다. 무릇 교제할 때 너무 친밀하거나 너무 소원한 사이가 있어서는 안 된다. 너무 친밀하면 친압(親狎)하게 되고 너무 소원하면 시기하게 된다. 세상에 화란이 자주 일어나면서 많은 사람들이 연루된 것은 모두 너무 지나치게 친밀하거나 너무 소원한 사람에게서 연유하니, 붕우를 사귀는 일을 어찌 소홀히 할 수 있겠는가.- 친척간에 화목해야 한다.-친척 중에는 비록 원근과 친소의 차이는 있을지라도 만약 조상(祖上)이 살아 계신다면 다 같이 슬하에서 기쁘게 모실 사람들이다. 이제 조상이 돌아가셔서 알지 못한다고 하여 각기 피아(彼我)의 구분을 두고서 친애하지 않는다면, 이는 바로 자신의 조상을 망각하는 것이다. 친척 간에 서로 사이가 벌어지는 것은 언제나 부녀자와 비첩(婢妾)들이 서로 다투는 데서 연유하여, 그 형세가 점차적으로 길가는 사람과의 관계만도 못하게 되는 것이다. "부인의 말을 듣지 않았다."고 한 정씨(鄭氏)의 말과 참을 인(忍) 자를 잊지 않았던 한 장공(張公)의 뜻은 참으로 후인들이 본받을 만한 것이다.- 이 일곱 가지는 모두 일상생활 중 마땅히 실행해야 할 인사(人事)가 아님이 없으니, 이것이 없으면 사람이 아니다. 모든 우리 상하(上下)의 약인(約人)들은 각자 성찰하고 각자 권면하라.


一. 孝父母和兄弟外, 能奉祭祀,-祭祀當稱家之有無, 盡其誠敬, 不忘追遠之意而已. 今世或委以家貧籩豆未具, 或委以癘疫廢祀, 皆犯不孝之科, 可勝歎哉! 苟貧窘也, 則疏食菜羹, 祭無不可, 要盡吾哀慕之誠? 『書』曰: "鬼神無常享, 享于克誠." 是也. 若癘疫, 則俗謂: "燒香設食, 鬼神之招." 以是相戒廢祀, 此又無理之甚者也. 夫癘疫之鬼, 是二氣之乖氣也; 祖先之鬼, 是氣類之相連者也. 其不同若此, 況鬼神不歆非類乎? 此俗習之陋而斷不可信也.- 能敎子弟,-敎子必以善行, 使之修身勤事, 不敢嬉遊. 若與人相詰, 則勿論曲直, 必治其子.- 能事長老,-恭敬年長, 二十歲以上, 見之必拜；十歲以上, 不敢爾汝.- 能待妻妾,-夫婦相敬, 不狎昵不鬥爭, 有妾者勿以妾凌妻, 使分義截然, 家道雍睦, 可也. 禮, 妾謂妻爲君. 其分嚴如此.- 能親鄰里,-誠信相接, 有無相資, 憂患相救. 若其惡鄰也, 則一切敬待, 不失吾誠, 久當自化矣.- 能接朋友,-恩足相恤, 義足相勸, 信以爲主, 久而能敬, 交友之大節也. 凡交際, 不可以有甚親甚踈也. 親之過, 狎昵生焉; 踈之過, 猜忌生焉. 世禍頻起, 株累相連, 皆由於甚親甚踈之人, 交其可忽哉!- 能睦親戚,-親戚雖有遠近親踈之異, 使祖先若在, 則同是膝下承歡之人. 今以祖先之死無所知, 而各存彼我, 不相親愛, 是便忘我祖先也. 親戚之離, 恒由於婦女婢妾之爭長競短, 其勢馴至於路人之不若. 柳氏不聽婦人言[166]之敎, 張公忍字[167]之意, 誠可爲後人所法.- 玆七者莫非日用人事之當行者也, 無是則非人矣. 凡我上下約人, 各自省察, 各自勸勉.


一. 붕당(朋黨)은 우리 나라의 고질적인 폐단이니, 그 형세는 필시 국가를 망치고야 말 것이다. 당인(黨人)들이 마음 씀씀이를 들여다 보면 실로 차마 말할 수 없는 것이 있다. 혹자는 사론(士論)이란 응당 이와 같아야 한다고 하지만 사론이 어찌 나라를 망각하면서까지 당론(黨論)만 따른 적이 있었는가. 혹자는 그들의 기절(氣節)이 볼


---

**166** 柳氏不聽婦人言 : 柳는 鄭의 오자로 판단된다. 明나라 太祖가 鄭濟에게 묻기를 "너의 집안은 10世가 함께 산다는데 어떻게 하여 이를 수가 있는가?"라 하니, 정제가 "부인의 말을 듣지 않았을 뿐입니다.〔惟不聽婦人言耳.〕"라 하였다. 『御定淵鑑類函 권245』

**167** 張公忍字 : 張公은 唐나라 때 사람 張公藝이다. 그의 집에는 九世의 친족이 함께 살았는데, 高宗이 그 집을 방문하여 그렇게 할 수 있었던 방도를 묻자, 참을 '忍'자 100개를 써서 바쳤다 한다. 『小學 善行』

만하다고 하지만 기절이 어찌 자기 당(黨)은 편들고 남의 당은 공격하기 위하여 세우는 것이겠는가. 당인들의 모든 말들은 사람의 마음을 사욕에 빠지게 하건만 이를 그치게 할 수 없으니, 참으로 개탄스러운 일이다. 대개 사람이 자신의 일상생활 중에서 몸과 마음이 남과 사물을 응접(應接)하는 일에도 겨를이 없는 경우가 많은데, 어느 겨를에 새삼 당론을 익힌단 말인가. 평소에 글을 읽어 의리를 강명(講明)하여 자신이 가진 맑은 본성의 거울이 물욕(物慾)에 가려지는 일이 없도록 하면, 시비(是非)와 미추(美醜)를 절로 숨길 수 없을 것이니, 어찌 자기 편이라 해서 모두 옳다 하고 다른 편이라 해서 모두 그르다 하겠는가. 더구나 지금 성명(聖明)께서 위에 계시면서 일심(一心)으로 탕평(蕩平)하려 하시니, 신하된 이들은 의당 위의 뜻을 경건히 체인(體認)하여 공평한 마음을 넓히는 데 힘쓰고 구습(舊習)에 격동되어 남의 지탄을 받는 일이 없도록 해야 할 것이다. 이는 실로 지금 우리 약중(約中)이 노력해야 할 바이다.

一. 朋黨爲國痼弊, 其勢必欲亡國敗家而後已. 求黨人之用心, 實有不可言者. 或謂士論當如此, 士論曷嘗有忘國而殉黨者乎? 或謂氣節可觀, 氣節曷嘗爲黨同伐異而立乎? 一切所論, 汨溺人心, 莫可救止, 可勝歎哉! 凡人於自己日用間身心應接之節, 多有未遑, 何暇更習黨論乎? 平居讀書, 講明義理, 在我之鑑, 不爲物蔽, 則是非姸媸, 自難掩匿. 豈以朋類而盡是, 異黨而盡非哉? 況今聖明在上, 一心蕩平, 爲人臣者當欽體上意, 務恢公平之心, 無爲舊習所激, 使人指目, 誠今約中之所當勉也.

一. 남의 물건을 보면 털끝만큼의 욕심도 내지 않으며, 길에 떨어진 물건이 있으면 반드시 주인을 찾아서 돌려준다. 옛사람이 아름다운 풍속을 말하면서, "길에 떨어진 물건을 줍지 않는다."라 하였다. 천 년이 지난 뒤에 그 글을 읽어도 늘 격앙하는 마음을 생기는데, 하물며 그 사실을 직접 본 사람이야 말할 나위 있겠는가.

一. 見人之物, 不生毫髮慾心, 路中若有遺棄之物, 必推其主與之. 古人論風俗之美者曰: "道不拾遺." 千載之下, 讀其文, 常有激昂之心, 況親見者乎!

一. 하인배(下人輩)들은 남의 아내나 딸을 남몰래 간통해서는 안 되며, 마을의 남녀가 길에서 만나게 되면 서로 피해서 가고 친압(親狎)해서는 안 된다.-술잔을 서로 주고받지 않으며 담배를 함께 피우지 않는 것과 같은 경우들이다.-

一. 下人輩不可陰奸他人妻女, 里中男女, 路次相逢, 則相避而行, 不相親狎.-酒盃不相傳, 烟竹不相通之類.-

一. 하인과 젊은 사람은 노인이나 어른을 만나면 반드시 공경히 예(禮)를 갖추고, 노인이나 어른이 물건을 지거나 이고 있으면 젊은 이가 대신해서 쉬도록 해드린다.

一. 下人少者, 遇老者長者, 行禮必敬. 老者長者, 有所負戴, 少者代之, 以休其力.

一. 양반 집 노비로서 지극히 충직한 자가 있으면 회집(會集)하는

날에 불러서 상을 준다. 또 지성으로 충성을 다해 시종일관 변함이
없는 자는 서로 의논하여 관가에 보고하되, 먼저 동역(洞役)을 면제
하여 준다.

一. 兩班家奴婢有盡忠者, 會集日招致論賞, 且有至誠盡忠, 終始不懈者, 相
議聞官, 先除洞役.

一. 일에는 나와 남의 구별 없이 모두 성심을 다해야 하며, 약령(約
令)은 일일이 준행(遵行)하여 조금이라도 소홀히 해서는 안 된다.

一. 事無人己, 皆當盡心, 約令一一遵行, 毋或少忽.

# 10. 과실상규

過失相規

의리를 범하는 과실 여섯 가지, 약령(約令)을 범하는 과실 네 가지, 수신(修身)하지 않는 과실 다섯 가지를 말한다.

謂犯義之過六, 犯約之過四, 不脩之過五,

## 의리를 범하는 과실〔犯義之過〕

1. 주정·도박·싸움·소송이다. 주정은 술에 취해 떠들고 다투는 것이며, 도박은 재물을 걸고 내기를 하는 것이며, 싸움은 다투고 때리고 욕설하는 것이며, 소송은 남을 해칠 의도로 남의 죄악을 일러바치는 것과 남을 무고하여 그만 두어도 될 소송을 그만두지 않는 것을 말하며, 일이 범죄에 연루(連累)되거나 남에게 침해를 당하여 호소하는 경우는 해당되지 않는다.

 2. 행동거지가 법도에 넘거나 어긋나는 것이다. 예의를 어기고 법을 위반하는 등이니, 모든 악행이 다 이에 해당한다.

 3. 행동이 공손하지 못한 것이다. 나이 많고 덕망 있는 이를 업신여기고 홀대하는 자, 남의 장단점을 들추어내는 자, 자신의 힘을 믿고 남을 업신여기는 자, 잘못을 알면서도 고치지 않고 남이 타이르는 말을 듣고도 더욱 심하게 하는 자이다.

 4. 말이 충신(忠信)하지 못한 것이다. 남을 위하여 일을 도모하면

서 그 사람을 악에 빠뜨리거나, 남과 약속을 하고서 물러난 뒤 배반하거나, 사단(事端)을 일으킬 말을 함부로 지껄여 듣는 사람들을 현혹시키는 자이다.

5. 말을 날조하여 남을 모함하고 헐뜯는 것이다. 남의 과실이나 악을 꾸며 없는 일을 있다 하고 작은 일을 크게 만들거나, 면전에서는 옳다고 하고 돌아가서는 그르다고 하거나, 남을 조롱하는 익명의 문서를 짓거나, 근거 없이 남의 사생활을 들추어내거나, 남의 지나간 허물을 말하기 좋아하는 자이다.

6. 지나치게 영리(營利)를 꾀하는 것이다. 남과 거래할 때 재물을 너무 긁어모으는 자, 오로지 자기 이익에만 힘쓰고 다른 일은 돌보지 않는 자, 까닭 없이 남의 물건을 요구하거나 빌리기를 좋아하는 자, 남의 기탁(寄托)을 받고서 속임수를 쓰는 자이다.


一曰酗博鬪訟: 酗謂縱酒喧競, 博謂賭博財物, 鬪謂鬪毆罵詈, 訟謂告人罪惡, 意在害人, 誣賴爭訴, 可已不已, 若事干負累, 及爲人侵損而訴之者非.

二曰行止踰違: 踰禮違法, 衆惡皆是.

三曰行不恭遜: 侮慢齒德者, 持人長短者, 恃强凌人者, 知過不改, 聞諫愈甚者.

四曰言不忠信: 或爲人謀事, 陷人於惡, 或與人要約, 退或背之, 或妄說事端, 熒惑衆聽者.

五曰造言誣毁: 誣人過惡, 以無爲有, 以小爲大, 面是背非, 或作嘲咏匿名文書, 及發揚人之私隱, 無狀可求, 及喜談人之舊過者.

六曰營私太甚: 與人交易, 傷於掊克者, 專務進取, 不恤餘事者, 無故而好干求假貸者, 受人寄托而有所欺者.

## 11. 약령(約令)을 범하는 과실

犯約之過

1. 도덕과 의리를 서로 권면하지 않는 것.
2. 과실을 서로 규계(規戒)하지 않는 것.
3. 예속(禮俗)을 서로 이루어 주지 않는 것.
4. 환난에 서로 도와주지 않는 것이다.

一曰德義不相勸, 二曰過失不相規, 三曰禮俗不相成, 四曰患難不相恤.

## 12. 수신(修身)하지 않는 과실
### 不修之過

1. 옳지 않은 사람과 교제하는 것이다. 교제하는 대상은 사족(士族)이나 서인을 제한하지 않지만, 흉악한 자와 게을러 놀기만 하고 행실이 없는 자로서 남들이 사람 축에 끼워주지 않는 자를 자기가 어울려서 조석으로 놀며 지내는 것이 옳지 않은 사람과 교제하는 것이다. 부득이하여 잠시 왕래하는 것은 이에 해당하지 않는다.

2. 유희(遊戲)하고 태타(怠惰)한 것이다. 유(遊)는 까닭없이 출입하며 오직 한가하고 편안히 지내는 데만 힘쓰는 자를 말한다. 희(戲)는 놀고 웃는 데 법도가 없거나 남을 침탈하고 업신여기는 데 뜻이 있거나, 혹은 말을 달려 격국(擊鞠)하되 재물을 걸어 내기하지는 않는 자를 말하다. 태타는 일을 하지 않는 자 및 가사(家事)가 다스려지지 않고 문정(門庭)이 청결하지 못한 자를 말한다.

3. 동작에 예의가 없는 것이다. 진퇴가 너무 거칠고 공손하지 못한 자, 말해서는 안 될 것은 말하고 말해야 할 것은 말하지 않는 자, 의관을 너무 화려하게 꾸미거나 전혀 정돈하지 않는 자, 의관을 갖추지 않고 저자거리에 다니는 자 등을 말한다.

4. 일을 할 때 신중하지 않은 것이다. 일을 맡고도 일을 내팽개치고 망각하거나, 모임에 제 시간보다 늦게 오거나, 일을 할 때 태만한 자이다.

5. 용도를 절제하지 않는 것이다. 집안 형편을 생각지 않고 지나치게 낭비하는 자, 가난을 편안히 받아들이지 못하고 정당하지 않은

도리로 이익을 추구하는 자를 말한다.

이상 열거한 과실을 우리 약회(約會)를 같이 하는 사람들은 각자 성찰하고 서로 규계(規戒)하되, 과실이 작은 경우는 은밀히 충고하고 과실이 큰 경우는 여러 사람들이 경계해 주되, 듣지 않으면 회집하는 날에 직월(直月)이 이를 약정(約正)에게 고하고 약정이 의리로써 훈계한다. 그리하여 사과하고 고치겠다고 하면 이를 책자에 기록하고 기다리며, 항의하고 불복하거나 끝내 고치지 않는 자는 모두 약중(約中)에서 내친다.-이상은 『여씨향약』 본조(本條)이다.-


一曰交非其人: 所交不限士庶, 且凶惡及遊惰無行, 衆所不齒者, 而己與朝夕遊處, 爲交非其人. 若不得已而暫往還者非.

二曰遊戲怠惰: 遊謂無故出入, 止務閑適者. 戲謂遊笑無度, 及意在侵侮, 或馳馬擊鞠而不賭財物者. 怠惰謂不修事業, 及家事不治, 門庭不潔者.

三曰動作無儀: 謂進退太疎野及不恭者, 不當言而言, 及當言而不言者, 衣冠太華餙, 及全不完整者, 不衣冠而入街市者.

四曰臨事不恪: 主事廢忘, 期會後時, 臨事怠慢者.

五曰用度不節: 謂不計有無, 過爲多費者, 不能安貧, 非道營求者.

右件過失, 同約之人, 各自省察, 互相規戒, 小則密規之, 大則衆戒之. 不聽則會集之日, 直月以告于約正, 約正以義理誨諭之, 謝過請改, 則書于籍以俟, 其爭辨不服, 與終不能改者, 皆聽其出約.-右呂氏本條.-

부조(附條)

一. 향약(鄕約)이 시행되기 어려운 것은 늘 과실을 서로 규계(規戒)하는 데서 연유한다. 규계하면 사이가 나빠지기 쉽고, 규계하지 않으면 선과 악이 섞이니, 이것이 선유(先儒)들이 어렵게 여긴 점이다. 그 중 큰 사례를 말하면, 우리 국조 기묘년의 제현(諸賢)들이 악을 미워함이 너무 지나친 나머지 피아를 지나치게 분별했던 탓에 끝내 일망타진의 화를 당하고 말았으니, 이는 경계하지 않아서는 안 된다.

一, 鄕約之難行, 恒由於過失相規. 規之則嫌隙易生, 不規則善惡混淆, 此先儒所以難之也. 以其大者言之, 我朝己卯諸賢, 疾惡太過, 分別太甚, 終遭網打之禍. 此不可不戒也.

一. 약중(約中)에서 말한 것은 모두 옛날 현인들의 훈계이다. 따라서 양반은 설사 잘못을 범하는 자가 있더라도, 그 지식이나 염치가 상인(常人)과는 다르니, 필시 그 잘못을 호도하고 변명하여 동벌(洞罰)을 받지 않으려고 할 리는 없을 것이다. 잘못하였지만 능히 잘못을 고치는 것은 성인(聖人)이 귀히 여긴 바이며, 남이 자기 잘못을 알려주면 기뻐했던 것은 자로(子路)가 현인(賢人)이 된 까닭이다. 우리 약중의 사람들이 잘못이 있는 것을 숨기려 하지 않고 잘못해 놓고 고치지 못하는 것을 수치로 여기다면, 오늘의 과실은 단지 한 때의 작은 실수에 불과하고 후일의 성취는 헤아릴 수 없이 클 것이다. 게다가 양반은 상인(常人)의 본보기가 되니, 잘못했는데도 벌하지 않는다면 장차 어떻게 서민들을 바로잡아 통솔할 수 있겠는가.

一, 約中所言, 皆古賢訓戒, 則兩班雖有犯過者, 其知識廉隅, 異於常人, 必無遂非文過, 不受洞罰之理. 過而能改, 聖人之所貴也; 告過則喜, 子路之所以爲賢也. 惟我約中人, 不以有過爲可諱, 而以過而不能改爲恥, 則今日之過, 不過爲一時之少愆, 而他日成就, 有不可量矣. 且兩班爲常人之表準, 過而不罰, 亦何以糾率庶氓乎?

一. 선한 자를 표창할 때는 말을 분명하고 명쾌하게 하며, 악한 자를 규탄할 때는 그 말을 은근하고 부드럽게 하는 것이 또한 충후한 도리이다. 예를 들면 어떤 사람이 불효하였을 때, 곧장 '불효'라고 하지 말고 다만 "듣건대 아무개는 봉양하는 데에 퍽 미진한 점이 있다고 하는데, 감히 사실 여부를 확신할 수 없기에 우선 기록하여 두고 기다린다."라 기록한다. 무릇 잘못이나 악을 규탄할 때에도 모두 이와 같이 한다. 그리고 만약 고치기 어려운 악(惡)이 있으면 우선 규탄하지 말아야 할 것이니, 만약 그로 하여금 용납될 곳이 없게 하면 그가 마침내 격분하여 발악할 지도 모른다. 동약(同約)이 우선 동회(洞會) 날에 앞서 사람들 모르게 그에게 말해 주어 충고하고 선도하여 자수(自首)하게 한 다음 우선 기록하여 두고 고치기를 기다린다. 만약 끝까지 모질게 버티면서 교계(敎戒)를 따르지 않으면 많은 사람들의 이목은 가릴 수 없으니, 그런 뒤에 상의하여 징벌한다.

一, 彰善者其辭顯而決, 糾惡者其辭隱而婉, 亦忠厚之道也. 如人有不孝, 毋直曰不孝, 但書云: "聞某於奉養之節, 頗有未盡, 不敢以爲信, 姑書之以俟." 凡糾過惡, 皆例此. 若有難改之惡, 且勿糾, 若使之無所容, 則恐遂激而肆其惡矣. 同約須先期陰與之言, 忠告而善導之, 使之自首, 姑書之以待其改. 若終是悍傲, 不率教戒, 衆目難掩, 然後相議論罰.

一. 덕업상권(德業相勸)의 조목들은 모두 사람이 당연히 실행해야 하는 것들이니, 이와 상반되면 곧 과실이다. 작은 경우에는 몰래 타일러 주고 큰 경우에는 여러 사람들이 일깨워주어 기필코 개과천선하게 하고야 말아야 하니, 이 어찌 이웃간에 서로 사랑하는 도리가 아니겠는가.

一. 德業相勸諸條, 皆人所當行者也. 與之反則爲過. 小則潛規之, 大則衆曉之, 期於改過遷善而後已. 豈非鄰里相愛之道乎?

一. 젊은이가 어른을 능멸하는 것은 그 사례가 한둘이 아니다. 말씨가 불손하기도 하고, 예모(禮貌)가 공손하지 못하기도 하고, 면전에서는 공손한 체 하면서 돌아서서는 업신여기기도 하고, 멀리서 바라보고 말에서 내리지 않기도 하고, 심하면 욕설을 퍼붓고 구타하는 자도 있다. 맹자(孟子)가 말하기를, "나의 노인을 노인의 도리로써 대접하여 남의 노인에게까지 미친다."라 하였다. 대개 어른을 공경하지 못하는 근본은 실제로 어버이를 공경하지 못하는 데 있으니, 그 부덕(不德)이 크다. 상하를 막론하고 그 경중에 따라 징벌한다.

一, 以少凌長, 其事不一. 或言辭不遜, 或禮貌不恭, 或面恭背侮, 或望見不下馬, 甚則有罵詈有毆打者. 孟子曰: "老吾老, 以及人之老." 夫不能敬長之本, 實在於不能敬親, 其爲不德, 大矣. 勿論上下, 從輕重罰之.

一. 적서(嫡庶)의 사이는 은애(恩愛)는 비록 같지만 분의(分義)는 엄격히 다르다. 서자(庶子)로서 적자(嫡子)를 능멸한 죄는 나라의 법전에 분명하게 실려 있으니, 이를 범한 자는 그 경중에 따라 벌이 있다.-적서 사이가 화목하지 못하는 것은 언제나 적자가 은애를 베풀지 않고 서자가 분의를 지키지 않는 데서 말미암아 생긴다. 분의를 엄중히 하는 도리는 진실로 서얼을 꺾어 눌러야겠지만, 적자로서 그 도리를 잃은 자도 의당 논벌(論罰)해야 한다.-

一, 嫡庶之間, 恩雖同而分則嚴. 以庶凌嫡之罪, 明在國典, 犯者罰有輕重.-嫡庶之不睦, 常由於嫡不施恩, 庶不守分而生. 嚴分之道, 固當催抑庶蘖, 而爲嫡失其道者, 亦當論罰.-

一. 상하의 명분은 분명하다. 그런데 근래에 풍속이 무너져 양반을 능욕하는 자들이 흔히 있으며, 심지어 구타하는 자까지 있다. 이런 자들은 각각 그 경중에 따라 벌하되, 심한 경우는 관가에 고발하여 죄를 다스리고 출벌(黜罰)한다.

一, 上下名分截然, 而近來風俗頹敗, 凌辱兩班者, 比比有之, 至有毆打者. 各從其輕重而罰之, 甚者告官科罪黜之.

一. 지금 사람들은 일로 인해서 서로 힐난(詰難)하며 양보하려 들지 않는다. 그래서 벌써 오래 전의 과실을 들먹이기도 하고, 문벌(文閥)의 우열을 따지기도 하며, 선대의 묵은 흠을 늘어놓기도 한다. 심지어는 분을 참지 못하여 입에서 나오는 대로 욕하고 그것도 모자라면 구타하기까지 한다. 이것이 어찌 양반의 아름다운 행실이겠는가. 이를 범한 자는 경중에 따라 벌한다. 하인들끼리 싸우는 것은 지금 세상에서는 괴이할 것도 없지만, 실로 좋은 풍속이 아니고 결국 모두 악행이니, 그 경중에 따라 벌하되, 의당 태장(笞杖)으로 벌한다.

一, 今人有因事相詰, 不能相下, 或擧久遠過失, 或論門地優劣, 或陳先世疵纇, 至於不忍其忿, 率口罵辱, 又從而敺擊之. 此豈兩班之美行耶? 犯者罰有輕重. 下人相鬪, 在今世雖不足怪, 而實非善俗, 皆歸惡行. 輕重之罰, 當以笞杖從事.

一. 같은 약원(約員)이나 친척의 과실을 다른 고을이나 마을에 전파하는 것은 모두 아름다운 행실이 아니니, 상하를 막론하고 그 경중을 참작하여 벌을 내린다.

一, 以同約及親戚過失, 傳播他邑他洞者, 皆非美行. 勿論上下, 酌輕重施罰.

一. 어른은 젊은이에 대하여, 적자는 서자에 대하여, 양반은 하인에 대하여 저마다 도리를 다하여 대해야 한다. 혹 이치에 닿지 않은 일로 협박하다가 자기 뜻대로 되지 않아 노하면, 젊은 사람이 어른을 능멸하고 서자가 적자를 능멸하고 하인이 양반을 능멸했다고 핑계를 대어 억지로 죄를 씌우려 하는데, 옳고 그름이 그대로 있는 것이고 뭇사람의 눈은 가리기 어려운 법이다. 이 또한 사리에 크게 어긋나는 일이니 경계하지 않아서는 안 된다.

一, 長者之於少者, 嫡之於庶, 兩班之於下人, 各盡其道以待之. 如或以非理刲制而怒其不如意, 則乃誘以少凌長庶凌嫡, 下人凌兩班, 而强欲科罪, 是非自存, 衆目難掩, 是亦悖理之甚者, 不可不戒.

一. 혼례와 상례가 제도를 어겨 과도한 경우에는 나라에 금령(禁令)이 있으니, 만약 지나치게 사치한 경우가 있으면 규탄하여 경계하고 논벌(論罰)한다.-혼례와 상례는 사람의 도리 중에서도 큰 것이다. 예(禮)에는 일정한 제한이 있고 법에는 금지하는 바가 있다. 가난한 자는 진실로 논할 것이 없지만, 부유한 자들이 항상 남만 못한 것을 부끄러워하여 예를 범하고 법을 넘어서서 참람하고 사치하는 풍조를 이루었으니, 참으로 개탄스러운 일이다. 혼인은 다른 두 성(姓)이 만나는 것으로 만 가지 복록의 근원을 맺는 일이다. 따라 예(禮)에 정한 대로 하면 되니, 재물의 많고 적음을 따지는 것은 실로 오랑캐나 하는 짓이다. 고구려의 풍속은 자장(資裝)이 너무 많으면 이를 '매비(賣婢)'라 하였으니, 당시에는 오랑캐 풍속이 아직 바뀌지 않았는데도 오히려 이를 수치로 여겼던 것이다. 하물며 지금처럼 예교(禮敎)가 밝고 아름다운 시대임에랴. 친상(親喪)은 실로 자신의 도리를 다해야 할 바이다. 성인도 말씀하시기를, "예(禮)로써 장사지내고 예로써 제사지낸다."라 하였으니, 군자가 일을 하면서 예(禮)를 버리고 무엇으로 하겠는가. 지금 시속에서 딸을 시집보낼 때 혼수가 풍부하지 못하면 매우 수치스럽게 여기며, 더러는 이로 말미암아 양가(兩家)가 불화하기도 한다. 그리고 어버이의 장례를 예(禮)에 따라 지내면 박장(薄葬)이라고 하면서 사람들이 마구 일어나 비난하기도 한다. 이 때문에 풍습이 겉치레를 숭상하여 보기 좋게 하는 데만 치중하다 보니 실사(實事)는 멸렬(蔑裂)해지는 데 이르고 말았다. 이는 저잣거리 장사치가 하는 짓이지 사군자가 본받을 바는 아니다.-

一, 昏喪違制過度, 國有禁令, 若有踰侈者, 糾戒論罰.-昏喪, 人道之大節也. 禮有定制, 法有所禁. 貧者固無論已, 富者恒以不及人爲愧, 犯禮越法, 僭侈成風, 可勝歎哉! 昏合二姓之好, 結萬福之源, 如禮而已. 論財豐薄, 實夷虜之道也. 高句麗之俗, 若資裝過豐, 則謂之賣婢, 此時夷風未變, 猶以爲恥. 況今禮敎休明之時乎? 親喪固所自盡, 聖人亦曰: "葬之以禮, 祭之以禮." 君子行事, 舍禮, 何以哉! 今俗嫁女, 裝奩不豊, 則深爲羞恥, 或至兩家不和. 葬親如禮, 則或謂薄葬, 衆起而咻之. 是以, 習尙浮文, 專尙觀美, 而至於實事蔑如也. 此市井賈兒之爲耳, 非士君子所法也.-

一. 혹 술가(術家)의 풍수설에 미혹하여 함부로 선묘(先墓)를 옮기거나 기한이 지나도록 장사지내지 않는 자는 의당 규계(規戒)해야 한다.-만약 어쩔 수 없는 뚜렷한 사정이 있어서 천장(遷葬)한다면 우선 말하지 않거니와 그 밖의 경우들은 모두 술사(術士)의 속임수에 빠진 것이다. 신도(神道)는 유정(幽靜)을 좋아하니, 이미 안장(安葬)해 놓고 분묘를 함부로 옮겨 조선(祖先)의 혼령이 불안하도록 하는 것은 중한 불효이다. 이런 까닭에 분묘를 옮긴 집안은 복을 구하다가 얻지 못하고 도리어 재앙만 불러온 경우가 많으니, 이는 필연(必然)의 이치이다.

　풍수에 현혹되는 데는 두 가지 부류가 있다. 무식한 자는 곧장 말하기를, "산소를 쓴 자리가 좋지 못하여 자손들이 이처럼 가난하며 과거에 급제하는 자도 나오지 않으니, 응당 길지(吉地)를 구해서 복을 빌어야겠다."라 하고, 조금 지식이 있는 자는 늘 말하기를, "산소를 쓴 자리가 좋지 못하여 신위(神位)를 불안한 채로 두고 있으니 자손 된 사람의 마음이 아무렇지 않게 여길 수 없다."라 한다. 효순(孝順)한 자손들의 마음에 일단 불길하다는 말을 듣고 나면 혹 이런 마음이 들 수도 있을 것이다. 그러나 이러한 사람은 열에 하나도 얻기가 어렵고, 태반은 부귀와 복록과 장수를 바라는 마음에서 먼저 길지를 찾는 것이다. 대저 사람이 이 세상에 태어날 때에 운명이 이미 정해지니, 인력으로 어찌할 수 있는 바가 아니다. 게다가 풍수설은 매우 망매(茫昧)하여 세상에 신안(神眼)을 갖춘 이가 없는 지 오래이다. 세속의 술사들이 말하는 길지(吉地)라는 것이 도리어 흉지(凶地)가 아니라는 보장이 어디 있겠는가. 속어에 "복 있는 사람이 길지(吉地)를 만난다."라 하니, 이는 저속한 말이지만 이치에 통달한 것이다. 만약 추호라도 복을 바라는 마음을 가지고 묘소를 옮긴다면 이는 도리어 사사로운 마음이다. 천도(天道)는 지극히 공평하니, 필시 이런 사람에게는 복을 내려 주지 않을 것임이 분명하다.-

一, 或惑於術家風水之說, 妄遷先墓及過期不葬者, 亦當規戒.-若以顯然不得已之故而遷葬, 則姑不論已, 餘外盡爲術士所蠱耳. 夫神道主靜, 旣已安葬, 而妄遷墳墓, 使祖先神靈不安, 是重不孝也. 是故, 遷墓之家, 求福不得而反致殃者多, 必然之理也. 惑於風水者, 其說有二. 其無知者, 直曰: "墳山不佳, 以致子孫貧殘, 或科甲不生, 當求吉地, 以祈福利." 其稍解知識者, 則輒曰: "墳山不吉, 致神位不安. 子孫之心, 不可恝然矣." 孝子順孫之心, 一聞不吉之言, 或有處心如此者矣. 然如此之人, 十難得一, 而太半富貴福壽之意, 先爲之兆也. 夫人墮地之初, 稟命已定, 非人所可力圖. 且風水之說, 甚爲茫昧, 世無神眼久矣. 俗師所稱吉地, 安知其非凶乎? 諺曰: "福人逢吉地." 是俚語之達理者也. 若有一毫冀福之望而爲之, 則反涉私意. 天道至公, 必不降福

一. 비록 시골의 소민(小民)일지라도 남녀가 결혼할 때에는 반드시 정당한 도리로써 하여 인륜의 시초를 바르게 해야 한다. 만약 폭력으로 겁간(劫奸)하는 자가 있다면 논보(論報)해서 형률에 따라 처벌할 것이며, 부모의 명을 기다리지도 않고 전야(田野)의 초로(草露) 사이에서 저희들끼리 간통한 자는 아울러 논벌(論罰)하고 사람 축에 끼워주지 않는다.

一, 雖村巷小民, 男女嫁娶, 必以其道, 以正人倫之始. 如有强暴刦奸者, 論報處律, 田野草露之間, 不待父母之命, 而私相交奸者, 幷論罰, 勿齒其類.

一. 향약(鄕約)의 설치가 이미 존중(尊重)하고 게다가 약법(約法)이 엄중하니, 혹시라도 세력을 빙자하여 제멋대로 위복(威福)을 가하거나, 민호(民戶)를 사역(使役)해서 자기 개인 일을 하거나, 공연히 말로 떠들어 대는 것만 좋아하여 도리어 경박한 기풍을 조장하거나, 관부(官府)의 잘잘못을 붙들고 늘어져서 일을 도치(倒置)하기도 하니, 그 백성을 동요하고 정사를 해치는 짓은 차마 말하지 못할 정도이다. 이 어찌 한 고을 군자들의 수치가 아니겠는가. 만약 이런 일이 있으면 일일이 바로잡아 처벌해야 할 것이며, 심한 경우는 본래 국법이 있으니, 두려워해야 할 것이다.

一, 鄕約之設, 旣爲尊重, 而約法又嚴, 或有因緣憑藉, 擅作威福, 或役使民戶, 以濟其私, 或徒尙言議, 反長澆競, 或持官府長短, 馴成倒置, 則其所以擾民害政者, 有不可言. 豈不爲一鄕君子之所羞乎? 若有如此事, 一一規罰, 甚者自有國法, 可畏.

一. 까닭없이 결혼할 때를 놓치거나, 사소한 일로 제사를 지내지 않거나, 향리에서 위세를 부리거나, 음사(淫祠)를 숭상하거나, 백성을 침탈하거나, 산승(山僧)을 불러 불공을 드리거나,-원문 빠짐- 뇌물을 받고 관부에 청탁하거나, 몸가짐이 염결(廉潔)하지 못하고 벼슬에 있으면서 탐묵(貪墨)하거나, 술꾼과 어울려 술에 빠져서 음창(淫倡)을 가까이 하거나, 정령(政令)이나 관장(官長)의 잘잘못을 함부로 논하거나, 터무니없는 소문을 듣고 친구들 사이에 사단을 일으키거나, 집에서 말과 되를 두 가지로 써서 곡식을 적게 주고 많이 받거나, 빚을 주고 지나치게 받아 자모법(子母法 이자를 제한하는 법)을 따르지 않거나, 곡식을 바치고 직첩(職帖)을 얻어서 사대부를 능욕하거나, 한량(閑良)이나 초관(哨官)이 사대부에게 대등하게 굴거나, 하인의 아내나 딸이 가마를 타는 것 등이다.

一. 或無故婚嫁失時, 或以小故祭祀不行, 或豪强鄕里, 或崇尙淫祠, 或侵求小民, 或山僧-缺-, 或受賂請囑於官府, 或持身不廉, 居官貪墨, 或沉湎酒徒, 昵近淫倡, 或妄論政令官長得失, 或枉聽流言, 起鬧親朋, 或家用兩斗兩升, 輕授重捧, 或徵債過濫, 不從子母法, 或納粟加資, 凌辱士夫, 或閑良哨官, 抗禮士夫, 或下人妻女乘轎.

이상의 조목들은 모두 그 경중에 따라 논벌(論罰)한다.-무릇 과실의 조목으로서 덕업(德業)과 상반되는 것과 이 장에서 말한 바는 위의 하계(下

契)에게 효유하는 글 중의 다섯 가지 벌과 서로 참작해서 정한다. 피차간에 정밀하고 소략한 차이가 있을 경우에는 응당 임시로 참고해서 준거한다.-

右諸條, 皆隨輕重論罰.-凡過失之目, 與德業相反者, 及此章所論, 與上諭下契文中 五罰, 相參以定. 或有彼此踈密之不同, 當臨時考準.-

## 13. 예속상교
### 禮俗相交

예속상교는 첫째 존유배항(尊幼輩行), 둘째 조청배읍(造請拜揖),
셋째 청소송영(請召送迎), 넷째 경조증유(慶弔贈遺)이다.

禮俗之交: 一曰尊幼輩行, 二曰造請拜揖, 三曰請召送迎, 四曰慶弔贈遺.

존유배항(尊幼輩行): 모두 다섯 등급이다.
  존자(尊者),-자기보다 나이가 20세 이상 많아 부항(父行)에 있는 자를
말한다.- 장자(長者),-자기보다 나이가 10세 이상 많아서 형항(兄行)에 있
는 자를 말한다.- 적자(敵者),-나이 차이가 아래위 10년 미만인 자를 말한다.
나이가 많은 자를 초장(稍長)이라 하고, 나이가 적은 자를 초소(稍少)라 한
다.- 소자(少者),-자기보다 10년 이상 적은 자를 말한다.- 유자(幼者)-자
기보다 20년 이상 적은 자를 말한다.-이다.

尊幼輩行 : 凡五等, 曰尊者,-謂長於己二十歲已上, 在父行者.- 曰長者,-謂長於
己十歲以上, 在兄行者.- 曰敵者-謂年上下不滿十歲者. 長者爲稍長, 少者爲稍少.-
曰少者,-謂少於己十歲以下者.- 曰幼者,-謂少於己二十歲以下者.-

조청배읍(造請拜揖): 모두 세 가지이다.
  첫째, 모든 소자(少者)와 유자(幼者)가 존자(尊者)와 장자(長者)
에게 설, 동지, 사계절의 첫째 달 초하룻날에 사현(辭見)하거나 하사

(賀謝)하는 것은 모두 예현(禮見)이며, 이 밖에 문후(問候)·질의(質疑) 및 일을 말씀드리거나 초청을 받고 찾아가는 것은 모두 연현(讌見)이다.-절목(節目)은 다 기록하지 않는다.-

둘째, 존자나 장자를 뵐 때는 문 밖에 이르러 말에서 내려 외차(外次)에서 기다리면서 성명을 알린다. 주인은 장명자(將命者)를 시켜서 나가 손님을 맞아들이도록 한다. 손님이 따라 들어가서 행랑에 이르면 주인이 나가 섬돌을 내려간다. 손님이 종종걸음으로 나아가면 주인이 읍(揖)하고 대청에 오른다. 예현일 경우는 사배(四拜)하고 자리에 앉으며, 연현일 경우는 절하지 않는다. 손님이 물러나오면 주인이 문 아래에서 전송한다. 손님은 대문을 나와서 말에 오른다. 적자(敵者)일 경우는 문 밖에서 말에서 내려 사람을 시켜 성명을 통한다. 예현일 경우는 재배한다. 손님은 물러 나와서 섬돌에서 말에 오른다. 손님이 도보로 왔으면 주인이 문 밖에서 전송한다. 소자(少者) 이하를 방문할 경우에는 먼저 사람을 보내어 성명을 통하면 주인이 의관을 갖추고 기다린다. 손님이 문에 들어와서 말에서 내리면 달려 나가 맞이하며, 읍하고 대청에 오른다. 손님은 물러 나와서는 섬돌에서 말에 오른다. 손님이 도보로 왔을 경우는 대문 밖에서 맞이하고, 전송할 때도 그렇게 하며, 손님이 멀리 간 것을 보고서야 주인이 집 안으로 들어간다.

셋째, 존자나 장자를 길에서 만났을 때에는 다 같이 도보로 가고 있으면 종종걸음으로 달려가서 존자나 장자에게 읍한다. 말을 건네면 대답하고 그렇지 않으면 길 옆에 비켜서서 존자나 장자가 지나가기를 기다렸다가 읍하고 나서 길을 간다. 양쪽이 모두 말을 탔으면, 존자일 경우에는 돌아서 피하여 가고,-지금의 시속에 의하면 말에서 내려야 한다.- 장자일 경우에는 길 옆에 말을 세워 놓은 채 읍하고 지나가기를 기다렸다가 다시 읍하고 간다. 만약 자신은 걸어가고 존자가 말을 탔으면 길을 비켜주고,-무릇 걸어가다가 말을 타고 가는 아는 사람을 만났을 경우는 모두 이와 같이 한다.- 자기는 말을 탔고 존자나 장자가 도보로 갈 경우에는 멀리서 보고는 말에서 내려 앞으로 가서 읍한다. 이미 길을 피했을 경우라도 역시 그렇게 하고, 멀리 간 뒤에 말에 오른다. 적자(敵者)를 만났을 경우는 양쪽 다 말을 탔으면 길을 나누어서 서로 읍하고 지나가며, 저쪽은 걸어오고 내가 미처 길을 비키지 못하였으면 말에서 내려서 읍하고 지나간 뒤 말에 오른다. 소자 이하를 만났을 때는 모두 말을 탔고 저쪽이 미처 길을 비키지 못하였으면 읍하고 지나가며, 저쪽이 걸어오고 내가 미처 길을 비키지 못하였으면 말에서 내려 읍한다. 유자(幼者)일 경우에는 굳이 말에서 내리지 않는다.

造請拜揖: 凡三條, 曰凡少者幼者, 於尊者長者, 歲首冬至四孟月朔, 辭見賀謝, 皆爲禮見. 此外候問起居, 質疑白事及赴請召, 皆爲燕見. 按節目不盡錄, 曰凡見尊者長者, 門外下馬, 俟於外次, 乃通名. 主人使將命者先出迎客, 客趨入至廡間, 主人出降階, 客趨進, 主人揖之, 升堂禮見, 四拜而後坐. 燕見不拜, 退, 主人送于門下. 出大門, 乃上馬. 敵者門外下馬, 使人通名, 禮見再拜, 退, 就階上馬. 徒行則主人送于門外. 凡少者以下, 先遣人通名, 主人具衣冠以俟, 客入門下馬, 則趨出迎揖升堂, 退則就階上馬. 客徒行則迎于大門之外, 送亦如之. 望其行遠乃入. 曰凡遇尊長於道, 皆徒行則趨進揖, 尊長與之言則對, 不則立於道側以竢, 尊長已過, 乃揖而行, 或皆乘馬, 於尊者則回避之.-按今俗當下馬.- 於長者則立馬道側, 揖之俟過, 乃揖而行. 若己徒行, 而尊者乘馬, 則回避之.-凡徒行, 遇所識乘馬, 皆倣此.- 若己乘馬, 而尊長徒行, 望見則下馬前揖, 己避亦然, 過旣遠, 乃上馬. 遇敵者, 皆乘馬, 則分道相揖而過. 彼徒行而不及避, 則下馬揖之, 過則上馬. 遇少者以下, 皆乘馬, 彼不及避, 則揖之而過, 彼徒行不及避, 則下馬揖之. 於幼者不必下.


청소송영(請召送迎) : 모두 네 가지이다.

첫째, 존자나 장자를 초청하여 음식을 대접하고자 할 때는 직접 가서 편지를 드리며, 다녀간 뒤에는 그 이튿날 찾아가서 사례를 올린다. 적자(敵者)를 초청할 때는 편지를 보내며, 이튿날 서로 사람을 보내어 사례한다. 소자(少者)를 부를 때는 객목(客目)-객목은 지금의 회문(回文)과 같은 것이다.-을 사용하며, 이튿날 손님이 가서 사례한다.

둘째, 무릇 모임에 나온 이가 모두 향리(鄕里) 사람이면 나이 순서대로 앉는다.-사류(士類)가 아닌 자는 그렇지 않다.- 만약 부모가 있으면 별도의 서열로 하며, 다른 지방에서 온 손님으로서 벼슬이 있는 손님이 있으면 벼슬에 따라 앉는다.-서로 무방한 사이일 때는 역시 나이 차례로 앉는다.- 특별한 벼슬이 있는 자가 있으면 마을 사람이라 하더라도 나이 순서로 하지 않으며, 만약 특별히 초청한 손님이라면 맞이할 손님이든 배웅할 손님이든 모두 특별히 초청한 손님을 상객(上客)으로 모신다. 혼례에서는 인가(姻家)가 상객이 되므로 나이나 벼슬로 순서를 삼지 않는다.

셋째, 통상적인 모임〔讌集〕에서는 수작하는 범절을 의식대로 한다.-번잡하므로 다 기록하지 않는다.-

넷째, 멀리 떠나거나 갔다가 돌아오는 자가 있을 때는 이들을 전송하고 환영한다.-번잡하므로 다 기록하지 않는다.-

請召送迎 : 凡四條, 曰凡請尊長飮食, 親往投書. 旣來, 明日往謝, 召敵者
以書簡, 明日交使相謝, 召少者用客目, 按客目若今回文. 明日客往謝. 曰凡
聚會, 皆鄕人則坐以齒,-非士類則不.- 若有親則別序, 若有他客有爵者則坐
以爵,-不相妨者猶以齒.- 若有異爵者, 雖鄕人, 亦不以齒. 若特請召, 或迎勞
出餞, 皆以專召者爲上客. 如昏禮則姻家爲上客, 皆不以齒爵序. 曰凡燕集
獻酢如儀,-按煩不盡錄.- 曰凡有出遠歸者則送迎之.-按煩不盡錄.-


경조증유(慶弔贈遺) : 모두 네 가지이다.

동약(同約) 중에 길사(吉事)가 있으면 경축하고,-아들을 관례(冠禮)
하거나, 아들을 낳았거나, 천거(薦擧)에 들었거나, 과거에 합격했거나, 벼슬
이 오른 경우들이 모두 경하할 만한 일들이다. 혼례는 비록 축하하지 않는다고
하지만, 그러나 예(禮)에 "아내를 얻은 자를 축하한다."라 하였으니, 대개 물건
으로 손님을 접대하는 비용을 도와줄 뿐이다.- 흉사(凶事)가 있으면 조문
한다.-초상·장례·수재·화재 같은 것들이다.-

첫째, 무릇 경례(慶禮)에는 상의(常儀)대로 물품을 보내준다.-만약
그 집안에 재력이 부족하면 동약(同約)이 이를 맡아서 주관한다.-

둘째, 무릇 조례(弔禮)에는 처음 초상이 난 것을 들었을 때 성복(成
服)하기 전이면 동약(同約)들이 가서 조문하고 또 여러 가지 필요한
일들을 도와주며, 성복한 뒤면 동약들이 서로 함께 술·과일 음식을
가지고 가서 치전(致奠)하며, 장례 때에는 동약들이 함께 부의(賻儀)
하고, 발인하면 소복(素服) 차림으로 장송(葬送)한다. 졸곡·소상·
대상에는 모두 평상복 차림으로 조문한다.

셋째, 무릇 상가(喪家)에서는 주식(酒食)과 의복을 갖추어 조문객
을 대접해서는 안 되며, 조문객들도 이러한 대접을 받아서는 안 된다.

넷째, 무릇 지인(知人)의 상사(喪事)를 듣고도 가서 문상할 수 없을 경우에는 사람을 보내어 치전(致奠)하되, 외차(外次)에 나가서 조복(弔服) 차림으로 재배하고 곡송(哭送)한다.-지친(至親)이나 친한 벗에 대해서만 그렇게 한다.- 기년(朞年)이 지났으면 곡하지 않으며, 정의(情誼)가 중하면 그 무덤에 가서 곡한다.

慶弔贈遺: 凡四條. 凡同約有吉事慶之,-冠子生子, 預薦登第進官之屬, 皆可賀. 昏禮雖日不賀, 然禮有日賀娶妻者, 盖但以物助賓客之費而已.- 有凶事弔之,-喪葬水火之類.- 曰凡慶禮, 如常儀有贈物,-或其家力不足, 則同約爲營幹.- 曰凡弔禮, 聞其初喪未易服, 同約往弔, 且助其凡百經營之事. 旣成服, 相率具酒果食物而往奠之, 及葬, 相率致賻, 發引, 素服送之, 及卒哭小大祥, 皆常服弔之. 曰凡喪家, 不可具酒食衣服以待弔客, 弔客亦不可受. 曰凡聞所知之喪, 或不能往, 則遣使致奠, 就外次, 衣弔服, 再拜哭送,-惟至親篤友爲然.- 過期年則不哭, 情重則哭其墓.

이상은 예속상교(禮俗相交)에 관한 것들이다. 직월(直月)이 이를 주관하며, 기일이 있는 경우는 기일에 맞추어 하되, 사람들을 규집(糾集)하는 일을 맡은 이는 이를 어기거나 게을리 하는 사람을 독려하고, 약령(約令)대로 하지 않는 경우는 약정(約正)에게 고하여 힐책하고 기과적(記過籍)에 기록한다.-이상은 『여씨향약』 본조(本條)인데, 이 조항은 많이 삭제하였다.-

右禮俗相交之事, 直月主之, 有期日者, 爲之期日, 當糾集者, 督其違慢, 凡不如約者, 以告于約正而詰之, 且書于籍.-右呂氏本條, 此條多刪煩.-

부조(附條)

一. 장유(長幼)의 배항(輩行)은 모두 다섯 등급이 있다. 그러나 만약 스승과 제자 사이일 경우에는 나이가 비록 높지 않더라도 의당 존자(尊者)로 대접한다.-옛사람은 스승과 제자 사이에 나이가 서로 같은 경우도 있고 스승보다 제자의 나이가 많은 경우도 있었다. 이는 곧 도의(道義)와 학문의 스승인 것이니, 의당 예(禮)에 따라 공경해야 한다. 지금 세상에는 비록 도학(道學)의 스승을 만나기 어렵지만, 구두(句讀)를 배우는 몽학(蒙學)의 스승일지라도 그 가르치는 노고는 많은 것이다. 말세의 세상 사람들이 이런 의리를 알지 못하여, 장성하면 손가락을 꼽아 나이를 따져보고, 심지어는 서로 대등한 관계로 대하기도 하니, 이는 길거리의 무뢰배들의 교제와 무엇이 다르겠는가.- 만약 장자(長者)가 부집(父執)이거나 젊어서부터 존경해 오던 동네 어른이거나 덕망과 지위를 갖춰 존경할 만한 분일 경우에는 의당 존자(尊者)로 대해야 하거니와 나이는 비록 적더라도 덕망과 지위를 지녀 존경할 만한 사람이면 존자나 장자가 그 제자 된 사람으로 하여금 스승된 사람을 의당 대등한 예(禮)로 대하여 적자(敵者)로 대하게 한다.

一, 尊幼輩行, 凡有五等. 而若是師弟子之間, 則年雖不高, 當待以尊者.-古人師弟間, 或有年歲相敵者, 或有年過于師者, 此則是道義學問之師, 敬之自當如禮. 今世道學之師, 雖不可得, 至於蒙學句讀之師, 其教誨之勤勞則多矣. 末俗不知此義, 及其長也, 屈指計年, 至或以敵者相待, 是何異於閭巷無賴之交哉?- 若長者或是父執, 或是洞丈自少致敬者, 或是有德位可尊之人, 則當待以尊者; 年雖幼少, 而若是有德位可尊之人, 則尊長當使之抗禮, 視以敵者.

一. 옛사람은 설, 동지, 사계절의 첫 달 초하루에 소자와 유자가 장자와 존자를 찾아뵙는 예(禮)가 있었다. 지금 사람들은 비록 이런 예를 한결같이 따르지는 못하지만 설 같은 때는 으레 찾아뵙는 규례(規例)가 있다. 그런데 이 예(禮)마저 점점 사라져 가고 있으니, 또한 이를 잘 시행하되 사흘을 넘기지 않고 찾아뵈어야 한다.

一, 古人遇新正冬至四孟朔, 少者幼者, 於尊者長者, 有謁見之禮. 今人雖不能一從此禮, 如新正, 例有謁見之規. 而此禮漸廢, 亦當修擧, 而不可過三日內.

一. 중하(中下)의 약중인(約中人)이 설을 쇤 뒤에 찾아가 뵙는 예(禮)가 없는 것은 매우 불경(不敬)한 일이다. 새해 사흘 안에 응당 양반을 알현하고 또한 자신들의 존장(尊長)에게도 문안해야 한다. 이를 하지 않는 자는 논벌(論罰)한다.

一, 中下約中人, 無歲後來謁之禮, 亦甚不敬. 新歲三日內, 當謁見于兩班, 亦自相問候于尊長, 不爲者論罰.

一. 존장을 뵐 때는 앞으로 나아가서 절을 한 다음-지금 시속에 평상시 재배(再拜)하는 예(禮)가 없으니, 단지 시속에 따라 단배(單拜)한다.-공수(拱手)하고 약간 부복(俯伏)하여 문안을 마친 뒤에 다시 일어나 앉되, 되도록 단정하고 공손해야 한다. 존장이 물으면 다시 조금 부복하여 공손히 들은 다음 대답한다. 『예기』에 "선생에게 학업을 청할 때는 일어서며, 설명을 더 청할 때도 일어선다."라 하였다. 이 구절을 읽을 때마다 옛사람들이 어른과 아이, 스승과 제자 사이에 공경을 지극히 하던 모습을 상상하곤 하는데, 천년 뒤에도 그 화기 애애한 모습을 눈앞에 보는 듯하니, 사람이 어찌 옛날과 지금의 차이가 있겠는가. 지금 시속에서는 영남의 유사(儒士)가 그래도 이 예를 행하고, 서울을 비롯한 그 이외에는 한 사람도 이를 행하는 곳이 없으니, 속습(俗習)의 퇴폐가 대개 여기에서 연유한 것이다. 우리 약중(約中)의 사람들은 의당 서로 규계(規戒)하여 힘써 고례(古禮)를 준행함으로써 장유(長幼)간의 예절이 흥행(興行)하도록 해야 할 것이다. 이렇게 된다면 이 어찌 아름다운 일이 아니겠는가.

一, 謁見尊長, 進前行拜,-今俗平時無再拜禮, 只當從俗單拜.- 拱手, 畧俯伏問候畢, 更起坐, 務要端莊敬恭. 尊長有問, 又畧俯伏恭聽以答. 『禮』: "請業則起, 請益則起." 每讀此句, 像想古人長幼之間, 師弟之際, 其致敬之狀, 千載之下, 藹然可掬. 人豈有古今哉? 今俗嶺南儒士猶行此禮, 而自京以外, 無一人行之者. 俗習之敗, 盖由於是. 惟我約中人, 當自相規戒, 務遵古禮, 使長幼之節, 有所興行. 豈不美哉!

一. 손님을 맞이하고 보내는 예절은 다음과 같다. 부항(父行)일 경우에는 문 밖에 나가서 맞이하고 배웅하며, 말에 오르고 내릴 때에 공손히 부축하여 경의를 다한다. 형항(兄行)일 경우에는 당에서 내려가서 맞이하고 배웅하며, 문을 나가 말을 탄 뒤에 안으로 들어간다. 적자(敵者)일 경우에는 걸상에서 내려 맞이하고 배웅하며, 문을 나간 뒤에 자리에 앉는다. 나이가 어리거나 적은 사람일 경우에는 단지 일어섰다가 방문을 나간 뒤에 앉는다. 평상(平常)한 사람일 경우에는 그 사람에 맞추어 적절하게 한다. 이는 고금을 참작하여 알맞게 조절한 것이다.

一. 迎送之禮: 父行, 門外迎送, 上下馬時, 恭扶致敬. 兄行, 下堂迎送, 出門騎馬後入. 敵者下床迎送, 出門而後坐. 幼少, 但起立, 出戶後坐. 平常之人, 當視其人而品節之. 此酌古今而爲之節.

一. 도보로 가다가 말을 탄 존자나 장자를 만나면 길을 비켜주되, 등급이 자기보다 현격히 높아 자기를 위해 말에서 내릴 분이 아닐 경우에는 길의 왼쪽에서 공수(拱手)하고 서서 지나가기를 기다린다.

一. 徒行遇尊長騎馬, 則當避. 等級截然, 不爲已下馬者, 則拱立道左, 以竢其過.

一. 경조사(慶弔事)에 부조하는 예(禮)는 마땅히 정분(情分)의 정도에 따라 적절히 맞추되 또한 자기의 집안 형편을 헤아려서 한다. 만약 저쪽이 가난하고 도움을 받을 데가 없는데 자신의 재력이 이를 도울 만하면 의당 힘을 써서 도울 것이며, 만약 자신이 가난하면 비록 재물로 예를 차리지는 못하더라도 의당 성의를 다해야 한다.

一. 慶弔贈遺之禮, 當隨情分厚薄, 而從其多寡, 亦量己之家力而爲之. 若彼家窮貧無賴, 而己財能周, 則當拔力相助; 若己窮貧, 雖不以貨財爲禮, 當盡其誠意.

一. 양반이 하인에 대하여 이전에는 비록 조상(吊喪)하는 예(禮)가 없었으나, 죽음은 사람에게 있어서 대변(大變)이니, 절문(節文)하여 상하 간의 정을 돕는 일이 전혀 없을 수는 없다. 사람을 시키거나 혹은 만났을 경우에 조문하고 위로하는 뜻을 표한다.

一. 兩班之於下人, 前此雖無弔喪之禮. 然死喪, 人之大變, 不可全無節文以助上下之情. 或使人或相遇, 以致弔慰之意.

一. 초상·장례·소상·대상은 상주가 한없이 호곡(號哭)할 때이다. 그런데 속인(俗人)들이 흔히 제사 음식으로 손님을 접대하고, 손님 또한 그 곁에서 술을 마시고 고기를 먹으면서 부끄러워할 줄을 모를 뿐 아니라, 도리어 음식이 많고 적음을 가지고서 사람을 잘 접대하느냐 못하느냐를 구별하여 헐뜯기도 하고 칭찬하기도 한다. 속습(俗習)의 비루하고 추악하기에 이 지경에 이르렀으니, 참으로 개탄스러운 일이다. 옛날에 이천(伊川) 선생이 어머니를 장사지낼 때에 주공숙(周恭叔)이 손님 접대를 맡았는데, 손님 중에 오한(惡寒)이 든 자가 있어서 공숙이 술을 주자고 청하자 선생이 말하기를, "그대는 사람을 불의(不義)에 빠뜨리지 말라."라 하였다. 오한이 들어 술을 마시는 것도 불의(不義)라 했는데, 하물며 상가(喪家)에서 취하도록 술을 마시고 고기 안주를 먹는단 말인가.

一. 喪葬練祥, 是主人哀號罔涯之日. 而俗人多以祭餘待客, 客亦飮酒食肉於側而不之愧, 反以飮食之多寡, 爲接人親踈厚薄之別, 而毁譽隨之. 俗習之陋惡至此, 可勝歎哉! 昔, 伊川先生葬母時, 周恭叔主客, 客有惡寒者, 恭叔請饋酒. 先生曰:"子無陷人於不義." 夫當寒飮酒, 猶以爲不義, 況無端醉飮於喪家而佐以殽炙乎?

一. 하인들이 장사지낼 때에 몹시 술에 취해 주정하고 싸우는 것도
내버려 두어서는 안 된다. 이를 범하는 자는 벌을 내린다.-지금은 술
을 금하고 있으므로 굳이 논할 필요가 없지만 옛사람이 일찍이 금했기 때문
에 아울러 기록한다.-

一. 下人葬時亦不許泥醉酗鬪, 犯者論罰.-今有酒禁, 不必論此, 而古人嘗以爲
禁, 故幷書之.-

一. 시속에서 흔히 친한 벗들이 복(服)을 마친 뒤 술과 음식을 갖고
가서 그 집에 가서 위로한다. 그러나 사람의 대변(大變)으로서 친상
(親喪)보다 더한 것이 없으니, 비록 상복은 벗었더라도 마음에 남아
있는 슬픔은 끝날 날이 없는 법이다. 그런데 어찌 술잔으로 위로할
수 있겠으며, 주인 또한 어찌 상복을 벗었다 하여 이를 받을 수 있
겠는가. 이것은 말속(末俗)의 퇴폐한 풍조이니 의당 서로 경계하여
하지 말아야 할 것이다.

一. 世俗多於親朋服闋之後, 携酒饌, 致慰於其門. 凡人之大變, 莫甚於親
喪. 喪雖外除, 其餘哀隱慟之存諸心者, 無時可已也. 其可以杯酒相慰, 而主
人亦豈敢以衰麻之旣脫而受之乎? 此末俗之頹風, 當相戒不爲.

## 14. 환난상구
### 患難相救

환난에 관한 사례는 일곱 가지이다.

1. 수재나 화재를 당했을 경우이다. 작은 경우에는 사람을 보내어 도와주고, 심한 경우에는 직접 가되, 많은 사람들을 데리고 가서 도와주고 조문(弔問)한다.

2. 도둑을 맞았을 경우이다. 가까이 있는 사람은 도둑을 체포하는 데 협력하고, 힘이 있는 사람은 관사(官司)에 알려주며, 그 집이 가난한 경우이면 모금하여 변상해 준다.

3. 질병이 있을 경우이다. 작은 경우에는 사람을 보내어 문병하고, 심한 경우에는 의원과 약을 찾아주며, 그 집이 가난한 경우에는 치료비를 도와준다.

4. 상(喪)을 당했을 경우이다. 사람이 부족하면 일을 도와주고, 재물이 궁핍하면 부조하기도 하고 물품을 빌려 주기도 준다.

5. 나이 어린 고아가 있을 경우이다. 고아로 남겨져서 의탁할 곳이 없는 사람의 가산(家産)이 넉넉할 경우에는 그를 위하여 조처해서 그 출납을 계산해 주고, 관사(官司)에 알리기도 하고, 좋은 사람을 택하여 글을 가르쳐 주기도 한다. 혼인할 때가 되면 가난한 사람일 경우에는 협력하여 도와주어서 살 곳을 잃지 않도록 하며, 만약 침탈하고 속이는 자가 있으면 사람들이 함께 힘써서 해결해 준다. 만약 조금 자라서 방일(放逸)하여 검속(檢束)하지 않으면 또한 방비하고 관찰해 단속하여 불의(不義)에 빠지지 않도록 한다.

6. 억울한 일을 당했을 경우이다. 남의 무함(誣陷)을 받아 억울하게 과악(過惡)을 뒤집어 쓰고 스스로 신설(伸雪)하지 못하는 사람이 있을 경우, 관부에 알려야 할 사안이면 그를 위하여 관부에 말해주고, 해명해 줄 방략이 있으면 해명해 주며, 그 집이 이로 말미암아 살 길을 잃었을 경우에는 여러 사람들이 재물을 내어서 도와준다.

  7. 가난하고 궁핍할 경우이다. 가난을 편안히 받아들이고 자기 분수를 지키는데도 생계가 몹시 부족한 사람이 있으면, 사람들이 재물을 내어 도와주거나 혹은 돈을 빌려주어 살림을 마련해 준 다음 세월을 두고 갚도록 한다.

患難之事七: 一曰水火, 小則遣人救之, 甚則親往, 多率人救, 且弔之. 二曰盜賊, 近者同力追捕, 有力者爲告之官司, 其家貧則爲之助出募賞. 三曰疾病, 小則遣人問之, 甚則爲訪醫藥, 貧則助其養病之費. 四曰死喪, 闕人則助其幹辦, 乏財則賻贈借貸. 五曰孤弱, 遺孤無依者, 若能自贍, 則爲之區處, 稽其出納, 或聞于官司, 或擇人敎之, 及爲求昏姻, 貧者協力濟之, 無令失所. 若有侵欺者, 衆人力爲之辨理, 若稍長而放逸不撿, 亦防察約束之, 無令陷於不義. 六曰誣枉, 有爲人誣枉過惡, 不能自伸者, 勢可以聞於官府則爲言之, 有方略可以救解則爲解之, 或其家因而失所者, 衆共以財濟之. 七曰貧乏, 有安貧守分而生計大不足者, 衆以財濟之, 或爲之假貸置産, 以歲月償之.

  이상은 환난상휼(患難相恤)에 관한 것들이다. 구휼해 주어야 할 사람이 있으면 그 집에서 약장(約長)에게 알리되, 급할 경우에는 가까이 있는 동약(同約)이 대신 알려준다. 약정(約正)은 직월(直月)에게 명하여 두루 사람들에게 이 사실을 알리는 한편 사람들을 모아 재물을 거출하도록 독려한다. 모든 동약(同約)의 사람들은 재물·기용(器用)·거마·인복(人僕) 등을 형편에 따라 서로 빌려주되, 용도가 급하지 않거나 빌려주기 어려운 사정이 있는 경우에는 굳이 빌려주지 않아도 된다. 빌려줄 수 있는데도 빌려주지 않거나 기한이 넘도록 반환하지 않거나 빌린 기물을 파손한 경우에는 약령(約令)을 범한 과실과 동일하게 논하여 기과적(記過籍)에 기록한다. 이웃에 급한 일이 있으면 비록 동약(同約)이 아닐지라도 먼저 듣고 아는 사람이 역시 구조(救助)하되, 구조할 수 없는 경우에는 동약에게 알려서 방안을 찾는다. 능히 이런 일을 하는 사람이 있으면 또한 그 선행을 기선적(記善籍)에 기록하여 마을 사람들에게 알린다.-이상은 『여씨향약』 본조(本條)이다.-

右患難相恤之事. 凡有當救恤者, 其家告于約長, 急則同約之近者, 爲之告約正, 命直月徧告之, 且爲之糾集而程督之. 凡同約者財物器用, 車馬人僕, 皆有無相假. 若不急之用, 及有所妨者, 則不必借. 可借而不借, 及踰期不還, 及損壞者, 論如犯約之過, 書于籍. 鄰里或緩急, 雖非同約, 而先聞知者, 亦當救助, 或不能救助, 則爲之告于同約而謀之. 有能如此者, 則亦書其善於籍, 以告鄕人.-右呂氏本條.-

부조(附條)

一. 수재나 화재를 당해 양식이 없으면 사람들이 함께 의논하여 도와준다. 불이 나서 집이 다 타버렸으면 사람들이 함께 의논하여 이엉과 재목을 모으되, 필요한 수량을 계산해서 출력(出力)하고, 각자 건장한 종 한 사람씩을 시켜서 사흘 먹을 양식을 가지고 가서 집짓는 일을 돕도록 한다.

一, 水火之災, 或因絶粒, 則僉議濟之. 失火燒盡其家, 僉議裒盖草材木, 隨所入量出之, 各令壯奴一名, 持三日粮, 往助搆屋之役.

一. 도둑을 맞아서 양식이 없거나 입을 옷까지 다 털렸으면 여럿이 의논하여 재물로 도와준다.

一, 盜賊之變, 或因而絶食, 或赤脫衣服, 僉議濟之以財.

一. 병이 위중하면 의원이나 약을 찾아 주며, 자제가 없거나 혈육이 없는 외로운 경우에는 약중(約中)의 나이 젊은 자를 시켜서 차례대로 돌아가며 문병하고 치료하게 해주며, 집이 가난할 경우에는 약값을 도와준다. 온 집안이 역질에 걸려서 농사를 지을 수 없으면 동약(同約)이 협력해서 종과 소를 내어서 남은 농사를 지어주고, 배메기[幷作]를 줄 수 있는 경우에는 유능하고 신실한 사람을 골라 배메기를 준다.

一, 疾病, 重則爲訪醫藥, 無子弟或孤子者, 使約中少者輪往問醫, 貧則助藥餌之資. 闔家染瘟, 不能耕耘, 則同約協力, 出奴出牛耕耘, 餘田可給幷作者, 擇幹信者給之.

一. 매우 궁핍하여 장례를 치르지 못하는 경우에는 통상의 부의(賻儀) 외에 재물을 더 주어 돕는다.

一, 窮甚不克襄事者, 常賻之外, 加濟以財.

一. 상하인(上下人) 중에 억울한 죄로 감옥에 갇혀 벗어날 힘이 없는 사람이 있으면 사람들이 의논하여 관사(官司)나 감사(監司)에게 가서 해명해서 기어코 신설(伸雪)하도록 한다.

一, 上下人中, 有以寃枉, 陷於囚繫, 力不能脫. 僉議辨于官司或道主, 期於必雪.

一. 약중(約中)의 사람 중에 나이가 찬 처자(處子)로서 의탁할 곳 없어 고궁(孤窮)한 사람이 있으면 사람들이 의논하여 살 길을 마련하여 주는 한편 각기 혼처(婚處)를 알아보아서 혼기(婚期)를 놓치지 않도록 한다. 그리고 나이 마흔이 넘도록 장가들지 못한 남자가 있으면 역시 동약(同約)에 따라 도와주어 편히 살도록 하고, 혼인할 길을 알아보아 지도해 준다.

一, 約中人, 或有年長處子, 孤窮無依者, 僉議資給, 且各訪問昏處, 毋使失

時. 或有丈夫年過四十, 不得娶者, 亦當依約顧助, 使得安居, 尋問昏路, 爲
之指導.


살펴보건대, 위의 향약(鄕約) 4조는 본래 남전 여씨(藍田呂氏)에게
서 나온 것인데, 주자(朱子)가 다른 글을 취하고 자신의 생각을 덧
붙여 약간 증손(增損)하여 고금에 통행(通行)되는 법을 삼았다. 세
상을 잘 교화(敎化)하는 데 뜻을 둔 이는 진실로 속히 이를 취하여
준행할 것이오, 의심하지 말아야 한다.

　그 약조를 보면, 사람들이 나이가 많고 덕망이 있는 자 1인을 추대
하여 도약정(都約正)을 삼고, 학행이 있는 자 1인을 부약정(副約正)
으로 삼는다. 약중(約中)에서 매 달 한 사람씩 돌아가면서 직월(直
月)이 된다. 세 개의 장부를 두어, 약중(約中)에 들어오기를 희망하는
사람들을 하나의 장부에 기록하고, 덕행과 학업이 볼 만한 자를 또
하나의 장부에 기록하고, 과실이 있어서 규계(規戒)해야 할 자를 나
머지 장부에 기록한다. 직월이 이것을 관장하며, 달이 끝나면 약정(約
正)에게 보고하고 그 다음 직월에게 넘겨준다. 그리고 또 매달 초에
모여서 독약(讀約)하는 예(禮)가 있는데, 선성(先聖)과 선사(先師)
의 신위(神位)를 설치하고 예(禮)를 행하며, 예가 끝나면 당(堂)에
모여 책을 강독하거나 활쏘기를 익히거나 조용히 강론하다가, 저물녘
에 이르러 물러간다. 그 자신을 닦고 남을 다스리며 풍속을 인도하고
교화를 일으키는 방술(方術)이 지극하며 극진하다 하겠다.

　우리나라 선배들이 자기 고을에 살면서 이를 본받아 행한 분들이
많았으니, 이를테면 퇴계(退溪)의 『예안향약(禮安鄕約)』, 율곡(栗
谷)의 『사창향약(社倉鄕約)』, 한강(寒岡)의 『월삭강계(月朔講契)』

및 황후천(黃杇淺)의 『목천동약(木川洞約)』 같은 것들이다. 지금
『여씨향약』의 본조(本條)를 위주로 하되, 우리나라 현인들의 의론을
참고하고 오늘날의 시속 가운데 적절한 사례를 참작하여, 대략 위와
같이 부조(附條)를 만들었다. 그렇지만 고을[鄕]과 동네[洞]는 크고
작은 차이가 있다. 이것은 동약(洞約)으로 만든 것이니, 그 조목의
범위가 넓지 않다. 그러나 만약 향약으로 시행하고자 한다면 또한
이것에 의거하여 확충해 나가면 될 것이다.-위의 동회의(洞會儀)와 함께
참작하여 보라.-

按上鄕約四條, 本出藍田呂氏, 朱子取他書及附以己意, 稍增損之, 以爲古
今通行之法. 有志于敎化之治者, 誠宜亟取而遵用之勿疑也. 其約, 衆推一
人有齒德者, 爲都約正, 有學行者一人副之. 約中月輪一人爲直月, 置三籍,
凡願入約者, 書于一籍, 德業可觀者, 書于一籍, 過失可規者, 書于一籍, 直
月掌之, 月終則以告于約正而授于其次. 又有月朝會集讀約之禮, 而設先聖
先師之位行之, 禮畢, 會于堂, 或說書或習射, 或講論從容, 至哺乃退. 其脩
己治人·導俗興化之術, 至矣盡矣. 我東先輩之居是鄕也, 居是洞也, 多有
倣而行之者. 若退溪之『禮安鄕約』, 栗谷之『社倉鄕約』, 寒岡之『月朔講契』,
及黃杇淺『木川洞約』等類, 皆是也. 今以呂氏本條爲主, 參以東賢之論, 酌
以今俗之宜, 而略爲附條如右. 然而鄕與洞有大小之分, 此爲洞約設, 故其
條不廣. 若欲推行鄕約, 亦當依此而廣之耳. 與上「洞會儀」參看.

# 사창(社倉)

살펴보건대, 사창은 수(隋)·당(唐) 시대에 있었던 의름(義廩)의 유제(遺制)이다. 나라를 다스리는 사람은 먼저 저축에 힘을 써야만 변란(變亂)에 믿을 곳이 있고 흉년에 굶어 죽지 않게 할 수 있다.

예컨대 한(漢)나라 경수창(耿壽昌)의 상평법(常平法)은 각 군현으로 하여금 창고를 두어 미리 대비했다가, 곡식이 흔할 때는 값을 올려 사들여 백성을 이롭게 하고, 곡식이 귀하면 값을 낮추어 팔아 백성을 이롭게 하였다.

수(隋)나라 때에 이르러서는 장손평(長孫平)이 탁지(度支)의 장관을 맡아서 임금께 아뢰어, 민간으로 하여금 매년 가을에 집집마다 조와 보리 한 섬씩을 내어 해당 이사(里社)로 보내게 한 다음-수당의 제도에, 일백 호를 이(里)라 하고 이에 이사(里社)가 있었다.- 이를 사사(社司)에 맡겨 관리하게 해서 흉년에 대비하게 하고서, 이름하여 의창(義倉)이라 하니, 원근의 굶주린 백성들이 모두 그 혜택을 입었다. 이 법은 대개 상평창(常平倉)과 서로 표리가 되니, 상평창은 그 권한이 위에 있고 곡식이 너무 귀하거나 너무 흔한 때가 없게 하는 것이며, 의창은 그 이익이 아래에 있고 나라에서 곡식을 운반하거나 백성을 이동시키는 폐단이 없도록 하는 것이니, 대개 흉년을 구제하는 좋은 법이다.

송(宋)나라 때에 이르러 주문공(朱文公 주희(朱熹))이 이를 모방하여 먼저 그 법을 향리(鄕里)에 시행해 본 다음에 차츰 각 지방으로 옮겨서 시행하였으니, 풍흉(豐凶)을 구제하고 완급(緩急)에 변통하였다. 이는 백성으로부터 나온 것을 다시 백성에게 내어주는 것으로 이름을 사창(社倉)이라 하였으니, 인인(仁人)이 제도를 설치하여 시행함에 그 혜택이 넓고 크다 하겠다.

그러나 이미 오래 시행되면서 농단(隴斷)하여 백성을 좀먹는 무리가 없지 않아 도리어 폐단이 되었으니, 이는 법의 폐단이 아니라 사람의 폐단이다. 진실로 사람을 제대로 얻는다면 비록 만세(萬世)를 두고 시행하더라도 폐단이 없을 것이다.

지금 나라에서 환곡(還穀)을 봄에 흩어주었다가 가을에 거두어 들이면서 강제로 민호(民戶)를 배정하는 것은 옛날의 사창법(社倉法)과 같은 듯하지만 실은 다른 것이니, 말하자면 송나라 때의 청묘법(靑苗法)과 같은 것이다. 백성들이 수심에 젖어 탄식하고 병들어가는 것이 오로지 이 법에 연유하니, 이 법이 혁파되지 않으면 의창(義倉)의 제도도 방해를 받지 않을 수 없다. 어째서인가? 공곡(公穀)인 환자와 사곡(私穀)인 의창을 받아들이는 과정에서 서로 간에 더욱 분란이 일어나기 때문이다.-만약 환곡이 적은 고을이라면 시행하기가 더욱 편리할 것이다.-『경국대전(經國大典)』을 보면, 서울과 지방에 상평창을 두어 곡식이 귀할 때는 값을 올려서 베〔布〕를 사들이고-본조(本朝)의 중엽 이전에는 전화(錢貨)가 없었으므로 베라고 한 것이다.- 곡식이 흔할 때는 값을 내려서 베를 판다고 했는데, 지금은 단지 서울 뿐이고 팔도에는 단 한 고을도 이를 시행하는 곳이 없으니, 궐전(闕典)이다.

지금 만약 환자를 혁파해서 그 곡식으로 상평창을 만들고, 각 고을〔鄕〕-오늘날 말하는 면(面)이다.-에 있는 모곡(耗穀)을 민간에 획급(劃給)하여 사곡(社穀)의 자본과 이식(利殖)을 삼도록 하는 한편 백성들로 하여금 각자 곡식을 내어 보조하도록 하기를 고법(古法)처럼 하게 하면, 공사 간에 모두 편리하고 백성들도 소생할 가망이 있게 될 것이다. 그러나 이는 조정의 명령에 달린 일이니, 백성들이 논의할 수 있는 바가 아니다. 그래서 지금 대략 고제(古制)를 모방하고 본동(本洞) 민호(民戶)의 형편을 참작하여 다음과 같이 조목조목 논한다. 만약 고도(古道)를 좋아하는 군자가 시행할 만한 때를 만나서 이를 시행해 보고자 한다면 고례(古例)는 모두 남아 있으니, 여기에서 다시 논하지 않는다.

按社倉者, 隋・唐義廩之遺制也. 爲國者務先積儲而後, 變有所恃而凶年不能殺也. 如漢耿壽昌常平之法, 令郡縣各置倉預備, 穀賤則增價而糴以利農, 穀貴則減價而糶以利民. 至隋, 長孫平領度支, 奏令民間每秋, 家出粟麥一石, 輸之當社. -隋唐之制, 百戶爲里, 里有里社.- 委社司檢校, 以備凶年, 名曰義倉. 饑民遠近, 俱得沾恩. 此法盖與常平相爲表裏, 盖常平權在於上, 而物無甚貴甚賤之時, 義倉利在于下, 而國無移粟移民之弊. 盖救荒之良法也. 至宋, 朱文公倣之, 先行其法于鄉, 然後轉行諸路, 豐凶有濟, 緩急有權. 此以出于民者, 還散于民, 名曰社倉. 仁人之設施, 其利博哉! 然而行之旣久, 不無隴斷蠹民之徒而反爲之弊, 是非法弊, 乃人弊. 苟得其人, 則雖行之萬世而無弊者也. 今國家還上, 春散秋斂, 抑配民戶, 與古社倉法似同而實異, 亦宋時靑苗之類矣. 生民之愁歡凋瘵, 職由於此. 此法不罷, 則義倉之制, 亦有掣肘. 何者? 公私兩穀受捧之際, 益增其紛挐矣. -若還上穀少之邑, 則行之尤便.- 『經國大典』令京外置常平倉, 穀貴則增價以貿布, -本朝中葉以上, 無錢貨, 故云布.- 穀賤則減價以賣布. 今但京城, 外八道, 無一邑設行者, 盖闕典也. 今若罷還上, 以其穀爲常平倉, 各鄉-今謂之面.-所在耗穀, 劃給民間, 令爲社穀本殖, 而又令民各出粟以助, 如古法, 則公私俱便, 而民有蘇息之望矣. 此係朝令, 非民庶所可議. 故今署倣古制而酌本洞民戶之形勢, 條論于下. 如有好古之君子, 遇可行之時而行之, 則古例具存, 玆不復論.

약헌(約憲)

一. 사창의 모든 일은 집강(執綱)이 주관한다.

一, 社倉凡事, 執綱主之.

一. 이번 정축년(1757, 영조33) 가을부터 동약(同約)들이 곡식을 바치되, 벼·조·콩·팥 가운데에서 자신이 가진 것을 상원(上員)은 각자 10두씩 내고 하원(下員)은 5두씩 낸다.

一, 自今丁丑秋, 同約納穀, 而租粟大小豆, 隨其所有, 上員則各出十斗, 下員則五斗.

一. 곡식은 1백 석을 한도로 한다.-많으면 많을수록 좋다. 다만 본읍(本邑)은 환곡이 번중(繁重)하고 민호(民戶)가 가난하기 때문이 1백 석을 한도로 하여 출납하기 쉽도록 하는 것이다.-매년 이를 나누어 지급하여 가난한 자를 구휼하되, 수납(收納)할 때 10분의 5에 해당되는 이자를 받는다.-의당 10분의 3을 취해야 하지만 곡식이 적기 때문에 10분의 5로 늘린 것이니, 1백 석이 차게 되면 의당 줄여서 10분의 3의 이자를 받아야 할 할 것이다.- 수납과 지급을 공정하게 하고 문기(文記)를 분명히 하여 뒷말이 없도록 하며, 이를 범한 자는 중벌로 다스린다.-석(石)은 20두로 책정한다.-

一, 穀限百石,-愈多愈好, 但本邑還上繁重, 民戶貧殘, 故限以百石, 易爲出納.- 每

年分給, 以周貧乏, 收時取息十五.-當取十三, 而穀少故增爲十五. 滿百則當減爲

十三之利.- 公其取與, 明其文記, 毋使有後議, 犯者論重罰.-石以二十斗定.-


一. 1백 석이 차기 전에는 매년 상·하 인원이 양정(量定)하여 곡식

을 더 거두되, 상원은 언제나 하원의 배를 낸다.


一, 百石未滿之前, 每歲上下人員量定加斂, 上員每出下員之倍.


一. 사창의 곡식은 동약인(同約人)이 아니면 받아서 먹을 수 없다.

곡식은 적고 민호는 많으니, 만약 과다하게 받으려는 사람이 있으

면 비록 동약(同約)이라 하더라도 당시의 하소임(下所任) 및 본촌

(本村)의 두목이 보증한 뒤에 내어준다.


一, 倉穀非同約則不得受食. 穀少而民戶多, 若有過受者, 雖同約, 其時下所

任及本村頭目懸保後出給.


一. 이 법은 1, 2월부터 시작해서 매월 세 차례씩 나누어 주어야 하

나 본부(本府)는 환곡이 매우 많아서 규례대로 할 수 없다. 3, 4월

사이에 백성들이 농사철을 만나 배를 채우기 어려울 때에는 가난한

집을 골라서 내어 주고, 또 농사의 형편을 살펴서 보리 수확이 좋지

못할 경우에는 적절한 양을 남겨두었다가 7월 사이에 나누어 준

다.-세 차례로 나누어 지급한다.-


一, 本法自正二月始, 每月三巡頒給, 而本府還穀甚多, 不能如例. 當三四月

間, 民間當農艱食之際, 擇貧戶給之, 又察年事, 麥若不斂, 則量留若干, 七
月間頒給. -分三巡給之. -


一. 민호(民戶)들이 받는 곡식은 많아도 15두(斗)를 넘지 않도록 하
되, 반드시 식구 숫자를 헤아려 연명(延命)할 수 있도록 하고 과다
하게 받지 못하게 한다. 과다하게 받아갈 경우에는 소임(所任)을 벌
한다.


一. 民戶所受, 多不過十五斗, 而必量其人口, 使可延命而無使過受. 過受則
所任論罰.


一. 재곡(財穀)의 모손(耗損)은 늘 상원(上員)이 끌어다 쓰는 데서
비롯된다. 그러니 비록 상원이라 하더라도 과다하게 받아갈 수 없
으며, 이를 위반하면 당시의 소임을 벌한다. 상원이 만약 약헌을 어
기고 반납하지 않으면 역시 처벌하며, 끝내 반납하지 않을 경우에
는 본촌(本村) 사람들에게 받아낸다.


一. 財穀之耗損, 恒由於上員之引用. 雖上員, 不得過受, 犯則其時所任論
罰. 上員若違約不納則亦論罰, 終不納, 本村人處徵納.


一. 곡식은 굳이 벼로만 할 필요가 없으며, 벼·조·콩으로 대납하
되 같은 값을 쳐서 대납한다.


一. 穀物不必專租, 租粟大豆代納而平換.

一. 곡식을 분급(分給)할 때는 각 마을에서 두목(頭目) 한 사람씩을 정하여 지급하고, 가을이 되면 거두어서 납부하되, 두목은 매년마다 차임(差任)한다.

一, 分給之際, 各村定一頭目以給, 而待秋收斂以納, 每年而差.

一. 9월 그믐 때쯤 농사가 끝나 가면 제 때에 늦지 않게 수납한다. 기한을 어기는 자는 그 민호(民戶)를 논벌(論罰)한다.-그 마을의 소임(所任)도 같이 벌한다.-

一, 九月晦間, 農事垂畢, 趁卽收納, 違期者當戶論罰.-本村所任同罰.-

一. 동약(洞約)에 든 사람일지라도 재력이 넉넉하지 못하여 가입하기를 원하지 않으면 그 뜻을 따라주며, 다른 동네의 사람이라도 가입을 원하면 들어준다. 그 좌목(座目)과 동네 사람들의 좌목을 각기 하나의 책자로 만든다.-사창이 있는 곳으로부터 10리 이내에 있는 사람에 한하여 가입을 허락한다.-

一, 雖在洞約之人, 力有不給, 不願入則從之; 雖他洞人, 欲入則聽之. 其座目與洞內座目, 各爲一冊.-限社倉所在十里地人, 聽入.-

一. 추후에 약원(約員)에 들기를 원하는 사람은 곡식을 납부하게 하되 상원(上員)은 2석, 하원(下員)은 1석을 납부한다.

一. 隨後願入約者納穀, 而上員則二石, 下員則一石.


一. 곡식이 많아서 쌓아 보관하기가 어려우면 동리(洞里) 중앙에 있는 마을에서 민호(民戶)가 조금 튼실한 곳을 골라서 창고를 짓되, 약원(約員)들이 쓰일 수량을 헤아려 각기 재목을 내고 힘을 합쳐서 건물을 지으며 매년 가을에는 이엉을 내어서 지붕을 인다.


一. 穀數多而積置爲難, 則洞里居中之村, 擇民戶稍實處築倉, 約員量其出入, 各出材木, 合力爲之, 每秋亦出盖草脩茸.


一. 사창의 소임은 동네의 장무(掌務)가 겸하여 보고, 고직(庫直)은 실호(實戶) 중에서 부지런하고 능력있는 사람을 골라서 맡기되 창고가 있는 마을에 사는 사람을 쓴다.


一. 社倉所任, 洞內掌務兼察, 庫直則擇實戶中勤幹者爲之, 而取居于倉所在之人.


一. 100석이 다 찬 뒤에는 이식으로 30석을 받는다. 매 석마다 쌀이 8두씩 나니, 240두가 된다. 그 중 20두는 봄·가을의 동회(洞會) 때 각각 10두씩 쓰고, 또 20두는 장무·고직·사령(使令) 등에게 얼마씩 차등을 두어서 지급하며, 나머지 200두는 동네의 1년간 길흉사의 부조에 쓴다.


一. 滿百石後, 取利三十石. 每石八斗作米, 則爲二百四十斗矣, 二十斗, 春秋洞會, 各用十斗, 又二十斗, 則掌務庫直使令等, 分多少差等以給, 餘二百斗, 爲洞中一年內吉凶扶助所用.

一. 동중(洞中) 원약(原約)의 구휼하는 규정은 단지 사상(四喪)에만 미칠 뿐이고 그 밖에는 자기와 가까운 관계의 길흉사(吉凶事)가 있더라도 모두 서로 묻지 않았으니, 또한 같은 마을 사람들끼리 슬픔과 기쁨을 같이하는 뜻이 아니다. 지금 의곡(義穀)에 관한 이 규정에서는 상·하를 막론하고 길경(吉慶)과 흉화(凶禍)에 모두 아래와 같이 도와주는 규정을 둔다.

一. 洞中原約周恤之義, 惟及於四喪, 其外雖有切己吉凶之事, 幷不相問, 亦非同鄕里共憂樂之意也. 今此義穀一法, 勿論上下, 吉慶凶禍, 皆有所助, 如左方.

## 15. 부조기
扶助記


문과(文科)에 급제했을 때는 백미(白米) 4두를 부조하며, 집에 도
착하는 날 약원(約員)들이 함께 모여서 경축한다. 생원과 진사에 합
격했을 때는 백미 3두를 부조하며, 도착하는 날 약원들이 함께 모여
서 경축한다. 수석(壽席)에는 백미 4두를 부조하며, 약원들이 함께
모여서 치하하여 기쁨을 돋운다. 또 좋은 날을 가려서 각자 술과 과
일을 마련해 가지고 특별히 그 집에 가서 장수(長壽)를 축하한다.
나이 80이 되었으나 가난하여 수석을 차릴 수 없으면 약원(約員)이
각기 술과 과일을 마련해서 장수를 축하한다. 나이 80이 되어 자급
(資級)이 올랐으면, 백미 3두를 부조하고 약원들이 함께 모여 치하
한다. 조관(朝官)으로서 자급이 오르거나 처음 벼슬하거나 벼슬을
옮기거나 외임(外任)으로 나가면 약원들이 함께 모여서 치하하고
전별연(餞別宴)을 베풀기도 한다. 아들의 관례(冠禮)를 치르거나
딸을 출가시키거나 며느리를 맞이하면 각각 백미 3두를 부조한다.
　약원(約員)의 사망장(四望狀)은 이미 원약(原約)에 갖추어져 있으
며, 이 밖에 자녀가 15세가 넘어서 죽은 경우에는 백미 4두를 부조한
다.-동거하는 형제도 같다.- 이 밖에도 홀아비·과부·고아와 혼자 사
는 늙은이로서 의탁할 곳이 없는 자는 힘닿는 대로 도와준다. 과년하
도록 장가들거나 시집가지 못한 경우에는 백미 4두를 부조한다.
　부모의 연세가 높은 하계(下契)로서 수연(壽宴)을 열고자 해도 형
편이 안 되는 사람이 어버이를 위해 음식을 마련하고자 하면 백미

3두를 부조한다.

文科, 白米四斗, 到門日, 上下齊會致慶. 生進, 白米三斗, 到日, 齊會致慶. 壽席, 白米四斗, 齊會致賀, 以助歡樂. 且擇良日, 各具酒果, 特詣其家, 以賀壽考. 年八十而貧窮, 不得設壽席, 約員各具酒果, 以賀壽考. 年八十陞資, 白米三斗, 齊會致賀. 朝官陞資筮仕, 遷官外任, 齊會致賀, 或設餞. 冠子嫁女迎婦, 各白米三斗. 約員四望狀, 已具原約, 此外子女年長十五以上喪, 白米四斗,-同居兄弟同.- 此外如有鰥寡孤獨無依者, 隨力顧助. 年壯過時, 不成婚嫁者, 助米四斗. 下契親年高深, 雖欲設宴, 勢有不能, 欲爲親設食者, 給米三斗.

## 16. 문자 양식
文字式


부의나 전물을 보내드리는 편지-백지 반절을 사용한다.-
致賻奠狀-用白紙半折

동말(洞末) 성명 아무개
모물(某物)-약간-

위 물건을 삼가 전위(專委)하여 모성(某姓) 모관댁(某官宅)에 보
내드려 대강 부의(賻儀)를 갖춥니다.-향촉(香燭)이나 주과(酒果)일 때
는 전의(奠儀)라 한다.-

연월일 동말 성명 장(狀)
단자(單子)-백지 전장(全張)을 사용한다.-

황공하오나 살펴보소서. 삼가 아무 일로 운운(云云). 부디 여러분
께서 살펴주소서.-이 아래에 모댁(某宅) 모댁을 열거하여 쓴다. 만약 단지
동중(洞中)에 보내는 것이면 "삼가 바라건대 살펴 주소서."라고만 한다.-
연월일 동말 성명 근배(謹拜)

洞末姓某名某
某物-若干-

右, 謹專送上

某姓某官宅, 聊備賻儀.-香燭酒果云奠儀.-

年月日 洞末姓名狀

單子-用白紙全張.-

恐鑑, 伏以某事云云. 伏願 僉尊照察.-下方列書某宅某宅. 若只呈洞中則只云伏願照察.-

年月日, 洞末姓名謹拜.

## 17. 통문

通文

위는 모사(某事)-대략 그 대강을 말하되 네 글자나 여덟 글자로 쓴다.-를
알려드리는 것입니다. 삼가 운운(云云).-실제의 일을 말한다.- 삼가
바라건대-이하는 단자(單子)와 같다.-

右文爲-略擧大槩, 或四字或八字.-通諭事. 伏以云云.-實事.- 伏願-以下同單子.-

## 18. 보장

報狀

모면(某面) 모리(某里) 모임(某任)-부존위(副尊位)-은 첩보(牒報)의 일로 운운(云云). 이에 첩정(牒呈)하오니, 부디 살펴보시고 시행하시기 바랍니다. 첩정이 잘 도착되기를 빕니다.

위를 모(某) 아문(衙門)에 첩정합니다.

연월일 모면 모리 모임-부존위- 성명-수결한다.-

某面某里某任,-副尊位.-爲牒報事云云. 爲只爲合行牒呈. 伏請照驗施行, 須至牒呈者.

右, 牒呈

某衙門

年月日, 某面某里某任-副尊位-姓名-著署.-

## 19. 서목을 첨부함

附書目


서목

모면 모리 운운.-원장(元狀) 중에서 요지를 염출(拈出)하여 쓴다. 후일의
참고가 될 만한 것일 경우에는 전부 쓴다.- 연유로 첩보(牒報)하는 글을
올립니다.

연월일 모임(某任)-부존위(副尊位)-성명-수결한다.-


某面某里云云.-元狀中拈出大槩而書之, 若可爲後考者則盡書.- 緣由牒報爲
臥乎事狀.

年月日 某任-副尊位- 姓名-署.-

## 20. 마을에 거주하는 사람의 갖가지 의절(儀節)
### 居鄕雜儀

『논어(論語)』에 "공자(孔子)께서는 향당(鄕黨)에서는 순순(恂恂)하여 말을 잘하지 못하는 듯하셨다."라 하였다.

『論語』曰："孔子於鄕黨, 恂恂如也, 似不能言者."

주자(朱子)는 "순순(恂恂)은 신실한 모습이다. 말을 잘하지 못하는 듯하였다는 것은 겸손하고 온순하여 자신의 현명하고 지혜로움을 남에게 앞서지 않은 것이다. 향당은 부형(父兄)과 종족(宗族)이 있는 곳이므로 공자가 향당에 살 때에는 용모와 말이 이와 같았던 것이다."라 하였다.

朱子曰："恂恂, 信實之貌. 似不能言者, 謙卑遜順, 不以賢知先人也. 鄕黨, 父兄宗族之所在, 故孔子居之, 其容貌辭氣如此."

"공자께서 고을 사람들과 술을 마실 때는 지팡이를 짚은 분이 나가면 나가셨다."라 하셨다.

鄕人飮酒, 杖者出, 斯出矣.

주자는 "지팡이를 짚은 분은 노인이다. 60세가 되면 향당에서 지팡

이를 짚는다. 노인이 나가기 전에는 감히 먼저 나가지 못하고, 나가고 나면 감히 뒤에 남아있지 못하는 것이다."라 하였다. ○ 보씨(輔氏)는 "고을에서는 나이를 존중하기 때문에 자리를 나갈 때 노인을 보아 절도를 삼은 것이다."라 하였다.

朱子曰: "杖者老人也, 六十杖於鄕. 未出, 不敢先, 旣出, 不敢後." ○輔氏曰: "鄕黨尙齒, 故其出, 視老者以爲節."

자공(子貢)이 묻기를 "고을 사람들이 모두 좋아한다면 어떠합니까?"라 하니, 공자가 "그것으로는 안 된다."라 하고, "고을 사람들이 모두 싫어한다면 어떠합니까?"라 하니, 공자가 "그것으로는 안 된다. 고을 사람 중의 선한 자는 좋아하고 선하지 못한 자는 싫어하느니만 못하다."라 하였다.

子貢問曰: "鄕人皆好之, 何如?" 子曰: "未可也." "鄕人皆惡之, 何如?" 子曰: "未可也. 不如鄕人之善者好之其不善者惡之."

주자는 "한 고을의 사람들에게는 절로 공론(公論)이 있게 마련이다. 그러나 그 중에는 또한 그 부류에 따라 좋아하기도 하고 싫어하기도 한다. 그러므로 선한 자가 좋아하되 악한 자가 싫어하지 않는다면 반드시 구차하게 영합하는 행위가 있을 것이며, 악한 자가 싫어하되 선한 자가 좋아하지 않는다면 반드시 좋아할 만한 실상이 없을 것이다."라 하였다. ○ 진씨(眞氏)는 "선한 자가 좋아하고 선하지 못한 자가 싫어한다면 그 훌륭한 행실이 족히 군자의 신임을 받을 만하며, 또 그 곧은 심지(心志)가 구차하게 소인들과 화동(和同)하지 않을 터이니, 그 사람은 틀림없이 어질 것이다."라 하였다.

朱子曰: "一鄕之人, 宜有公論矣. 然其間亦各以類自爲好惡也. 故善者好之而惡者不惡, 則必其有苟合之行; 惡者惡之而善者不好, 則必其無可好之實." ○眞氏曰: "善者好之, 不善者惡之, 是其制行之美, 足以取信於君子, 而立心之直, 又不苟同於小人, 其爲賢必矣."

맹자(孟子)는 "향당에서는 나이가 가장 우선이다."라 하였다.

孟子曰: "鄕黨莫如齒."

맹자는 "고을과 이웃에 싸우는 사람이 있을 경우 머리를 풀어 흩트리고 갓끈만 매고 가서 말린다면 미혹한 짓이니, 비록 문을 닫고 모른 체 해도 된다."라 하였다.

孟子曰: "鄕鄰有鬪者, 被髮纓冠而往救之則惑也, 雖閉戶, 可也."

공자는 "향원(鄕愿)은 덕(德)을 해치는 자이다."라고 하였다. 만장(萬章)이 말하기를, "한 고을 사람들이 모두 신실한 사람이라고 하면 어디를 가더라도 신실한 사람이 아닐 수 없을 텐데, 공자가 '덕을 해치는 자이다.'라고 한 것은 어째서 입니까?"라 하니, 맹자가 "비난하려 해도 들어 말할 것이 없으며, 꼬집어 말하려 해도 꼬집어 말할 것이 없지만, 유속(流俗)에 동화하고 더러운 세상에 영합하는 자이다. 평소의 생활이 충신(忠信)한 듯하고 행실이 염결(廉潔)한 듯하여 사람들이 모두 좋아하고 스스로도 자신이 옳다고 여기지만 더불어 요순(堯舜)의 도에 들어갈 수는 없다. 그러므로 덕을 해치는 자라고 한 것이다."라 하였다.

孔子曰:"鄕愿德之賊也."萬章曰:"一鄕皆稱愿人焉, 無所往而不爲愿人, 孔子以爲德之賊, 何哉?"孟子曰:"非之無擧也, 刺之無刺也, 同乎流俗, 合乎汙世. 居之似忠信, 行之似廉潔, 衆皆悅之, 自以爲是, 而不可與入堯舜之道, 故曰德之賊也."

한(漢)나라 때 석경(石慶)은 이문(里門)을 들어서면 수레에서 내려 추창(趨蹌)하여 집까지 갔다.

漢石慶入里門, 下車趨至家.

후한(後漢)의 장담(張湛)이 향리에 있을 때 말을 자상하게 하고 안색을 바르게 하니, 삼보(三輔)가 그를 의표(儀表)로 삼았다. 그가 좌풍익(左馮翊)으로 있을 때 사문(寺門)을 멀리 바라보고 말에서 내려 걸어 들어가니, 주부(主簿)가 다가와서 말하기를, "명부(明府)께서는 지위가 높고 덕망이 무거우시니 자신을 가볍게 여겨서는 안 됩니다."라 하였다. 그러자 장담이 말하기를, "예(禮)에, '공문(公門)에서는 수레에서 내리고 노마(路馬)를 보면 경의를 표한다.'라 하였으며, '공자는 고을에서 신실한 모습을 보이셨다'라 하였으니, 부모가 사는 고을에서는 의당 예의를 다해야 하는 것이다. 어찌 가볍게 여긴다고 하는가." 하였다.

後漢張湛在鄕黨, 詳言正色, 三輔以爲儀表. 爲左馮翊, 望寺門而步. 主簿進曰: "明府位尊德重, 不宜自輕." 湛曰: "禮, 下公門, 式路馬. 孔子於鄕黨, 恂恂如也. 父母之國, 所宜盡禮, 何謂輕哉?"

주자(朱子)는 향리에서는 비록 미천(微賤)한 자에게도 반드시 공경을 다하였다. 주자는 "'이 고을에 살면서 이곳의 대부(大夫)를 비난하지 않는다.'라 하였으니, 이 뜻이 매우 좋다."라 하였다. 주자가 여백공(呂伯恭)에게 답안 편지에서 "『여씨향약(呂氏鄕約)』을 다듬어서 과실을 기록하여 벌을 시행하는 조항 따위를 삭제하여 빈부의 구별없이 통틀어 시행할 수 있는 법을 만들고 싶으나 두려운 바는 나 자신의 수양에 힘쓰지 못하여 남을 통솔하지 못할까 하는 것이다. 그러나 과연 시행할 수만 있다면 피차간에 서로 경계(警戒)하여 또한 도움 되는 점이 없지 않을 것이다."라 하였다.

朱子曰: "'居是鄕, 不非其大夫.' 此意甚好." 答呂伯恭書曰: "欲修『呂氏鄕約』, 削去書過行罰之類, 爲貧富可通行者, 所懼自修不力, 無以率人, 然果能行之, 彼此交警, 亦不爲無助耳."

호 문정공(胡文定公)은 향리에 살 때 물품을 빌리거나 약속한 것은 반드시 분명하였고, 기일을 반드시 지켜서 조금도 어긋남이 없었다.

胡文定公居鄕, 假貸質約必明, 期日必信, 無少差忒.

퇴계선생은 향리에 살 때에 부역(賦役)을 반드시 하호(下戶)보다 먼저 바쳤기 때문에 아전들은 그분이 높은 벼슬아치인 줄 몰랐다. 집이 예안(禮安)에 있었는데, 그 지방 풍속에 사인(士人)들은 품관(品官)의 반열(班列)을 뒤따르는 것을 부끄럽게 여겼다. 그러자 퇴계선생이 말하기를 "고을은 부형과 종족(宗族)들이 사는 곳이니, 연령이 가장 우선이다. 비록 아래에 있다 하더라도 예의로 보나 의리로 보나 무슨 불가(不可)할 게 있겠는가."라 하였다.

退溪先生居鄉, 賦役必先下戶[168]而輸之, 吏胥不知爲達官. 家禮安, 鄉俗士人恥隨品官之列. 退溪先生曰: "鄉黨, 父兄宗族之所在, 所貴者齒. 雖居下, 於禮於義, 有何不可."

녹사(錄事) 양성의(梁成義)가 예안현감(禮安縣監)으로 있을 때 퇴계선생이 고을 수령에 대한 예의를 다하여 오래 지날수록 더욱 공경하였다. 그런데도 양성의는 도리어 지주(地主)의 신분을 믿고 말이 몹시 거만하니 듣는 자들은 분노했지만 선생은 끝내 그 잘못을 말하지 않았다.

錄事梁成義爲禮安縣監, 退溪先生盡民主禮, 久而愈敬. 成義反挾地主之尊,

---

**168** 下戶 : 국가에서 賦役을 均平하게 하기 위해 나눈 民戶 등급 중의 하나이다. 조선 초기에도 家戶 내의 人丁 수에 따라 대·중·소 戶로 나누고, 경작하는 田結의 수에 따라 대·중·소·殘·殘殘 호로 나누었다. 그러나 대개 田宅과 資産에 따라 上·中·下 戶로 나누었다. 『世宗實錄 27年 8月 24日』

辭甚倨傲, 聞者憤怒, 而先生終不言其失.

김학봉(金鶴峯)은 "고을은 부형과 종족이 있는 곳이니, 공경하지 않아서는 안 된다. 만약 향중(鄕中)의 집강(執綱)을 만난다면 비록 나이가 적더라도 반드시 예의를 갖추어야 한다."라 하였다.

金鶴峯曰: "鄕黨, 父兄宗族所在, 不可不敬. 如遇鄕中執綱者, 雖年少者, 亦必加禮."

『격몽요결(擊蒙要訣)』에 "한 고을에 살고 있는 선비는 공사(公事)나 예현(禮見) 및 부득이한 연고가 있는 경우가 아니면 관부(官府)에 출입해서는 안 되며, 수령이 비록 지친(至親)일지라도 자주 찾아가 만나서 안 된다. 하물며 친척이나 친구가 아닌 경우에 있어서랴. 의리에 어긋난 청탁 같은 것은 일절 하지 말아야 한다."라 하였다.

『擊蒙要訣』曰: "居鄕之士, 非公事禮見及不得已之故, 則不可出入官府; 邑宰雖至親, 亦不可數數往見. 況非親舊乎! 若非義干請, 則當一切勿爲也."